U0444610

语用研究的探索与拓展

王建华 著

商务印书馆
2009年·北京

图书在版编目(CIP)数据

语用研究的探索与拓展/王建华著.—北京:商务印书馆,2009
ISBN 978-7-100-06494-1

Ⅰ.语… Ⅱ.王… Ⅲ.语用学—文集 Ⅳ.H0-53

中国版本图书馆 CIP 数据核字(2009)第 004082 号

所有权利保留。
未经许可,不得以任何方式使用。

YǓ YÒNG YÁN JIŪ DE TÀN SUǑ YǓ TUÒ ZHǍN
语用研究的探索与拓展
王建华 著

商 务 印 书 馆 出 版
(北京王府井大街36号 邮政编码100710)
商 务 印 书 馆 发 行
北 京 龙 兴 印 刷 厂 印 刷
ISBN 978-7-100-06494-1

2009年8月第1版 开本 880×1230 1/32
2009年8月北京第1次印刷 印张 16 ⅜

定价:34.00元

序

我国现代语言学的研究热点一直是语法,特别是在不同时期引进西方有影响的语法理论和方法以构建一派新兴的语法体系和一套独特的名词术语始终是多数语言学家的追求。这本身无可非议,而且前人也已经取得了不少可喜的成就,为我国现代语言学的发展打下了基础,值得后人继承、发扬,当然也应该不断加以完善、修正、拓展。但是,很奇怪的是,我国语言学界长期以来老一辈语言学家继承乾嘉朴学的优良传统重视材料的搜集,要求一切从材料出发,强调无一字无来历的同时却不很重视实用,甚至瞧不起实用性的研究。我清楚地记得上个世纪后期某个单位举行一次某位长期从事语文教育研究的语言学家的学术思想讨论会,国内一所著名大学就集体拒绝参加,某个有关的研究所则禁止本单位人员参加,理由都是"语文教学根本不是什么学问"!当然也不排除还有一些其他的人际关系因素在起作用。到 20 世纪 90 年代,爱好文学的几位中学老师发起了一场全国性的声势浩大、影响深远的"中小学语文教学大讨论",断言我们以培养学生的读、听、说、写能力为宗旨的语文教学已经"误尽天下苍生",而中小学的语文教学的宗旨应该改为培养学生的文学欣赏能力或所谓文化素养。奇怪的是这么一场全国性的有关语文教育的大讨论,却没有一位语言学家参加。为什么？大概多数人就是因为觉得这不是什么学问，值不得费口舌吧。当然，也有不少语言学工作者是一直很关心语言的实际运用，包括语文教学事业的。但是一般有影响的语言学杂志却很少发表语文教学方面的文章，即便写了也没有合适的地方发表。这就是我国语言学的现状，既不关心真正的理论探讨，也不关心语言实际运用的问题。

王建华同志一直关心语言的实际运用问题，他的研究涉及作家作品语言研究、修辞学、文化语言学、语用学、语文教学、语言文字规范问题等等，也就是研究一切在实际运用语言进行交际活动中出现的问题。这么广泛的对语言运用的研究应该有一个专门学科，也许可以称为广义的语用学吧。王建华同志的另一个特点是非常具体，实在，从作家作品的语言着手，从学校的语文教学和普通人的语言文字应用着手，而不是像不少其他研究类似问题的人那样从国外的理论或自己设想的理论框架着手，简单地举几个例子，发挥一些想象。因此，他的研究尽管还说不上详尽、深入、无可挑剔，但是他提出的问题，提到的例证，阐说的理论都是可信的，有参考和启发价值的，特别是他提出的对语言实际运用的研究这样一种广义的语用学或者说"语用研究的探索与拓展"，窃以为是一大贡献，值得更多的人，当然包括他本人去探索和拓展。

是为序。

胡明扬

2008 年 7 月 28 日于北京

目 录

第一编 修辞学与作家语言研究 …………………… 1

新时期修辞学研究述评 ………………………………… 3
人文性:汉语修辞研究的新视角 ……………………… 20
增语修辞方式初探 …………………………………… 26
"幽默"语言的二重分析 ……………………………… 42
修辞研究如何走出困顿 ……………………………… 59
从《骆驼祥子》看老舍修辞理论的实践 ……………… 63
关于老舍小说中的"异形词" ………………………… 85
丰子恺散文的语言形象 ……………………………… 99
作家的风格创造与读者的信息反馈
　　——以老舍幽默风格为例 ……………………… 111

第二编 语用与社会、文化研究 …………………… 117

当今语言文字应用的两个问题 ……………………… 119
《语言文化与社会新探》评介 ………………………… 129

论语言词汇与社会文化的关系 …………… 138
简析社会用语的特征 …………………… 156
股市行话的构成及语用分析 ……………… 167
人名系统的社会语言学研究 ……………… 176
人名与社会生活 ………………………… 191
略谈人名对社会生活的反作用 …………… 201
汉族人名系统的演变与民族文化的交融 …… 213
从浙南地名看温州的移民文化 …………… 227
国家语言教育政策：母语教育与英语学习 …… 245
关于语文教学若干问题的思考 …………… 257
当代中学生的双方言现象 ………………… 262
新世纪语言文字规范的若干思考 ………… 276
21世纪语言文字应用发展之前瞻 ………… 292

第三编　语用学研究 …………………… 303

语用学：语言学研究的新兴分支学科 ……… 305
语用主体的地位和作用 …………………… 329
试论语言理解的联想策略 ………………… 341
自然焦点和对比焦点的语用转换 ………… 348
言说域转指认知域的语用分析 …………… 355
书名语言与关联认知 ……………………… 370
语境的定义和性质 ………………………… 383

语境的构成与分类 …………………………………… 397
论语境的功能及实现 …………………………………… 413
语境歧义分析 …………………………………………… 427
言语行为理论与语义理解 ……………………………… 437
"言语行为"的社会学分析
　　——一个语言学和社会学结合的尝试 ………… 456
跨文化语用学研究刍论 ………………………………… 467

附录 ……………………………………………………… 483

人名研究的新收获 ………………………… 曹志耘 485
探讨语文教学理论的重要成果 …………… 于根元 488
评析老舍语言艺术的精到之作 …………… 周明强 495
语境研究的新篇章 ………………………… 陈章太 498
语境研究与社会语言学 …………………… 郭　熙 509

后记 ……………………………………………………… 519

第一编

修辞学与作家语言研究

新时期修辞学研究述评

同其他学科一样,修辞学研究也是在粉碎"四人帮"之后复兴的。在短短的十年时间里,修辞学研究发展迅速,已成为语言学内部的一门令人注目的学科。特别是进入20世纪80年代以来,中国修辞学会以及各大区修辞学会的相继成立,一系列修辞学术活动的蓬勃展开,有关修辞的众多理论问题的探讨,第一份修辞研究杂志《修辞学习》的创刊发行以及大批修辞学论著的出现,等等,都标志着修辞学研究进入了一个繁荣发展、百花齐放的阶段。在这里,我们拟对新时期修辞学研究[1]做些概要的综述和讨论。为了叙述方便,分为以下几个方面。

一　辞格研究的深化

辞格研究是传统修辞学的一个主要内容。面对着荒芜了十年的修辞学园地,人们重新耕耘之始把较多的精力放到这块熟悉的地界,是毫不奇怪的。据初步统计,近年来出版的涉及修辞格的著作有近三十本。其中袁晖《比喻》、郑远汉《辞格辨异》、濮侃《辞格比较》、谭永祥《修辞新格》、吴士文《修辞格论析》等书是讨论修辞格的专著。与此同时,各级语文杂志和修辞学论文集发表的有关修辞格的论文亦有二百多篇,在不长的时间里集中出现这么多关于修辞格的研究成果,可以说是空前的。这批论著在许多方面都取得了可喜的新进展:有的探求新的修辞格,如《修辞新格》一书提出了"闪避、别解、诡谐、旁逸……"等十五种新辞格;有的对原有的辞格进行再讨论,如《比喻》、《辞格辨异》、《辞格比较》等书都是如此,提出了不少有见地的新观点;有的对辞格研究的"老大难"问题进行探讨,如王希杰的《汉语修辞学》在辞格分类问题上采用了一个新的角度——美学标准,从语言的结构、意义、声音、均衡、变化、测量、联系等方面给辞格分类,"让修辞所要达到的各种目的出来统率辞格……这样就防止了在读者心中产生盲目的修辞格崇拜;"[2]有的则全面系统地对辞格做论析,如吴士文的《修辞格论析》……所有这些对辞格的深化研究,也是前所未有过的。[3]

在修辞格研究领域,值得一提的是吴士文的探讨。1979年他发表了《修辞格结构形式初探》[4]一文,首次提出辞格可以进行结构上的研究。他把《修辞学发凡》的三十八种辞格从结构上分为四类:一、描绘体对象体和近值隐体。二、换代体换代同值隐体依存示意体。三、引导体引导随从体。四、形变体形变原形体。近年来他一直坚持这方面的探索。《修辞学讲话》(甘肃人民出版社,1982)这本著作,是这种结构分类的具体尝试和检验。在最近出版的《修辞格论析》(上海教育出版社,1986)中,吴士文对辞格更是做了一番较全面系统的研究。在辞格特定结构这个问题上,作者的探求也更深入细致了。他用类聚方法把同类辞格的结构综合起来,并用公式细致地描写了上述四种结构类型。

从辞格分类角度来看,这种以特定结构作为单一标准,简洁明了,避免了不应有的交叉。通过对辞格的结构分析,也便于认定某些相近的个体辞格的性质。如"感情的潮水"和"冠军的宝座",从语法结构上看相同,但从修辞结构上看却不一样。可以用变换的方法来验证。因而它们当属两种不同的修辞方式:前者为比喻,后者为借代。应该肯定,从特定结构入手分析辞格是很有意义的。而且以往这方面研究过于薄弱,在注重辞格研究现代化的今天就显得更为迫切。吴士文的努力,值得称道。

除对辞格的特定结构研究之外,《修辞格论析》一书还较系统地讨论了辞格研究的其他问题。譬如修辞格的定义,新辞格的设立、辞格的分类等一些难度较大而实用性强的问题,也涉及了辞格之外的"辞趣"、"辞规"等问题,都有不少新的见解。可以说这是新时期辞格研究的集成之作。但也要指出,作者的研究较明显地偏重于辞格的内部结构,而对辞格运用中的外部因素注意得不太够。诸如运用时辞格与其他语言手段之间"言语同义"及转换关系,辞格运用的制约条件、辞格在不同语体中的分布频率,等等,都是比较重要的问题,是辞格研究的一个新的广阔的天地。近年来,这个方面开始引起人们的注意。如陆稼祥认为辞格运用要注意:(1)切合题意情境,(2)注意美感效果,(3)照应辞格特点。[5] 王德春的专著《修辞学探索》对此做了更多的探讨。但总起来看,这方面的工作在现阶段辞格研究中还比较薄弱,应该及时地把较多精力移到这个新领域中来。

二 修辞理论的探讨

有一个时期,语言学界常可听到这种议论:"修辞到底是不是一门科学?"除去其他因素不论,修辞学本身理论研究的匮乏应该说是造成这种疑问的一个重要原因。可喜的是新时期的修辞学理论研究日益受到重视,有了较大的进展。这主要表现为:

1. 对修辞学的定义和范围的讨论

新时期之初,王希杰的论文《修辞学的定义及其他》[6]就及时地对此进行了讨论。他认为六十年来各家对修辞所下的定义很少能令人满意:或把修辞等同于"修辞活动",或与"对语言的加工"混为一谈,或着眼于"美化语言",没能真正很好地揭示出修辞的本质,因而也模糊了修辞研究的范围。长期以来修辞研究或仅限于文艺作品及修辞格,或不当地扩大到同文章做法混在一起的现象,都与修辞学定义不明确有直接关系。他提出应区分修辞活动、修辞和修辞学三个不同概念,分别给予定义[7]。这种观点是有见地的。与此相应,修辞学研究的范围也须廓清。王希杰认为:修辞学研究所有的"和提高语言表达效果有关的现象",这又可分为三个次类:1. 微观修辞学,研究各种同义手段和各种修辞格;2. 宏观修辞学,在社会、历史、文化、习俗等广阔画面上研究和语言表达有关的各种问题;3. 边缘修辞学,与文学、美学、心理学、语法学、逻辑学、社会学等密切合作,探讨各种交叉问题。[8]其他人也做了类似的讨论。张志公认为,可以从理论和应用两个角度认识修辞学的范围:"从理论研究的角度来讲,它同美学、心理学、文艺学、语言学、逻辑学有着多方面的联系。从应用的角度来看,它又同语言运用、信息传递、文艺创作、语文教学等息息相关。修辞学还有显著的民族性、社会性、时代性。"[9]这些讨论对开阔新时期修辞研究的视野是有益的。近年来修辞学研究呈现着朝内部关系和外部关系两个方面发展的趋势,语体学、言语交际学、模糊修辞学等新的分支开始兴起,可以说是这个讨论的具体体现。

2. 关于"同义结构"的讨论

这方面的讨论实质上是修辞学基本理论的另一个重要方面——关于修辞学研究对象问题。讨论由林兴仁、郑远汉等人的文章引起。1980年,林兴仁发表了《汉语修辞学研究对象初探》[10]、郑远汉发表了《关于修辞学的对象和任务》[11]的论文,不约而同地提出"平行同义结构""同义形式"的概念,认为"汉语修辞学研究的主要对象是汉语平行同义结构,次要对象是非平行的同义结构。"他们的观点在修辞学界引起了一场讨论。先后发表文章参加讨论的有王希杰、陈光磊、林兴仁、郑远汉、林文金等人。争论主要围绕同义结构是否作为修辞学唯一或主要对象而展开,同时也涉及了同义结构内部不少问题[12]。对于这场讨论,我们认为,就修辞学研究对象这个问题而言,是比过去前进了一步的。以往所谓的修辞要研究"修辞过程中所有的修辞现象",大多着眼于语言形式。而"同义结构"的提出,注意到修辞现象背后的语义问题。这样就使"对象"问题的讨论深化了。然而,说同义结构是修辞学研究的唯一或主要对象就难免偏颇。因为除此之外,修辞现象的语言形式还要研究,选择同义结构时的语用条件更不可忽视,在这次讨论中,"语言材料的同义结构"和"言语表达的同义结构"的不同概念之所以不时混淆,就是因为语用的问题注意得不够。因而,如果用现代语言学关于语形、语义、语用的观点来看,修辞学研究的对象应该从语言形式、指称意义、语用条件三方面同时考虑,才是比较全面的。

3. 陈望道修辞思想的研究

陈望道是我国修辞学的一代宗师,他首次建立了我国修辞学的科学体系,理论上有不少建树。其代表作《修辞学发凡》数十年来一直影响着国内修辞学研究,成为修辞学史上一部划时代的著作。1949年后,陈望道对修辞学理论也有过不少独到而深刻的见解,对修辞研究影响很大,为了全面继承并发展先贤的理论,推动修辞研究的更快前进,研究陈望道的修辞思想成为新时期修辞理论的一个重要内容。据统计资料,20世纪80年代以来这方面的文章已有七八十篇之多。[13] 1982年,《修辞学发凡》出版五十周年纪念,中国修辞学会和复旦大学联合举行学术座谈会。与会者就陈望道的修辞思想及《修辞学发凡》的贡献进行了讨论。一致认为望道先生的修辞思想有着丰富的内容,体现了辩证法的运用。在研究陈望道修辞思想的基础上,不少学者既有所继承又有所创造,建立起自己的修辞学体系。如王希杰的《汉语修辞学》,从整个体系上看很有自己的特色,理论性较强,"对象、自我、语境、前提、观点"等问题的讨论很有见地,使陈望道的"题旨情境"的说法更加具体。在辞格的分类上也独具一格。但该书虽不完全遵循"两大分野"的间架,也很明显是在这个基础上创新的。其他如王德春等人对陈望道"修辞以适应题旨情境为第一义"的重要思想做了再研究,提出了新的理论观点:"语境学是修辞学的基础"[14],李熙宗等人对陈望道的语体风格思想的继承、发展等,都对陈望道的修辞思想有所发展,繁荣了新时期修辞学的理论研究。

4. 引进国外修辞学理论

科学无国界,学术研究从来就是互相影响、互相借鉴的。新时期修辞学研究也十分主意在理论上引进国外的新成果。《修辞学习》创刊之始就开辟了"国外辞修学"专栏,陆续介绍了苏联、东欧、英美等国的修辞研究理论。在这方面外语界的同志做了大量的努力。张会森较系统地介绍了苏联的修辞学研究,如"功能语体"这一现代修辞学的中心问题及修辞研究的新方法——数学统计方面的应用等问题。[15]黄宏煦概要地介绍了西方修辞学的兴衰过程,并以此为参照,论述了我国修辞学研究的一些理论问题。[16]程雨民介绍了英美语体研究情况。[17]戚雨村从语用学与修辞学结合角度介绍了语用学的一些理论观点。[18]1985年6月,《语文导报》发表了王德春等人的一组文章[19],较全面地介绍了现代国外修辞学概况以及英、美、法、德、苏等国的修辞研究现状,包括表达修辞学、结构修辞学(属语言修辞学)、功能语体学、话语修辞学、修辞语用学、信息修辞(属言语修辞学),等等。嗣后,他们编写的《外国现代修辞学概况》一书由福建人民出版社出版发行,更系统地介绍了以上各国现代修辞学研究情况,并对现代修辞学发展趋势做了展望。这是我国新时期修辞学领域系统地引入国外理论的第一部专著。

关于引进问题,有两点值得提出。一是引进的范围还不够全面,如日本修辞学理论就很少看到介绍。事实上日本的修辞学研究也是较发达的,同西方、苏联相比独树一帜。陈望道等老一辈修辞学家就曾受其很大影响。而今天大多数人对日本现代修辞学研究状况不甚了了,无从借鉴,不能不说是一个遗憾。二是理论的引进同汉语修辞研究的结合还有不小的距离。目前谈国外修辞理论的文章大多限于介绍,除语体研究已在国内蓬勃展开之外,借鉴国外理论结合汉语修辞实际做深入的专题研究还不多。而这种"结合"才是"引进"的终极目的。这方面的工作亟待跟上。

三 比较修辞学的建立

比较修辞学是新时期兴起的修辞学内部的一个分支,是由于比较方法的广泛运用而建立的。诚然,纯粹的方法上的革新乃至推广,并不总是能导致新的分支学科的建立。同其他分支一样,狭义的比较修辞学也还具有它自己特定的研究对象和范围:作家的有定评的作品的未定稿本和定稿本(包括作家手稿和作品成品,作品的初版和修订版本),有它自己的任务;让读者了解"应该这样写,不应该那样写"。还有它自己的功能和作用,等等。[20]这也就是我们把比较修辞学作为一个分支学科的原因。20世纪80年代以来,比较修辞学研究令人鼓舞。倪宝元、朱泳燚、郑颐寿等人是开拓者,他们的著作(倪宝元《修辞》、《词语的锤炼》、朱泳燚《叶圣陶的语言修改艺术》、郑颐寿《比较修辞》)向人们展示了比较修辞学的成功和潜力。由于这方面的研究具有理论意义和实用价值,吸引了不少研究者投身于这个新领域。据悉，几年以后将有一批比较修辞学的专著集中出版，这对于提高人们的写作能力将有很大的帮助。

如果将视野扩大，比较修辞学还有更广的范围。郑远汉的《辞格辨异》、濮侃的《辞格比较》两书就是着眼于辞格的比较研究，属于这个广义范畴。郑颐寿《比较修辞》中曾提出比较修辞可分为内部比较和外部比较，包括十八个方面和角度，基本上都是属于广义的比较。可见，正是在这个意义上，比较修辞学为修辞学研究的广泛和深入开辟了广阔的前景。[21]

四　修辞学史的拓荒

我国的修辞研究可谓源远流长。从《易经》算起已有几千年历史。这无疑是一笔宝贵的财富。然而由于种种原因，修辞学史的研究一直未受到人们的重视。除《修辞学发凡》结语部分有过简短的叙述和新加坡籍华人教授郑子瑜20世纪60年代在日本出版的《中国修辞学的变迁》以外，这块园地很少有人涉足，几近荒芜。可喜的是，新时期修辞学已经注意到这个领域。郑子瑜的《中国修辞学史稿》是第一部较详备的论述中国修辞学史的著作。该书是在《中国修辞学的变迁》的基础上增扩而成的，从先秦时代开始一直写到1949年建国后直至1979年，对中国修辞学研究的历史做了一次鸟瞰式的讨论。作者遨游于浩如烟海的古代典籍、诗话、词话、随笔之中，对历代修辞思想和理论，有影响的修辞学者以及各种积极修辞手法做了一番较有系统的总结，将中国修辞学史分为八个时期。对中国修辞史上一些特有现象如文与质、辞与意的争论,修辞与文体的关系、与作家个性的关系等也做了讨论。其自成体系,规模宏大是前所未有的。郭绍虞称之为"空谷足音"。的确,该书的出版不仅填补了几十年来修辞研究的一个空白,而且为这方面的深入研究奠定了一个良好的基础。近年来《修辞学习》杂志也连续发表了一系列介绍古代修辞思想、修辞学著作以及有影响的修辞学者的文章。李金苓等人的修辞学史研究也较引人注目。可以预料,这方面的研究在若干年后将有一批成果出现。

修辞学史的研究由于起步较迟,因而也不可避免地存在某些方面的不足。以《中国修辞学史稿》为例,该书很大程度上以积极修辞手法(即辞格)为纲,文体及消极修辞手法间之,这样无形之中对中国古代修辞的另一个突出特点:人文性有所忽略。事实上,古代文论、诗话、词话之中在谈论与修辞有关问题时常和形象思维、社会心理等联系在一起,意象、意境、风骨、体性等不便捉摸的概念时常出现就是明证。即如郑氏所增的"炼字"等辞格,也多是出于意境的需要。另外,修辞学史的研究还有一点要注意,就是20世纪二三十年代至四十年代末的修辞学研究是特别值得重视的。这是修辞学独立为一门学科之始,也是本世纪修辞学研究第一次繁荣期,出现了唐钺、陈望道等大家和几十本专著。需要指出的是,研究的目光不能仅限于几位有定评的大学者身上,对此时期其他学者及其著作也须进行足够的研究、总结。还有,1949年后的修辞学研究也有必要加以系统地总结。这样,才能对我国修辞学史有一个比较全面的、正确的认识。

五 语体研究的繁荣

如果说修辞学史的研究还带有拓荒的性质,那么,修辞学内部新辟的另一园地——语体研究则已呈一派青枝绿叶、鲜花争艳的繁荣景象。我国语体研究虽在五六十年代开始起步,但十年浩劫中完全停顿,与其他国家的差距越拉越大。在新时期里,人们自觉地不再将目光局限于选词、造句、辞格的框架之内,语体研究受到越来越多的人重视。随着国外修辞理论的引进、介绍,对语体的研究也逐步深化,而且在最近几年形成了一个高潮。有资料表明,近年来公开发表的有关语体的论文近百篇。1985年6月,华东修辞学会和复旦大学联合举行了全国第一次"语体学学术讨论会"。全国各地包括港澳学者提交论文五十余篇。1985年8月中国修辞学会第三届年会,1986年7月华东修辞学会第四届年会都把语体问题列为会议的中心议题。目前对语体的讨论主要从理论和各种语体语言特点的描述两个方面展开。

语体理论问题涉及面比较广,包括语体的性质、概念术语问题、语体的形成问题、语体研究的地位、对象、任务问题、语体研究的方法论问题、语体分类问题、语体的交叉渗透问题,等等。讨论中有些问题已趋向比较一致的意见,如语体的性质、概念术语、形成、交叉渗透等问题。有的问题则至今仍有较大分歧,争论也较激烈。如分类问题,学术界存在着六七种较有特点的大分类,如果连下位语体有分歧的也算上,就更五花八门。1986年7月,华东修辞学会厦门年会上就语体分类问题再次展开激烈讨论。除了常见的以社会交际功能作为分类标准以外,又有人提出以思维方式作为分类标准。而以社会交际功能为标准又有不同意见。有人主张以超语言因素为主要标准,有人认为语言本身特点更重要。争论激烈,且各执己见,难于统一。又如语体学的地位问题,有人认为是修辞学的基础,有人认为是涵盖修辞学的,有人则认为是与修辞学平行的,等等。这种观点都影响到对语体的对象、任务的研究以及具体语体的描写。观点纷繁,交锋激烈,一方面体现了研究的深度,另一方面也反映了问题本身的复杂。因而有人提出要对语体进行多层次、多角度的研究,力求全面些、系统些。[22]

在语体理论问题讨论的同时,描述各语体的基本语言特点的工作也在进行之中。人们对一些"老牌"的大类如文艺、政论、科技、公文等语体及某些下位分语体如法律公文、广告、广播稿、科学文艺等的语言特点做了描写,其中文艺语体研究比较热闹。由于描写是建立在精确分类的基础上的,故在目前分类问题分歧较大的情况下,这种描写也是较简单、粗疏的。相比之下,另一种描述方法更有其长处,即从语体类型与某种语言成分的对应关系去考察。如有人分析了模糊语言与公文语体的对应,政论语体与排用修辞系统的关系等。也有人对比喻这种辞格与各种语体之间的关系做了分析等。这种种角度着眼于具体的下位语体乃至成品,着眼于某一特定的语言成分的特点,使讨论能落到实处,意义更大些。

语体研究已成为修辞学领域中一个重要内容,它使修辞学研究扩大了视野,使"题旨情境"在一定程度上具体化,也使修辞学具有更大的实用价值。目前我国语体研究正方兴未艾。第一次语体学术讨论会的论文集《语体论》已编成即将出版,一批语体学研究者组成的编写小组正撰写我国第一部《语体学概论》的专著,不久亦可完稿。这些都说明了我国语体研究达到了一定的高度。但是,与其他国家相比,用语体研究的终极目的来要求,还是有不小差距的。今后的研究似尤应注意这样两点:1.加强深入细致的语体调查和描写。语体研究的目的是为了建立语体风格体系,确定语体风格规范,指导语言实践。要做到此,理论的探讨是必要的,但更重要的还是各语体类型实际的语言特点和规范的探求。目前分类问题分歧很大,一个很重要的原因是对各具体语体类型的语言特点和要求心中无数。最好应该扎扎实实做些调查工作,从具体作品入手,先是下位语体的语言特点描述,再综合为语体大类的特点和要求。在方法上也应更新,力求有"量"的统计说明。这样的研究会更有说服力和指导意义。2.加强口语语体研究。口语语体作为一个大类往往名存实亡。因为与之相对的书面语体常又可分出政论、科技、公文、文艺等分语体分别描述,而口语语体"孤家寡人",其特点也是那么几条概括性的:生动性、灵活性、随意性等等。其实口语语体远不是这么简单,它内部应该也可以分成几个次类,并非完全一致的。这是值得研究的问题。

六 修辞研究的其他领域

除以上五个方面以外,新时期的修辞学研究的以下几个方面也都值得一提:

1. 篇章修辞学研究

早期修辞学研究以句子、辞格为上限，对段落、篇章的修辞问题注意不够。20世纪50年代张志公等突破了这个框架，这也是与其他国家的研究相一致的。新时期发表了有关篇章修辞的论文有数十篇。郑文贞《段落的组织》、徐炳昌《篇章修辞》是这方面的专著。这些论著有的对篇章的修辞方式做了讨论，如张寿康《篇章修辞方式刍议》，讨论篇章中常用的修辞方式有排用（排比、反复、对偶等）、比喻（讽喻、事喻）、象征、假言、同音、对比、设问、呼告、顶真、仿拟等11种。有的从语段篇章对选词造句的制约作用来探讨其修辞功能。有的从修辞与写作的交叉和侧重关系方面来研究篇章修辞。更多的文章讨论了段落、篇章的构成、衔接及其修辞作用等问题。还有人尝试用话语分析方法进行篇章修辞研究，为篇章修辞带来了新的研究方法。总起来看，这方面的研究还需要深入。有的文章限于篇章结构的描述，与写作学研究篇章没有多大差别。另外，有关篇章修辞的一些理论问题的讨论也还不够深入。

2. 信息修辞和交际修辞研究

信息修辞和交际修辞是近年来逐步受到重视的两个领域。它们具有共同的特点，就是：从运用语言进行实际交际的过程中研究修辞问题。言语交际，必然涉及说写者和听读者两个方面。以往谈修辞多是从作家如何表达角度出发的。从交际角度看，表达效果如何，修辞优劣与否，还要看听读者的接受情况。这样，修辞学就不仅要研究说写者的表达，还须研究听读者的接受以及二者之间种种关系和众多因素,诸如语言手段、语义信息、语用环境等。在沟通两者的关系上,语义信息可说是关键要素,而语义信息又是通过语言手段和修辞方式来体现的。恰当的修辞方式可以排除信道障碍,传递更多的信息,达到更好的效果。从另一层次来看,语用环境也是制约交际双方的重要因素。表达者要考虑语境因素去选用种种语言手段和修辞方式,接受者的理解也需借助语境的帮助。讨论修辞脱离语境的分析是行不通的。这正是《修辞学发凡》的"修辞以适应题旨情境为第一义"的精髓所在,也正是有人提出"语境学是修辞学的基础"的出发点所在。近年来讨论信息、交际修辞方面的专论性文章还不太多,但不少文章在分析具体修辞现象时却或多或少地涉及了它们。刘焕辉的专著《言语交际学》对这两方面有较详细的讨论。目前这种研究已为越来越多的人注意,预计可能是继语体问题之后修辞学研究的又一重要趋向。[23]

3. 模糊修辞研究

模糊修辞是随着模糊理论在修辞学的运用而兴起的,它同样深化了修辞学的研究。修辞学历来重视表达效果的准确、生动、鲜明,而从模糊理论来看,并不完全如此。有时故意的模糊反而比准确好。准确与模糊原是辩证统一的一对矛盾。修辞学有必要由此修正修辞的标准。从语言的实际来看,模糊性是其客观属性之一,此外,交际中还大量存在着模糊言语,即运用中产生的模糊现象。因而,模糊修辞研究的对象是客观存在的,它的任务是要研究这些模糊现象的构成、运用规律以及所具有的修辞效果,20 世纪 80 年代以来,修辞学界出现了一系列文章探讨模糊修辞的问题。有的分析有关理论问题。有的讨论模糊语言的应用范围及修辞作用，如在外交活动、机关干部、公文法令、日常生活、文学作品等领域都活跃着大量的模糊语现象，为表情达意，提高语言表达效果服务。有的则从模糊修辞角度来分析具体的言语作品，如文学作品中的模糊语言的运用等。总的说来，这是一个很有潜力的领域，可挖掘的东西很多，许多问题尚待深入。[24]

注释

[1] 为便于称说，我们仿照文学界，将粉碎"四人帮"以来的十年称为"新时期"。
[2] 吕叔湘为王希杰《汉语修辞学》所做的"序"。
[3] 参阅王建华《修辞格研究的新进展》，《语文导报》1985.8。
[4] 《辽宁师院学报》1979.4。
[5] 陆稼祥《论辞格的运用》，《修辞学研究》第二辑，安徽教育出版社(1983)。
[6] 《南京大学学报》1979.2。
[7] 王希杰《汉语修辞学》，北京人民出版社(1983)。
[8] 王希杰《修辞研究中的几个问题》，《南京大学学报》1981.3。
[9] 张志公《修辞学论文集(二)》，福建人民出版社(1984)。
[10] 《南京大学学报》1980.2。
[11] 《华中师院学报》1980.3。
[12] 参阅王维成《"同义结构"研究的新进展》，《语文导报》1987.1。
[13] 参阅梁人《陈望道修辞思想研究综述》，《语文导报》1986.2。
[14] 王德春《修辞学探索》，北京出版社(1983)。
[15] 张会森《苏联的修辞学研究》，《国外语言学》1983.4；《现阶段的修辞学》，《修辞学论文集(二)》福建人民出版社(1984)。
[16] 黄宏煦《从西方修辞学兴衰历程中得到的启发》，《修辞学论文集(二)》。
[17][18] 《修辞学发凡与中国修辞学》，复旦大学出版社(1983)。

[19] 这组文章是:王德春《国外现代修辞学总说》、安挪亚《英美现代修辞学的发展》、杨金华《法国现代修辞学的演进》、郑振贤等《德国现代修辞学的开拓》、谢天蔚《苏联现代修辞学的变革》。
[20] 参阅王希杰《论比较修辞学》,《修辞学论文集(一)》,福建人民出版社(1983)。
[21] 参阅晨言《建设中的比较修辞学》,《语文导报》1985.8。
[22] 参阅李熙宗《建国以来语体研究述评》,《语文导报》1986.10—11。
[23] 可参阅王德春《修辞学探索》一书和王德春《信息学和修辞学》《修辞学论文集(二)》《修辞学论文集(四)》,童山东《信息论对修辞的认识》,《修辞学习》1986.4,《再谈信息论对修辞学的认识》,《修辞学习》1987.1等文章以及《修辞学习》1986.6,刘焕辉《修辞与言语交际》等一组文章,1987.3,刘焕辉《略论修辞与交际双方的特定关系》等一组文章。
[24] 参阅郑良根《模糊语言研究概论》,《语文导报》1985.8。

(原载于《广西师院学报》1988年第2期)

人文性:汉语修辞研究的新视角

不少人认为,粉碎"四人帮"十年来,修辞学研究取得了长足的进展,已成为语言学内一门引人注目的学科。这话自然有道理。不过,假如我们改变一下观察角度,又会不无吃惊地发现另一种情况。如果说,从修辞学研究的纵向比较中我们还或许暗自得意的话,那么,把修辞学同其他学科的研究、同社会的需求做一横向的比较,我们的喜悦就会为不安所代替——在现代科学日新月异的今天,修辞学仍然很大程度上停留于用语言学静态描述的方法描写、分类、归纳种种"修辞现象",理论贫乏,实践意义也不大。中学、大学的修辞教学作为语文知识或现代汉语的一个附属部分,大都以选词、造句、辞格为中心,与现实脱节,极少受到人们的重视。即使在修辞学赖以驻足的语言学内部,修辞学的地位也十分尴尬,对修辞学不以为然,不屑一顾的专家学者不在少数,"修辞学到底算不算一门科学"的提问也时有耳闻。面对这种现实,修辞学是没有多少理由沾沾自喜,安之若素的。

如何使修辞学更具科学性,更有实用价值,不少有识之士做了多方面的探求。有人说,必须加强理论探讨,更新修辞学观念。于是,修辞学的定义、目的、对象、范围等问题被提出讨论,"同义手段"的争论、语体研究等异军突起。又有人说,必须改进研究方法,不能仅凭语感做定性分析,还要进行定量的研究。于是,统计的方法被逐步引入语体风格、作家风格研究之中。还有人说,必须进一步开放,介绍引进国外修辞学研究的新理论和新成果。于是,话语分析、模糊理论等也进入了修辞学领域。应该肯定,这种种努力都是十分必要的,也的确给修辞学研究带来了许多新气象。不过,从客观上审视整个修辞学研究,我以为,还必须将修辞研究置于汉民族文化的大背景之中,毫不犹豫地在汉语修辞学的旗帜上书写上三个鲜明的大字:人文性。

作为研究人们运用语言进行交际的修辞学,毫无疑问应该具有强烈的人文性质。离开了使用语言的人,侈谈什么修辞手段,修辞效果,是不得要领的。这一点今天看来如此明了,无须多说。然而遗憾的是,从20世纪二三十年代现代修辞学建立以来,修辞学研究一开始就走上了形式描写、结构类型学的道路。陈望道等一代修辞学宗师,借鉴东、西方修辞研究理论,创立了中国现代修辞学体系。显然他们也认识到修辞学的特殊性,提出了"题旨情境说"、修辞的社会性、时代性等问题,但主要建树是在对修辞手段的分析、研究上。如积极修辞、消极修辞的分野、辞格的归纳、分类等。这与"五四"以后西学东渐的社会时尚是一致的。这种研究对于建立科学体系是必要的,对于修辞学从文学批评的附庸中独立出来也是有益的。但这种研究有一个很大缺陷:它只注重修辞手段、语言形式,而忽视了使用这些手段的活生生的人,淡化了修辞学的人文性。更遗憾的是,这种描写分类性的思路框定了整个修辞学研究,以至于半个世纪以来,人们画地为牢,在词、句、辞格等修辞手段的狭小地块里耕耘、挖掘、折腾,曾一度使这个本该是百花盛开,姹紫嫣红的园地几近凋零。这期间,虽然有篇章修辞、语体研究等冲破了词、句、辞格等手段的藩篱,但在总体的研究思路上仍摆脱不了类型学的窠臼。试看当前的语体分类问题的激烈争论,数学化定量分析的兴起,甚至于修辞学史也以积极修辞,消极修辞的类型为主纲的现状,不都十分清楚地显示了这一点吗?

当今的修辞学研究正处于一个重要的发展时期,它要在困惑的迷茫中思索新的抉择,在不安的躁动中期待新的转机。无疑地,进一步科学化是修辞学研究的必然走向。至于如何实现这个目标,人们可以做多方探讨。从研究人们运用语言的修辞学本身特性及其在语言学中的特殊地位来看,加强人文性质将是修辞研究进一步科学化的新视角。近年来,作为对现代科学技术高度发展的一种反思补偿,人类文化的研究正逐渐显示其优越性。在这种人文性浪潮冲击之下,对语言作"纯正的客观的描写"、"为语言而研究语言"的时代即将成为历史。语言学研究必将从象牙塔中走出来,进入丰富复杂的社会生活之中,发挥越来越大的作用。"在某种意义上说是语言研究的顶峰,是提高民族文化素养的理论基础"(苏联语言学家维诺格拉多夫院士语)的修辞学更应该理所当然地走在前头,在描写性、类型学的基础上,以人文性质作为设计蓝图的背景,建构修辞学的新的理论大厦。对照近年来的语法学、方言学、文字学乃至语音学研究的人文性趋向,我们可以说,修辞学的人文性研究不仅仅是必要,而且已经是十分迫切。

事实上,修辞的人文性研究在我国是有良好的开端和传统的。与西方的语法、修辞、逻辑并列为"三先",偏重形式的倾向不同,两千多年前,我国朴素的修辞思想萌芽之初,就已自觉不自觉地体现出人文的性质。孔子说:"辞苟足以达,义之至也""情欲信,辞欲巧"。把"辞"与"义""情"相联系,孟子有"不以文害辞,不以辞害志,以意逆志"的著名观点,强调了语辞理解中主观的"意"的重要性,荀子的"心合于道,说合于心,辞合于说"。更是把"辞、说、心、道"统一起来。春秋以降,众多的文论、札记、诗话、词话在涉及修辞方面,也大都承袭了人文性路子。其中《诗品》《文心雕龙》等文学批评著作结合作家作品的语言风格的讨论更是如此。意象、意境、体性、风骨等传统观念都带有强烈的汉民族文化的特质。1931年出版的董鲁安的《修辞学》说:"修辞之书,中国夙有,建安而后,众说周章。雕龙一书,实标良楷。隋唐以下,文论有繁。间尝综厥指归,大共不出四涂:一曰命意,二曰气息,三曰辞彩,四曰法度。"这里所说的"命意、气息"很明显地指出了传统修辞的人文性质。诚然,古代修辞研究作为文学批评的附庸,缺乏系统性、科学性,是其致命弱点。但我们今天在强调科学性、系统性的同时千万也不能把人文性的良好传统随之丢弃。在新的历史时期回顾传统,并非意味着修辞研究向传统的回归,而是向科学化目标的更高层次跃迁,是建立具有中国特色的新的修辞学体系的不可或缺的一环。语言学领域中出现的不少新学科如语用学、社会语言学、文化语言学等,都带有强烈的人文性质。国内近十年来的修辞学研究也有了一个新的开端,注重人的因素,探讨修辞规律,已为不少研究者所重视。如王德春先生的言语规律的探讨,刘焕辉先生的言语交际学研究等,为修辞学的人文性研究做出了良好的示范。这也告诉我们,加强修辞学的人文性研究是完全可行的。

"研究方法每前进一步,我们就更提高一步,随之在我们前面也就开拓了一个充满种种新鲜事物的、更辽阔的远景。"(巴甫洛夫语)把修辞学研究置于人文性的广阔背景之中,将增加不少新的因素而更为复杂,因而也将有许多园地可以开发,有许多领域可以深化。人们可以在此纵横驰骋,大显身手。例如,在对修辞手段分析的同时,注重人的因素:从说写者的个性特征,阅历修养,修辞爱好等对语言表达的种种影响,揭示出语言使用者的言语个性,以利于纠正过去那种修辞手段的静态分析中的千人一面,千部一腔的弊端;从听读者对话语现实、修辞现象的反映,衡量修辞效果的优劣、检查修辞的社会效应,也能比单纯的修辞手段的分析直接导入修辞效果的描写更有价值。又如,在纷繁复杂的修辞现象的背后,蕴涵着丰富的民族文化精神,如何通过修辞现象揭示出民族文化精神,有许多工作可做:不同时代的修辞旨趣,不同地域的修辞习惯,文化心理、民俗风情对修辞的影响,汉民族文化背景对汉语修辞的制约,不同社会、民族文化之间的修辞现象的比较,乃至于结合文化学史的修辞学史的研究等,都有广阔的前景。再如,陈望道先生提出"修辞以适应题旨情境为第一义",但如何适应,人们往往感到难得要领。从修辞学的人文性质出发,抓住语言交际的人这个主体去发掘言语规律,可以使研究进一步深化。总之,我们所提倡的人文性的修辞学研究强调的是将研究与人的世界结合起来,使之置于社会、文化的大背景之中,在传统修辞学类型描写的基础上更进一步科学化。可以预言,在对修辞现象系统的、科学的描述的基础上,注入人文性质的新鲜血液,修辞学的肌体将更加强健,我们的眼界和思路也将豁然开阔。既可以避免随感式、评点式的弊病和描写性、类型化的偏颇,又能充分发掘修辞现象背后的生机勃勃的人文精神,从而使修辞学在更高层次上科学化,更有说服力和指导作用。而促使这种研究境界的早日到来,正是我们这一代语言学工作者应尽的职责。

(原载于《中国语言学发展方向》(论文集)
1989年12月,光明日报出版社)

增语修辞方式初探

提要 用若干同义、近义或类义的语言手段共同表达某一个意思,以达到良好的效果,是语言运用现实中常见的一种修辞现象。对此,人们以往常常从不同角度归纳出多种"修辞格",但分析时又难免雷同、交叉。本文抓住语言手段的繁复性这个特点,把它概括为"增语修辞方式",并对其概念、结构、功能及修辞效果等方面做了较细致的分析。在此基础上,进一步认为:修辞格研究应克服过分琐细的偏向,要在更高层次上进行抽象、概括,使之早日达到系统化的科学研究境界。

近十多年来的修辞学研究有两个明显的趋势:一是研究视野的开阔。人们在注意修辞现象、语言手段的同时,将目光扩展到了与修辞有关的外部因素如语境、语体、心理、社会等方面,力求探讨它们与修辞现象的种种关系。二是对修辞现象本身的分析逐步深化。这表现在对修辞现象中的各种语言手段做细致的分析、描写,对新的修辞现象进行理论总结,并归纳出众多新的辞格等方面。无疑,这两个趋势都是健康的、有益的。

然而,也需要指出,这两个方面在目前都还存在着一些不足。如第一个方面,修辞现象与外部因素的函变关系还须花大的力气去揭示(这里我们暂不细述)。第二个方面,对修辞现象的描写则存在越来越烦琐、细碎的倾向。正如胡裕树、李熙宗先生所指出的那样"辞格研究上随意立'格',任意分合的情况相当严重"。[1]所谓的"新辞格"不断被发现[2],而其中的区别性特征又越来越细微。一种修辞现象可以说是这种辞格也可以说是那种辞格,让人在振奋的同时也不免产生疑虑:真的有这么多修辞格吗?怎么掌握如此众多辞格之间的区别呢?笔者认为这种疑虑不无道理。

如何确定辞格是否成立以及如何划分辞格类型,是近年来争论颇多的问题。人们见仁见智,意见歧出,[3]这里我们不想细究。我们想做的是:换一种研究思路,即跳出辞格命名、分类的小圈子,用实事求是的态度看待、分析修辞现象,并对它进行更高层次上的抽象,以使我们的研究具有更大的概括性和实用价值,同时也更具理论意义。

一

运用语言表达思想,进行交际和修辞,并不是随心所欲的。交际的目的、对象、时间、场合等外部因素固然应当注意,语言手段本身的质与量同样不可忽视。从量的方面看,要做到的是"辞达"。即在叙述、描写一件事情时,所使用的语言手段只要负载了足以说明清楚这件事的信息量,既不超出也不欠缺,便是恰当的。但这仅是理论上的标准,语言现实中的情况并非这般整齐划一。人们为了某种目的或原因,常常会有意调整自己的语言组合,对某一事情用多于必要的语言手段表示出来。[4]例如:

(1)这是什么?是梦?没有任何形象,没有看到任何东西,没有任何经历、遭遇、故事、恐惧或快乐。没有自己,没有躯体、五官、感觉、情绪。没有世界,没有任何固体、液体、气体、色彩、环境、空间、物质。

只有音乐,只有行板如歌……

(王蒙《如歌的行板》)

(2)何满子是一丈青娘子的心尖子、肺叶子、眼珠子、命根子。

(刘绍棠《蒲柳人家》)

例(1)描写"如听仙乐"般的梦幻。一连用了七个"没有……"来状写这种感受。实际上只要用一句话:"没有看到(感觉到)任何东西",便可将形象、经历、遭遇、故事……等近二十种物象全部包括在内了。但如果那样写,那种无比美好的梦幻便荡然无存,令人读来索然无味。作者有意分开来,增用了较为繁复的语言手段,从多方面来描写这种感觉,正是为了追求那种如梦如醉的情韵。例(2)也只需说"何满子是一丈青娘子的心尖子"便足以说明问题。"肺叶子、眼珠子、命根子"都是作者有意增加的。对于这种有意识增加语言手段以达到某种修辞效果的现象,我们便称之为"增语修辞方式"。具体地说,**增语修辞方式指的是:用若干同义、近义或类义的语言手段共同表达某一个意思,以达到良好的修辞效果。**

它在形态上的特点是语言手段的繁复性。这种繁复可以用语素或词来表示,也可以用短语或句子来表示;可以重复同样的词语、句子,也可以选用异形的词语或句子;可以是并列式的结构,也可以是修饰式的结构;可以是整齐匀称的形式,也可以是错综变化的形式等。它是一种很有表现力的修辞方式。其修辞功能体现为或调整节奏,或强化语义,或具体描绘,或抒发情感,或增强语势,等等。

增语现象是语言现实中的客观存在。古人云:"情动于中而形于言,言之不足故嗟叹之,嗟叹之不足故咏歌之,咏歌之不足,不知手之舞之足之蹈之也"[5],正说出了增语现象产生的根源。在我国,增语现象有悠久的历史。早在先秦时代便大量出现。《诗经》中不少反复咏唱的诗篇固然不用说是增语方式出现的,《卫风·硕人》中"手如柔荑肤如凝脂,领如蝤蛴,齿如瓠犀,螓首蛾眉,巧笑倩兮,美目盼兮"的描写更是典型的增语修辞方式。秦汉以降,两千多年来这种修辞方式日趋发展、成熟。历代学者也总结、归纳出诸如叠语、继踵、重复等辞格。到现代,随着修辞学科的建立,人们对增语现象有了更细致的认识,对其分析也更加具体入微。但由于分析的琐细、角度的不一,对这种现象的认识存在着或名异实同,或时有交叉,或互相包容的弊端。如对例(1)的分析,有人认为是,"反复",也有人认为是"错综",还有人认为是"排比"。对例(2)有人认为是博喻,有人认为是排比,莫衷一是。又如郑振铎的《海燕》:"这便是我们故乡的小燕子,可爱的活泼的小燕子,曾使几多的孩子欢呼着、注意着、沉醉着,曾使几多的农人们市民们忧戚着,或舒怀的指点着,且曾平添了几多的春色、几多的生趣于我们的春天的小燕子!"或说是"错综",或说是"增饰",或说是"故复"。袁鹰的《井冈翠竹》:"你看那毛竹做的扁担多么坚韧,多么结实。"或云"重说",或云"故复",或云"反复",等等。看法如此分歧。而更令人头疼的是,人们从不同角度的命名、分析都有各自的理由,并非无稽之谈。这种情况对于人们学习修辞是不利的。我们认为,实际上，从语言手段的繁复性着眼，它们都是增语现象，不必分得过细，以至在名称上兜圈子、论短长。用"增语"这个名称来概括某些类同的修辞现象，实用价值是显而易见的，而对于探求修辞现象的规律，在更高层次进行理论抽象也是有意义的。

二

增语修辞现象有多种表现形式，可以从不同角度对它进行分类及描写。由于它的构成主要体现在语言手段上，我们这里对它的描写、分类也从语言手段本身入手。

（一）从构成增语方式的语言单位来看，可以分为：

1. 词增方式。由同义、近义或类义的词构成。这些词可以完全相同，也可以部分相同，还可以完全异形。如（用字下着重号表示增语）：

(3)是你在歌唱？是我在歌唱？

是他在欢唱？是火在欢唱？

欢唱在欢唱！

欢唱在欢唱！

只有欢唱！

只有欢唱！

欢唱！

欢唱！

欢唱！

（郭沫若《凤凰涅槃》）

(4)我需要自己一个人独坐闷坐静坐,让涨满了两眼的老泪横流,直流,奔流,流成涧,流成溪,流成河。

(舒群《美女陈情》)

(5)人、鸽子、天,似乎通了气,都爽快、高兴、快活。

(老舍《正红旗下》)

例(3)用同样的词"欢唱"构成增语,例(4)用部分语素相同的词构成增语,例(5)则是完全异形而近义的词构成增语。

2.语增方式。由同义、近义或类义的短语构成。可以是一般短语,也可以是成语、惯用语等。如前举例(2),又如:

(6)难道世上果真没有种种例外的老妖精,老母夜叉,老痴婆(以《痴婆传》而称之),老牛蹄筋,老糊涂虫,老白吃饭,老投机、老官僚、老混世魔王、老人面兽心者吗?……

(舒群《少年Chén女》)

(7)提起中外著名的钱塘涌潮,人们立即联想起一幅汹涌澎湃、万马奔腾、排山倒海、波澜壮阔的情景。

(《地理知识》1979年第12期第5页)

例(2)用惯用语构成增语,例(6)用一般短语构成增语,例(7)用成语构成增语。

3.句增方式。由同义、近义或类义的句子铺排构成。可以是主谓句,也可以是非主谓句。可以是单句也可以是复句。如例(1),又如:

(8)原来也有你!这是一件大发现,虽似意外,也在意中:合伙吃我的人,便是我的哥哥!

吃人的人是我哥哥!

我是吃人的人的兄弟!

我自己被人吃了,可仍然是吃人的人的兄弟!

(鲁迅《狂人日记》)

(9)为了党的事业的成功,我毫不稀罕那华丽的大厦,却宁愿居住在卑陋、潮湿的茅棚;不稀罕那美味的西餐大菜,宁愿吞嚼刺口的苞粟和菜根;不稀罕舒服柔软的钢丝床,宁愿睡在猪栏狗窠似的住所;不稀罕闲逸,宁愿一天做十六点钟工作的劳苦;不稀罕富裕,宁愿穷困……

(《方志敏的故事》第143页,中国少儿出版社)

例(1)用几个非主谓句构成增语,例(8)前三句是主谓式的单句,后一句是复句。例(9)则用五个并列复句构成增语方式。

有的时候,词增、语增、句增三种方式也会综合出现在一段话语之中。例如:

(10)这是一个发现世界与发现自己的年岁!这是一个在迅跑当中忽而向世界投去了热情的一瞥的年岁!这是一个一下子把所有的爱,所有的情,所有的诗,所有的歌,所有的花朵、流水、绿树、雄鹰、鲸鱼、白帆、神话和眼泪都集中到自己的心里、脑里、每一粒细胞的年岁!

我宁可不要所有的光荣、幸福、财富,我要十九岁!

(王蒙《如歌的行板》)

这里主要是句增方式。三句"这是一个……年岁"形成第一层的增语现象,但里面又包孕了语增:"所有的爱,所有的情……",还有词增:"流水、绿树、雄鹰……"。

(二)从增语方式的语言结构来看,作为增语的部分可以充当主

语、谓语、宾语、定语、状语、补语各种句子成分以及分句。如例(4)、例(5)充当谓语,例(2)、例(6)充当宾语。又如:

(11)她按捺不住自己的一阵冲动,心波的澎湃,思潮的汹涌、激情的爆发,淹没了她那满腹烦恼、苦衷、悲戚,且汇成巨川洪流,泛滥起在难以言喻的,经受不了的宠遇和庆幸之时,才会看到的动人肺腑的惊涛、狂澜、飞瀑。于是,她笑了,她哭了。

(舒群《少年Chén女》)

(12)她的歌真优美,优美得
像浅草上透明的露珠,
像花蕊上翩跹的蝴蝶,
像暴雨后奇观的彩虹;
她的歌真动听,动听得
像森林里送来的微风,
像山涧中流出的清泉,
像原野上跳跃的铜铃。

(汪世学《女教师的歌》)

例(11)"心波的澎湃……"等三个短语构成的增语部分作主语,"烦恼、苦衷、悲戚"和"惊涛、狂澜、飞瀑"都作宾语。例(12)前三个比喻构成增语,共同充当"优美"的补语,后三个比喻构成增语,共同充当"动听"的补语。不过,从结构上看,最常见的还是增语部分做修饰语和分句,即下面两种结构:

1.修饰结构。增语部分作为其他部分的修饰成分,充当定语或状语。做定语的如例(7),做状语的如:

(13)他甜蜜地、妩媚地、文明地、礼貌地、麻利地、乖巧地、快活地、亲切地转动暗锁,拉开了门。

(王蒙《悠悠寸草心》)

根据修饰的分合,这种结构又可进一步细分为两种:共饰式和分饰式。共饰式指增语部分共同修饰一个成分,如例(7)和例(13)。分饰式如:

(14)一个人的能力有大小,但只要有这点精神,就是一个高尚的人,一个纯粹的人,一个有道德的人,一个脱离了低级趣味的人,一个有益于人民的人。

(毛泽东《纪念白求恩》)

(15)现在呢,他莫名其妙地坐了好长时间的车,要按一个莫名其妙的地址去找一个莫名其妙的人去办一件莫名其妙的事。

(王蒙《夜的眼》)

例(14)用"高尚""纯粹""有道德""脱离了低级趣味""有益于人民"分别充当修饰语,构成分述式的增语。例(15)"莫名其妙"分别修饰不同的词语,构成连贯复沓的增语现象。

2.并列结构。增语部分并列铺排在一起,不分主次,也不做其他部分的成分,而是以一个个分句或句子独立出现。如:

(16)声音。声音。声音。狂欢的声音。躁乱的声音。呼啸的声音。嚎叫的声音。笑声加哭声。雷声。海涛声。从极远处传来而渐强以至响彻穹宇的婴儿的哭声……

(刘心武《银河》)

九种声音并列铺排开来,它们是并列关系的句子。又如前举例(1)、例(8)、例(9)均是此类。如果进一步细分,也可再分为总分式和分总式两种。总分式是先总述,后用增语分述。如例(16),"声音"反复三次是总述,后面的增语为分述。分总式正相反,先用增语分述,再用另一句意思相近的话作总括。如:

(17)依然故我,他安详潇洒,从容余裕,若无其事,自得其乐,真是不管风吹浪打,胜似闲庭散步……依然故我,他大才大智,引经据典,脱口而出,舌若悬河,哲理幽默,革命诙谐,人情诗意风趣,纵论横生,喻语隐语,谚语成语,哏语笑语,的确数风流人物,还看今朝,欲与天公试比高。

(舒群《中南海的夜》)

"真是……"和"的确……"是两句总括语,分别对前面增语部分做收束。

以上是从语言单位和结构角度做的分类。诚然,还可以有其他角度的分类,如从意义看,增语部分有同义、近义、类义的区别(如例(2)为同义,例(4)为近义,例(6)为类义)。增语意义之间也有平列、层递或包孕的区别(如例(7)是平列的,例(8)是递进的,例(1)的"自己"和"躯体、五官、感觉、情绪"之间,"世界"和"任何固体、液体、气体、色彩、环境、空间、物质"之间则是包孕的)。据此也可归纳出一定的类型。但我们所说的增语修辞方式主要是从语言的形式、结构着眼的,故意义的分类我们就不细说了。不过,与意义相关而值得一提的是"言语语义场"问题。前举诸例,大多数的增语部分是同义、近义或类义性质的,但也有些例中增语部分粗看却不然。如例(10),流水、绿树、雄鹰、鲸鱼、白帆、神话和眼泪等,并非有机联系的,它们是如何并列在一起作为增语的呢?这便是言语语义场在起作用。所谓言语语义场指话语的具体上下文中相关词语、句子构成的语义系统。在这个系统中每个词语、句子的意思是密切联系的。由于语义场的作用,原来不相关、不同义的语句可以变得意义相关、相近乃至相同,形成所谓的言语同义(近义、类义)。这种情况是很多的。

三

从上节所做的描写和分类显而易见,增语修辞方式是对以往修辞格一定程度上地概括,实际上是一个大的辞格群。我们上面所举诸例至少包含了一般所说的复叠、反复、排比、错综、博喻、同字、同异、同饰、增饰、故复、重说、顶释、涌列等新老辞格。或许有人要问,把这么多的辞格归纳为一种修辞方式,不会混淆它们各自的功能和作用吗?我们说,不会的。这是因为:第一,这些辞格本身有很大的类同性,其功能和作用大致相同。第二,事实上,人们在归纳这些辞格各自的功能时,虽有所侧重,但总不免雷同或互有交叉,我们认为,描述修辞功能与其琐细而无别,不如索性概括起来,从总的方面来把握,会更便当也更实用些。

据我们初步总结,增语方式大致有以下五种修辞功能和效果。[6]

1. 调整节奏,增加音乐美感

增语方式要铺排若干相近的词、语或句,它们整齐地组合在一起,显然具有音律铿锵、节奏分明、"辞靡于耳,累累如贯珠"[7]的修辞效果。如例(2)、例(3)、例(5)、例(7)均如此。又如：

(18)于是,于是,二人坐,二人饮,饮起来。你一杯,我一杯,我一杯,你一杯,杯杯相碰相饮,胜于觥筹交错,频频再斟,屡屡斟满;明灯明辉,杯中注光,酒上浮光,缕缕闪闪,闪开胸襟情怀酒意……酒至半酣,喜心悦目,优游晕乎,快哉快哉,推心置腹,肝胆相见,赤赤裸裸,每每侃侃而谈,一一叙旧忆旧,忆旧叙旧……

(舒群《中南海的夜》)

这是描写毛主席同当年井冈山马夫一起饮酒忆旧的场景。一个个整齐对称的短语、短句构成增语,使整段话语音节和谐,令人读来分明感到一种优美怡然的旋律荡漾在字里行间。

2.强化语义,加深读者印象

在增语方式中,众多相同相近或相关的词语、句子集中出现,构成一个有强大凝聚力和辐射力的语义场。它使置于其中的词语句子的意义有机地结合在一起,互相说明、互相补充,从多方面强化所要表述的语义。达到所谓"繁词缛说,理尽于篇中"[8]的效果,以适应表达者的需要,并加深读者的印象。如例(8),四个同义句式表达了一个共同意思,将作者所做的控诉淋漓尽致地表现出来,同时也给读者以深刻的印象和震撼。例(16)用九种声音铺排来描写作品主人公的梦幻。语义之间有一种张力,看似杂乱无章却又有机联系在一起,很恰当地表现了主人公的"文革后遗症",也让读者似乎听到了杂沓纷乱、凌厉刺耳的各种声音,印象格外深刻。

3. 具体描绘,力求明晰形象

增语方式可以用若干意义有联系的词语或句子从不同角度来说明、叙述或描写一件事情,使之更明晰、更具体、更形象。如:

(19)我看樱花,往少里说,也有几十次了。在东京的青山墓地看,上野公园看,千鸟渊看……在京都看,奈良看……雨里看,雾中看,月下看……

(冰心《樱花赞》)

作者用了八个短语构成增语方式,使"几十次"更加具体。又如例(10),为了说明十九岁的多彩,作者列举了爱、情、诗、歌、花朵、流水、绿树……等含遍指意味的、与十九岁孩子关系很密切的事物来状写,使之更显得明晰可见。例(12)则是用不同的事物:蝴蝶、露珠和彩虹来比喻歌声的优美,用微风、清泉、铜铃来比喻歌声的动听,便使抽象化的概念显得更加具体、形象、可感。

4. 抒发情感,直陈作者情愫

写作过程始终伴随着作者的情感。当作者感情迸发不能自已的时候,必然会在语言表达上体现出来。最常见的便是用大量的繁复的语言手段,反复咏唱某一事情,直抒作者胸臆。即《文心雕龙》所说的"铺采摛文,体物写志也"。如作家李准在《乡音》一文中描绘乡音,一连用了七个形容性词语:"亲切的""热乎乎的""甜滋滋的""沁人心脾的""质朴憨厚的""难以忘怀的""美妙动听的",以增语方式直抒对乡音的热爱。又如例(3),"欢唱"的多次反复,既表现了凤凰再生时无比喜悦的心情,也酣畅淋漓地表露了作者由衷的欢快之情。

5. 增强语势,形成繁丰风格

增语方式还是构成繁丰语言风格的主要的有效的手段。当人们读到那"繁文绮合""踵事增华"的增语方式时,常常会感到一种磅礴之气充溢其间,琳琅满目,目不暇接,这便是所谓的"语势"。正因为这种"壮气势,广文义"[9]的功能,增语常出现于许多大家的笔下。从古到今,都有人们繁丰风格见长称世。"文如锦绣"的汉赋则更曾领过一代风骚。现代作家中王蒙、舒群等人的不少作品被认为是繁丰的风格,与他们喜用、善用增语方式有密切关系。这从前举诸例中已经可以得到证明。

总之,增语修辞方式同其他有表现力的修辞方式一样,有很强的修辞功能,能达到很好的修辞效果,值得人们认真研究和总结。

四

在对增语修辞方式的概念、结构、功能等做了较为细致的描写分析之后,现在让我们再来概括性地谈谈增语研究的理论意义。

1. 有助于人们客观地系统地认识修辞现象。现实的语言运用是多姿多彩的,人们可以从不同角度认识它们、分析它们,总结出各种辞格。但目前有一种倾向:"辞格,被看成了是些彼此各不相关、毫无联系的杂乱的个体;研究上可以并不把它们纳入严密而有序的系统之中作考察。"[10]这样不利于辞格研究的科学化。增语研究把语言表达手段上有类同性质的诸种现象归并起来做总体研究,是合乎语言客观现实的,也便于修辞方式的系统化的科学研究。

2. 有助于解决辞格分类的"老大难"问题。增语方式着眼于语言手段的本体,涵盖了十几种辞格,而且由于标准统一,它还具有开放性。如果坚持其角度和原则,一些平时常有交叉的辞格也可以纳入增语方式之中,如对偶、层递、异称、顶真等。另一方面,从语言手段量的多寡区分,还可有与增语方式相对的"略语修辞方式"。它至少可包括:借代、双关、移就、藏词、节缩、省略、折绕等多种辞格,也具有较大的概括性。这种大类的划分,有单一的依据,可以避免常见的名称纠缠,也可以使辞格研究进一步深化。

3. 有助于寻求共同规律。寻求规律是任何科学最有理论价值的目标。增语研究着眼于语言手段本身,寻求增语的形式和结构规律,寻求各种繁复的语言手段所共有的修辞功能及修辞效果等等,其理论意义是不言自明的。

当然,有一点也要说明:限于篇幅,本文有意把讨论限定于修辞现象的语言手段范畴内。它同语体、语境、心理、目的、对象等外部因素之间的关系没有展开。诸如增语的"量"的多寡及"度"的划定,增语同废话的区别与界限,增语在不同语体的分布与频率,增语的修辞效果实现与否等,都是十分重要也十分复杂的问题,其中的规律还有待于揭示。不过,这不是我们这篇"初探"所能完成的任务。我们拟另外为文,在适当的时候对它们做一番"再探",这里就不赘述了。

注释

[1][10]　胡裕树、李熙宗《40年来的修辞学研究》,载《语文建设》1990年第1期。

[2] 前两年笔者主编《中国语言学大辞典·修辞卷》时,发现已有各种辞格近三百个。除去名异实同的一部分,总数亦在二百个左右。
[3] 参见拙文《修辞格研究的新进展》,载《语文导报》1985年第8期。
[4] 也常用少于必须的语言手段来表示。这是所谓的"略语修辞方式"。
[5] 《毛诗序》。
[6] 这里分为五个方面谈是为了方便起见。在语言现实中,增语的修辞功能常常是以综合形式表现出来的。
[7] 刘勰《文心雕龙·声律》。
[8] 刘知几《史通》。
[9] 陈骙《文则》。

(原载于《浙江大学学报》1991年第1期)

"幽默"语言的二重分析

"幽默"现象是一个很复杂的问题。社会学、心理学、美学和文艺学等许多学科对此都有所重视和研究,修辞学也不例外。在修辞学领域,幽默是一种修辞效果,是通过语言手段和语用条件共同作用达到的。语言手段和语用条件是构成幽默的两个重要因素。分析幽默,当对这两个因素给予同等的重视,不可偏重一方而忽视另一方。本文试对幽默语言作一"二重分析",二者兼顾。

一 幽默与辞格的关系之分析

在修辞学界,对于幽默是不是辞格,有两种截然相反的观点。陈望道先生20世纪30年代写的《修辞学发凡》列举了38种辞格,没有提到"幽默"。张弓先生20世纪60年代的《现代汉语修辞学》列举了24种辞式(同"辞格"),其中包括了"幽默"这一式,归为"表达类辞式"。张弓先生认为:"幽默是轻松愉快地对待某些可笑的事物","幽默是利用语言条件,对事物表现诙谐滑稽的情趣。特点是表示轻松愉快的态度。它的基础是'真实'。"[1]

张弓先生的这个观点,后来有不少人提出了相反的意见。较有代表性的是郑远汉先生。他在《辞格辨异》一书中,明确指出幽默不能算辞格。他提出两点理由:1. 幽默作为辞格是着眼于表达效果划分出来的。"依据表达效果建立辞格,会带来两个问题:一是造成辞格系统的混乱,一是辞格之间的界限难于划清。"2. 从修辞学的性质出发,辞格的研究一定要注意语言因素。其他辞格可以从构成特点上与此相联系,而幽默是从表达效果着眼的,因而它脱离了这个基础。

以上两种观点是比较有代表性的。其分歧在于对辞格特点的不同认识。如何认识辞格的特点并据以为划分辞格的标准问题,是一件复杂的事情。一般说来,应该包括:辞格的构成成分、结构形式、表达效果等方面的内容。《修辞学发凡》把辞格归入积极修辞领域,认为积极修辞除内容上具有体验性、具体性以外,在形式上也有特点。"这种形式方面的字义、字音、字形的利用,同那内容方面的体验性、具体性相结合,把语辞运用的可能性发扬张大了,往往可以造成超脱寻常文字、寻常文法以至寻常逻辑的新形式,而使语辞呈现出一种动人的魅力。"[2] 在谈到具体的辞格时,陈先生又涉及了辞格的结构性,例如,他把比喻分为"思想的对象,另外的事物和类似点三个要素。因此,文章上也就有正文、譬喻和譬喻语三个成分。凭着这三个成分的异同及隐现,譬喻辞格可以分为明喻、隐喻、借喻三类。"[3] 又如,把借代的组织结构分为随伴事物和主干事物、本名和相对事物名称的代替关系。这里,陈先生提到了辞格的形式、结构、魅力等方面,是他在辞格论上的贡献,为后人研究辞格的特点起了"导夫先路"的作用。后来,许多修辞学著作在讨论辞格特点时都注意到这些方面,并有人对某一方面进行了较深入系统的研究。例如吴士文先生在 1979 年对 38 种辞格专门从结构上进行了分析和探讨[4]。袁晖先生在一篇论文中把辞格的特点归纳为三方面:"1.在表达上具有生动性;2.在组织结构上具有规律性;3.在使用成分上具有变异性。"[5]也是概括得简明精当的。

应当看到,张弓先生也是比较重视寻找辞格的特点的。在《现代汉语修辞学》中他曾明确提出:"以'语言因素和表现手法的关联性'作标准"[6]对辞式进行分类。他分出的24种辞式大部分都考虑到语言材料和表达方式两方面。但对于"幽默"(还有"讽刺"等)辞式的设立,却主要从表达效果(即"表达上有生动性")角度着眼的,不免失之偏颇。他也谈到幽默要"利用语言条件",但利用哪些语言条件以及如何利用,却没有回答。因而《现代汉语修辞学》里谈到的幽默辞式,缺乏其独立的特点,很难说是一种辞格。书中所举的七个"幽默"的例子,实际上大都可以分属于映衬、比喻、比拟等辞格。如例二,鲁迅《故乡》中描绘豆腐西施杨二嫂"张着两脚,正像一个画图仪器里细脚伶仃的圆规"。在语言形式上是一个比喻。例六:"太阳没我起得早,星星要和我赛跑,月亮掉队西山挂,公鸡窝里睡懒觉。苦练操作三五遍,太阳羞得红了脸,星星认输忙躲藏,月亮气得掉下山。"主要运用比拟、映衬的辞格来体现出幽默。这些例子确具有积极的修辞效果,增加了生动性,富有幽默感。但这种生动性、幽默感又是通过比喻、比拟、映衬等辞格与一定的语用条件结合来实现的。可见,把幽默作为一种辞格,的确容易混淆辞格之间的界限。而且,张弓先生对幽默辞式进行的次分类:"一般的幽默,对敌人的幽默,对自然的幽默",也完全是从内容和意义上分别的,对揭示辞格的特征几乎没有什么意义。

值得注意的是:纯粹以表达效果为依据来确立幽默这个辞格,还会遇到其他的问题。如《现代汉语修辞学》"幽默辞式"里所举的例五。作者说这是"叙福建前沿炼钢的战士们用艾森豪威尔送来的原料——落在地面的碎弹片来炼钢的情节表现了强烈的幽默感。这幽默是从自豪心发出的,是从蔑视敌人的态度发出的"(例子太长,从略。见《现代汉语修辞学》第194页)。这个例子本身以及作者的分析、解释都很难令人看出语言幽默在何处。作者着眼于表达效果,把幽默情节——这本是文艺学研究的对象——也纳入了修辞学研究的范围。这就不仅模糊了辞格内部的界限,也不当地扩大了修辞学科的外延,混淆了修辞学与文艺学的界限。

在对幽默的分析中,郑远汉先生比较注意全面考查辞格的特点,从而得出幽默不能算作一种辞格的结论,是较有说服力的。

但是,我们如果更进一步分析还可以发现,幽默与辞格的关系又远不能用"是"或"非"简单作答,这里面还有错综复杂的关系。在语言的实际运用中,大部分的辞格都可以通过具体的题旨情境作用而达到幽默的效果。我们且看一般常用的辞格,如:比喻、比拟、夸张、双关、借代、反语、映衬、拈连、移就、降用、易色、镶嵌、飞白、对偶、排比、反复、层递、顶真、错综、藏词、仿拟、跳脱等,在具体运用中与一定的语用条件结合,几乎毫无例外地都可以有幽默的效果。当然,关于这一点要经过一个一个例子的具体考察,但无疑都能得到证明。在这里,为了简明起见,我们仅举数例说明。

1. 三仙姑却和大家不同,虽然已经四十五岁,却偏爱当个"老来俏"。小鞋上仍要绣花,裤腿上仍要镶边,顶门上的头发脱光了用黑手帕盖起来,只可惜官粉涂不平脸上的皱纹,看起

来好像驴粪蛋上下了霜。(赵树理《小二黑结婚》)

2. 这几句豪迈有力的话语,不难令人想起二百多年前清兵入关时候的威风,因而往往足以把债主子打退四十里。(老舍《正红旗下》)

3. 早晨,警察到门,吩咐道:"挂旗!""是,挂旗!"各家大半懒洋洋的踱出一个国民来,撅起一块斑驳陆离的洋布。(鲁迅《头发的故事》)

4. 老张用腿顶屁股,用屁股顶脊梁,用脊梁骨顶脖子,用脖子顶着头,节节直竖的把自己挺起来。(老舍《老张的哲学》)

5. 赵子曰是起下誓,不再吃他那个小脚媳妇捏的饺子,并不是他与饺子有仇,是恨那个饺子制造者,他对于这个举动有个很好的名词来表示:"抵制家货!"(老舍《赵子曰》)

6. 甲:"历史上这些女豪杰,有文有武,有的当了皇帝,有的当了皇太后,你们说我像皇帝哪,还是像太后呢?"

乙:"你是太厚!"

甲:"我是什么太后呢?"

乙:"你是脸皮太厚!"

(锡钧、文华、马季《白骨精现形记》相声)

7. "到底人家绅士和作先生的,有表可带,才当带表,像咱们可带什么?"(老舍《老张的哲学》)

这些例子在各自的具体语境中,都具有一定的幽默效果。它们是分别通过不同的辞格手段与题旨情境结合而达到的。有关题旨情境等外部的语用条件我们这里暂且不谈,且看看语言形式上,也是用了不同的辞格的。例 1 是比喻,例 2 是夸张,例 3 是借代,例 4 是顶真,例 5 是仿拟,例 6 是谐音双关,例 7 是飞白。不同的辞格在具体的题旨情境中都达到了相同的表达效果——幽默。这进一步说明:幽默是不宜当作一种辞格的。幽默与其他辞格是包含关系。

我们说幽默与辞格是包含关系,其实这种关系还值得仔细分析。首先,在相同的语用条件下,不同的辞格造成幽默的比值是不同的。比喻、比拟、夸张、双关、飞白、仿拟、借代、降用、易色、映衬、藏词、反语等辞格在使用时常常更容易造成幽默的效果。其他辞格也能造成幽默,但不如以上辞格常见,而且在运用中往往需要比较多的条件。这是一个有待于深入研究的问题。其次,一种辞格也不是任何时候都能有幽默效果的。在一定的语用条件作用下,可以产生幽默,在另一语用条件中,又可以不产生幽默而表现为另外的效果。近来,有人从表达效果着眼,把幽默作为一种辞格的大类,统率"飞白、析字、转品、歇后、仿拟"等辞格[7],这比把幽默看作一种辞格进了一步。但是,这种大类也不精确,正如我们所指出的,由于语用条件的不同,这些辞格在实际运用中并非仅仅表现为幽默效果,而且,还有许多其他辞格也都能达到幽默,却被这种分类法排除在外了。因此,我们认为,把表达效果作为区分辞格大类的单独标准,也是不适宜的。

另一方面,说幽默与辞格是包含关系,并不意味着只有辞格的运用才能达到幽默的效果。实际上,幽默也能通过其他语言手段来达到。例如:

8. 老张怒气填胸,越吃越勇,直到"目眦尽裂","怒发冲冠"!

(老舍《老张的哲学》)

9. 有个青年把他们领导讲演时的情形作了描绘:"不但是,而且是,总而言之尤其是,所以大概不一定,举个例子来说吧,当然罗!"

10. 穿着棉袍上街去,纵然自己有此勇气,其奈有辱于人类何!桌上摆着三瓶烧酒,十几样干果点心,没心去动,为国家,社会起见,也是不去动好;不然,酒入愁肠再兴了自杀之念,如苍生何!

(老舍《赵子曰》)

11. 一个小男孩告诉父亲:"爸爸,温度表已经下降了。"父亲问:"降得很多吗?"小男孩显出犯错误的神色:"五英尺左右——碎了!"

(一则外国笑话)

12. 他把她的手,一块儿棉花似的,放在他的唇边。

(老舍《二马》)

这些例子中也都有幽默感。但它们在语言形式上利用的是其他语言手段而不是辞格。例8是利用带有夸张意味的成语,例9是利用选词方面的同义手段,例10是利用古语词和古语句式,例11是利用词的多义性,例12虽是个比喻,但主要是因语序的改变而引起幽默,给人一种"他把一块儿棉花放在他唇边"的感觉(我们这里都只做静态分析,语用条件暂不分析)。类似这样的例子还有许多,也还有很多其他类型的语言手段都能达到幽默的效果。这些语言手段也许随着研究的深入,将会被看作某种辞格,那么,幽默与它们的关系仍属于前面所说的包含与被包含的关系。但在目前阶段,这些手段还没有独立地成为一种辞格的条件,那么,也就说明了幽默效果的获得,并不完全体现于使用辞格。

以上,我们是在静态的范围内讨论幽默与辞格及其他语言手段的关系。实际上,要真正了解幽默的特点,揭示幽默语言的规律,仅限于此还是不够的。在语言运用中,为什么不同的辞格和其他语言手段都能有幽默效果?需要什么条件?同样的幽默效果,可以从哪些角度去分析?等等。这必须将眼界扩大些,讨论与之相联系的外部因素,即语言运用中的题旨情境等条件对幽默的作用。在下一节里,我们试图对此做些探讨和分析。

二 幽默的语用学分析

要回答上一节提出的问题,我们认为可以借鉴语用学的一些理论和方法来进行分析。

语用学(Pragmatics)是20世纪70年代发展起来的一门新兴的语言学科。荷兰阿姆斯特丹《语用学杂志》主编哈伯兰德(Haberland)和梅埃(Mey)曾指出:语用学是语言使用的科学。语用学不仅研究正确性、适切性等抽象条件,还研究语言运用的具体条件。语用学的问题不是"表述的意义是什么",而是"这个表述是怎么产生的",语用学关心的是表述的效果[8]。在研究语言运用这个问题上,修辞学与语用学有许多共同之处,语用学的理论和方法为修辞学深入研究幽默的效果提供了很好的借鉴。

在传统修辞学的研究中,有一种偏向,常常是由语言手段的分析直接导向修辞效果的描写,忽略了语言运用中最重要的、最活跃的因素——语言运用的条件。这样,难免使生动活泼的语言运用变成干巴巴的,没有生气的静态描写,而且往往难以令人信服。例如,对于幽默,就有人认为:"语言的幽默是语言自己本身产生出的幽默,这种幽默效果是在一个词或者一个句子上产生出来的。"[9]我们不能同意这个观点。一个词或一个句子,在没有进入一定的语境使用之前,只是一个静态的单位,是属于语言体系中的成分。而语言体系是从活的言语中抽象出来的系统,在这个系统中,任何语言材料和手段(包括常见的修辞手段——辞格)都是一般的、抽象的、概括的,无所谓幽默不幽默。只有当使用者把它们分别运用于不同的场合,通过语用条件的作用,才会显示出幽默的效果来。从语用学角度来看,所谓"幽默",是在语言运用中体现的,是说写者运用各种语言手段,通过一定的语用条件来实现的。语用学认为,使用语言手段是说写者的最基本的能力;使语言手段和语用条件相适应才是最重要的。语用条件制约着语言手段的选择。说写者必须根据自己的交际目的和具体的使用语言的环境,考虑到读者、听者的地位、文化修养、知识背景、性别、年龄,还有时间、地点、上下文等因素,依据这些语用条件来恰当地调整所选择的语言手段,以更好地达到预期效果。只有在语言手段和语用条件有机地结合成一个整体时,幽默效果才能达到。同样,听读者之所以能理解说写者的幽默,也是在语言手段与语用条件的共同作用下,产生联想、推理,从而理解说写者的匠心的。从这个意义上说,语言运用中的条件是达到幽默的最主要的因素,也是沟通说写者和听读者之间的桥梁。在这个语用学的背景之下,我们想对幽默作一些动态的分析。先看看上一节所举的例子。

在例1—例7里,我们按照传统的静态分析,指出这些例子分别是由不同的辞格体现幽默的。实际上,这些辞格为什么会有幽默效果,而不是其他效果?这应该从它的语用条件上进一步分析。试看例1。单独地看,"只可惜官粉涂不平脸上的皱纹,看起来好像驴粪蛋上下了霜"这个比喻,诚然可以说是幽默,但说它"生动"或"形象"也未尝不可。只有联系具体的语境才能解释清楚:三仙姑"已经四十五岁,却偏爱当个'老来俏',小鞋上仍要绣花,裤腿上仍要镶边,顶门的头发脱光了,用黑手帕盖起来……"在上文中,作者不动声色地、不厌其烦地描写了这个忸怩作态的巫婆的模样,再联系全文的主旨——揭露批判封建主义,赞美自由婚姻,人们便可以明白,作者是在讽刺满脑封建思想的三仙姑,因而读后感到这段话很幽默。实在说来,这幽默并非那一个比喻单独达到的而是比喻与具体的题旨情境相结合的产物。又如例2,运用了夸张辞格。我们再来联系题旨情境分析一下。"这几句豪迈有力的话语"是"我"大姐的婆婆对着前来讨债的债主子们说的。怎样"豪迈有力"呢?请看上文:

她的眼瞪得特别圆,特别大,嗓音也特别洪亮,激昂慷慨地交代:

"听着!我是子爵的女儿,佐领的太太,娘家婆家都有铁杆庄稼,俸银俸米到时候就放下来,欠了日子欠不了钱,你着什么急呢!"

你看,大姐婆婆欠了债,不仅不主动还,还要训斥人家一番,"把债主子打退四十里"!这个夸张确实有幽默效果。但是如果不联系她说的话,去掉上文那"激昂慷慨"、"豪迈有力"等修饰语,光说一个夸张就表现了幽默,是不全面的,至少是难于令人信服的。

例3—例7原则上也都可以作这种语用学的分析。

在例8—例12中,几乎都没有使用所谓的"辞格",但也有幽默的效果。这也可以从语用学角度来分析。试看例8。从语用背景上来看,老张正赶上竞选自治会会长落选,窝了一肚子气没地方发泄,只能在吃饭时寻找机会来个"怒发冲冠、目眦尽裂"。从语体风格上看,也有变异;《老张的哲学》是口语体的小说,作者在这里突然插入两个古代成语,使语体风格显得很不协调(当然也有夸张的成分)。语用条件与语言手段结合起来,就造成了幽默的效果。再看例9,那个青年对其领导讲演的枯燥无味显然是不满的。但是他对此不是直接地表述出来,而是选择了领导说话时惯用的一些口头禅,巧妙地组合成句。这些口头禅,在这个具体语境中可以同空洞无物、啰里啰嗦等词语构成语境同义手段。因为说写者选用它时,有一个语用背景:某人讲话是枯燥无味的,而反过来听读者也可以通过语境同义手段来理解这个语用背景。这种在共同的语用背景之中不直说而故意选用曲言的方式来表达隐含的意义,往往能产生语用学上所谓的"会话含义"。这种交际一成功,幽默效果也随之产生。例10—例12也可以作类似的分析。

幽默的语用分析可以从很多方面,不同角度进行。我们再看看其他的例子。

13.(老马)才找了条板凳,坐了一会儿。一个老太太拉着条脸长脖子短的小狗,也坐下了。他斜眼瞪了她一眼,瞪了小狗半眼,立起来往草地上走。

"丧气!大早晨的遇见老娘们,还带着条母狗!"他往草叶上吐了两口唾沫。

(老舍《二马》)

14. 有一回伊牧师来看她们,温都姑娘把情人给她的信,挑了几篇长的,念给老牧师听,牧师本来是劝温都姑娘礼拜天上教堂,一听姑娘念的信,没等劝他,拿起帽子就跑了。

(同上)

15. (正饿着肚子的)马先生一动也没动,吧嗒着烟袋,头上一圈一圈的冒着蓝烟。

(同上)

16. 赵四在门外耍开了旋风。赵姑母门上的黑白脸的门神,虽然他的灵应,有些含糊其辞,可是全身武装到底有些威风。赵四看了他们一眼,上前握定门环在门神的腮上当当的打起来,打得门神干生气一声也不言语。

(老舍《老张的哲学》)

17. 参加典礼的老太太们,媳妇们,都先"添盆",把一些铜钱放入盆中……虽然没有去数,我可是知道落水的铜钱并不很多。

(老舍《正红旗下》)

例13的幽默从语言手段看来,可以说是体现在选词上。如"脸长脖子短的小狗""瞪了小狗半眼",还有"老娘们、母狗"等较俗的词语。但如果联系更广的题旨情境,可以发现这幽默还来自题旨内容和语用背景:老马本来爱上了寡妇房东温都太太,准备给她买戒指订婚,"爱屋及乌",对她的小狗也十分"敬仰"。但这天早上,老马和温都太太闹了气,一人独自上了公园。谁知刚坐一会儿,就来了一位老太太和一只小狗。他本想清静些,但这老太太和小狗很容易使他想起温都太太和她的小狗,又叫他清静不了。这对老马确实相当"丧气"。因而他把对温都太太的不满转嫁到这位老太太身上,反常地骂道:"老娘们",并株连到小狗。读过小说,知道背景的人都知道,如果是在平日,他保准会很有修养地同这个"老娘们"搭话,并颇有兴致地逗逗那条小"母狗"的。

例 14 的幽默来自题旨内容和语义转折。温都姑娘很有些新思想,平时在家总与母亲争论结婚、离婚问题,使母亲头痛。伊牧师出于"拯救灵魂"的好意劝她去教堂做礼拜,可她不仅不领情,而是略施小计就把伊牧师击退了。可笑的是伊牧师,在如此开放的女性面前落荒而逃,连"上帝"交给他的使命都顾不上了。作家在缓缓叙述时,语义忽一转折,使这个语言形式很平淡的语段显出了幽默。

不仅语义的转折能造成幽默,有时有意识地顺接、暗中照应也能表现幽默。例 15 描写老马早上起迟了,房东太太不给开饭,他又不敢去问,只得干坐在椅子上抽烟。"头上一圈一圈的冒着蓝烟",既是描写他抽烟的情景,但联系具体的背景和语境,又可以领会到作家的潜台词:这不正暗中照应了老马饿得"头生烟,眼发蓝"么? 理解了这个潜台词,实在令人忍俊不禁。

例 16 也有幽默感,这表现在具体的申说上。本来,贴在门上的"门神"画并不会生气也不会言语,这是常人都知道的道理,完全可以不说。作家用拟人手法说门神被打的干生气而不做声,应该说是多余的。但就是这多余的话表现了幽默。去掉它,这个语段便显示不出幽默。再看看例17"虽然没有去数,我可是知道落水的铜钱并不很多",这句话也是多余信息。因为具体语境告诉我们,"我"是个出生才三天的婴儿,怎么能去数铜钱呢?但这又是"不说"的信息,含有丰富的潜台词,既然连我这个才三天的婴儿都知道没有多少钱,大人还用说吗?由此,"我"家的家境,亲戚的穷富尽在不言之中。作家不明说,而通过"我"的角度来写,就显得更幽默。

综上,从语用学角度来分析幽默语言,我们可以得到这样的认识:幽默特点的体现,幽默效果的获得,不仅仅在于使用什么样的语言手段,而取决于在具体的题旨情境中如何使用语言手段。因此,分析幽默语言,不能局限于语言手段本身的分析以及辞格的使用,至少应该注意以下几个方面:

1.语用规则。语用学理论中要求在一般的交际中不违反所谓的"语用规则"。这些规则通常包括:选择规则,同现规则,顺序规则[10]。但交际时为了一定的目的,故意违反这些语用规则,便能产生幽默的效果。选择规则讨论语言运用中的同义结构的选择。在同一语境中,表达某种意义往往可以有多种同义形式,还可以有相同语用背景的语境同义手段。有目的地选用某种同义语言手段,能够达到幽默效果。正如我们所分析的例9,如果说写者不是故意选用"不但是,而且是,总而言之尤其是……"等语境同义手段,而用"枯燥无味,啰里啰嗦"来表达,是不会有幽默效果的。同现规则指使用语言时,在风格和方式上必须保持一致。但如果有意识地违反这条规则,使之在语体、风格上形成不协调,也能有幽默的效果。这正如我们所分析的例8。顺序规则要求在交际中按一定的顺序进行,不能随便跳脱、颠倒。而有目的违反它,也是幽默语言常常借用的一种条件,例如我们所分析的例14。有时,说写者可以不违反顺序的规则,而遵守、引申、发挥它,却也能获得幽默的效果。这又正如我们所分析的例15。

2. 语用信息。美国语用学家格赖斯(Grice)在分析"会话含义"时,提出了交际中"信息量的原则":(1)说的话应包含所必需的信息内容;(2)说的话不应包含超出需要的信息内容。[11]在一般的交际中,确实应该遵守这两条原则,含糊不清与啰里啰嗦都是说话作文时应尽量避免的。但有意识地违反这两条原则,又是造成幽默效果的有用条件。如果故意减少交际中的信息量,而把信息隐含在不说之中,那么在语境、背景等作用之下,这不说的信息往往容易达到幽默。这如我们分析的例17。对此,国外也有所研究。[12]如果有意识地超出交际中所需的一定的信息量,而又不是在说废话,那么这多余的信息在一定的题旨情境中也能达到幽默。这正如我们所分析的例16。

3. 语用环境。语境对修辞学和语用学来说都是至关重要的。在幽默语言中违反语用规则和语用信息的"量的原则",都要与语境密切联系。狭义的语境,至少包含两方面内容:语用背景和交际环境。语用背景包括目的、内容在内。如我们分析的例13,如果不了解这段话的背景,就很难理解作家使用这些语言的匠心,也就体会不出其中的幽默来,交际环境指的是交际的时间、地点、上下文等具体因素,这些因素对语言的使用及效果有直接的影响。"言之为言,时间和条件是非常重要的;词之用,在一定程度上要从上下文里才能找到解释。原来是想放在什么上下文里说的,或者确实已是放在什么上下文里说过,都影响到如何解释'词之用'。"[13]如例7中使用的是很切合交际环境的飞白辞格。说这话的是20世纪20年代京郊的不识字的村民们。他们第一次听说要选什么"代表",却不清楚到底怎么回事,便只能凭着过去的经验认为"绅士和先生们有表可带,才当带表"。飞白的辞格与语境有机地结合起来,使人感到很幽默。还有社会、民族、时代、阶级等社会因素也常对语言使用有影响,它们可以看作是广义的语境。

4. 语言的使用者。语用学的"内部是指制约语言使用的具体条件,它的外部是指语言的具体使用及其使用者。两者是统一的"。[14]以上三方面都是从语用学的内部因素来考察的,语言的具体使用者是其外部因素。说写者在运用语言进行交际时,他们的个性差异,如年龄、性别、爱好、性格、修养以及社会地位等,都会对选用语言产生各种影响。为了相同的目的,在相同的语境中,不同的说写者选用的语言手段可以不相同,甚至迥异。这也就形成了丰富多彩的个人言语风格。我们在这一节所举的例子之所以都是选老舍作品里的,就是基于这个认识。在幽默的语言特色上,老舍有老舍的风格,鲁迅有鲁迅的风格,马克·吐温和果戈理也都有各自独特的风格。对幽默进行语用学分析时,必须重视这一点。不过,限于篇幅,本文对此暂不做详细讨论。

最后,有必要说明一点:本文对幽默所作的二重分析只是为了讨论的方便才分开来谈的。在语言的实际运用中,应该是这两方面有机结合、共同作用才能达到幽默效果的。如果说,本文第一节在研究方法上仍属于传统修辞学的范畴,那么第二节则注入了一定的新的内容。由于这种语用学分析是尝试性的,也许难免牵强之处。但这种分析为研究的深入开阔了思路。我们有理由相信,随着语用学理论与修辞学研究相结合,随着研究范围的扩大和研究方法的改进,对幽默以及其他修辞效果的分析研究是可以更加精密化、科学化,更加令人信服的。

注释

[1][6]　张弓《现代汉语修辞学》,天津人民出版社(1983)。
[2][3]　见《陈望道文集》第二卷,上海人民出版社(1980)。
[4]　吴士文《辞格结构形式初探》,《辽宁师院学报》1979年第4期。
[5]　袁晖《试谈辞格的特点》,《〈修辞学发凡〉与中国修辞学》,复旦大学出版社(1983)。
[7]　李济中《关于修辞方式的分类与处理》,《修辞学论文集》第一集,福建人民出版社(1983)。
[8][14]　胡壮麟《语用学》,《国外语言学》1980年第3期。
[9]　曲大忠《浅谈小说创作中的幽默》,《求是学刊》1982年第4期。
[10]　戚雨村《修辞学和语用学》,《〈修辞学发凡〉与中国修辞学》,复旦大学出版社(1983)。
[11]　程雨民《格赖斯的"会话含义"与有关的讨论》,《国外语言学》1983年第1期。
[12]　Marlene Dolitsky: *Humor and the unsaid Journal of pragmatics*, 7 (1983) North-Holland publishing company.
[13]　Austin: *How to do things with words*? (英)奥斯汀著,许国璋摘译《论言有所为》,《语言学译丛》第一辑,中国社会科学出版社(1979)。

(原载于《江西师大学报》1986年第1期)

修辞研究如何走出困顿

修辞学研究在最近的十几年中取得了长足的进步和令人注目的成绩:"著作逾千部,论文以万计"这是事实。然而辩证地看,修辞研究同样面临着一个困顿的境地,这也是事实。去年岁末在广州召开的中国修辞学会第六届年会上,张静会长提出了一系列问题,足以引起学界同仁的重视和深思。

要使修辞研究走出困顿,继续深化,涉及多方面问题。我认为,处理好以下两个方面是十分重要的:一是研究者的心态,二是研究对象的形态。

说到研究者的心态,我看有两种倾向值得注意。第一,盲目乐观,不求变革的心态。部分研究者对修辞学的现状缺乏准确的辩证的估价,热衷于纵向的比较和数量的统计,满足于已有的成绩,自我感觉良好。第二,致力圈地,浮躁不实的心态。同当今社会的房地产热相类以,修辞学界也有一种"圈地热",在某片领域标上一个标签:××修辞学,便标示建立了一门新的分支学科。至于它能否"成学",有无条件和依据是不大管的。这部分研究者不满足已有的成绩的领域,力求扩大修辞学的范围,客观上也带动了修辞学的繁荣,但这同时也使具浮躁的心态得到了掩盖。从时下名目繁多的××修辞学走俏的现象中,可以看到这种浮躁心态的折光。

　　修辞学界如果不及时纠正这两种心态,很难使研究进一步深化。诚然,我们已取得了不小的成绩,没有必要妄自菲薄。然而,满足、陶醉乃至于故步自封却不是科学的态度,实事求是地说,我们的修辞学还很少主动介入开放的多彩的生活,社会对修辞的研究也抱着一种不以为然,可有可无的淡漠态度;这十几年来修辞研究的成果在量上达到了一个高峰,但这个数字并非没有水分,重复劳动、新意无多的"成果"为数不少,量的增加与质的提高并未成正比。这些,都在提醒我们要正确估价目前的研究现状,要有强烈的忧患意识和危机感,要敢于探索,勇于开拓。再从另一个方面看,探索,开拓需要脚踏实地、需要做认真细致的具体工作,在这里,必须力戒华而不实的作风和急功近利的浮躁心态。事实上,一门新的分支学科的建立,并不是随心所欲的,它要符合学科自身内在规律、合乎逻辑的发展,需要适应现实社会的要求,还需经过艰苦细致的工作,达到一定的认识水平和研究深度,才能水到渠成。这远非提出一个名称那样简便和惬意。我觉得,近些年来,修辞学界表面热热闹闹,实质上进展不大的现象,很大程度便同这种浮躁的心态有关,当然,我不想否认当今各分支修辞学科的成绩,也对那些敢于亮牌的同仁表示钦佩,但我同时感到,必须指出其中隐伏的某种心态。因为它同样会给修辞学研究的深化带来消极的影响,而且这种影响至今仍未受到人们足够的重视,这就更值得注意。

　　至于研究对象的形态,近年来多有争论。有人主张修辞学研究应区分修辞术和修辞学的概念,并在此基础上,建立形式化、公理化形态的修辞学体系。这种观点反映了修辞学理论意识的觉醒和增强,是学科走向现代化的标志之一。但是,仔细推敲一下,我认为这种观点也是不全面的,以"学"和"术"的区分作为修辞研究科学与否,认为修辞学体系的形态是公理化、形式化等主张,并没有抓准修辞学的本质。就修辞而言,"学"指什么,学与术可否明确对立,很值得讨论。作为研究人们运用语言的情况和规律的学科,修辞学同语言学其他分支有一个最大的区别就是它的人文性质。它同现实社会,同语用主体中有着天然的不可分割的关系。作为一个系统,它涉及的因素众多,这些因素之间互相影响和制约,使得修辞学体系不可能像语音学、语法学那样"纯洁",可以纯理性地抽象,可以形式化、代码化、公理化。由于修辞现象同人和社会的密切关系,研究必须评价种种现象的优劣,还要总结出其中的规律(比如归纳为多种修辞格)。自然,这可以说是"术"的研究,但"总结规律"不也是属于"学"的范畴吗?怎么能把学和术截然分开呢?因而,我觉得,修辞学的学与术之对立是人为的、不可能也不必要的。我们所要建立的修辞学的形态,不能以形式化和公理化作为主要标准。真正纯理性的修辞学形态,即使可以存在,也只能属于另一个层次"修辞学学"。

近来很多朋友提出了修辞学现代化、科学化的命题,我很赞同。我认为,修辞学的现代化或科学化,重要的便是正确认识修辞学的实质。要在充分描写、归纳修辞现象的同时(这部分的研究可以达到较多的形式化或公理化),深刻揭示这些现象产生的根源、条件,评价其功能和效用,并从中总结、抽象出更高一层次的规律来，以建立自己形态丰满的体系，并对现实生活有实际的作用。也就是说，修辞学具有科学描写和人文解释的双重性质，对这两个层面上同时进行深入的研究，并揭示出互相对应的规则，才是真正意义的现代化、科学化的修辞学研究形态。

（原载于《云梦学刊》1993年第1期）

从《骆驼祥子》看
老舍修辞理论的实践

被誉为我国当代"语言艺术大师"的老舍先生,不仅是一位著名作家,而且是一位杰出的修辞理论家。他生前给我们留下了数百万字的著述,其中就包括了极有见地的修辞理论。虽然这些闪耀着真知灼见光芒的修辞论述散见于几十篇文章之中,但整理出来,仍是较有系统,对语言运用很有指导作用。联系老舍先生的创作与修辞实践来整理、归纳他的修辞理论,将有助于我们更好地欣赏和学习大师的语言艺术。

本文拟从《骆驼祥子》入手,分析老舍先生在实践中如何以他的修辞理论为指导进行创作,希冀起到抛砖引玉的作用,并就正于前辈及同志者,且以此纪念老舍先生八十五周年诞辰。

《骆驼祥子》(以下简称《骆》)是老舍先生最著名的代表作。在语言运用方面,突出地表现了作家的独特风格:"文字极平易,澄清如无波的湖水",通俗、明白、简洁、凝练,具有隽永的语言艺术魅力。本文谈到的老舍有关的修辞论述,涉及他的几本谈创作经验的专著里的许多文章[1]。笔者认为,虽然《骆》成书于20世纪30年代,而这些文章有的是1949年建国后写的,但老舍本人的修辞理论和创作思想,是始终一贯的,因而完全可以用《骆》为例进行分析、归纳。

一 "有魔力的活生生的话语"

运用活生生的大白话,是老舍小说的一个最突出的特点。从20年代的《老张的哲学》《赵子曰》里,人们就能看出他的这个特点。《骆》是使他获得国际声誉的代表作,在思想内容方面,有了一个大的飞跃;在语言运用方面,更是炉火纯青。据1983年3月15日《长江日报》报道,《骆》被输入电子计算机,人们发现总共十一万字的小说只用了2413个不同的汉字,而且都是人们常用的。将其中使用频率最高的621个单字出现的次数相加,其数字占全书总字数的90%,因此,具有小学水平的人就可以毫无阻碍地读这本内涵丰富的巨著。《骆》的语言是极平易的、活生生的口语,时而轻松、时而庄重、时而辛酸、时而警策。作家就像一个高明的厨师:"把白话的真正香味烧出来"了(《我怎样写〈二马〉》)。"亲切、恰当、活泼",使人百读不厌。

老舍认为:"运用口语为的是教写出来的东西活泼生动,念起来顺口,听起来好懂。"(《怎样运用口语》,《语文学习》1951年第2期)他十分欣赏唐诗中"大漠孤烟直,长河落日圆"的诗句,认为诗作者是从生活中提炼出口语,用极简单的现成的语言,把沙漠的全景都表现出来,写活了。这种从生活中提炼出来的、极简单的现成的口语,在《骆》中俯拾皆是。诚如老舍自己曾说过的:"我无论写什么,我总希望能够充分地信赖大白话"(《我怎样学习语言》,《解放军文艺》第1卷第1期)一样,在《骆》中,我们可以看到,那些人

人都能说的大白话,被他调遣得神通广大,担负起叙述、描写、对话等任务。例如:

(1) 他决定去拉车,就拉车去了。赁了辆破车,他先练练腿。第一天没拉着什么钱。第二天的生意不错,可是躺了两天,他的脚脖子肿得像两条瓠子似的,再也抬不起来。他忍受着,不管是怎样的疼痛。他知道这是不可避免的事,这是拉车人必须经过的一关。非过了这一关,他不能放胆的去跑。

(2) 由这里一跑,他相信,一步就能跑回海甸!……他往东北拐,过金顶山,礼王坟,就是八大处;从四平台往东奔杏子口,就到了南辛庄。为的是有些遮隐,他顶好还是顺着山走,从北辛庄,往北,过魏家村;往北,过南河滩;再往北,到红山头,杰王府;静宜园了!找到静宜园。闭着眼他也可以摸到海甸去!他的心要跳出来!

例(1)是作家的叙述语言。全是口语,如行云流水那样流畅自然,又好像作家在给读者讲一个娓娓动听的故事:"念起来顺口,听起来好懂。"例(2)是描写祥子从兵营逃跑前的心理活动,也全是用大白话。与祥子紧张激动的心情相映衬,作家用的是一个个口语里常见的短句,结构单纯,并尽量避免各种关联词语。因而读到这里,人们似乎正把握着祥子的脉搏,感觉到了他激烈的心跳,而情不自禁地与主人公一同紧张地思索呢。

再看看下面的例子:

(3) "不喝,就滚出去;好心好意,不领情是怎着?你个傻骆驼!辣不死你!连我还能喝四两呢。不信,你看看!"她把酒盅端起来,灌了多半盅,一闭眼,哈了一声,举着盅儿:"你喝!要不我揪耳朵灌你!"

这是虎妞勾引祥子,逼他喝酒时说的话。短短几句,活画出她的性格。用的完全是口语:"不喝,就滚出去",省略了主语和连词;"好心好意","你个傻骆驼!"单纯的名词性结构独立成句。正是口语常见的句式。"滚"、"揪耳朵"、"灌"也都是口语常用的词语,但显然经过精心挑选,而适合虎妞的性格的。

作品中其他人物的对话也全用口语。主人公祥子在作品中的话不很多,但都是用这种既俗又白的大白话。此外,不用说土混混出身的刘四、仆人高妈,就连大学教授曹先生说的话,也全是用明白易懂的口语,没有半点学生腔。读着这些对话,人们就仿佛在街头巷尾听到邻里交谈般自然、亲切。这都是运用口语的功劳。

老舍先生运用口语,看似顺手拈来,实际也是经过精心选择的,有个适应上下文语境取舍加工过程。他曾说过:"我写文章总是改了又改,只要写出一句话不现成,不响亮,不像口头说的那样,我就换一句更明白、更俗的,务期接近人民口语中的话。"(《关于文学的语言》)他运用口语的特点,主要可以归纳为两点:

1. 选用口语词汇。"我们写一句话,不要随便想起哪个字就用哪个字,必须细细去想,哪个字最合适。……想好了以后;还必须再想有没有比这个字更好、更恰当的。"(《谈用字》)老舍还说:"不借助于典故,也不依赖土语、行话,而只凭那么一些人人都懂的俗字,经过锤炼琢磨,便成为精金美玉。"(《戏剧语言》)

老舍掌握的词汇非常丰富,并大多是从口语来的、活在人们口头上的。例如《骆》中的"白亮亮、白花花、干巴巴、毒花花、慢腾腾、昏昏沉沉、晃晃悠悠……"等重叠形式的词语,都是口语里的。又例如描写冬天里的狂风:

> 风吹弯了路旁的树木,撕碎了店户的布幌,揭净了墙上的报单,遮昏了太阳,唱着,叫着,吼着,回荡着;忽然直驰,像惊狂了的大精灵,扯天扯地疾走;忽然慌乱,四面八方的乱卷,像不知怎好而决定乱撞的恶魔;忽然横扫,乘其不备的袭击着地上的一切,扭折了树枝,吹掀了屋瓦,撞断了电线……

连续使用了十五组动词短语极写狂风的肆虐。没有一个重复,而又全是口语里常用的词汇。就是助动词的选用,老舍也是注意到口语特点。如"应该、应当"意义相同,但前者书面语味较浓,后者多用于口语。从《骆》的用语来看,凡用到这个助动词时,基本上都是"应当",很少用"应该"。

我们还可以从作家的改笔中来看他如何选用口语词汇:

> 原句:摸了摸脸上那块平滑的疤,摸了摸袋中的钱,又看了一眼角楼上的阳光,他竟把痛忘了……(《骆驼祥子》,启智书局版,第32页)

> 改句:……他硬把痛忘了……(《老舍文集》第3卷,人民文学出版社1982年5月版,第35页)

"竟"改为"硬",就是为了用口语的缘故。

大量使用口语中经常出现的各种习惯用法,也是《骆》的一个特点。例如:

> 你真行!小胡同赶猪——直来直去!
> 你可倒好,肉包子打狗,一去不回头啊!

一条绳拴着两蚂蚱,谁也跑不了!

使用这些活在口头上的歇后语,使《骆》更加口语化了。

另外,老舍还主张"用一些富有表现力的方言,加强乡土气息"。(《人物、语言及其他》)《骆》中有许多地方选用了北京口语词汇,既增强了口语性,又有地方色彩,也是很成功的。这些,已有人以专文谈过[2],我们就不再赘述了。

2.运用口语句式。句式简短,结构单纯,也是老舍口语化语言的一个重要方面。他曾在《怎样运用口语》中说过:"从造句上说,我们也要遵照口语的句法。一般地说,中国话在口头上是简单干脆的,不多用老长老长的句子。"老舍吸收了文言结构紧凑的优点,在造句时大量省略人称代词,很少用"然而,所以,但是"之类的连词。一切以通俗、简洁为原则。短小精悍的句子,明快利落、口语化的表达使《骆》句式具有独特的风格。"我自己写文章,总希望七八个字一句,或十个字一句,不要太长的句子。每写一句时,我都想好了,这一句到底说明什么,表现什么感情,我希望每一句话都站得住。……一件事情也许普通人嘴里要说十句,我们要设法精简到三四句。这是作家应尽的责任,把语言的精华拿出来,连造句也是一样,按一般人的习惯要二十字,我们应设法用十个字就说明白。"(《关于文学语言问题》)请看例子:

(1)他大着胆子坐了起来,从骆驼的双峰间望去,什么也看不见,四处极黑。逃吧,不管是吉是凶,逃!

(2)不,不能当贼,不能!刚才为自己脱干净,没去做到曹先生所嘱咐的,已经对不起人,怎能再去偷他呢?不能去!穷死,不偷!

老舍很推崇古典小说《水浒》里"武松血溅鸳鸯楼"的一段描写,认为"说一件动作多而急速的事,句子必须多半短悍,一句完成一个动作,而后才能见出继续不断而又变化多端的情形"。(《语言与风格》)上面两例是短句用于心理描写方面的。而最能体现这一点的,还是描写狂风暴雨的一节。(引文过长,从略。见《老舍文集》第 3 卷,第 168 页)

作者全用短句,急促有力,节奏感强,明快利落,毫不拖泥带水,又有强烈的音响效果,有声有色,极好地表现了暴风雨中一切事物的瞬息万变,令人猝不及防。作家笔调多变,错落有致:时而写闪,时而写人,时而写雨,时而写云;狂风、柳枝、尘土、雨柱……纷至沓来,不用再做任何加工,就可以构成一幅幅极好的电影镜头——近景:雨点砸在祥子的背上,他打哆嗦了;特写:柳枝横着飞,尘土、雨道混在一起;中景:扯天扯地的雨道,射起无数箭头,汇成万千条瀑布;大全景:天地间成了灰暗昏黄的水世界,空中的水往下倒,地土的水到处流……在这种恶劣的天气里,祥子"不能抬头,不能睁眼,不能呼吸,不能迈步",只能听任"上面的雨直砸着他的头和背,横扫着他的脸"。这些描写都是短句,富有口语化特点,把祥子在暴风雨中的"挣命"写得历历在目,使读者仿佛身临其境。

老舍很重视口语的表达和修辞作用。他曾盛赞过一篇"努力利用口语"的作品,认为这些口语是"有魔力的活生生的话语"。(《读〈鸭嘴涝〉》)在其他许多文章中,他也多次从修辞理论角度谈到运用口语的重要性。而《骆》即是使用"有魔力的活生生的话语"的最好实践。

二　高度凝练的语言功力

老舍先生主张用通俗、明白的大白话写作,但通俗明白并不就是粗陋、浅露。他还要求这些大白话是从生活中提炼加工的,能做到精练含蓄,耐人寻味。他自己也是以毕生精力追求语言的准确生动、精当传神、平中有奇、高度凝练的。早在20世纪30年代,他就说过:"我们需去找到那最自然最恰当最现成的字。在小说中,我们可以这样说:用字与其俏皮,不如正确,与其正确,不如生动。"(《言语与风格》),1949年新中国成立后,在谈到创作体会时,他又多次指出:"一个作家的本领就在于能用很精练的语言把思想感情表达出来。"(《我怎样学习语言》)"世界上最好的文字,也是最精练的文字……简单、经济、亲切的文字,才是有生命的文字。"(《关于文学的语言问题》)在《骆》中,这种"很精练的语言","有生命的文字"是多得不可胜数的。

(一)精当的遣词炼字

汉语是世界上最发达、最富有表现力的语言之一。文学语言中准确生动的遣词炼字,历来是作家所刻意追求的,也是老舍一贯的创作态度。他对那种形容一个女郎"正在青春,健康的脸色,金黄的发丝,带出金发女子所有的活泼与热烈"的含糊其辞的写法非常反感。(《人物的描写》)主张抓住关键,"一语道破,说到事物的根儿上。"在《骆》的实践中,作家正是这样做的。我们可以分三点来谈:

1.准确、出奇

老舍说:"运用文字,首先是准确,然后才是出奇。"(《人物、语言及其他》)我们可以以《骆》中动词的选用为例来看看作家选词的准确性。例如:

(1)祥子的脸通红,手哆嗦着,拍出九十六块钱来:"我要这辆车!"

(2)老松的干上染上了金红,飞鸟的翅儿闪起金光,一切的东西都带出笑意。

例(1)是祥子买车时的描写。他整整劳累了三年,凑足了一百块钱,有能力买自己的车了,不用说他是多么激动。作家用动作性较强的"拍"字,写出了祥子的这种激动,也把他的决心和自豪形象地展示在读者的面前。如果换用一般动词"拿、掏、取"或"摆、放"等,就要逊色多了。例(2)是描写早晨阳光下的情景。作家用词非常准确:一"染"一"闪",静动有别,熨帖自然。后面的"金红"和"金光"也恰当地反映了这种静动的区别。这高超的遣词,正如高尔基所说的,具有"寻求朴素、简洁,用三言两语就创造出形象来的健壮力量"。[3]

又如在酷热难耐的烈日下,拉车的人们实在忍受不了了:"见井就奔过去,赶不上新汲的水,就跟驴马在水槽里大灌一气。"用"奔"不用"走",用"灌"不用"喝",可见其渴之甚,思水之殷。动作的敏捷,映衬出天气的恶劣。所谓"表现一个动作只有一个最恰当的动词",老舍正是找到了这个切情切境的最恰当的动词。

在用词准确的基础上,老舍还进一步要求出奇。他曾谈到过民间语言里有时一两个字就能表示一连串的意思,如旧时饭馆里的"今天您吃点什么","还是老价钱,一块二",背后有许多潜台词。老舍认为要学习这种方法。他说:写作中"有时一个字两个字都能表达不少意思,你得设法调动语言。你描述一个情节的发展,若是能够选用文字,比一般的话更简练、更生动,就是本事。有时候你用一个'看'字或'来'字,就能省下一句话,那就比一般人嘴里的话精简多了"。(《关于文学的语言问题》)《骆》中的用词也往往具有这种形神兼备,意韵俱全,高度凝练的神功。例如,在狂风暴雨中,祥子正拉着一个"买卖",大雨浇得他实在受不住了:

祥子微微直了直脊背,吐出一口气:"先生,避避再走吧!"

"快走!你把我扔在这儿算怎回事?"坐车的跺着脚喊。

这里祥子之所以要"直直脊背"是因为他一直躬着身子在水里挣扎,"半死半活的,低着头一步一步地往前曳";之所以要"吐出一口气",表明他憋着劲死命拉车已经有很长时间了。"直"、"吐"两个普通的动词,不仅写出了人物当时的动作,而且包含了更多更前的神态,描述了"一个情节的发展",使读者"望表而知里,扪毛而辨骨,睹一事于句中,反三隅于字外"。[4]真可谓以一当十,以简驭繁。

2. 切合情境和人物心理

不同的语言环境,应该使用不同的语言,这是语言运用上最基本的要求。表现不同人物的心理活动也必须切情切境。老舍曾说过:"作者必须深思熟虑:如此人物,如此情节,如此地点,如此时机;应该说什么,应该怎么说。一声哀叹或胜于滔滔不绝。吞吐一语或沉吟半晌,也许强于一泻无余。"(《话剧的语言》)在《骆》的遣词上,作家也很注意所选的词适合情境,适合人物性格和心理活动。我们试看祥子从军队逃回刚到刘四家里的一段描写:

祥子拿着两包火柴,进了人和厂。天还没黑,刘家父女正在吃晚饭。看见他进来,虎妞把筷子放下了:

"祥子!你让狼叼了去,还是上非洲挖金矿去了?"

"哼!"祥子没说出什么来。

刘四爷的大圆眼在祥子身上绕了绕,什么也没说。

短短的几十个字,就把三人的不同神态和心理刻画得淋漓尽致。虎妞性格泼辣,而又喜欢祥子,几天没见,心里怪想得慌。一旦见了面,这种心情马上溢于言表:"你让狼叼了去,还是上非洲挖金矿去了?"这是小说中虎妞第一次出场说的第一句话。一个"叼"字,既写出虎妞"骂人也有男人的爽快"的性格,又反映了她见到祥子时欣喜而不能自持的心情。祥子天生的口齿不灵便,不愿多说话;又加上刚经历了一番生死折磨,病了一场,更不想多说话。一个"哼"字,道尽了他心中的不平、委屈、怨恨与辛酸。刘四是个从地痞混出来的车主,老谋深算,看见祥子的到来,不动声色,只用"大圆眼在祥子身上绕了绕"。这一个"绕"字,写出了刘四审视祥子的眼神,也写出了他的心理活动。其实,他的心里何尝不是也绕了一个圈呢?——你祥子是从什么地方来的?干什么来了?这样简洁精练的语言,切情切境地表现出如此丰富的内容,正像一个高明的画家,落墨不多,而笔下的竹子都是风态雨姿,各得其妙,形神兼备,意韵俱全。又例如:

(1)"明天二十六,才落座儿,忙什么呀?"虎妞喊着劝慰。

(2)把钱放在炕砖上,他瞪着它们,不知是哭好,还是笑好。……这是干什么呢?

例(1)一个"喊"字就喊出了虎妞的泼辣,她不光骂人有男人的爽快,而且劝人也是"喊",恐怕男人都不及她,非常切合她的性格。例(2)"瞪"非常恰切地描绘了祥子当时的心情。他一生买车丢车,再买又卖,三起三落,受了许多辛苦与委屈,最后什么都没了,连个老婆也没了!只剩下卖东西的一堆"破旧霉污的钱",他大半生呕心沥血的结果只有这几十块钱了!痛苦、辛酸、怨恨、惆怅、甜酸苦辣一齐涌上他心间,他只能对着这堆钱无可奈何地干瞪眼。在表现其心理时,这个"瞪"比一般的"看、望"好得多。

3. 有声有色

老舍很注意语言的声响。他曾强调:"除了注意文字的意义而外还注意文字的声音与音节。这就发挥了语言的音韵之美。我们不要叫文字老爬在纸上,也须叫文字的声响传到空中。"(《民间文艺的语言》,《中国语文》创刊号,1952年7月)又在《关于文学的语言问题》中说:"我写文章,不仅要考虑每一个字的意义,还要考虑每个字的声音,……让句子念起来叮当地响,好文章让人家愿意念,也愿意听。"《骆》的语言是"活"的,可以朗诵,正是因为作家注意了这一点。作家根据不同情境的不同要求而选用不同声响效果的词语。举例来说,在一般情况下,作家用"不用"这个词:"不用对别人说,骆驼的事!"在急着讲时,便使用"甭"。例如刘四和虎妞吵嘴时:"甭打算,我还得活些年呢!""甭摆闲盘,你怎办吧?""甭"是方言词,即"不用"的合音,说起来比"不用"急促、响亮,用于争吵更显出气氛的紧张,使人听了"叮当地响"。又如第十八节描写狂风暴雨,用词音节铿锵。句式简短急促,明快利落,节奏分明,使读者的耳边似乎只听得"刷刷的一片雨声"。

老舍认为同义词的选择也要考虑声响,"字虽同义,而声音不同,我们就须选用那个音义俱美的。……'警惕、留神、小心'等的意思不完全相同,而颇接近,我们须就全句的意思和全句字音的安排,选择一个最合适的。"(《对话浅论》)这涉及了适应不同语境进行调整问题。《骆》中也有这样切情切境直接提高表达效果的例子:

> 街上异常的清静,只有铜铁铺里发出使人焦躁的一些单调的叮叮当当。

这是描写六月十五日那天酷暑难耐的天气的。作家从人们的听觉极写天热。俗话说:心静自然凉。人们也都有这个体会,静谧安定的环境里,人们会心情舒畅,情绪安稳。这是合乎自然的。在那天"使人喘不出气"的酷热天气里,不用说,人们是希望有个安静环境的,那样,至少能在心理上得到平静。因而"小贩们不敢吆喝",拉车的人"也懒得去张罗买卖","街上异常的清静"。可是,煞风景的是:铜铁铺偏偏不肯安静,硬要"叮叮当当"地凑热闹。这单调的叮当声,在这般闷热的氛围中该是何等地"使人焦躁"!在这里,作家用叠音象声词"叮叮当当"直接摹状声响,就比说"单调的敲打声"更为直觉、可感,具有更好的表达效果。

如果说注意语词的声音,是诉诸听觉,为了使读者获得音乐美感的话;那么,注意语词的色彩,则是为了诉诸视觉,使读者获得画面的美感。老舍在语言色彩方面,也是相当注意的。例如《骆》中的:"他只能在雪白的地上去找那黑塔似的虎妞。"强烈的色彩对比使读者获得画面的色彩美,又有回味余地。老舍还说过:"要像画家那样,用暗淡的颜色表现阴暗的气氛,用鲜明的色彩表现明朗的景色。"(《关于文学的语言》)这也可以用《骆》来证明:

祥子深夜从军队逃出,还顺手牵来三条骆驼,这对他来说是不幸之万幸。当他想到可以卖掉骆驼再买车时,他高兴得"几乎要跳起来了",这时天也快亮了。作家用较细腻的笔触描写了此刻的景色:黎明时的天空,先是明亮的金黄色,"跟着,东方的早霞变成一片深红,头上的天显出蓝色。红霞碎开,金光一道一道射出,横的是霞,直的是光,在天的东南角组成一部极伟大光华的蛛网:绿的田、树、野草,都由暗绿变为发光的翡翠"。用了一连串色彩绚丽明朗的形容词,既"活泼生动,写晴天就使读者感到天朗气清",又正与祥子此刻的心情相适应:他从虎口逃出,又有了新的希望,他的心里不用提多高兴了——太阳照亮了他的眉发,也"照暖了他的心"!这些色彩鲜明的描写是非常恰当的。而到小说最后,祥子要去找小福子时,作家暗示他的结局悲惨,是这样描写的:

> 树木削瘦地立在路旁,枝上连只鸟也没有。灰色的树木,灰色的土地,灰色的房屋,都静静地立在灰黄色的天下,从这一片灰色望过去,看见那荒寒的西山。

这里的表色彩形容词是"灰色,灰黄色",色彩暗淡,又有"削瘦,荒寒"等色调低沉的词语,都很好地表达了悲哀的气氛。诚如老舍所说:"我们要传达悲哀的感情,就须选择些色彩不太强烈的字,声音不太响亮的字,造成稍长的句子,使大家读了因语调的缓慢、文字的暗淡而感到悲哀。"这也表现在描写天热和暴雨一节中,作家连续选用了"病,憋闷,无精打采,慢腾腾,昏昏沉沉,灰茫茫,冷飕飕,灰暗昏黄"等一系列色调低沉的词语,与当时人们心情和环境气氛相协调。

（二）富有特色的表达方式

为了简洁精练,老舍的创作态度十分严肃。"我总是先把一句话的意思想全,要是按照这点意思去造句呢,我也许需要一句很长很长的话。于是,我就用口语的句法重新去想,看看用口头上的话能不能说出那点意思,和口头上的话怎样说出那点意思。"(《怎样运用口语》)正因为这样,也就形成了他的一些富有特色的表达方式。

1. 叙述语言与心理描写相结合

请看例子：

（1）他不睡了,一脚踢开了被子,他坐了起来。他决定去打些酒,喝个大醉；什么叫事,哪个叫规矩,×你的佬姥！喝醉,睡！二十七？二十八也不去磕头,看谁怎样得了祥子！披上大棉袄,端起那当茶碗用的小饭碗,他跑出去。

（2）不像,绝不像个拉骆驼的！倒很像个逃兵！逃兵,被官中拿去还倒是小事,教村中的人们捉住,至少是活埋！想到这儿,他哆嗦起来,背后骆驼蹄子噗噗轻响猛然吓了他一跳。

这种把叙述与心理描写糅合在一起的表达方式,是我国文学创作与西方创作的典型区别之一。30 年代的中国作家大都如此。但老舍先生更突出,不仅把二者有机结合,而且全用口语句式,简洁凝练,就像说评书的艺人在给听众说书一样。如例(1),前五句是作者的叙述,接下来"什么叫事情"至"看谁怎样得了祥子"是描写祥子的心理活动,后三句又是作者的叙述。使人读起来觉得天衣无缝,珠联璧合,而又富有余韵,颇耐回味。又例如：

(3)凭什么把人欺侮到这地步呢？凭什么？"凭什么？"他喊了出来。

(4)老头子说着说着绕到她身上来。她决定不吃这一套！他办寿,她跟着忙乱了好几天,反倒没落出好儿来,她不能容让！六十九,七十九也不行,也得讲理！她马上还了回去……

用不着多举例,其特色可明矣。

2.语词"立定不动的亮相"

老舍认为,运用语言也像戏剧中武打一样,不能一个劲地打个风雨不透,需要有立定不动的亮相,才能给人以深刻的印象,以少胜多,简洁凝练的效果,使人联想到作家的潜台词。(《戏剧语言》)例如:

(1)他对自己起下了誓,一年工夫,他——祥子——非打成自己的车不可！

(2)自己有间宽绰的屋子,又可以消消停停地吃三顿饭,再加上主人很客气,祥子,连祥子,也不肯专在钱上站着了。

(3)末一趟回来,他,连他,也有点抬不起脚来了。

(4)可是打算想明天的事,就得和虎妞——他的老婆商议,他是在老婆——这么个老婆！——手里讨饭吃。

这些例中都有重复的词语,用破折号或逗号断开,就好像"立定不动的亮相",起强调作用,都非常简洁而又有许多弦外之音,给人以深刻印象,具有很好的表达效果。又如:

(1)他必能自己打上一辆车,顶漂亮的车！

(2)他的车,几年的血汗挣出来的那辆车,没了！自从一拉到营盘里就不见了！

这里也有"立定不动的亮相"的词语。但这些亮相都加上了递进的意义,这更是为了强调。如例(1)是描写祥子当初要买上自己的车的心理活动。"顶漂亮的车"强调,可使人想象得出他的决心与计划。例(2)也重复"车",强调这是"几年的血汗挣出来的",可知它的失去,对祥子的打击是何等的沉重!再如:

他扫雪,他买东西,他去定煤气灯,他刷车,他搬桌椅,他吃刘四爷的犒劳饭,他睡觉,他什么也不知道……

这个例子表面看来重复的许多"他"都该省略,但在这里实际是作家的故意重复。每一句话都带上"他"起强调作用,也是一种立定不动的亮相。因为这是祥子在遭受了一系列沉重打击,每条路都被封上之后,来到刘四家向虎妞"投降",他什么都不愿想了,"混一天是一天",内容和语境决定了这些。重复的"他"有独特的功用:它看似重复,实则简练,含蕴深刻,能使人透过这十来个"他"字看出祥子心如死灰,浑浑噩噩的精神状态。

总之,追求精练含蓄,"宁吃鲜桃一口,不吃烂杏一筐",是老舍修辞理论的一个重要内容。而《骆》的创作实践正具有这种画龙点睛、神采毕现、简洁含蓄、高度凝练的语言功力。"片言振聩聋",[5]诚非过誉之词。

三 形象精彩的比喻

老舍使用语言的风格是属于"平易、本色"派的。口语化、简洁凝练是他一贯主张并坚持实行的。他提倡少用或不用修辞格等手段来"讨好":"文学之美不是小说的唯一责任。专在修辞上讨好,有时倒误了正事。"(《言语与风格》)他还多次强调:"要老老实实地先把话写清楚了,然后再求生动,要少用修辞,非到不用不可的时候才用。""我写东西总是尽量少用字,不乱形容,不乱用修辞。从现成话里掏东西。"(《关于文字的语言问题》)我们认为,老舍这里所说的"修辞"就是指一般的修辞格。他很反对那种乱用修辞格装腔作势的文风,这是他修辞理论的一个基本思想。

然而,老舍也不是片面地一概反对运用修辞格来进行修辞的。譬如关于比喻,他就曾说过:"没有比一个精到的比喻更能给予深刻的印象的,也没有比一个可有可无的比喻更累赘的。"(《语言与风格》)"比喻不是完全不可以用,但首先宜求恰当,还要再求精彩。"(《比喻》)《骆》的语言主要依靠通俗、凝练的力量,不滥用比喻,但如果一用,就必定像戏台上的锣鼓家伙,敲打得既在适当的地方,而又清脆响亮,特别提神,为更好地表达内容服务。例如描写天热,尽可以铺陈如何如何,但如果缺乏具体事物说明,毕竟囿于抽象。作家利用高超的艺术手法,不仅通过写柳树、写狗、骡马、小贩和柏油路等具体事物来说明其热,而且用一个精当的比喻:"整个的老城像烧透了的砖窑,使人喘不过气来。"更把抽象的"热"写得具体、可感、形象。

老舍比喻的特点是:能准确地把握住事物的特征,善于用浅显、通俗的事物作比,切情切境,比得形象精彩,熨帖自然,并多用明喻、暗喻,很少用借喻这种较隐晦的方法。对照《骆》,我们可以把这归纳为三点:

1. 通俗、恰当

老舍在《言语与风格》中说过:"比喻由表现的能力上说,可以

分为表露的与装饰的。"认为在小说中应该用表露性的比喻,即"用个具体的比方,或者能说得更明白一些"。请看例子:

(1)他从早到晚,由东到西,由南到北,像被人家抽着的陀螺。

(2)穷人的命,他似乎看明白了,是枣核儿两头尖:幼小时能不饿死,万幸;到老了能不饿死,很难。

(3)几天的容忍缄默似乎不能再维持,像憋足了的水,遇见个出口就要激冲出去。

例(1)描写祥子的吃苦受累,用"被人家抽着转的陀螺"作比,具体、通俗、恰当。例(2)用人人都见过的枣核儿比喻穷人的命,很具体、通俗,而又自然恰当。例(3)用憋足的水比喻祥子所受的委屈太多而实在不能忍受,同样通俗、恰当。

老舍比喻的通俗,多是"取近譬",这与他广博的生活知识和严肃的创作态度分不开。他说过:"生活经验不丰富,知识不广博,不易写出精彩的比喻来。"(《谈叙述与描写》)在《骆》中,被用来取譬的事物大都是非常通俗、人们非常熟悉的。有植物:树、树叶、枣核等;有动物:野狗、冻鸡、蜜蜂、蚂蚱、鹰和鸟、猫和鼠等等,还有不少人们常见的事物。既通俗又自然,看似随手拈来,而在具体的语境中,实在是恰到好处。再如描写祥子刚进城时的老实:"他仿佛就是在地狱里也能做个好鬼似的。"一个通俗的比喻便写出了祥子的性格,用不着再多说,一个老实憨厚的祥子就已站在读者面前。

2. 形象、精彩

老舍认为,在通俗、恰当的比喻基础上,"还要再求精彩"。比喻是通过联想来使形象更为突出的一种手段,因而用形象来比喻,

是必不可少的。但"形象与形象的联系必须合理、巧妙"(《比喻》),不能脱离情境,乱比一气。请看《骆》的例子:

(1)他没了自己,只在她的牙中挣扎着,像被猫叼住的一个小鼠。

(2)他确乎有点像一棵树,坚壮、沉默,而又有生气。

例(1)用"猫、鼠"来比喻虎妞和祥子的关系。祥子被虎妞骗婚之后,处处都得在她的管制之下,用形象的猫鼠关系来比喻,真是最恰当不过,精彩极了。例(2)用"树"这具体、形象的事物来比喻祥子的"坚壮、沉默、有生气"的性格。将抽象的属性形象化了,也是很精彩的。老舍的比喻还运用于肖像描写。他说过,如果讲"人的闲静如娇花照水,我们心中便于人之外,又加上了池畔娇花的一个可爱的景色"。"使读者心中多了一些图像"。(《言语与风格》)《骆》对人物肖像的描写基本上采用白描手法,不倚重于比喻。不过,我们也能看到比喻用于描写虎妞形象之例:

(1)她的脸上大概又擦了粉,被灯光照得显出点灰绿色,像黑枯了的树叶上挂着层霜。

(2)她的脸红起来,黑红,加上半残的粉,与青亮的灯光,好像一块煮老了的猪肝,颜色复杂而难看。

(3)虎妞……眼泡儿浮肿着些,黑脸上起着一层小白的鸡皮疙瘩,像拔去毛的冻鸡。

作家对虎妞的形象描写正是通过这几个比喻写活了。在第一次介绍她时只说:"长得虎头虎脑,因此吓住了男人。"到底为什么会吓住男人,没人敢娶她做媳妇呢?这三个明喻就给人们活画出了她的"尊容"。以形象喻形象,非常贴切。把这三个形象连起来,再加上她那叫人受不了的泼辣劲,试想还有谁敢娶她呢?《红楼梦》中比喻黛玉的美是"闲静如娇花照水",使读者通过池畔娇花之美联想到黛玉的美丽,很形象、精彩。老舍的这三个明喻,也使读者通过几个不怎么令人悦目的图像联想到虎妞的丑陋,更加深了人们的印象,同样形象、精彩。

3. 独创、新颖

比喻应该是切情切境的独创,才有感染力和生命力。19世纪英国作家王尔德曾说过:第一个用花譬喻美人的是天才,第二个再用的是蠢材,第三个就是庸才了。老舍也说过同样意思的话:"头一个说头发光滑得连苍蝇都落不住的,是有独创能力的;第二个借用此语,便不新鲜了,及至大家全晓得了此语,我们还把它当作新鲜话儿来用,就会招人摇头了。"(《学生腔》)他主张取譬新颖,不袭用别人已说过的。《骆》中有这样的例子:

(1)祥子一气跑回了家。才包着头,烤了一阵,他哆嗦得像风雨中的树叶。

(2)祥子痛快的要飞起来,这些日子的苦恼全忽然一齐铲净,像大雨冲过白石路。

例(1)是写祥子遭暴雨浇回家后的情景。用"风雨中的树叶"来比喻祥子的神态,可说是作家的匠心独运。通常也说"哆嗦得像筛糠似的",但作家不因袭旧喻,而另取新譬。不仅因为"风雨中的树叶"通俗、形象,而且因为就在上文描写暴风雨时,作家曾两次写到柳枝"随着风狂舞"、"横着飞",此情此景,作家这个比喻是既新颖又应景入情,贴切自然。真实地描绘了旧社会里车夫们"不但吃得苦,喝得苦,连一阵风,一场雨,也给他的神经以无情的苦刑"的苦难生活。例(2)讲祥子的苦恼像大雨冲过的白石路一样被"铲"净，新颖、独创，非常恰当地写出了祥子此时的痛快心情。

应该说明的是，老舍先生的修辞理论是远不止以上谈到的三个方面的。还包含着许多丰富的内容。例如，他非常强调语言与生活的关系："语言脱离了生活就是死的，语言是生命与生活的声音。"(《语言与生活》)"不要只在语言上打圈子，而忘了与语言血肉相关的东西——生活。"(《关于文学的语言问题》)在实践中，老舍也正是深入生活之中，非常熟悉北京的情况和车夫们的生活，才写出《骆》这部巨著的。又如对其他的积极修辞方法，老舍的修辞理论中也有许多精辟的论述，并可以用其创作实践来加以印证。这些都值得另做研究。在这里，限于篇幅，我们就不再详述了。

注释

[1]　主要是：《老牛破车》，上海晨光出版社1964年1月再版。
　　　　　《小花朵集》，百花文艺出版社1963年3月初版。
　　　　　《出口成章》，作家出版社1964年2月第1版。
　　　　　《老舍论创作》，上海文艺出版社1980年第1版。
　　　　　《老舍文艺评论集》，安徽人民出版社1982年6月第1版。
　　　　所引用的如未收入这些集子，另注明详细出处。
　　　　《骆驼祥子》据《老舍文集》第3卷，人民文学出版社1982年5月版。
[2]　詹开第《〈骆驼祥子〉语言的两大特色》，《中国语文》1982年第5期。
[3]　高尔基《给玛·格·亚尔采娃》，高尔基《文学书简》(上)第132页。
[4]　刘知几《史通·叙事》。
[5]　郭沫若《赠舒舍予》。

(原载于《杭州大学学报》1984年第2期)

关于老舍小说中的"异形词"

本文主要谈老舍小说用词中的"异形词"问题。所谓"异形词",指的是作家所使用的词语在词形上与现代汉语常用词的规范形式相比有些变化,不十分"规范"。这种现象在老舍早期小说中很常见。这一方面客观地反映了"五四"前后现代汉语的规范化过程,另一方面,通过作家对这些异形词的认识,我们也可以看到他对词语规范化的积极态度。

归纳起来,老舍小说中常见的"异形词"大致可以分为同素反序词、近义语素合成词、同(近)音假借合成词三种类型。

一

1.1 同素反序词指构词的两个语素和规范词相同,但顺序正相反。[1]这类词语在老舍小说中分布面很广,且涉及多种常用词类。

1.1.1 名词类

识见 他没有什么识见。(《火葬》)

威权 她的威权越来越高。(《文博士》)

争战 他们心跳得快了一些,由迷信与不迷信的争战,转而感

到这个臭社会不给人半点自由……(同上)

激刺　四虎子受了激刺,他想起自己的幼年来。(《牛天赐传》)

失闪　唯恐他有什么失闪。(《四世同堂》)

铐镣　他们也要打碎民族国家的铐镣,成个能挺着胸在世界上站着的公民。(同上)

1.1.2　动词类

击撞　这不是他与她的软弱,是世界潮流的击撞。(《二马》)

制限　而根本不承认她有什么生育制限的新思想……(同上)

设建　真正的幸福是出自健美的文化——要从新的整部的设建起来。(《离婚》)

埋掩　顾不得埋掩他们。(《猫城记》)

低降　不幸上海还有许多中国人,这就把上海的地位低降了一大些。(《牺牲》)

捉捕　今天,果然是他带着兽兵来捉捕最老实的,连个苍蝇都不肯得罪的,钱先生。(《四世同堂》)

说劝　我愿意干的事,用不着别人说劝,我不愿干的事,说劝也没有用。(同上)

督催　他自己未必有多大的能力,倒不如督催着瑞丰到处奔走。(同上)

驳辩　遇到批评与驳辩,曲时人便没了话,他不想反攻。(《蜕》)

劫抢　他是从另一种世界来的,只知道买卖,贿赂,劫抢。(《无名高地有了名》)

1.1.3　形容词类

亮响　高身量,大眼睛,山东话亮响而缠绵……是个有声有色

的山东人。(《牛天赐传》)

　　毒狠　老先生是会把同情中国的心暂时收藏起去,而毒狠的批评中国的一切的。(《四世同堂》)

　　良善　当文化霉烂的时候,一位绝对良善的七十多岁的老翁是会……(同上)

　　老苍　她已找不到了自己的青春,可也并不老苍。(同上)

　　这些同素反序词在表义上大多是与规范词相同的,所属词类也与规范词一致。从出现频率来看,多带有临时的随意性特点。

　　1.2　老舍小说中也可发现一些与规范词的意义略有差别,词性和功能也不尽相同的同素反序词。如:

　　(1)不过,以他们比较另一些四十上下岁的车夫,他们还似乎没有苦到了家。(《骆驼祥子》)

　　(2)生于西苑、海甸的自然以走西山、燕京、清华,较比方便。(同上)

　　"比较"用为动词,"较比"用为副词。据我们所收集的资料看,凡用为副词,作家都取后者不取前者,而且后者在其小说中分布面较广,除《骆驼祥子》以外,在《牛天赐传》《文博士》《四世同堂》《蜕》中都可以看到。这表明了同素反序词的一种专化作用。

　　1.3　如果从出现频率来看,除一些偶现词以外,老舍小说中还有不少与规范词的使用频率平分秋色的同素反序词,它们常同时出现于同一部作品之中。如:

　　(1)她一边照镜子,一边这么唠叨。

(《四世同堂》)

　　(2)两位妇人既都不开口,祁老人自然乐得顺口开河的乱叨唠。老人的叨唠就等于年轻人的歌唱,都是快意的事体。

(同上)

"唠叨/叨唠"二者意思完全相同,而后者的出现频率比前者还要高些。除《四世同堂》以外,在《小坡的生日》《文博士》《蜕》《无名高地有了名》等小说中都可看到。仅《老舍文集》第二卷第 98—99 页上就有三个。

还有的时候,同素反序词和相应的规范词在相近的上下文或前后几页之中一起出现,同时并存。如:

(3)"那么,见了面又怎样呢?还不是更增加我的苦痛?"他极快地喝了一口茶,紧跟着说,"只有痛苦!只有痛苦!痛苦好像就是我的心!"

(《四世同堂》)

(4)唯其自己在种种的限制中勉强扎挣,所以才老为别人修路造桥。

(《老舍文集》第 3 卷,第 295 页)

(5)文博士莫名其妙地又坐下,挣扎着端起架子。

(同上,第 300 页)

(6)它将永不会再醒过来,它的魂灵只能向地狱里去。

(《老舍文集》第 7 卷,第 461 页)

(7)那不肯死的只好把身体变作木石,把灵魂交与地狱。

(同上,第 463 页)

这类同素反序词大多是口语中常说的,它与相应的现代规范词共处,既反映了此时词语尚未定形,也说明了口语对书面语的影响不可忽视。

二

2.1　用近义语素来替代其中一个语素而构成异形的合成词,是老舍小说中异形词的另一形式。经常阅读老舍小说的人也许会有一种直观感觉:有些词老舍用得与众不同。如一般人用的"假如""假设",老舍多用"设若";一般人常用"四处""四周",老舍则用"四外""四围"来代替等。这种类型的异形词在其小说中的分布也较广。

2.1.1　名词类

阻障　他要把一切阻障都去掉。(《四世同堂》)

宿室　有时候跟他好,有时候又跟你好,有时候自动地收拾宿室,有时候一天不洗脸。(《大悲寺外》)

2.1.2　动词类

开驶　他开驶汽车。(《四世同堂》)

渴想　她只觉得她们给她带来一股像春风什么,使她渴想从心中放出一朵鲜美的花来。(同上)

驰懈　这一蹲,他身上的筋肉似乎驰懈了一些。(《火葬》)

隐避　本着他在抗战前对文城的认识,说出哪里可以隐避。(同上)

出溜　老车夫的头慢慢地往下低,低着低着,全身都出溜下去。(《骆驼祥子》)

走溜　天赐……低着头在屋中走溜,一点主意与思想都没有。(《牛天赐传》)

游浪　舍了两个朋友,独自去游浪,这比我离开地球的时候难堪多多了。(《猫城记》)

2.1.3　形容词类

冷凉　她的手在颤,冷凉,相当的僵硬。(《火葬》)

赶急　我去! 教他赶急逃跑,是不是? (同上)

清鲜　她会像小溪的流水,老在波动,也永远清鲜。(同上)

愧悔　在投降之后,他们不好意思愧悔。(《四世同堂》)

凡庸　他简单的凡庸的问冼桂秋。(《蜕》)

2.2　这样一类的近义语素合成词现代都有相应的规范词。如:阻障/阻碍,宿室/宿舍,开驶/驾驶,渴想/渴望,冷凉/冰凉,赶急/赶紧等。它们的使用大都带有较大的随意性。在老舍小说中,既有"渴想"这种词,也有规范词"渴望"。如:"有这一点曲折在里面,他就渴望在办事的时候,钱亲家公能够自天而降。"(《四世同堂》)既有"驰懈"也有"松懈"。如:"她知道一松懈,她便丢失了一切。"(《火葬》)这是同一作品中的两种不同形式的词并存的现象。有时也可在不同作品中发现两种不同形式的词同时存在的现象。如《火葬》中有"冷凉",而在《二马》中有"冰凉":"手是冰凉,可是手心上有点凉汗。"这都说明了它们的使用具有随意性的特点。

2.3　老舍小说中还有一种近义语素合成词,与规范词相异的一个语素是既近义又同(近)音的。例如:

(1)但是,她,她老在我心里刺闹着。

(《二马》)

(2)他的掌会打下去一点我的心病,内咎!

(《四世同堂》)

(3)眼前的男女老少都是心地最干净的人,可是一个个的老无缘无故地受到魔难。

(同上)

(4)生命?惨酷地变化!越变越坏!

(《二马》)

例(1)的"刺闹"是口语词,常作"刺挠",读为 cì·nao,很痒的意思。老舍作"刺闹",一方面同音假借,另一方面利用语素"闹"的本身意义,很好地表现了马威的精神状态:不仅痒痒得慌,而且闹腾得慌。例(2)"内咎"即"内疚","咎""疚"同音近义。例(3)"磨难"作"魔难",例(4)"残酷"作"惨酷",都属于同一类。类似的例子还有:"俱乐部"作"聚乐部","长期"作"常期","艰巨"作"艰剧"(均见《火葬》)等。这种音义双兼的异形词是介乎近义语素合成词和同(近)音假借合成词之间的类型。

三

3.1 纯粹的语音假借,即借同、近音语素替代另一语素而构成异形词是老舍小说中的第三种情况。这种异形词不包括《现代汉语词典》中已列为词条的词语。如老舍小说中常可看到"嘀咕""唧咕""啾咕""挤咕"等词,它们当分属不同的词,不属异形词。又如:重新/从新,指责/指摘,老舍多用后者,也不把它们看作异形词。我们所要谈的老舍小说中的同、近音语素假借构成的异形词

有两种不同情况:

3.1.1 双音节词的同(近)音语素假借。如:

(1)出哪家子锋头！你花得起钱请她吃饭,透着你有钱!

《二马》

(2)"你去看吗？你那两只眼!"爸不信认任何人的眼。

《牛天赐传》

(3)他不能为别人筹画什么。

《火葬》

"风头"作"锋头","信任"作"信认","筹划"作"筹画",与规范词相比,都是因完全同音而异形的。

也有的时候,某些语素的读音只是相近,但由于音变的影响而成为同音,也时常假借而成为异形词。如:

(4)他只感到耳鼓上受着一些温美的刺戟,而听不清她说的是什么。

《离婚》

(5)那时候,我年轻,漂亮,作事马利。

《我这一辈子》

(6)不管,自要抱住他的腿,就有办法了。

《小坡的生日》

"刺戟"的规范词形为"刺激"。"戟"读音为 jǐ,"激"为 jī,但在这里二者同为轻声,音变使异形成为现实。"马利"多作"麻利",因为"马"(mǎ)在轻声"利"前面变调为阳平,和"麻"音相同而异形。"自要"的规范词为"只要",但由于在北京话中"只"受方言的影响由翘舌改读为平舌。[2]为适应这种音变,老舍用平舌的"自"字来代替翘舌的"只"字,较忠实地记录了语音的变化。与此相应,在老舍小说中"只管"也都写作"自管"。其他类似的例子还有:"壁(笔)直"(《二马》)、"寒蠢(碜)"(《我这一辈子》)、"鼓逗(捣)"(《四世同堂》)等。

3.1.2 词的重叠形式及词缀的同音假借。

(7)每逢遇上她,他会傻傻忽忽的一笑。

(《骆驼祥子》)

(8)我是一片忠心,凡事决不能马马糊糊!

(《四世同堂》)

(9)从这个脸上,已经找不到以前的胖忽忽的,温和敦厚的,书生气。

(同上)

"傻傻忽忽"一般作"傻傻乎乎","马马糊糊"一般作"马马虎虎","胖忽忽"一般作"胖乎乎"。类似例子还有"傻糊糊(乎乎)"(《蜕》)、"气横横(哼哼)"(《四世同堂》)等。这种重叠形式大都读轻声,为同(近)音假借而成异形提供了条件。

3.2 以上两种不同情况的同、近音语素假借构成的异形词,在使用上大都有较大的临时随意性,有的还与规范词共处。如:刺戟/刺激,在《火葬》中:"假若不是这个刺激,她也许刚答应了一山。"自要/只要,在《小坡的生日》中:"只要小坡的脑门触上你的肚皮,得啦……"。马马糊糊/马马虎虎,在《四世同堂》中:"大家马马虎虎的吃过午饭"等等。这种现象也说明此类异形词本身也是不稳定的。

四

4.1 老舍小说中各种异形词的大量出现,有着多种原因。

4.1.1 从语言内部的构词本身来看,并列结构的词在形式上往往较自由,可以前后顺序颠倒,也可以用同义语素替换另一个语素。老舍小说中的同素反序词、近义语素合成词等异形词基本上都是并列式。它们的异形,在意义、词性、功能等方面不发生什么变化,这就使这种异形具有随意性和可能性。而同(近)音语素合成词由于音变的影响、同音字的大量存在以及词的未定形,也使异形词的产生比较容易。

4.1.2 从词汇的来源和背景来看,这一些异形词与方言、口语、古语及外来语的影响不无关系。如:"较比、出溜、自要、自管"等属方言词;"叨唠、刺闹、扎挣、魂灵、马马糊糊、胖忽忽"等属口语词,"苦痛、威权、识见"等是从古代、近代词汇而来的[3],而"争战"则是受外来语的影响[4],等等。老舍是个博学多才、古今中外兼通的作家,在他的笔下出现这些来源各异的异形词也是很自然的。

4.1.3 从语言的历史发展来看,这些异形词的出现与现代汉语词语规范化的形成过程密切相关。这是更为重要的一点。

"五四"新文化运动揭开了汉语发展史的新的一页,奠定了现代汉语的地位。反映在词汇上,现代汉语较之于古代汉语有一个显著的特点:双音节词取代单音节词占主导地位。但是,词汇的双音节化是有一个过程的。在这个过程中,词的组合形式并不很稳定,特别是并列式的双音节词常出现"异形"。这一点,不仅在老舍

小说中有所反映,而且在 20 世纪二三十年代的许多作家的作品中,我们也可以看到众多的异形词。例如:

(1)他写了一封"黄伞格"的信,托假洋鬼子带上城,而且托他给自己绍介绍介,去见自由党。

(鲁迅《阿 Q 正传》)

(2)八一嫂……这时过意不去,连忙解劝说。

(鲁迅《风波》)

(3)他不得不承认现实的威权,不得不割断十年来的绮腻心肠。

(茅盾《虹》)

(4)而其后却连这三个人也都为各自的运命所驱策。

(鲁迅《议呐喊·自序》)

(5)除了少数遨游于高山流水之间,或躺在沙发上,闭着眼睛讴歌爱和美的以外,以文学为助进社会问题解决的工具的,实在很多。

(秋士《告研究文学的青年》)

(6)这种思想投向青年,在当时真不异于一颗爆裂弹。

(阿英《晚清小说史》)

这些例子说明:词形的不稳定现象在现代汉语发展史的某一阶段是很常见的。这特别表现在"五四"以后至三四十年代之间。正如茅盾在四十年代初所说:"我们本来所有的语汇感到不够了……由新的生活环境所产生的意识、情绪、感觉,那就多半要创铸新词了。"[5]大量异形词的产生便是这种"创铸"的结果之一。但值得提出的是,今天我们之所以称它们为"异形词",只是对应现代汉语的规范词而言,实际上当时并无"异形"与"规范"的分别。因此,老舍小说中异形词的大量出现,不能简单地认为"不合规范"。客观上,它如实地反映了现代汉语的发展演变,有助于我们从中看到现代汉语规范化词语的形成、发展、凝固的过程,是有着积极意义的。

4.2 另一方面,在现代汉语规范词语凝固以后的今天,强调一下使用规范词语,不用"异形词""生造词",对于正确地使用语言,保持祖国语言的纯洁性又是很有必要的。在这个问题上,老舍的态度也很正确、很鲜明。在谈到使用方言土语与普通话规范语的关系时,他曾明确地说:"我是喜用地方土语的,但是在推广普通话运动展开之后,我就开始尽量少用土语,而以普通话去写喜剧。"[6] 他对异形词的态度也是这样。

20世纪60年代创作的小说《正红旗下》除偶尔有一些方言色彩的词语以外,几乎没有出现过不合现代汉语规范的词语。对以前的旧作在修订再版的时候,老舍也十分注意对异形词的处理。在准确表义的基础上,尽量使之规范化。例如将1956年人民文学出版社出版的、经作家本人修改润色的《老舍短篇小说选》同1934年上海良友图书印刷公司出版的《赶集》加以对比,就可以发现下面的改笔:

原句:穿上靴子,出溜下来,食指挖了鼻孔一下,看了看外面:"茶房!"

(《马裤先生》,第83页)

改句:穿上靴子,溜下来……

(第96页)

原句:没有什么风,可是柳枝似乎故意的转摆,像逗着四外的绿意。

(《微神》,第 86 页)

改句:……柳枝似乎故意轻摆……

(第 98 页)

原句:不,他依旧是那么婆婆慢一慢的。

(《黑白李》,第 187 页)

改句:不,他依旧是那么婆婆妈妈的。

(第 7 页)

近义语素合成词"出溜"是北京方言,意为"滑"或"溜",与普通话规范词"溜"相比,多了一个语素"出",反而不好理解。老舍自己曾讲过这样一件事:一个广东读者读《骆驼祥子》:"全身都出溜下去",感到迷惑:"这人溜出去了,怎么还在屋子里?"[7]因而,在修订再版《马裤先生》时,老舍从规范化角度对这个异形词做了修改。"转摆"也是并列式近义语素合成词,改成偏正式合成词"轻摆"不仅与"没有什么风"切景应情,而且用词也更规范了。"婆婆慢慢"属近音假借重叠兼近义的异形词,作家改成"婆婆妈妈"主要也是从规范化着眼的。虽然我们可以找到的老舍的修改文字不是很多,[8]但就是这些修改的实例已经告诉我们,老舍是十分认真地对待作品中的异形词的。作为一个名作家,他对异形词的认识是正确的,态度是积极的。三十多年后的今天,对照文坛上新出现的一些"异形词"、"生造词",如"持守、吐属、煽漾、狡奸、涉跋、沸辣"之类,语言大师老舍先生积极促进语言规范化的认真精神仍然值得人们学习和发扬。

注释

[1] 这主要指在现代汉语规范中已不复使用的那些同素反序词。欢喜/喜欢、互相/相互、代替/替代等现代常用的异序词不在此列。

[2] 参见徐世荣《普通话语音和北京土音的界限》,《语言教学与研究》1979年第1期。

[3] 参见郑奠《古汉语中字序对换的双音词》,《中国语文》1964年第6期;张永绵《近代汉语中字序对换的双音词》,《中国语文》1980年第3期。当然,古代、近代异序的结构不一定都是词,大多是词组,不过这毕竟是现代异形词形式上最早的源头,二者可以看作源流关系。

[4] 参见北京师院中文系汉语教研组《"五四"以来汉语书面语言的变迁和发展》,商务印书馆,1959年。

[5] 茅盾《谈描写的技巧》。要指出的是,引文中的"创铸"本身也是一个异形词。

[6] 老舍《戏剧语言》,载《小花朵集》,百花文艺出版社,1963年。

[7] 老舍《关于文学的语言》,载《出口成章》,作家出版社,1964年。

[8] 20世纪80年代编辑出版的《老舍文集》多根据作品的初版本印行,作家生前校阅、修订过的不多。这为我们研究老舍作品中的异形词提供了第一手资料。

(原载于《语文建设》1989年第1期)

丰子恺散文的语言形象

摘要 我国20世纪著名的艺术大师丰子恺以其文、其画、其心性而闻名。他的散文,在中国现代文学史上占据了不可忽视的一席之地,对其散文的研究历来是我国现代文学研究的一个重点,但以往的研究多侧重于从文学、哲理角度探讨丰子恺散文的内容、风格、世界观等诸方面,本文试从一个新的角度——"语言形象"来把握和梳理丰子恺的散文。

关键词 丰子恺 散文 语言形象

前苏联著名文学理论家米哈伊尔·巴赫金在讨论艺术话语(主要是小说话语)时提出了"语言形象"的概念,认为小说所包含的"是一个语言形象系统",[1]他提出:"小说文体学的核心问题,即为如何艺术地再现语言的问题,或再现语言的形象的问题。"[2]这里所谓"语言形象"指的就是艺术作品中创造艺术形象的具体语言组织形态。该理论的提出,在文学批评领域产生了"革命性意义",[3]也为文学研究者提供了一条崭新的途径。

丰子恺的散文作为一种艺术话语,显然是由深富作者个性和独特魅力的具体话语组织而成的语言形态。它不仅再现文章所想要体现的主题,同时也再现现实的语言状况,即再现语言本身的美。因此,我们可以从"语言形象"入手对丰子恺散文进行全新把握和探讨。

一 真率与老成:两套语言密码

杂语性,是巴赫金在研究小说话语时所指出的关于史诗和小说的一个原则性区别。他认为"小说作为一个整体,它是多风格的、杂语的、多声的现象"。借用巴赫金的杂语理论来看丰子恺的散文,我们也可以看到"杂语"的痕迹,较突出的便是其散文中的两套语言密码——真率与老成。[4]

丰子恺的散文尤其是"儿童相"散文,往往是由两套语言编制而成的。他一面用率真的语言编织出充满童趣的、活泼的话语形象,一面又用老成的语言塑造出厚重深邃的话语形象。在这类散文里,他营造和赞美儿童世界,又是以成人世界为对比参照,并以此映衬出成人世界的虚伪与病态。儿童世界与成人世界,真率与老成,在丰子恺的散文中是并置的。

在《儿女》中,我们看到的便是用两套语言刻画而成的儿童与成人的两个世界:

1. "然而孩子们一爬到我的案上,就捣乱我的秩序,破坏我的桌上的构图,毁损我的器物。他们拿起自来水笔来一挥,洒了一桌子又一衣襟的墨水点;又把笔尖蘸在浆糊瓶里。他们用劲拔开毛笔的铜笔套,手背撞翻茶壶,壶盖打碎在地板上……""我不免哼喝他们,夺脱他们手里的东西,甚至批他们的小颊。然而我立刻后悔:哼喝之后立刻继之以笑,夺了之后立刻加倍奉还,批颊的手在中途软却,终于变批为抚。"

(《儿女》)

2.我——我们大人——的举止谨慎,是为了身体手足的筋觉已经受了种种现实的压迫而痉挛了的缘故。孩子们尚保有天赋的健全的身手与真朴活跃的元气,岂像我们的穷屈?揖让、进退、规行、矩步等大人们的礼貌,犹如刑具,都是戕贼这天赋的健全的身手的。于是活跃的人逐渐变成了手足麻痹、半身不遂的残废者。残废者要求健全者的举止同他自己一样,何其乖谬!

(《儿女》)

例1中描写孩子们调皮的三句,连用十个短句、十个动词("爬到""捣乱""破坏""毁损""挥""洒""蘸""拔开""撞翻""打碎"),用简洁、朴实的词句为我们勾勒出一幅儿童顽皮图。而对于孩子们的顽皮,丰子恺先是"哼喝"甚至"批",然后"立刻后悔",接着"继之以笑""加倍奉还""变批为抚"。字里行间流露的不仅是对孩子们无尽的爱,更有他与子同乐的单纯、诚恳、率真。

但儿童世界毕竟不同于成人世界。作者立刻因自己的"喝、夺、批"等行为转向了用老成的语言对成人世界的乖谬进行批判。同例1相比,例2中书面语、修饰语明显增多,句式也更为复杂多变。再加上多个比喻的运用,厚重深邃的语言形象跃然纸上。

同样的情况我们还可以在《谈自己的画》中看到:

3.他见了天上的月亮,会认真地要求父母给他捉下来;见了已死的小鸟,会认真地喊它活转来;两把芭蕉扇可以认真地变成他的脚踏车;一只藤椅子可以认真地变成他的黄包车,戴了铜盆帽会立刻认真地变成新官人;穿了爸爸的衣服会立刻认真地变成爸爸。

4.这里面没有像孩子世界里所闻的号啕的哭声,只有细弱的呻吟,吞声的呜咽,幽默的冷笑,和愤慨的沉默。这里面没有像孩子世界中所见的不屈不挠的大丈夫气,却充满了顺从、屈服、消沉、悲哀,和诈伪、险恶、卑怯的状态。

例3中瞻瞻想做就做、想哭就哭的认真、率直与例4中成人世界的顺从、屈服、消沉、悲哀、诈伪、险恶、卑怯形成了鲜明的对比。前者充满童趣的语言表达了作者对儿童世界的喜爱和向往,后者的表达则严肃、深沉,更映衬出作者对伪善的成人世界的反感。

在这种观念的支配下,丰子恺的散文中时时夹杂着对孩子长大的担忧和感叹,在童真童趣的笔墨背后是对现实的清醒认识,孩子总是要长大的,他们也将进入虚伪的成人世界,老成的话语形象最终穿透率真而成为散文的主导,即使描写儿童世界的平淡朴素的语言最终也归于深刻的意味。例如:

5.但是,你们的黄金时代有限,现实终于要暴露的。……我眼看见儿时的伴侣中的英雄、好汉,一个个退缩,顺从,妥协,屈服起来,到像绵羊的地步。我自己也是如此。

(《给我的孩子们》)

6.所喜者,近年来你的态度行为的变化,都是你将由孩子变成成人的表示。我的辛苦和你母亲的劬劳似乎有了成绩,私心庆慰。所悲者,你的黄金时代快要度尽,现实渐渐暴露,你将停止你的美丽的梦,而开始生活的奋斗了……

(《送阿宝出黄金时代》)

在例5、例6中,人生的经验让丰子恺清醒地意识到,孩子们终将告别他们的"黄金时代"——纯洁无瑕的童年。在这里,充满童趣的叙述被对相形见"恶"的成人社会的感叹所取。对于不得不面对的现实,作者无力改变,只有用笔来倾诉愤世不平的心灵。

二 庄与谐:一种复调

巴赫金在分析陀思妥耶夫斯基的小说时认为,他的复调小说是狂欢体文学传统发展的高潮,又与传统的起源、古希腊罗马的庄谐体密切相关。庄谐体具有叙事、文体和语言的杂体性。庄与谐在文本中的并存,形成的杂多性特征,在某种程度上就构成了一种复调。这种复调在丰子恺散文中亦有所体现。

(一)丰子恺的散文有着严肃的社会、人生命题和与之相应的严肃庄重的表达。对人生及人生价值的关注、对人性的反思、对民族危亡的担忧,都是其散文中常见的严肃主题。

佛教的"诸行无常"思想对作为佛教徒的丰子恺的散文产生了重要影响。在他早期的一些散文作品中,时常弥漫着一股佛家的悲观厌世情绪。从《伯豪之死》中的"然而一种对于世间的反感,对于人类的嫌恶,和对于生活的厌倦,在我胸中日渐堆积起来了",《渐》中的"故佛家能纳须弥于芥子",直到《秋》中"我觉得生荣不足道,而宁愿欢喜赞叹一切的死灭"的感慨,都让人体会到作者深刻、庄重的人生感悟。

相比之下,丰子恺的抗战题材散文摆脱了佛家较为消极的人生态度,自觉地扛起了抗日爱国的大旗。他在《告缘缘堂在天之灵》、《还我缘缘堂》、《辞缘缘堂》中愤而怒斥侵略者的暴行;在《中国人就像棵大树》中自豪地歌颂民族精神;在《一饭之恩》中,他慷慨激昂地呐喊:"我们是为公理而抗战,为正义而抗战,为人道而抗战,为和平而抗战。"在国破家亡之日,在颠沛流离之时,作者用他的笔庄严而猛烈地吹响了保家卫国的号角。

(二)丰子恺又是一个传统的文人,十分推崇"趣味"。他强调:"趣味,在我是生活上一种重要的养料,其重要几近于面包。别人都在为了获得面包而牺牲趣味,或者堆积法币而抑制趣味。我现在幸而没有走上这两种行径,还可以省下半只面包来换得一点趣味。"[5]因此,丰子恺常用庄谐杂出的幽默趣味来表达他超常的识见与胸怀。庄谐的并存也使文本呈现出不同的声音。

如《胜利还乡记》中的例子:

7. 面对缘缘堂的废墟"我带了六个孩子逃出去",带回来时变成了六个成人,又添了一个八岁的抗战儿子。倘使缘缘堂存在,它当日放出六个小的,今朝收进六个大的,又添了一个小的作利息,这笔生意着实不错。

在这里,作者运用调侃的口吻,别出心裁地把已经化为废墟的缘缘堂比作放债的,实则可以看做是一种反语。既突出了与缘缘堂深厚的感情,又加深了"物非人非"的无奈,更在幽默的氛围中一针见血地加深了对敌人暴行的愤慨。

类似的用诙谐的语言来表达庄严主题的手法,在丰子恺散文中并不少见。诚如巴赫金所说:"可笑的领域是狭窄和特有的(个人和社会的缺陷),……只有在描写个别人物和社会底层的低级体裁中才有诙谐的地位。"[6]丰子恺散文正是在这"狭窄和特有"的领域中"以小见大",即通过对个别人物或事物的幽默化的描写,反映严肃的"缺陷主题"(多为社会的缺陷),构成庄和谐的统一体。像《作客者言》,作者用多变的笔法、风趣的语言记述了一位客人做客一日的离奇经历。略显夸张诡谲的情节经过作者的幽默化处理,强化的却是深刻的文化层面的主题——对中国世俗礼节的抨击。还有《口中剿匪记》将那十七颗作恶作祟的牙齿比作一群"官匪"。"在这班贪官污吏的苛政之下,我茹苦含辛,已经隐忍了近十年了!不但隐忍,还要不断地买黑人牙膏、消治龙牙膏来孝敬它们呢!"最后终于把它们"连根拔起,满门抄斩"。作者用风趣的文笔讽喻了国民党的贪官污吏,诙谐中见深沉。

(三)语言的混杂与庄谐的表现

杂体性和多声性作为庄谐体的重要特点,使得丰子恺散文在语言上也常常存在混杂的表现。语言的混杂使其在对庄、谐两种相反的情感进行表达时收放自如。

1. 方言、俗语的使用

丰子恺散文的语言总体上是白话的,但在对自幼成长的吴方言区进行描写时不可避免地会使用方言。像"我恨杀那校长先生"(《读〈缘缘堂随笔〉》读后感)、"老子落脱了饭碗头回家"(《穷小孩的跷跷板》)等例,在表现对打官腔的反感以及百姓失业方面,都利用了方言形象贴切的优势,在略显诙谐的语调中暗含的是更为深刻的主题。

同样,俗语的应用在丰子恺散文中也相当常见。如"俗话形容瓜子吃不厌,叫做'勿完勿歇'","俗话形容瓜子吃不饱,叫做'吃三日三夜,长个屎尖头'"(《吃瓜子》),作者用充满诙谐意味的两个俗语,强调了吃瓜子的消闲特点,却正反讽了有闲阶级的堕落。

2. 古语、典故的使用

在丰子恺散文的白话中,还穿插着一些"点睛"的古语、典故。这些古语、典故的使用和仿拟,往往切合文章的论调,起着深化主题的作用,如:

8. 古语云:"乐以教和。"我做了七八年音乐教师没有实证过这句话,不料这天在这荒村中实证了。

(《山中避雨》)

9. 寒山子诗云:"碌碌群汉子,万事由天公。"

(《"艺术的逃难"》)

10. 昔夫子貌似了阳货,险些儿"性命交关"。我只受他一个"妈——的",比较起来真是万幸了。

(《荣辱》)

例8中,一句"乐以教和"将全文的主旨上升到一个新的高度。同样,在例9中,寒山子的诗,被作者用于证明自己"这些'缘'都是天造地设,全非人力所能把握的"世界观。而在例10中,孔子因貌似阳货遭匡人囚禁的典故,被作者巧妙地用来同自己因相貌遭骂的经历相对比,在调侃的语调中,让人产生的是对荣辱辩证关系的思考。

三　自足与留白:语言的锁闭与敞开

巴赫金曾指出,小说的语言是语言形象的艺术再现。从广义上看,情节、结构和描写等要素,都是小说的话语重组和策略。同样,散文中的语言形象的构建也必然包含情节、结构、描写等要素。

从情节、结构角度来看,丰子恺散文很少使用悬念、插叙等手法,叙述也少有大开大合的峰回路转。他的散文多是对日常生活的单线条、渐进的描述,不横生枝蔓丰富文章的头绪,这种散文的构筑方式形成了语言的密度,使语言成为一种自足的系统,常常在不觉间将读者导向作者对人生、对社会的思考,将主题升华。例如,在《儿戏》中,作者先是平铺直叙地记述了两个儿子打架的前因后果。虽然用词造句朴实无华,但从前因,到劝架,到双方争辩,到再次冲突,一直到最后两人言归于好,整个情节步步推进。最后作者由此打架事件联想到国际纷争,自然而然地将文章上行至对世人伪善的思考乃至对国家间战争的看法。

值得一提的是,虽然丰子恺散文的构架多为单线条,但并非简单的平铺直叙。在对同一事件的记叙中,作者充分利用语言的密度,通过用语的紧凑而使情节环环相扣,扣人心弦。最典型的例子便是《作客者言》。在记录客人经历的各段中,"大家弯好了腰,主人袒开了左手,对着我说:'请坐,请坐!'","当此夺位置的时间,我们二人在厅上发出一片相骂似的声音,演出一种打架似的举动","正在谈话的时候,我觉得屁股上冷冰冰起来","外面走进来一群穿长衫的人","主人请许多客人围住一张八仙桌坐定了","仆人送到一盘茶","主人分送香烟","据我统计,席上一共闹了三回事"等段首句,将承上启下的作用发挥到极致,既代表着旧矛盾的告一段落,又标志着新矛盾的产生,没有丝毫的拖泥带水。正是这种紧凑的结构,搭配适时的心理描写,为《作客者言》营造出了一种本不该属于此类散文的侦探小说般的神秘气氛,也进而写尽了世间凡人但是,在丰子恺散文的这种自足的语言结构中还是露出了许多缝隙,形成留白。丰子恺信奉"凡诗文好处,全在于空",[7]他的为文作画都讲究留白。他的漫画总是空白的背景,用极简洁的线条勾勒大致的轮廓,从而使接受者能够超越现实的规定性而用想象来填充视觉意象的空白处,获得最大的审美效果。像《阿宝赤膊》等代表作,主人公的线条由寥寥数笔勾勒而成,而与画作主题无关的要素全部省略,连阿宝脸上的五官也省略了,给读者留下了充足的空间去想象初识羞涩的小女孩脸上的表情,正如泰戈尔所说:"脸上没有眼睛,我们可以看出他在看什么;没有耳朵,可以看出他在听什么。高度艺术表现的境地,就是这样。"

其文如画,丰子恺的散文也常常忽略背景,写人状物,详略有致。他的这种漫画风格的描写,留白的运用,所产生的便是像《吃瓜子》、《肉腿》中那一个个鲜明的人物形象。例如:

> 11.她们用兰花似的手指摘住瓜子的圆端,把瓜子垂直地塞在门牙中间,而用门牙去咬它的尖端。"的,的"两响,两瓣壳的尖头便向左右绽裂。然后那手敏捷地转个方向,同时头也帮着了微微地一侧,使瓜子水平地放在门牙口,用上下两门牙把两瓣壳分别拨开,咬住了瓜子肉的尖端而抽它出来吃。这吃法不但"的,的"的声音清脆可听,那手和头的转侧的姿势窈窕得很,有些儿妩媚动人。连丢去的瓜子壳也模样姣好,有如朵朵兰花。
>
> (《吃瓜子》)

作者在描写小姐太太们吃瓜子的情形时,紧紧抓住"的,的"的声响和人物手、头的动作来进行详细描写,而忽略吃瓜子的环境、吃瓜子者的音容相貌等无关紧要的因素,从而将有闲阶级的腐靡嘴脸刻画得入木三分,给读者造成强烈的视觉冲击。

  12. 火一般的太阳赫赫地照着,猛烈地在那里吸收地面上所有的水;浅浅的河水懒洋洋地躺着,被太阳越晒越浅。两岸数千百个踏水的人,尽量地使用两腿的力量,在那里同太阳争夺这一些水。太阳升得越高,他们踏得越快:"洛洛洛洛……"响个不绝……

  无数赤裸裸的肉腿并排着,合着一致的拍子而交互动作,演成一种带模样。

(《肉腿》)

烈日、"洛洛"的声响、蜈蚣般的数百条肉腿,这便是丰子恺在《肉腿》中为我们描绘的"烈日踩水图"。烈日之热、"洛洛"声之响、肉腿之多,便是整幅画面的全部。至于踩水之苦、收效之微等其他,则早已尽在不言中了。

四 结语

  一代艺术大师充满语言魅力的经典作品,如一瓶散发着浓郁芬芳的陈年佳酿,值得我们细细品味。本文从"语言形象"的角度剖析了丰子恺散文中的真率与老成、庄与谐、自足与留白三个既矛盾又统一的特点,以期为读者打开另一方视野。

注释

[1] [俄]巴赫金《对话性想象》,美国得克萨斯大学出版社 1985 年版,第 416 页。

[2][3] 刘康《对话的喧声——巴赫金的文化转型理论》,中国人民大学出版社1995年版,第181页。

[4] [俄]巴赫金《小说话语》,载《文学与美学问题》,莫斯科文艺出版社1975年版,第75页。

[5] 丰子恺《家》,《丰子恺文集》第五卷,浙江文艺出版社1992年版,第520页。

[6] [俄]巴赫金《弗朗索瓦·拉伯雷的创作与中世纪和文艺复兴时期的民间文化》,莫斯科文艺出版社1990年版,第78页。

[7] 丰子恺《随园诗话》,《丰子恺文集》第五卷,浙江文艺出版社1992年版,第318页。

参考文献

巴赫金《对话性想象》,美国得克萨斯大学出版社,1985。
刘康《对话的喧声——巴赫金的文化转型理论》,中国人民大学出版社,1995。
夏忠宪《巴赫金狂欢化诗学研究》,北京师范大学出版社,2000。
程正民《巴赫金的文化诗学》,北京师范大学出版社,2001。
丰子恺《丰子恺文集》,浙江文艺出版社,1992。

(原载于《江西社会科学》2006年第1期,与周云合作)

作家的风格创造与读者的信息反馈
—— 以老舍幽默风格为例

同任何语言交际一样,作家的文学创造实际上也是一种动态的交际过程。就作家一方来说,他要通过语言反应客观世界,以实现同读者的交往。在这里,作家的语言作品提供了种种信息,包括理念信息、风格信息等,要在同读者的交往、对话中实现其价值。同样,交际的另一方——读者是通过语言认识宏观世界,他们也不是消极地接受、理解信息之后便完事。而会按自己的需求和理解进行评价,并反馈给作家,积极参与作家的创作。因而,这个交际过程实际上是一个信息交换系统。作家,读者和传递信息的语言手段都是对整个交际有影响的重要因素。在研究作家语言风格时,应当对他们给予同样的重视,不可偏废。作家在言语分割创造中居主导地位,但他们的风格创造很大程度上要顾及社会的需求和读者的理解。另一方面,读者的接受、认可和反馈又可以影响作家的言语选择、调整,甚至影响其语言风格的发展。将风格研究置于语言学的背景下,从作家创造、读者反馈的相互关系出发,是语言风格中的一个新视角,一种新尝试。下面我们即试图以老舍幽默风格的发展过程为例,从这二者的关系入手分析、窥探影响作家语言风格的某种规律。

众所周知,老舍是享有国际声誉的幽默艺术大师。幽默风格是与他文学创造相始终的,正如布封所说:"风格就是人本身。"老舍的个性素质、生活经历、艺术爱好和修养是其幽默风格的内在的主要因素。"穷,使我好骂世;刚强,使我容易以个人的感情与主张去判断别人;义气,使我对别人有点同情心。有了这点分析,就很容易明白为什么我要笑骂,而又不赶尽杀决。我失去了讽刺,而得到幽默。"他从小生活在北京,北京下层市民,尤其在旗人中由于社会生活和历史原因形成的那种机智俏皮的语言艺术,自幼就对人有很大影响。他又很喜欢唐人传奇、《儒林外传》等古典小说,对传统的民间艺术形式如戏曲、相声、快板、大鼓词等更有着特殊的爱好和兴趣。正因为此,当他 1924 年到英国工作时,便对狄更斯等幽默作家的幽默作品很感兴趣。"我刚读了 Nicholas Nickleby(《尼考拉斯·尼克尔贝》)和 Piekwick Papers(《匹克威克外传》)等杂乱无章的作品,更足以使我大胆放野,写就写,管它什么","我想拿笔了"。很明显,英国幽默作品是他幽默风格形成的一个重要的外因。这种外部因素与他特有的幽默个性素质以结合,即爆发了耀眼的幽默火花。《老张的哲学》一问世就"以现实主义的笔力和幽默的特色震动了文坛",令人耳目一新。从语用学的意义上说,老舍幽默风格的初步形成正是对狄更斯等人的幽默作品的一种特殊的实践性的反馈。

老舍的幽默风格从初步到确立、成熟,大致经历了三个阶段:1926—1930 年为第一阶段,1931—1933 年为第二阶段,1933 年以后为第三阶段。这三个阶段是呈马鞍形的轨迹演变的,这种现象反映了作家本人在风格上的艺术追求,同时也是与外部因素——

读者的接受、反馈相联系的。第一阶段包括在国外时创作的四部长篇小说。由于受狄更斯等人的影响,这时期的幽默比较外露,有较明显的英国文学影响的痕迹。在语言表现上突出特点就是汪洋恣肆,极尽铺张之能事。试看《老张的哲学》对人物肖像的描写:

> (老张)红红的一张脸,微点着几粒黑痣;按《麻衣相法》说,主多才多艺。两道粗眉连成一线,黑丛丛的遮着两只小猪眼睛。一只短而粗的鼻子,鼻孔微微向上掀着,好似柳条上倒挂的鸣蝉。一张薄嘴,下嘴唇向上翻着以便包着年久失修渐形垂落的大门牙,因此不留神看,最容易错认成一个夹馅的烧饼。左脸交仰,右耳几乎扛在肩上,以表示着师位的尊严。

连用比喻、夸张、排比等修辞手法,从人脸、眉、眼、鼻、嘴、耳一直写下来,是典型的铺张漫画式的写法,正如他自己所说:"抓住一点,死不放手,夸大了还要夸大。"一篇作品问世之后,必然会产生一定的社会效果,引起人们不同的反应,而这种反应对作家创作来说又是很有意义的。但是由于《老张的哲学》是在国内《小说月报》上连载,作家本人则仍在英国,地域的阻隔,使得作家对读者的反应几乎完全不了解。作家后来回忆说:"我只知道《老张的哲学》在《小说月报》上发表了,和登完之后由文学研究会单行。于它本质得了什么样的批评,是好是坏,怎么好怎么坏,我可是一点不晓得……我完全是在黑暗中。"而像许地山那样的朋友,也"没给我什么批评,只顾得了笑"。于是——"我知道'老张'很可笑,很生动;好了,照样再写一本就是了。"这样,老舍在国外又接连写了《赵子曰》《二马》和《小坡的生日》等小说,都以幽默的风格见长于世,而这种幽默也大都较浅露,较过火。这一阶段,读者的参与,反馈是不多的,作家的幽默风格变化也不大。

第二阶段是老舍"故意禁止幽默"的时期,包括《大明湖》和《猫城记》两部长篇小说。1930年老舍回国,有了机会同读者、批评家直接交换意见。"朋友们常常劝我不要幽默了",他开始对在国外写的几部小说中"以文字耍俏"的幽默风格进行反省。"我也震动自己常因幽默而流于讨厌"。因而在接下来的创作中作家便进行了另一番探索。"《大明湖》里没有一句幽默的话",只是这部小说未能出版便毁于炮火之中。《猫城记》也不幽默,虽然这部小说是寓言体的,本来应该很幽默。还以人物肖像描写为例,《猫城记》是这样描写人的:

> 脖子不短,头能弯到背上去。脸很大,两个极圆极圆的眼睛,长得很低,流出很宽的一个脑门。脑门上全长着细毛,一直的和头发——也是很长——联上。鼻子和嘴联到一块,可不是像猫的那样俊秀,似乎像猪的,耳朵在脑瓢上,很小。

比较老张的肖像描写,我们可以看出,这个幻想王国中的猫人的肖像却几乎全用白描、平实的写法,没有夸张,也没有什么大字眼儿,一点也不幽默。《大明湖》和《猫城记》这两部小说的新的尝试,是老舍幽默风格演变中的一个低谷。这在很大程度上与作家接受了读者的反馈信息有关。然而,不久作家即发现这种尝试与他本人的素质和爱好是合榫的:"我是个爽快的人,当说起笑话来,我的想象便能充分的活动,随笔所至自自然然的就有趣味。教我哭丧着脸讲严重的问题与事件,我的心沉下去,我的话也不来了!"因而,作家不满意《大明湖》,"因为文字太老实",而"故意的禁止幽默,于是《猫城记》就一无可取了,像只折了翅的鸟儿"。经过这番曲折之后,老舍最终决定要"返回幽默"。

第三阶段以1933年《离婚》、1934年的《牛天赐传》等小说确立幽默风格为标志,经过较长时间逐渐发展、成熟,终于形成了他独树一帜的鲜明的风格特色。在《离婚》的创作中,老舍明确地说:"这次我要返回幽默","《大明湖》与《猫城记》的双双失败使我不得不这么办。"《离婚》和《牛天赐传》都是公认的老舍最幽默的作品,但这个时期的幽默并不是对第一阶段的简单的回归,而是在高一层次上的自觉的发展。作家重新拿起了自觉所熟悉的武器,显得格外得心应手。"我立意要它幽默,可是这回我把幽默看住了,不准它把我拉走。"同是人物肖像描写,《离婚》中的主要人物张大哥是这样的:

> 他长着一对阴阳眼;左眼的上皮特别长,永远把眼珠囚禁一半;右眼没有特色,意向是照常办公。

对于老舍的这种幽默风格的确立,读者的反馈信息也多了起来,但意见并不一致。例如,有人认为"我们在他的作品中常遇到的不是幽默的含蓄,而是讽刺的夸张;……有时会引起读者的厌恶……,因而欠缺精致的深度"。也有人认为"老舍的小说绝非如此肤浅,他的幽默也不完全依靠字句上的安排"。如果说,《老张的哲学》《赵子曰》等小说"确实有点偏于逗笑方面的努力,作者确实有点任他的幽默才气在纸上驰骋",那么《离婚》却是"真正的幽默"。认为作家找到了真正属于自己的风格,应该坚持下去,进一步发展。

影响作家风格形成、发展的因素是多方面的。着眼于语用,从交际过程中表达者和接受者两个主体之间的关系出发,动态地分析、研究作家语言风格,有助于克服风格研究中纯语言手段描写的形式主义倾向,从而形成作家语言风格的立体研究,使之在更高层次上更加科学化。

(原载于《修辞学习》1988年第6期)

第二编

语用与社会、文化研究

当今语言文字应用的两个问题

近十几年来,新词语大量涌现,新的表达方式越来越多,人称"语言的革新";与此同时,也出现了一些新的问题,又被人称为"语言的污染"。其实,同其他社会现象一样,语言文字应用也是充满了辩证法的。混乱与规范,变异与发展,是语言应用中时刻都存在的矛盾。考察语用中的现象,分析语用中的问题,必须坚持唯物辩证法,以发展的眼光看问题,力避简单化和片面性。本文试分析语言文字应用中的两个问题。

一 字形的混乱与规范

40年前,国务院公布了《汉字简化方案》,规范了2253个简体字的字形,对我国社会的文字应用产生了极为深远的影响。然而时至今日,汉字的应用出现了一些新的情况和问题。其中最引人注目的便是字形的混乱和不规范。

1. 繁体字的回潮。漫步街头,打开电视,翻阅报刊,都随时可见繁体字的影踪。不少人为了赶时髦,闹出了不少笑话,"皇后"写成"皇後"的例子已为人们多次提到。笔者还曾见到"汽车"写成"汽車"、"郁达夫"写成"鬱达夫"以及"李白門(斗)酒诗百篇"等的写法。杭州一家咖啡屋的门上有三个字:"歡迎嬭。""歡"为"欢"的繁体,那"嬭"是什么呢?一查字典,发现是"奶"字的繁体。据解释,原来此"嬭"为"你"的繁写,因"尔"的繁体字为"爾",真令人啼笑皆非。

2. 错别字的泛滥。中央电视台早几年曾在"广而告之"中对街头的"大便(鳊)鱼、小便鱼"现象进行过批评,但这种现象至今仍很严重。商店里文具框台有"香象(橡)皮、英雄沫(墨)水、依(铱)金笔"等标签,五金柜台有"锣(螺)丝、窗砂(纱)、铁丁(钉)"等标签,街头上可见"白氿(酒)到伙(货)""彐(雪)碧每并(瓶)一元"的招牌。即使在中央一级传媒中,也时常出现不该有的错别字。

3. 地域方言字的使用。如"家俬"之"俬"便是一例。人们通常认为这个字属于"生造字",事实上,它是闽、粤方言字。福建漳州师范学院副院长林继忠博士曾明确告诉笔者,"家俬"是闽南方言对家具的叫法,也是十分常见的写法。而这个字现已流行于大半个中国了。还有些地域方言字虽没有完全流行开来,但不同地方的不同字形,也造成了不少混乱。如同一个"溪"字,成都作"氿",沈阳作"汐";武汉用"朳"代"楼"字,而在长春则用它作为"柳"的"简体字"。又如香港地区将"价"写成"伱",将"關"写成"関"等,也都是地域方言字带来的字形上的混乱。

4. 新"简化字"的出现。1977年,有关部门曾公布过《第二次汉字简化方案(草案)》。后经过社会检验,国务院于1986年发文正式废止。这个波折,也给社会用字带来不少负面影响。目前还常能见到"开尸"、"夻顿"等不规范的"二简"字在社会上使用。流风所及,又有不少新造的"简化字"出现。如前举"白氿""彐碧"

"氿"等。在杭州,我们还常见到一些有地方色彩的"简化字"。如"扷"(摊)、"岟"(幢)等。此外,近年来一些半繁半简的字在社会上呈上升趋势。如"轮"(不同于"轮"也不同于"輪"),"锈"(不同于"锈"也不同于"鏽"),"织"(不同于"织"也不同于"織")。这些现象都是字形混乱的具体表现。

字形的混乱给社会文化带来的消极影响是不可低估的,以上各种现象必须加以规范。规范的依据便是国家语言文字政策——1986年6月24日,国务院批转国家语委《关于废止〈第二次简化方案(草案)〉和纠正社会用字混乱现象的请示》的通知明确指出:"今后,对汉字的简化应持谨慎态度,使汉字的形体在一个时期内保持相对稳定,以利于社会应用。当前社会上滥用繁体字,乱造简化字,随便写错别字,这种用字混乱现象,应引起高度重视。国务院责成国家语言文字工作委员会尽快会同有关部门研究、制订各方面用字管理办法,逐步消除社会上用字混乱的不正常现象。"这无疑是当前及今后一个时期里汉字使用规范的纲领性政策。坚决贯彻这一政策,是消除汉字使用混乱现象首要的也是关键的一点。

其次,对字形混乱现象还应结合诸多社会、人文因素作深层次的分析。如繁体字回潮就有复古、赶时髦、从众等社会心理的潜在作用以及开放社会环境的影响等。同时,这种现象反映了人们的一些模糊认识。有人认为,繁体字在台、港、澳和海外华侨中普遍使用,恢复它有利于开放中的互相交往。更有人认为简化字是政治的产物,在开放的社会中应倒退回去。其实这都是误解。自正式公布简化字方案以来,40年里简化字在国内已深入人心,在国际上也早已成为公认的规范。新加坡使用的便是规范的简化字。

台湾和香港也有不少人赞成、提倡或正在使用简化字。随着开放的进一步扩大,海外华侨也已逐渐熟悉并适应了简化字,不存在简化字阻碍交流的问题。至于说简化字是政治的产物,更是站不住脚的。我国出现简化字的时间是很早的。据《中国文化报》1995年11月8日报道,在江西吉安发现了米芾手书简体碑刻,共485个字,其中简体字占10%。而且"记、蒋、荣、盖、间、劳、险、事、绅、谓、尝、诵、诗、乐"14个字与当今的简化汉字完全相同。到现代,20世纪30年代,南京当局也曾公布过324个简化字。可见,简化汉字并非哪个党派的专利。事实上,从汉字内部的发展规律来看,字形的简化是符合语言文字"经济原则"的,是一种必然的趋向。正如赵元任先生所说的:"其实有史以来中国字是一直总在简化着呐,只是有时快有时慢就是了。"[1]从现实的情况看,40年来几亿人都已熟悉并掌握了简化字系统,繁体字的大举回潮会造成整整几代人的语用混乱。同样,对错别字、地域方言字和新"简化字"等现象也应该在分析其产生原因之后加以规范化。

第三,也应该指出,汉字规范的标准需要加以充分的论证,进一步科学化。举例来说,简化字表中,将"寧"简化为"宁",并类推出"泞、拧、咛、狞、柠、聍"一批简化字。然而,这个"宁"字是一个古汉字,音 zhù,表"门屏"之意。简化字表只在"脚注"中规定古"宁"字做"㝉",却没有顾及以古"宁"字为声符的"苧、贮、伫"等字,即没有贯彻类推原则,将以上三字简化为"苧、贮、伫"并列入简化字总表[2]。这便是不该有的疏漏。又如国家语委1986年重新发表的《简化字总表》所做的说明中,将"叠、覆、像、囉(简为'啰')"四个字不再作为"迭、复、象、罗"四字的繁体处理,用意是很好的。但缺少较充分的论证和过渡,有些字引起新的混乱。如是"录象"还是"录像",就常引起争论。这同样是一个需要引起重视的问题。

总之,对目前社会上字形混乱的现象必须认真分析,并加以规范。而规范的标准本身也需要进一步推敲,使之更加科学。

二 语汇的变异与发展

变异是活的语言最本质的属性之一,没有变异就没有语言的发展。改革开放的社会带来了语言文字应用的勃勃生机,变异现象的产生是必然的。当今社会用语在语法搭配、表达方式等方面都产生了不少变异现象(如"我很雷锋地送她上车""勿要太潇洒"等)。但更多的还是语汇上的变异。这里主要谈谈语汇变异的有关问题。

新词新语的大量涌现是最为突出的语汇变异现象。在阅览室翻阅一下报纸,便随处可见新词新语。试看《北京青年报》1995年11月1日第6版一篇短文《卤煮火烧与雀巢咖啡》的第一段:"一日与朋友约见在北京图书馆,因谈话不便,遂转至附近的一家咖啡屋。这里环境幽雅,服务殷勤,是个谈话的好地方。两杯雀巢,一份沙拉,加上 KENNYG 荡气回肠的萨克斯风,一对久别重逢的老友又复何求呢?"一百多字的语段里,"新潮"词语就有5个:"咖啡屋、雀巢、沙拉、KENNYG、萨克斯风。"而且至少前两个已经比较流行了。笔者留心了一下,当日该报的文章标题中(即正文内出现的还不算)还有很多新语汇。如:"外来妹""公关小姐""大哥大""中巴""宅急送""王码""汉卡"。报纸这样,现实生活中也同样如此。商品和商店的"洋名"越来越多了:"安琪儿、雅戈尔、培罗蒙、阿波罗、美能达、黛娜、格兰仕、贝因美、司麦脱、海飞丝、绿丹兰、纽波曼、维达丽、康恩贝……"还有干脆以外文直接命名的。这也是当今社会语言文字应用中的一大特点。

如何认识并正确对待这种新语汇的大量涌现?我认为,首先要看到这是开放社会中必然出现的语汇变异现象。新的社会生活带来许多新的思想、观念,新的产品、技术,因而也就需要新的语词来反映。大量新词语的出现客观上是必要的,符合语言发展内在和外在的规律,因而也是健康的。

其次,对语汇变异现象要持辩证的态度,特别是对那些"洋名称"、外来词,要看到它的副作用,但也不能片面地认为一概不好。开放的当代社会,国与国之间的交往比任何时期都频繁,高科技的信息化时代使得世界变成了一个"地球村",外来词的出现是不可避免的。其实,像"雀巢、迪斯尼、伊甸园、好莱坞、卡西欧"等词,虽是外来的,但现在人们也都习惯了。1995 年 11 月 16 日的《北京青年报》上有一篇《纯洁祖国语言》的短论,认为"卡拉 OK、CAD、MTV"等词不好,应改用"伴唱机、计算机辅助设计、音乐电视"才恰当,才能使祖国语言纯洁。用心是良苦的,但似乎也是多虑了。如果说"CAD"这个词暂时还不被人们熟悉(相信随着计算机的进一步普及,这个词也会很快流行开来)的话,那么"卡拉 OK、MTV"实际上早已为人们所认同了,何必因为汉语的字里行间出现了一些拉丁字母就不安呢?就在同一天的《北京青年报》上,还出现了"AV 影院、LD 影碟、CD 唱碟、卡拉 OK、MTV、古典流行"的广告。另在第 5 版上有"三 B 三团三归一"的标题(三 B 指三个德国音乐家勃拉姆斯、巴赫、贝多芬);在第7版一篇文章中出现了"AIDS",而不用已有的汉译名"艾滋病"。同一张报纸,同一天的文字,理论和实践就在"打架",不也说明要完全把外文字、外来语"驱逐出境"不是那么容易的吗? 由此想起前些年关于"TAXI"的译名问题。以港粤语音译成的"的士"曾风行大半个中国,但不少人十分反感,纷纷在报刊上发表文章批评这个译名。据报载,北京市有关部门曾强制所有出租车取消顶灯上的"的士"字样,令行禁止,效果很好。可是,"的士"这个含有强烈地域色彩(或许还有些外来的"南风窗"意味)的词语并没有消失。今天,北京人把乘出租汽车也还不时称之为"打的",而且,"的"作为一个语素还有较强的能产性。《北京青年报》上出现的"打的、打的族、的哥"等词就是证明。更有甚者,富于创造性的北京人还发明了一个新词:"面的",而不是把它称之为"小面包出租车"——由此可见,对词语的变异现象,特别是一些暂时"看不顺眼"的新词语,还是应该宽容一点。它们能否流行开来,是否有生命力,应由社会实践来检验。事实上,前举的"咖啡屋、外来妹、公关小姐、大哥大、中巴、汉卡"等词都可以说经得起检验,已具有正宗词语的资格了。

　　诚然,我们说对语汇的变异现象要宽容,并不意味着完全任其自然。语汇的变异也需要有序化,这是我们的第三点看法。所谓"有序",就是要按照汉语构词规律对新词语加以合理的科学化的引导,特别是在新词语刚出现、尚未定型之际。如"宅急送、X一代"等词,光从标题上看不知所云。正文中分别有解释:"宅急送"为"三代(替)"服务的意思,即代客取货发货、代客购物送礼、代客跑腿办事;"X一代"指英国反传统、反社会的一代青年。可能这两个词表示的意思出现在标题中显得累赘，故用新词语来称代。这作为新闻报道的技术处理是可以的，也是新词语产生方式之一。问题是这两个新词的理据不清，"宅急送"可能是日语的借词，但"三代（替）"的内容难以让人理解。如果能以"三代"或"三替"（后者更好些）作为新词表达这个意思，也许效果会好得多（杭州便有"三替公司"的名称）。"X一代"也有类似问题。至于"香槟金加身的功效"则更让人一头雾水。同上下文联系只知这是一种音响设备，可何谓"香槟金加身"的功效便只能猜了。又如"艾那多"实际上是一种滴眼液，原名"清爽"，可不知为何要改成这样一个"洋名"。治眼疾不正是达到"清爽"的功效吗？"艾那多"指什么呢？——因而，唯洋为好的片面心态也是要不得的。以上这些词都应是有序化的对象。还有，商店直接以外文为名的现象也应考虑有序化。此外，对于那些带有明显封建色彩、低级趣味或殖民文化色彩的商标、广告、企业名称如"帝皇"、"富豪"、"贵族"、"南霸天香烟"、"福尔摩萨酒家"、"支那舞厅"，等等，要坚决地取缔。因为这不仅仅是词语的变异问题，而是反映了一种不健康的文化心态，超出了语言学研究的范围。

　　用有序化的观点来看待新语汇，一些新出现的、暂时看不顺眼的新词语由于符合构词规则，还是可以预言有生命力的。比如"危改"（危旧房改造）、"迪厅"（迪斯科舞厅）、"维权"（维护正当权益）、"私企"（私营企业）等新词，颇有"生造"之嫌，但是它们符合汉语缩词的规则，同已较为流行的"体改、国企、央行"等属于同类新词，应该说是在有序范围之内的。又如仿拟构词的问题，《毛泽东选集》中曾仿"国籍、学籍"造出"球籍"一词，至今已获正式的"词籍"，而在《邓小平同志建设有中国特色社会主义理论学习纲要》中又有一新的仿词:"界籍"(第三世界的资格);《邓小平文选》第三卷第331页还由"人权、人格"仿出"国权、国格"的新词。这些词都符合汉语构词规律,是有序的,因而也可以预言,它们都将是有生命力的。对于那些外来词,也应进行有序化。可采用不同的方式:或音译、意译为汉语,如 AIDS—艾滋病,CACIO—卡西欧,BENZ—奔驰等;也可按外文缩略方式作为新词,如 CAD、NBA、MTV、KTV、CIMS(计算机集成制造系统)等,它们也是合规则的,有序的。而且随着国际交往的进一步扩大,这类新词语肯定会逐渐多起来,我们要用正确的态度对待它们,不必大惊小怪或求全责备。

还要指出一点,有序化是对变异现象的积极引导,虽不像规范化那样有强大的约束力,但也有约定俗成的要求在其中。因而,现实的语言文字应用要注意一个问题:对那些已有规范的词语,再去用其他"新词"来变异,就不是很妥当了。如果说前举文章中"AIDS"不用"艾滋病",可算作语汇尚未定型的一种"可容"现象的话,那么,下面一段摘自《钱江晚报》的话中有不少词语是应当有序化的:

> 两个小伙子并行骑车,其中一位调侃另一位:"昨晚Date,第一面派司了吗?有没有打 Kiss?"另一位避而不答,笑笑说:"和她去 Bar 唱 KTV,我想叫 Boy 来杯 X.O,她说太贵了。我觉得她特纯。"

这里除 KTV、X.O 两词可另作他论外,有"约会"一词而用"Date",有"通过"一词而用"派司"(Pass),有"亲吻"而用"Kiss",以及不用"酒吧"而使用"Bar",不用"服务员"而用"Boy"等,都是不必要的。这种用语在好朋友之间开开玩笑未尝不可,但不应把它作为新"海派"语言加以赞赏和推崇。

总而言之,语汇变异现象是当今社会的客观现实,是语言发展的基本表征之一。我们应当正视它,不必担忧;同时又应当尽量对它进行有序化。有序的最终目的是为了语言更加健康地发展。(本文曾提交全国首届应用语言学研究会交流,发表时作了修改)

注释

[1] 赵元任《通字方案》,商务印书馆,1983年版,第9页。
[2] 事实上,在字典、辞典中,这些字的规范简体便为"苎、贮、伫"等。

(原载于《浙江社会科学》1996年第6期)

《语言文化与社会新探》评介

20世纪30年代,英国人类学家马林诺夫斯基曾说过:"在文化研究中,语言学尚是一块没有开垦的园地。"几十年来,这种状况已得到了改观。在我国,50年代有罗常培先生的《语言与文化》一书出版,较深入地讨论了词汇于文化的种种对应关系。但长期以来这种研究不受重视。可喜的是,在国际语言学界由重结构转向重功能的潮流影响之下,在文化热的催化之下,近几年有关语言与文化的研究得以复苏,出版了一系列论著。其中,陈建民先生的《语言文化与社会新探》(以下简称《新探》)便是这些论著中引人注目的新成果。

与现有的同类论著相比,《新探》有自己的特色和新意。这主要表现在视野开阔、内容丰富、注重解释、探求规律以及材料鲜活、风格朴实等方面。

一 视野开阔与内容丰富

提起文化语言学,人们会自然地想起一种语言中的词汇同该民族文化之间的联系。的确,词汇的历史最能反映人们生活和思想的变化,也最能反映文化的特征。不少文化语言学论著是从词汇与文化关系入手展开讨论的。近年来有人从方言系统、句法结构等方面探讨语言同文化的关系,在一定程度上拓宽了文化语言学的研究领域。《新探》就是在这方面的又一尝试。

这本书共分十五章,分别从专有名词、汉语某些词语的性质、语言接触、字词句的结构和特点以及语言表达和理解等,多方位地探讨语言与文化、社会密不可分的关系。作者用较多的篇幅讨论词汇与文化的关系问题,例如对称谓、人名、地名、招牌、广告、禁忌语、吉祥语、成语、谚语、歇后语等词汇现象所反映的文化特征的讨论。另外,汉人造字与结构的语言心理特征、汉语语句与汉人思维、语法分类与中介、"文革"期间的言语现象、民族语言间及方言间的接触、交际中表达者和接受者的不同情况等,也均在作者的研究视野之中。书中有关语言与汉族人的心理素质、思维方式、价值观念、风俗习惯等方面的种种联系的讨论,为我们展示了汉族广阔的社会文化背景。从该书涉及的范围来看,我们固然还不能说它已经廓清了文化语言学的研究疆域,涵盖了文化语言学的基本内容,但它确实为文化语言学的研究提供了一种样本。

这本书的内容很丰富,能给读者以多方面的新鲜而有用的知识。作者着眼于当代社会的语言现象,把触角深入到语言背后的社会、文化的方方面面。小如语词的使用:"竞争""强人"等词语的恢复名誉,商品"发菜"因其粤方言发音与"发财"相同,而畅销于港澳和东南亚等。大至当代社会人际交往中的称谓问题、推广普通话问题乃至香港社会的语言现状及未来发展方向等问题,都有所论及。我国幅员辽阔,"十里不同风,百里不同俗",语言所反映的文化习俗是多姿多彩的。作者广采不同地域、不同阶层的大量语言实例来分析,有很实用的知识性。譬如讲究吉祥如意是汉族人大致相同的文化传统。北方过春节常倒贴"福"字,寓"福到(倒)"之义;又常用鱼做主菜,取"年年有余(鱼)"的吉义,而南方的广州则多买金橘回家,祈求"吉祥";平时也喜欢"8"这个数字,因为与"发"同音。888,即"发发发"。同是结婚喜庆,广东、福建农村要吃汤圆、肉圆,象征婚姻幸福美满,而北方更不可缺少枣子、花生、桂圆、百合等礼物。即取"早生贵子、花着生(有男有女)、高贵圆满、百年好合"的意思。这些不同特征的吉祥本身反映了多姿的文化和丰富的生活,对它们的收集、分析则使这本书的内容充实、丰富。类似的例子还不少。如夫妻间的面称,因为文化水平的层次不同带来相应的称谓层次:高层次称谓当面用"先生""太太""夫人"。低层次称谓当面叫"孩子他爸、孩子他妈",叫"老头儿、老公、老婆",叫"我的男人、你的媳妇"。中层次称谓当面称"老伴儿、老头儿","我那口子、我的爱人、你的那位"或称"老张、老李、小张、小李"等。可以说,该书之所以能引人入胜,是与其丰富的内容密不可分的。

二 注重解释与探求规律

语言是社会文化的镜子。文化语言学研究不仅要涉及语言与文化、与社会的各个方面,更应致力于分析它们之间的种种关系,作出科学的解释,揭示普遍的规律。即不仅要回答现象"怎么样",还要回答它"为什么"这样而不是那样。这应当是文化语言学的主要目标,也是文化语言学的独特魅力之所在。

在第一章中,作者明确指出:文化语言学"主要是解释性的"。《新探》正是在对语言现象做细致的描写,理清不同现象表征的基础上,力求准确把握深层文化内涵,进而做出科学解释的。这可以亲属称谓为代表。众所周知,汉族人的亲属称谓问题比较复杂,同民族文化的关系也十分密切。这里既有长、幼之分,又有父系、母系之别,还有嫡系、庶系的区别,面称、背称的差异等。作者较细致地描写了亲属称谓的类别:按家庭派系可分为正支、旁支;按血统远近可分为内亲、外亲;按性别系统可分为男系、女系等。各种支系又可以进一步细分:伯、叔还常加数目字以进一步区分,女系亲属则常无此必要。在此基础上,作者指出,之所以会产生这些不同的称谓现象,是同民族文化传统的内外有别、长幼有序、以男性为中心、以嫡庶分亲疏的封建宗法观念紧密联系在一起的。正是这些宗法观念的作用,才使得汉人亲属称谓呈现出"这样"的形态,而不是像西方社会"那样",伯、叔不分,舅、姑不分,甥、侄不分——它们反映的是另外一种文化观念。

书中类似的分析和解释甚多。又如汉语词汇中以"胡、蛮"为词根构成的词:"胡说、胡搞、胡扯、胡搅、胡闹、蛮干、野蛮、胡搅蛮缠"等都为贬义的。其原因何在?作者解释道,这是古代汉人排斥异己的文化观念在语词中的残留。古代把北方少数民族称为"胡",南方少数民族成为"蛮",胡、蛮都被视为非华夏正宗。"非我族类,其心必异"。语词上的贬义是与深刻的文化背景紧密相连的。又如汉字以"女"为偏旁的字为何有一部分为褒义,更多的却是贬义?作者用人类文明进化史和汉族封建社会重男轻女的深层文化观念做了解释,也较令人信服。

以上解释的着眼点是词汇与文化的关系。那么,文化语言学能否进一步对静态的语言结构和动态的语言交际等问题做出同样的解释呢?《新探》在这方面也有可喜的贡献。作家讨论了语法研究中词的归类、句型的划分等老大难问题,讨论了有定和无定、肯定和否定、疑和问等对立范畴,提出了"中介"的新观点,并从汉人求中的心理做了理解。作者还讨论了汉语的"主宾同词"、动宾结构的使用范围扩大、"个"吞并其他量词、结构的意合、词序的安排等问题,并从汉人辩证的、简易的、模糊的思维方式做了解释,都颇有新意和启发。对动态的交际问题,作者既解释了表达者语言的冗余、模糊、顺畅、委婉等现象与心理的关系,又从深层文化对接受者语言反应做了较有说服力的阐释。还从语言接触的角度,讨论了北京口语吸收南方方言以及排斥欧化句式的种种情况。

在现象解释的基础上再抽象、概括,力求总结出规律,是《新探》进一步的探求。如第七章从汉语成语、谚语和歇后语窥探汉人的思想观念,第十章从汉语与其他语言接触的现实,总结民族文化交融的规律,第十五章从汉族深层文化总结语言反应的规律等,都有一定说服力。第八章从汉语词语现象揭示汉民族重和谐、重有序、重社会和官本位等深层文化传统,虽然有些例子及解释还可商榷,但所概括出的规律还是有较大普遍意义的。同时,对于现实生活中碰到的一些较为棘手的、一时还难以找到很强规律的语言问题,作者也并不回避绕开,而是大胆发表自己的见解,试图找出规律,或做出合乎规律的预测。如社交称谓的缺环问题、香港社会1997年的用语问题等。

三　材料鲜活与风格朴实

《新探》第三个特点是例证丰富,且多采自现实生活中的口语材料,清新、生动、自然。同时,作者本人的语言表达浅近通俗,风格朴实。读这本书时使人感到像在同作者慢慢地唠家常一般,在轻松活泼的气氛中学到不少新知识。

书中大量的鲜活的口语表达材料和例子很引人入胜。譬如说明"文革"时期的语言特征,用的是作者第一手的口语调查材料:失散30多年的母女见面,女儿第一句话说的是"毛主席万岁!共产党万岁!"然后才是叫妈。分析汉人形象构词心理,举了广东一带以"火"为词根的口语词:"火船"(轮船)、"电火"(电灯)、"火牛"(变压器)、"火水"(煤油)等为例,很能说明问题。这些生动的典型例子既增加了本书的可读性和亲切感,对于尚处初创阶段的文化语言学而言,也有更便于普及的作用。

四　书本的不足与我们的期待

《新探》的探索是较为成功的,令人振奋。不过,细读此书,我们亦感到一些不足。为讨论方便,也分几点来谈。

第一,研究的范围似可再拓宽。作者的视野是较为开阔的。词汇、文字、语法、语用(交际)等方面都分章节讨论,还论及了语言相互接触及影响、比喻手法等与文化密切相关的问题,显示了文化语言学的广阔天地。但我们以为,汉语语音方面的讨论应该补充。

汉语的单音节、有声调、发音响亮、讲究开合等特点带有浓郁的民族特色。这一方面与民族文化息息相关,另一方面又影响了汉语的基本面貌,诸如平仄、押韵、谐音、对仗、整散等,实在都是可以列为专门章节仔细分析的(书中虽然有所涉及,但是散见于各章节中)。另外,汉民族文化的"法先王、征圣语"的传统映现在语言运用上,使得自古以来先哲前贤的话语屡屡被引用,引语、事类、用典、引经、相关、稽古等汉语特有的修辞手段十分发达,也是应该加以认真分析的。事实上,汉语中与文化密切值得讨论的现象还有很多,文化语言学的研究需要进一步开疆拓域。

第二,对有些现象的解释还不够准确,有些方面的规律也揭示的不够。要从文化角度解释语言现象,重要的是准确把握文化的本质特征,同时审慎地处理材料。在这方面,《新探》有时存在前后矛盾现象。如第八章谈汉语符合汉民族的心理特征,着重分析了汉文化的重和谐、重有序、重社会等传统,这是不错的。但在第十四章讨论说话心理时却说:"由于受大陆民族文化以自我为中心的心理制约,汉人说话一般不设身处地地为别人着想。"和谐、有序、社会关系等在这里都不见了,变成了"以自我为中心",与前面正好相互矛盾。其次对有些语言现象,《新探》还没有找到确切的解释。如"死"是人们忌讳的,语言中的禁忌甚多。但口语里也存在着"你这死孩子,在哪里弄得一身脏""真该死,怎么把这事忘了呢"之类的话。作者认为,这"已变成一部分人的口头语,与唯心主义无关",便不再解释了。对此,人们很容易产生疑问:它同禁忌是什么关系?如何变成口头语的?与唯心主义无关,那么与什么东西有关?像这样提出了问题但未做恰当解释的情况还有一些。另外,对某些问题,《新探》似乎还可以在解释的基础上进一步抽象。如第十四章,就可以同第十五章一样,概括为"说话人的言语表达",并从深层文化的背景上归纳出一些有普遍性的条理和规律来。

第三,有些例子不很典型。关于这方面问题,王宗炎先生的文章(《一门新学科的诞生》,载《读书》1990年第6期)已谈了不少。我们亦举一例:作者指出,汉文化官本位传统十分突出。这本身是不错的。但作者主要用五十来个以"官"构成的词语为例说明,似乎不够典型,不很有说服力。因为我们同样可以举出五十多个以"民"构成的词语:"民工、民间、民瘼、民气、民力、民主、民情、民权、民变、民法、民愤、民生、民事、民食、民俗、民歌、民团、民校、民谣、民意、民用、民乐、民政、民贼、民怨、民智、民众、人民、公民、市民、平民、饥民、灾民、农民、牧民、回民、良民、全民、初民、国民、居民、贫民、选民、顺民、侨民、贱民、难民、流民、庶民、蛋民、料民、手民、逸民、遗民、黎民、移民、渔民、乡民、自由民、小市民、民不聊生、民脂民膏"等,这该不至于说是"民本位"吧?所举例子的不典型,有时还影响到对现象的解释深度。如汉语的和谐性问题。三音节语真的如作者所言,只跟贬义有关,不具备和谐性吗?对前一点的失察,王宗炎先生已指出,后一点也是不可靠的:汉语的和谐性不仅体现在四字语上,也体现在三字语的对称使用上,如"抓革命,促生产"。这里有什么可讲究的东西?由于对语言材料的失察,本来可以深入讨论的问题被作者忽视了。更进一步,四字语既然体现了和谐性,是"汉人非常爱好的",但为何早期的四言诗后来会演变成五言、七言诗,有什么内因和外因在起作用?我们认为,这些本来都应是文化语言学研究的题中之意,遗憾的是作者忽略了。

我们认为,对文化语言学的研究一方面应该更准确地把握民族文化的本质特征(似可从经典文化传统和民俗文化传统两个层次把握),视野更开阔,内容更丰富;另一方面,在解释及寻求规律时应更加严谨,方法更有成效(除借鉴社会语言学以外,似还可借鉴国际语言学界的其他有关成果,如语境分析、言语行为理论、语用学等),使文化语言学的研究更臻完善,更加科学。

(原载于《中国语文》1993年第4期)

论语言词汇与社会文化的关系

作为语言的建筑材料,词汇在语言学研究中有重要的地位。从宏观的视野来认识,词汇同人类社会和文化密切相关。"语言的词汇多多少少忠实地反映出它所服务的文化。"[1]为此,国际语言学界20世纪60年代兴起的社会语言学提出了"语言的词汇同社会的发展共变"的理论,我国80年代兴起的文化语言学也提出了"词汇是社会文化的镜像"的主张。深刻揭示词汇与社会文化的关系,是语言学和文化学研究中的重要课题,有很重要的理论和现实意义。对此,我们拟从三个方面进行讨论。

一 词汇与古代文化

词汇的发展是与社会文化的发展变化成正比的。在漫长的历史长河中,人类文化生活不断变化着,词汇也就处于经常变动之中。不过,词汇作为社会文化的镜像,也还有其稳固性的特点,它并不是总是与社会文化的变化相同步的。演变了或消失了的文化,可以在词汇中留下痕迹。今天,我们通过这些词语便可以还原当时的社会文化图景。

比如,我国上古的社会生产经历过畜牧、农业等不同的发展阶段,适应这种社会文化的需要,汉语中出现了大量相应的词汇。如《说文解字》中关于六畜的词数量为:从"马"的117个,从"牛"的46个,从"羊"的25个,从"犬"的83个,从"豕"的22个。而且其分类还十分详细,甚至有专门从颜色区分牲畜的词语。《诗经·鲁颂·马同》中根据马的颜色而分的词有16种之多。如此细致的分类,说明了畜牧业在当时社会生活中的重要性。随着农业的兴起,殷商时代出现了表谷类的词"黍、稷、禾、稻、麦",到周代又增加了"牟、果、粱、穈、菽、麻"等。蚕桑业和纺织业的发展,同样在词汇中有所反映。如絮(粗丝)、绵(精丝)、纥(下等丝)、绪(丝的头绪)、纇(丝上的结)、等。这些词汇都同古代的文化现状紧密连在一起,是社会文化的"化石",有助于今人了解古代的生活和文化。

一般的说,以上词语在现代汉语中大部分已经消亡(有一些进入基本词汇之中而流传下来,如马、牛、稻、麦等),与之略微不同的还有一类是通常所说的"古语词(历史词)",即源于古代书面文献、在现代汉语中间或使用的词语,它们也都带有较为明显的社会文化意义。例如"天子、寡人、龙颜、圣驾、诸侯、丞相、千岁、驸马、妃子"等词以及"庶人、黎民、鄙夫、微臣、晚生、不才、小人、奴才"等词,反映了封建社会中的等级地位;"朝廷、宗庙、社稷、鼎、圣旨、虎贲、干戈、冠盖、俸禄、稽首、叩拜、万福"等词则是封建文化的写照。从古代几十个以"示"为义符的词语"祝、礼、祖、福、祥、祠、祜、禧、禄、祉、祺、祈、禅、神、祭、祀、禁、祟、祚、祷、祧"等之中,我们可以领会到古人宗教祭祀的文化观念:"天垂象,见吉凶,所以示人也"、"三垂日月星也,观乎天文察时变示神事也。"从"崩、薨、卒、不禄、不讳、物故、物化、溘谢"等称代"死"的词语中,我们又可以看到古代封建等级文化和忌讳的观念。

词汇与古代文化的关系还有一种情况:现代汉语的一些基本词汇也含有浓厚的文化色彩。但由于其稳定和常用,一般人常常习焉不察,并不认为它们同古代文化有什么关系。其实这部分词汇同文化的联系更值得人们注意。例如"天"这个基本词,通常为"天空、苍天"等自然界之含义,但这个意义是后起的。"天"的初始意义是"头、首"。《说文解字》释为"天,颠也"。[2]其造字方法为一个象形的大字表人,上面一横表示头部所在,属于指事字。由人的最高处头部引申为自然界的最高处"天",其轨迹是较为自然的。不过,更值得注意的是,天作为自然界的最高处,又不限于纯自然的范畴,而是同人一样,具有意志力、统治力乃至浓烈的情感。"天公、天子、天意、天赐、天威、天颜、天戒、天假、天道、天机、天命、天理、天条、天灾、天火、天经地义、天网恢恢"等以"天"为词根而派生的一系列词语,正包含了这种强烈的文化意蕴。透过这些词,我们可以看到古代先民们"天人合一"、"天人感应"、"天道生万物"之类的文化信仰。

汉语中蕴涵了古代文化意义的基本词汇是不少的。下面我们以色彩词、数目词、亲属称谓词等词族为例,进一步分析一下汉语基本词汇与古代文化的联系。

(一)色彩词的古代文化色彩

汉语中常用的色彩词为:红(朱、赤)、黄、青(蓝)、绿、紫、黑、白等,在实际的使用中,这些词都不仅表示颜色,还有某种文化意义。主要有两点:

第一,色彩同阴阳五行相联系。上古有所谓的"土与金、木、水、火相杂以感万物"[3]的阴阳五行说。这种五行分据五方,又各有一种颜色相配:"木色青,故青者东方也;木生火,其色赤,故赤者南方也;火生土,其色黄,故黄者中央也;土生金,其色白,故白者西方也;金生水,其色黑,故黑者北方也。此五行之正色也。"[4]根据五德始终、天道循环的观点,朝代之间的更替都合乎周而复始的五行相生相克的规律,因而不同朝代的"德"各有不同,其崇尚的"色"也就相异。如传说中的黄帝为土德,色尚黄;禹木德,色尚青;汤金德,色尚白;周火德,色尚赤;秦水德,色尚黑等。由此,普通的色彩词也就带上了一种浓重的文化意蕴,并潜移默化地影响到今天汉人中有一种心理:喜红不喜白,结婚披红挂彩,丧事则白衣素裹,这有什么文化渊源呢?我们说,它与阴阳五行,五德相替的深层观念有关。商代以金为德,色尚白,到纣王时被周武王推翻。周人以火为德,应合了"火胜金"的"天意",故能成功。火德崇尚的色彩为红色,故以红为贵、以白为贱的观念在周初已经形成。再联系到周取代商,"顺乎天而应乎人"[5],具有重大的"革命"意义。"周监于二代,郁郁乎文哉"[6],各种礼法制度在周代得以完备、细密。可以推知,周人红贵白贱的文化观念对后世的巨大影响,今人喜红不喜白的心理也可以在这里找到其答案。

第二,色彩与等级观念相联系。我国古代社会长期以儒家礼教作为主要的文化规范。从国家政治关系的民顺、臣忠、君仁到家族血缘关系的子孝、妇从、父慈,封建礼教规范和宗法伦理观念都十分讲究上下有别、长幼有序和尊卑有度。色彩也被作为显示和加强这种封建等级观念的重要手段。"以五采明施于五色,作尊卑之服"[7],某种色彩经常同某种等级地位相应,也就使得色彩带上了特定的文化意义。例如,黄色代表帝王之尊。"黄者中和美色,黄承天德,最盛淳美,故以尊色为溢也。"[8]从汉至清,我国历代帝王都以黄色为尊。由于帝王所擅,黄色遂成为"禁色","黄袍加身"等于登基称帝。而谁要私制黄袍,则被视作犯了篡位谋反的大逆,是要掉脑袋的!其他色彩词也有类似的文化意义。如白色,历来被作为平头百姓的通称,"白衣、白丁"即平民、贱民。这是由封建礼教等级规定了的:"散民不敢服杂彩"[9]、"庶人以白"。而"朱、紫、青、绿"诸彩色,则是官服之色。朱、紫的品级较高,青、绿则为中下层官吏。因而这些色彩词的使用不仅仅作为颜色,还含有相应的文化意义。如"拖朱垂紫"是指位高权重者;"青衫绿袍"是指刚入仕或遭贬降者。明乎此,对白居易《琵琶行》中"座中泣下谁最多,江州司马青衫湿"的诗句也就能有更深刻的理解。

(二)数目词的古代文化色彩

表数目的词也属于汉语的基本词汇,主要包括:一至十的基数和百、千、万等几个词。它们同古代文化的联系同样是密切的。上古时代的五行、八卦便是数目词与宗教信仰结合的产物;"一生二,二生三,三生万物"的朴素辩证法思想也借数目表示出来。考察汉语数目词的古代文化含义,最值得注意的是其象征性。古人把"三"象征"天、地、人","一贯三"者即为"王"。因而"三"是一个吉数,推而广之,三的倍数:六、九、十二、三十六、七十二、一百〇八等等,均是吉数,有很好的象征意义。如六为六六大顺,"六经、六艺、六书、六谷、六畜、六合、六根、六欲"等说法屡见不鲜。又如六十年

"转甲子",一个轮回;农历六月初六为"天贶节"等等。九作为自然数中最大的单数,被视作天数中的极数,可代指上天:九天、九霄,也可指天子之位:九五之尊,佛教中也有"九九归真"的说法。十二则作为命理学中象征完美圆满的褒义吉祥数字,如一年十二个月,一昼夜十二个时辰,人有十二生肖等。三十六、七十二、一百〇八等数目的文化意义也是明显的,"三十六计"、"七十二贤人"、"一百〇八尊菩萨"(梁山好汉也附会为一百〇八将)等,都是人们熟知的,乃至于《西游记》中描写的蟠桃园桃树有三千六百株,分别为三千年一熟,六千年一熟和九千年一熟;人参果三千年一开花,三千年一结果,再过三千年才成熟,只结三十个果,闻一下就多活三百六十岁等,无不是"三"的倍数极端放大。究其实,它们都有象征的文化意义。

汉语的数目词还含有其他文化色彩。如尚偶心理。两两相对、好事成双等观念很有影响,故二(两)、四、八、十等数目,也多含褒义。又如谐音的影响。"二百五"喻办事没准、马大哈式的人物,是则"半封"谐"半疯"。原来古时银子五百两为一封,半封即为"二百五十两"。显然,这也同古代文化有关。至于"十三点"的骂人语,"八"即"发"的谐音,则带有现当代文化色彩,此不赘。

(三)亲属称谓词的古代文化色彩

同西方语言相比较,汉语亲属称谓词有两个十分突出的特点:一是发达。可以分为三个支系:1.按家庭派系分为正支、旁支,如嫡子、庶子;2.按血统远近分为内亲、外亲,如外公、外甥、内弟、内侄等;3.按性别系统分为男系、女系,如伯父、舅舅,伯母、舅母等。

这反映了汉族封建家庭以男性为中心、嫡庶有别的宗法伦理观念。二是细致。对照英语的亲属称谓词 uncle 可统指"男性的长一辈亲属"，aunt 可统指"女性的长一辈亲属"的现象，汉语细致地分出了伯父、叔父、姑父、舅父、姨父和伯母、婶母、姑母、舅母、姨母等称谓。更进一步，汉语亲属称谓词对父系亲属还做了更细致的分析。如比父亲大的叫伯父，比父亲小的叫叔父，有若干个还需用大、二、三来指别，反映了以父系为中心的封建大家族长幼有序的宗法制。而对母系亲属，因为不是直系，称呼起来就可以模糊一些。舅父、姨父的叫法可不必细分也比母亲大或小的亲属称谓。甚至父系之中的女性亲属因为外嫁，也可不必区分长幼，而径呼"姑母、姑父"即可。这种内外有别、长幼有序、亲疏有异的称谓词，深深浸润着汉民族文化的基因。

此外，汉文化往重家族传宗接代的观念也在亲属称谓词中得到显现。"不孝有三，无后为大"，人们十分看重家庭的延续、繁衍和兴旺，子孙满堂、四世同堂等是大富大贵。故我国古代对晚辈亲属的称谓十分复杂。儿—孙—曾孙—玄孙—来孙—晜孙—仍孙—云孙，共有八代人的称谓，这是其他民族语言不能比拟的，也非当代汉族人所能想象。归根到底，还是古老宗法观念的折射。

二　词汇与外来文化

美国语言学家萨丕尔曾说过："语言像文化一样，很少是自给自足的。交际的需要使说一种语言的人和说邻近语言的或文化上占优势的语言的人发生直接或间接的接触。"[10]也就是说，一种语言在发展过程中,必然要同其他语言互相接触、互相影响、互相融合。反映在词汇方面,突出的表现便是词语的输出和输入。如汉语的"茶",这个词汇很早就传到国外,据考证,茶的外传大致有两条途径,一是由南方(福建一带)从海路传至欧洲,一是由北方的陆路传至俄罗斯。当今英语的"tea"的读音便是同闽南话"茶"(te)相近的,可知二者的密切关系。同样,在汉语的词汇中也有不少输入的外来词,如"咖啡、沙发、啤酒"等已是现代汉语中常见的词了。而且,这种外来词的数量为数甚多。王力先生生前就曾说过:"拿现在书报上的文章用语和鸦片战争以前的文章用语相比较,外来的词语恐怕占一半以上,和'五四'时代的文章用语比较恐怕也占四分之一以上。"[11](可以说,词汇之间的输入、输出,是世界语言接触、影响的主要标志之一。)

值得指出的是,词汇间的借用不仅仅是语言现象,还伴随着文化的传播。如汉语"茶"的词传到欧洲,随之也带去了中国的饮茶文化,对欧洲大陆的饮食文化无疑有一定的影响。茶传到日本,不仅使之增加了"御茶"(茶)的词汇,也增加了饮茶的生活内容和"茶道"的文化习俗。又如"佛、禅、菩萨"等外来词的传入,不仅给汉语增加了相应的词汇,也给汉民族文化带来了佛教的文化内容,这是显而易见的事实。因而,我们在讨论词汇的互借现象时,不能忽视其背后的文化内涵。下面我们主要讨论汉语词汇中外来词与文化的关系。

(一)产生外来词的文化生态

所谓"文化生态"指的是外来词赖以产生的文化环境和文化需

求。词汇的借入实质上反映了文化的交流。外来词的出现,并非偶然的、无缘无故的,而是同文化生态有密切的关系。外来词的种子之所以能在汉语中发芽、开花、蓬勃地生长,便因为有适宜于它们生长的土壤。对外来词与文化关系的分析,首先必须揭示出这个宏观的文化生态环境及其影响。

在汉语发展史上,集中出现大量外来词的时期有三个,有人称之为"三次浪潮"。而这三次浪潮都与大规模的民族文化交融紧紧相连。

1. 魏晋至唐宋时代的外来词。汉代以后,汉语词汇吸收外来词的第一个高峰是魏晋时代佛教的传入,直至唐宋年间,产生了大量的新词语,它们都与佛教有密切关系。这些外来词中,有按原词音译而来的词:"菩萨、和尚、罗汉、阎罗、舍利、罗刹、沙门、三昧、维摩、涅槃、修罗、刹那、袈裟、伽蓝、夜叉、浮屠"等。有与汉语相合而成的"梵汉合璧词"。如由音译的"禅"("禅那"的简化)而构成的"禅天、禅门、禅师、禅堂"等,据《佛学大辞典》统计有87个(除专有名词外,下同);以"僧"("僧伽"的简化)构成的词"僧人、僧侣、僧经、僧徒"等有85个;以"佛"("佛陀"的简化)构成的词"佛土、佛法、佛事、佛经、佛光"等则有152个。也有不少意译词,如"法门、法轮、法鼓、法室、法力、法名、法式"等词有143个。还有利用汉语固有词表示佛教新内容的"佛化汉词",如"境界、解脱、智慧、觉悟、供养、修行、布施、神通、因缘、祖师、长老、种子、朝露"等。此外,"众盲摸象、天女散花、天花乱坠、唯我独尊、借花献佛、空中楼阁、不即不离、一尘不染、味同嚼蜡"等成语也是同佛教的传入有关[12]。如此众多的外来词在汉语中立足生存,说明了当时佛教文化在汉语社会中的广泛而深刻的影响。从另一方面来看,也是当时社会文化的生态环境所带需要、所允许的。

2. 近现代的外来词。汉语吸收外来词的第二个高峰期是清末、"五四"运动直至20世纪三四十年代。在这一百多年的时间里,汉语词汇库里增加了难以尽数的外来词,而且涉及社会生活的政治、经济、文化、宗教、艺术、科技、音乐、体育、医药、工艺、饮食、衣着、娱乐等各方面。外来词的来源也不像佛教词那样单一,而是从西方的欧美,从东方的日本都有输入,形成了一股气势磅礴的"浪潮"。如"民主、科学、马克思主义、布尔什维克、沙发、逻辑、霓虹灯、干部、引渡、备忘录"等。

这个时期外来词的大量涌现,也同特定的文化生态环境相关联。明代以后,由于清政府的闭关锁国政策和极端的政治高压以及中国封建制度内部的超稳定结构,使得中国文化的发展逐渐处于停滞状态。清末,帝国主义列强用炮舰轰开了古老中国的大门。鸦片战争的失败,一方面加剧了中国人民的灾难,另一方面也客观上为中国文化的发展提供了新的契机,使之有可能在血与火的洗礼中得以裂变和升华。在当时的社会,不少有识之士都痛感中国的落后挨打,而转向西方寻求先进的思想、引入先进的文化、学习先进的技术。这种西学东渐的过程,在汉语中留下深深的印痕,大量外来词便是文化冲突与交融的生动反映。

3. 当代的外来词。"当代"指的是1949年以后的50年代至今。此时期的外来词也是很多的,这也同社会文化的生态环境连在一起。而且,当代外来词的引进还有较明显的阶段性:50年代至60年代初,从俄语吸收了一批外来词。如"拖拉机、布拉吉、喀秋莎、卢布、集体农庄"等。这反映了当时中苏的文化交流状况。六七十年代,中苏关系恶化,加上国内"文革"的影响,外来词的引进也形成一个低潮。到十一届三中全会之后,确立了改革开放的基本国策,中国同世界的交往发展到一个崭新的历史阶段,外来文化与中国文化的交流融合也有了一个良好的生态环境。因而,外来词也随之大量涌现。如"激光、电视、热狗、拜拜、的士、白领、蓝领、公关、代沟、共识、认同、保龄球、霹雳舞、迷你裙、艾滋病、卡拉OK"等。

以上外来词的三次大规模引进很明显地告诉我们:外来词产生的背后是外来文化交往的实质。通过对外来词的分析,可以了解社会文化的生态环境。

(二)外来词反映的文化内涵

外来词同文化的关系不仅表现在它的产生同相应的文化生态环境有联系,更重要的是,外来词的引入也带来了外来的文化内涵。或者换句话说,外来文化的渗透和影响是以外来词作为载体的。不过,随着社会的发展,文化的交融,不少外来词伴随的外来文化已为汉族文化所吸收、所同化,人们对此有时难以分辨。故这里再举些例子进一步分析。

"塔"是现代汉语中的一个基本词,指一种建筑物。在漫长的历史之中,我国劳动人民以优秀的聪明才智,创造了不计其数的、多种多样的塔。在杭州著名的六和塔的背后,最近筑造了一个缩小尺寸的中华名塔集萃园,铁塔、木塔、砖塔、石塔、三角塔、四角塔、六角塔、圆形塔、桥上塔、塔中塔……琳琅满目,美不胜收。可以说,塔这种建筑在全国各地城乡都能找到,似乎不足为怪。但是,考其源头,"塔"却是一个标准的外来词,为梵语 Stupa 的对译,原意为"坟墓",是佛教专用于藏舍利和经卷的,为一种特殊风格的建筑,总是同寺庙在一起。在一千多年前,塔同其他的佛教词语一起引入中国,同时带来的自然也是佛教文化。后来,随着社会文化的演变,塔不再作为坟墓,也不再局限于寺庙,而更多的作为一种象征或山水建筑的装饰遍布各地。由此,塔的文化内容逐渐为汉民族文化所融合、所涵盖。今人也常常不把塔作为外来词看待了。但作为一个外来词,它曾经带来的外来文化还是不容忽视和否认的。

鸦片战争之后,中国的有识之士提出过一个口号:"欢迎德先生和赛先生。""德先生"即德谟克拉西(为英语 democracy 的音译,今作"民主")、"赛先生"为赛因斯(为英语 science 的音译,今作"科学")。这两个外来词在当时是振聋发聩的。因为它们引进的是西方资产阶级革命的思想和观念,对当时中国的封建制度是一个极大的冲击。正是在这个口号和这种先进思想的引导之下,广大先进青年纷纷投入"打倒孔家店"的"五四"运动,在中国历史上写下了光辉灿烂的一页。这个例子也生动地反映了外来词带来的外来文化。如果说没有先进的文化思想和观念,仅仅凭借"德先生"和"赛先生"两个外来词便具有了神奇的力量,可以改写中国的历史,那是十分幼稚的想法。类似的例子又如共产党(英语 communist)和共产主义(英语 communism)两个词,作为特定概念的外来词引入的时候,其含有的先进思想和文化内容便一同为人们所知悉。一大批志同道合的先进思想分子正是在马克思《共产党宣言》的旗帜下集合,建立了共产党的组织,艰苦卓绝,前赴后继,创建了新中国。可以从某种意义上来说,中国革命的成功,同共产党、共产主义等外来词带来的外来先进思想和文化是分不开的。

当代社会吸收外来词的情况也是一样的。例如,前些年我国吸收了一个外来词"安乐死",译自 euthanasia,eu 源出于希腊文,意即"好",引申为"安乐",thanasia 源出于希腊文的 thanatos,意即"死"。这个词按字面意思理解为"安乐地死去",应该是不错的。但这个词的意义是特指"(为结束不治之症患者的痛苦而施行的)无痛苦致死亡",即它同西方某种特定的文化现象相关联,不是泛指人们无痛苦地死亡(如无疾而终等)。现代汉语引进这个外来词时,自然也要把它的特指义(即西方社会现状的某一侧面)同时带进来,这样,这个词才能被人们真正理解。而在人们理解了这个外来词的特指义之后,也就不知不觉地对其蕴涵的文化内容有了认识。

一般来说,汉语中的外来词总是同某种外来文化相对应的,这种外来文化可以给汉文以冲击和影响。"安乐死"是这样,"霹雳舞、卡拉 OK"等词带来的文化内容也是这样。但由于汉民族文化的博大精深和兼收并蓄,外来文化常常易被吸收、被融合。"塔、民主、自由、共产党"等词反映的文化是这样,"安乐死、霹雳舞、卡拉 OK"等词反映的文化也不会例外。当一个外来词所含有的外来文化内涵完全被汉文化同化之时,其外来的色彩也就消失殆尽,同汉语固有词汇没有多大差别了。这便是绝大多数的汉语外来词目前的状况。

三　词汇与当代文化

作为语言最活跃的成分,词汇的发展演变是最明显而迅速的。这又突出地表现在当代。急剧变革的社会文化,使得当代词汇带来了鲜明的时代特色。旧词语的逐渐消亡,新词语的大量涌现,为我们了解当代社会文化提供了方便。下面分析一下词汇同当代文化之间的这种共变关系。

1949年,中华人民共和国成立,几千年历史的文明古国从此焕发了青春,社会文化也发生了翻天覆地的崭新变化。这种变革的现实,在词汇中留下了深深的印迹。大致可以分为三个阶段。

(一)中华人民共和国成立后十七年的词汇现象

中华人民共和国成立后,我国人民在党的领导下,走上了社会主义革命和建设的大道。人民当家做主,封建等级观念被革除,社会生活和人的精神面貌呈现一派新气象。适应这种社会变革,50年代至60年代前期出现了许多新词汇,如"解放、建国、多快好省、力争上游、国营、平等、互助、劳保、公社、生产队、高产田、商品粮、自留地、水库、密植、饲养员、服务员、共青团、少先队、文化宫、居民组"等。新制度的建设和政治运动的进行,也留有一批新词语,如"政协、人大、国务院、人代会、土改、三反、五反、镇反、反右、整风、四清、扫盲、选举法、婚姻法"等。社会主义建设的艰巨性,又使得一批行业词的比喻用法广为流行,如"进军、战役、战线、突击、尖兵、攻坚战、基地、阵地、收获、丰收、水平"等。另外,标志着新的科学技术和建设成果的词语也不少,如"电视、原子弹、氢弹、火箭、卫星、半导体、喷气式、长江大桥"等。

由于特定的社会环境,这个时期有一些普通词语变成了全民常用的。如"党"这个词,在古代即存在,但中华人民共和国成立后,"党"特指共产党,成为千百万人民群众耳熟能详的、使用频率最高的词汇之一。以往的一般词汇变成了基本词汇,并有了能产性,构成了一个不小的词族:"党性、党风、党课、党龄、党校、党费、党籍、党委、党员、党章、党旗、党建、整党、政党、民主党"等等。与此同时,一批与旧制度有关的词语逐渐消亡,如"长官、宪兵、巡捕、租界、东家、工头、地租、长工、训导处、家政"等。新中国成立前一批以"洋"为词根构成的词"洋火、洋油、洋布、洋灰、洋服、洋房、洋行、洋枪"等,或为新词语"火柴、煤油、棉布、水泥、西服"等所代替,或干脆退出了历史舞台。一些政治性词语,也在新的社会文化的关照下,带上了不同的色彩,如"地主、资本家"的贬义色彩,"工人、农民"的褒义色彩等。所有这些,都是同当时社会文化相适应的。

(二)"十年动乱"的词汇现象

从 1966 年到 1976 年的"文化大革命",是我国现当代"史无前例"的一次大动乱。此时社会的秩序混乱,派系的争斗激烈,人们的交往谨慎。在词汇中也留下了一道独特的印痕,出现了一大批剑拔弩张、火药味很浓的词语:"造反、炮打、火烧、油煎、打倒、灭亡、叫嚣、勒令、批倒批臭、全面专政、横扫一切、斗批改、触及灵魂"等;出现了一大批污辱人格的粗话脏词:"牛鬼蛇神、砸烂狗头、罪该万死、保皇派、狗崽子、洋奴、臭老九、臭妖婆、喽啰、王八、跳梁小丑、小爬虫、孝子贤孙、大土匪"等。据有关的研究，"文革"期间的社论，每351个字便有一个"批"字，213个字便有一个"斗"字。"批、斗"如此高的使用频率，是同当时的社会环境相应的。

在"文革"这个人妖颠倒、是非不分的年代，汉语词汇里一些原有的文化内涵或被毫无节制地强化、张扬，或被改换移用，以适应当时的社会文化环境。如颜色词"红"，在传统文化中含有喜庆、吉利和革命的色彩。在"文革"中，这个词的使用达到高峰："红太阳、红宝书、红海洋、红五类、红袖章、红领章、红卫兵、红小兵、红司令、红代会、红总、红心"等，真可谓处处红词汇，构成"全国山河一片红"！而本与红相对的"白"这个词，在此时期没有出现相应的使用频率（"文革"前还曾相对过：红专/白专），倒是另一个色彩词"黑"被赋予了特定含义，有了史无前例的高使用率：凡是被认为属于敌对一方的人或事物都可入"黑籍"："黑帮、黑线、黑五类、黑后台、黑司令、黑干将、黑秀才、黑旗、黑伞、黑货、黑会、黑店、黑文、黑话、黑信、黑组织、黑关系、黑串联、黑日记、黑纲领、黑修养、黑六论"等，这些被"黑"字圈进的都是打入另册者，都可以"打翻在地，再踏上一只脚"，使之永世不得翻身！另外，在这个特殊的历史阶段中，极端化词语也大量出现，如"最、最最、万分、无限、永远、空前、彻底，一千个不行，一万个不答应"等。汉语中传统的辩证法思想和中庸的观念被抛到一边去了。如此混乱不堪的语言词汇，反映的正是当时那种混乱不堪、斯文扫地的社会现状。

（三）改革开放以来的词汇现象

"文革"结束后，我国的社会进入了一个正常的发展时期，特别是1979年之后,百废俱兴,欣欣向荣,政治稳定、经济繁荣,文化也有了突飞猛进的发展。词汇很好地反映了这种突变,出现了许多新词。在政治、体制等方面:"改革、开放、责任制、包干、特区、专业户、独资、合资、扶贫、接轨、松绑、腾飞、回归、搞活、对话、安定团结、一国两制、一个中心两个基本点"等;反映新科技成果的有:"彩电、彩卷、地铁、电脑、硅谷、超导、高速公路"等;反映商品经济生活的词语有:"展销、出台、面市、汇率、寄售、下海、广告、邮购、连锁店、伪劣、商检、商贸、倒爷、售后服务"等;反映社会生活、文化活动的新词语有:"离休、公关、顶职、挂职、热点、群体、攀比、借调、待业、新潮、法盲、扫黄、反思、内耗、国格、余热、团伙、第二课堂、第三梯队"等。这些词汇生动形象地展示了近十几年来社会的重大变革和文化的演变。

同上两节所论一样,当代词汇除了反映社会变革之外,也带有自己的文化特征和内涵。如契合汉族文化的传统观念、适应思想意识的新变化、符合汉族人造词的文化心理等等。限于篇幅,本文不再展开讨论。

注释

[1][10]　[美]萨丕尔《语言论》,商务印书馆1985年版,第196、120页。
[2]　许慎《说文解字》。
[3]　《国语·郑语》。
[4]　桂馥《说文解字义证》。
[5]　《易经·革卦》。
[6]　《论语·八佾》。
[7]　《后汉书·舆服下》。
[8]　《通典》注。转引自刘云泉《语言的色彩美》,安徽教育出版社,1990

年版。
[9] 董仲舒《春秋繁露》。
[11] 转引自张德鑫《第三次浪潮》,载《语言文字应用》1993年第3期。
[12] 参阅梁晓虹《佛教与汉语》,载香港《中国语文通讯》第19期。

（原载于《浙江社会科学》1994年第4期）

简析社会用语的特征

提要 社会用语是指为公众广泛而频繁地用于各种公众场合的用语,承担着多种社会交际任务,可依据其使用场合和媒体、使用者公众形式和完成的交际任务等分类。虽然社会用语是一个复杂庞大的用语集,但其基本特征是十分清晰的,它们是:公众性、功利性、多元性、能产性、创新性和简明性。本文以社会语言学和社会学有关理论为依据,以具有普遍性和代表性的社会用语为例证,分别讨论这六个基本特征。

社会语言学认为,语言是这样一种社会现象:社会中的人们以种种社会联系结成各式各样大大小小的群体,人们所使用的语言的表征与人们所属的错综复杂的群体的特征紧密关联。语言反映社会生活,反映社会的群体结构,反映社会生活的变动。社会用语则是语言反映社会生活、社会的群体结构和社会生活的变动的最直接、最明显的语言事实,是语言顺应社会潮流的前沿阵地。社会用语直接与大众的日常生活息息相关,并深受各种社会文化、大众心态、时代潮流的制约。社会用语的研究应从社会语言学和语用学的角度来审视。

社会用语是指由社会公众所掌握的、广泛运用于社会公众场合并承担着某种确定的交际任务的日常用语。社会用语使用于商店、市场、银行、邮局、车站、道路、机场、码头、舞厅、影剧院、体育馆等各种营业、服务场所,使用于汽车、火车、飞机、轮船等司乘服务人员与乘客之间和营业员、服务员与客户之间,使用于普通百姓日常生活中,使用于广播、电视、报纸、杂志等大众传播媒介上,它以广告、商标名称、柜台标签、店名、牌匾、海报、招贴、布告、启事、公约、介绍信、说明书等方式出现,以各类服务口语、主持人用语、一般礼貌用语、口谣、流行语、流行歌等方式出现,它承担着酬应、服务、宣传、通告、禁止等交际功能。

社会用语不同于反映某一专业的概念、理论体系而具有专业性、精确性的专业用语,不同于反映行业特殊性质的、具有行内规约性的行业专门用语或行话,更不同于具有隐秘性的隐语或黑话。社会用语也不同于人际自由交往中符合少数交际者需要和针对个人或少数人特点的、具有随意性和个人化风格的口谈和笔谈用语。为了有助于社会用语的研究,本文试分析其主要特征。从社会用语的形式、涉及的方面、交际目的和语言风格看,它具有的主要特征是:公众性、功利性、多元性、能产性、创新性和简明性。

一 社会用语的公众性

公众性是社会用语的首要和基础特征。一般社会用语的论著把这一特征概括为社会用语的社会性,我们不同意这样的概括。应该说,语言和语言的使用都具有社会性的一面,因为其依存于社会,反映着社会。公众性则是社会性在社会用语中的具体体现。公众是指社会或某一社会群体中的大多数人。社会用语的公众性特指社会用语为社会公众所理解,使用于社会公众大量出现的场合(如商场、街道)或使用于能达到大量分散型公众的大众传媒(如广播、电视)上,向公众实施某种言语行为(施为性行为)以引起公众的注意从而达到某一公众性效果(成事性行为)。

社会用语的使用者人数众多,各地区、各阶层、各行业的人无不在使用丰富多彩的社会用语,不同年龄、不同性别的人每天都要接触大量社会用语。营业服务用语使用于营业服务场所的营业员和服务员口中,流行语活跃在青少年口中,吉祥话和口谣在普通百姓中口口相传。人们在家里听广播、看报纸、看电视、看邮购广告单,接触到的是播音员和节目主持人及特邀嘉宾的节目播出用语、记者和通讯员的报道用语、商家和厂家的广告宣传用语;在单位,人们与同事接触时使用大量寒暄语,向领导汇报工作进程和向下属传达有关情况时,使用大量工作套语,高度程式化的公文、工作报告;在人们匆匆路过的街头,掠眼而过的有店家名称、大幅路牌广告、商标名称、横空而过挂在街道上的卫生宣传标语、树立在十字路口的交通警示口号等。

受到公众欢迎、符合公众心态的社会用语会越用越广,引起公众兴趣的用语可望达到公众性成效,而有些用语流行不久即因渐遭公众的反感被人们所撇弃,或因不能引起公众共鸣而形同虚设。社会的变革和公众心态的转移也充分反映在社会用语的流变上。曾几何时,杭州街头交通安全用语中冷面孔的警告"严禁越线"在很多斑马线附近已变成了委婉亲切的提醒"您越线了吗",因为人们在熙来攘往的嘈杂中更愿意体会一份浓浓的人情味。

二 社会用语的功利性

社会用语是语言应用的一个方面,担负着某种具体的、有明确公众指向的、功利意义明显的交际任务。首先,社会用语的发出者可以是个人、群体或社会组织、政府机构,他们有所为而发,功利意义明显:或有所需求而发布寻物启事、换房招贴,或有所知照而张贴告示、街头黑板报,或有所批评、禁止而发表行政通告、禁令。商业广告、商场海报、营业员的柜台用语和商贩的叫卖声是为了推销商品、招徕顾客以谋取经济利益,新闻报道用语是为了将时事新闻及时告知广大群众并营造大众舆论,口谣寄寓大众对一些社会事物的认知经验和评价,吉祥语表达人们对自己和他人的美好祝愿。

其次,社会用语有十分明确的公众指向:一则社会用语是针对那些相关公众而发的。工地上"请带上安全帽"的告示是对欲进入工地的人们发出的要求,而"本公司在此施工给您带来不便,请您谅解"是向任何经往工地的行人的提醒和求谅。公众在接触该类社会用语时能即时明确是否与己有关、有何种关联、公众自己该作何种反应及这种反应将带来的功利性结果。

再者,社会用语处于高速传播流动中,总是在一定的时间和特定的场合发挥其功效。顾客在商场门口听到迎宾小姐的慰问欢迎语,在购物柜台前听到售货员的招呼照应服务用语,在收银台前听到收银员的收银服务用语。这些既有共同性又带有不同场合特点的用语正是为了适应顾客和商场的不同功利要求。

社会用语还反映一个社会不同时期的功利,同该时期的政治经济文化生活和人们的精神风貌密切相关。"文革"时的标语口号中充斥着声嘶力竭的"千万不要忘记阶级斗争""打倒地富反坏右""横扫一切牛鬼蛇神"等,而在当今开放形势下,处处可闻的"你好、请、谢谢、对不起"则反映了新时期人们在追求和构造宽松和谐的人际环境。

社会用语的这种功利性决定了人们在使用社会用语时要精心选择表达方式,精心选择言语行为,精心设计语境,适应语境。

三 社会用语的多元性

语言因说话人的不同社会特征、交际双方关系及交际的目的、场合的不同而形成若干种社会变体,社会中的语言是一个由使用者的种族、民族、地域、阶级、阶层、文化程度、家庭背景、职业、专业、性别、年龄、交际场合等若干社会因素(亦即若干社会变元)构成的多元的结构系统网络。社会用语牵涉社会的方方面面,与众多社会变元息息相关,具有多元性、多样化的特点。

其多元性首先体现在使用主体(发话人和受话人)的多样性。不同社会群体(由种族、民族、地域、阶级、阶层、文化程度、家庭背景、职业、专业、性别、年龄等变元形成的社会聚合体)的人员既在使用有同一规范的社会用语,又在使用带着其自身群体特点的不同规范的社会用语。同为接待用语,政府机关部门接待群众用语与营业员服务用语不同;同为营业员服务用语,售货员的服务用语与收银员的服务用语有所区别。

其次,社会用语的多元性表现在社会用语的交际场合和语体的多变性。社会用语的交际场合有正式场合和非正式场合之分,语体有口语语体和书面语体之别。作为书面语体的报刊宣传用语自然与作为正式口语体的广播宣传用语形成不同的特色。

再次,社会用语的多元性表现在社会用语执行的行为和功能的多面性,亦即其言语行为的施为性行为和成事性行为多种多样。人们可以使用不同社会用语来表达对自身和他人、社会的要求和希望,人们还可以使用同一社会用语或社会用语的某一固定格式在不同语境中表达不同的功利目的。出现在公共汽车车身上的"此地禁止吸各种香烟!连皇冠牌香烟也不例外"。表面上是一则公共卫生规则,实际上是一则香烟广告。

最后,社会用语的多元性表现在社会用语的语言形式和言语形式的多级性,包括从流行词语如"发屋""可乐""迪斯科""肯德基"到句子和句群、片段和篇章的各级语言和言语单位。

四 社会用语的能产性

社会用语因暴露于公众场合,为公众所熟视久睹、口耳相传,能在极短的时间内广泛迅速地流传到很多地方,具有极大的能产性。有的社会用语反复出现或固定地使用于一定场合,具有持久而强大的生命力。交通宣传标语"为了您和他人的幸福,请自觉遵守交通规则",计划生育口号"晚婚晚育,少生优生"和"只生一个好",广告用语"雀巢咖啡,味道好极了",由流行歌曲而来的流行语"跟着感觉走"和"潇洒走一回"等,都为都市乡村的男女老幼饱览于眼,熟诵于口,会意于心。

由于社会用语的反复使用,有些格式被固定下来,形成了若干简洁现成的模式,供人们在不同的场合下应不同的内容和语境套用。公路国道线两省、两市、两县交界处的大型界牌常用"××省(市、县)人民欢迎你"的大幅标语;"××光荣,××可耻"的对比格式派生出了"讲卫生光荣,不讲卫生可耻""节约光荣,浪费可耻""护绿光荣,毁绿可耻"等提倡公德和优良品质的口号;"穿在××""吃在××"和"住在××"流行于讨论某些城市的休闲、旅游、娱乐特色的报章杂志文章上,应用于宣传某消闲、餐饮场所的广告用语上。

社会用语的能产性还典型地表现在广告用语对成语、惯用语和歇后语等熟语的活用上。具有结构凝固性、意义整体性的成语及人们口语中短小定型化的惯用语往往被广告创意人员借用并予以变形变义,从而达到广告文案的特定目标,如"一毛不拔"(牙刷广告),"聪明不必绝顶"(生发水广告),"不打不相识"(打字机广告),"车到山前必有路,有路必有丰田车"(汽车广告)。

社会用语的能产性也表现在某些商标名称、店铺招牌的格式和创意常被模仿上。君不见街头四字格的店名中常见"浪漫一身、潇洒一身、漂亮一生"的类似命名;饭店中的包厢或冠以直接取自

《红楼梦》等古典小说的"潇湘馆、蘅芜院"等名,或用世界大都市"巴黎、纽约、柏林"之名;杭州的名餐馆"楼外楼、山外山"取自宋人诗名"山外青山楼外楼,西湖歌舞几时休",而后又有多少大酒家小饭馆在沿袭这一"×外×"的格式,如"天外天、海外海、泉外泉、村外村",又进一步派生出"×中×、×内×"等格式,如"壶中壶"(酒家)。

上述例子中,那些典型的、经常被套用于各种场合的基本模式,在社会语言学中称为"原型"(prototype)。社会中的人们学会理解、使用这些原型,正是基于对这些具有高度能产性的原型的掌握,形成了系列社会用语,并能在这一原型的基础上类推出若干创新的说法。台湾歌手赵传的一句歌词"我很丑,可是我很温柔"在青少年中传诵一时,成为流行语,并在此后经过对比、类推而发展出"我很丑,可我也不温柔""我很温柔也不丑"等反映青少年心态和自我调侃式的流行语。故社会用语的能产性既有模式化的一面,又有推陈出新的一面。

五 社会用语的创新性

因公众有求新求变的需要、社会用语发出者有特定的功利目标、社会用语的使用场景多样化等等,要求社会用语必须富有新意,令人耳目一新。社会公众在其对社会用语感知觉的整个过程中,呈现出多种选择性:知觉的选择性注意、选择性理解和选择性记忆。这种知觉选择性导致公众行为的选择性:初次行为的选择性和重复行为的选择性。而要引起公众的瞩目、理解和行动,社会用语的构思从选词酌句到情境选择都要不落俗套,杜绝陈词滥调,撇弃干巴巴的、僵死的语言形式。如果不管具体情况,凡商业部门都使用"实行三包""满意在××""迎××,创一流",凡商品广告都使用"驰名中外、质量上乘""誉满全球,国内首创",凡公益宣传都使用"××××,人人有责""严禁××",这不仅不容易引起人们知觉选择,时间长了,还会使因人们对这种充斥各处、狂轰滥炸式的陈词滥调产生逆反心理,反而采取与社会用语的发出者原意截然相反的行为。

社会用语的创新性可以表现为旧语新用,引人思索,如前述成语"一毛不拔"的活用,再如"自讨苦吃"(药店广告)"一干二净"(双缸洗衣机广告)"出手不凡"(钻石牌手表广告)"口服心服"(矿泉水广告);也可以表现为利用某一社会用语的原型进行类推、延伸、发展。

社会用语的创新性还可以表现为一则社会用语在使用一段时间后为人们熟视无睹因而遭到遗弃并为崭新的用语所代替,如提醒司机的标语由单调的、公事公办式的"注意行车安全"发展出丰富的、富于人情味的"为了您和他人的家庭幸福,请您注意行车安全""您的家人在等您平安回家";也可以表现为故作惊人之语,如风趣夸张的法国哈雷顿香烟广告:"哈雷顿的瘾君子们宁愿被人打得鼻青眼肿,也不愿改成别的牌子。"

社会用语的创新性可以表现为修辞方法和修辞手段的妙用上,如西泠空调广告语"今年夏天最冷的热门话题——西泠空调",其中"冷"和"热"的对比令人叫绝。

六　社会用语的简明性

社会用语具有高度的简明性,因为同一类社会用语所面向的不是单一层次、单一类型的公众,如商业广告用语欲面对尽可能多的顾客和用户,交通宣传用语要唤起所有行人、司机的注意,在报纸上登寻人启事者希望能在茫茫人海中大海捞针似的寻找某一个普普通通的人。公众的文化水准和需求各有不同。如果社会用语不是采用简单易明、一目了然或一听就明白的语言表达方式,它就只能面对某一层次的一小部分公众。再者,社会用语要适应公众知觉的选择性,公众总是倾向于注意突出鲜明、冲击力强的用语。

第三,在一个"时间就是生命,速度就是效益"的社会,如果街头的路牌、交通用语不够短小精悍,又怎能在瞬间唤起忙忙碌碌的街头公众注意和共鸣呢?如果大众传播媒体的广告用语和新闻播出用语啰唆冗长、语焉不详,又怎能吸引频道众多、节目丰富的电视机和广播前观众的耐心和兴趣呢?不能吸引公众的注意力的社会用语是不可能实现其功利目标的。

正是由于社会用语的这种种特征,由于社会用语直接与大众的日常生活息息相关并深受各种社会文化、大众心态、时代潮流的制约,社会用语的规范也就成了语言规范一个重要课题。社会用语的规范一方面要遵循普遍的语音、语法、语义和语汇规范标准,另一方面又因其自身的结构和功能特性要遵循相应的语用规范标准和语外规范标准。

应该指出的是,社会用语是一个外延极大且边缘模糊的用语集合,它和非社会用语之间很难划一条分明的界限,正如人们很难在寒暄用语和非寒暄用语之间确定分明的界限一样。我们分析社会用语的基本特征,就是想在一定程度上明确它的内涵,以便于对它进行更加深入的分析研究。

参考文献

龚千炎《社会用语研究刍议》,《汉语学习》1992年第6期。
郭龙生《社会用语规范学术座谈会纪要》,《语言文字应用》1992年第1期。

(原载于《语言文字应用》1999年第3期,与袁国霏合作)

股市行话的构成及语用分析

摘要 语言与社会生活有着千丝万缕的关系。随着我国股市经济的日益繁荣,股市行话已经逐渐发展为一种社会用语,反映了社会经济、文化发展与语言的密切关系。

关键词 行话 来源 特征 社会文化

行话,即行业用语,是社会上从事某一行业的人为了生产和工作的需要而使用的专门用语。股市是国民经济的晴雨表,股市行话随着股市行业的繁荣发展,电视、报刊等大众传媒的推动,已经日益为社会其他领域的人们所接受,有部分股市行话已经超出了专业领域,而用于日常交际中或为社会其他行业转用,逐渐成为一种社会用语。从语言学的角度,对股市行话这一部分特殊词汇进行分析和研究,将有利于对它们的规范和使用,并能从更深层次了解它们的社会文化意义。

一 股市行话的来源

从股市词语与社会基本词汇的关系来看,股市词语的来源可以分为三种情况:

1.1 一部分股市词语来源于社会基本词汇,由旧词发展为新义。

最典型的如"股",古汉语原意是"大腿"的意思,后引申为"事物或人群的分支",再往后才用来指"资金或财物的一份"。如郑观应《盛市危言·银行上》:"昔年西商在香港、上海召集中外股本,创立汇丰银行。"由于"股"字后起义项的频繁使用和广泛流行,造成了它早期义项逐渐被屏蔽,我们现在说到"谈股论金"、"股文观止"等仿造词,就绝不会想到"股"的早期含义了。类似的例子还有很多,比如"盘子",原意为"盛放物品的浅底的器具,比碟子大,多为圆形",后来将"盘子"用于股市,则特指"证券市场交易的整体行情"。比如"套牢",原指用套拴系牲口、马车等,例如"把马套牢了",后用于股市,则指预期股票的价格将上涨而买入,结果价格不涨反跌,致使资金在较长时间内无法使用,这种情况叫"套牢"。

1.2 利用已有的语素和构词法进行类推,大量地创造股市新词。

由于股市是新兴的事物,原有的社会基本词汇不能完全描绘出它的全貌,所以在原有语素和构词法的基础上新构、创造一批专门的股市用语,是必不可少的。在这一方面的例子也很多,比如用"盘子"来指称股市行情,依此类推,就可以有停盘、变盘、崩盘、抛盘、护盘、盘软、盘整等。由"面"产生如市场面、资金面、综合面、个股面、心理面、宏观面等。由"仓"带来建仓、持仓、补仓、斩仓等。还有指称股票类别的词语,如绩优股、垃圾股、潜力股等,也都是由"股"衍生开来的。

1.3 一部分股市词语是外来文化的产物。例如"熊市"(Bear Market),"牛市"(Bull Market),"行情看跌"(Bearish),"行情看涨"(Bullish),"蓝筹股"(Blue-Chip Stocks),"头肩形"(Head and Shoulders),"双底"(Double Bottom),"双顶"(Double Top),"基准市场价值"(Base Market Value),"开盘价"(Opening),"收盘价"(Close)等。从上面一部分股市术语的对照来看,很显然,我国的股市行话有很大一部分是从西方转译过来的,具有明显的文化渗透的痕迹。但同时我们也可以看出两者文化之间存在着共同性。如英语的"Bull market"和汉语的"牛市",都取牛头上扬之义,表示股票交易行情上涨,牛劲十足。与"牛市"相对,英语的"Bear"有鲁莽粗暴之义,汉语的"熊"也有表示怯懦、没能力的意思,如"瞧你这熊样!"含鄙夷之义。可见,跨文化交流也是词汇发展的一个特殊来源。

二 股市行话的语音、构词特点

2.1 语音方面:双声叠韵、四字组合

股市行话多以双音节为主,并且双声、叠韵词占了很大一部分,读起来悦耳动听。如"套牢""反弹""低吸""高抛""收购""个股""追涨""年线""短多""骗线""滞胀""摘牌""基金""竞价""打底"等。

在股市行话中,除了双音节词语的使用外,还经常采用双音节组合,构成四字词语,造成了抑扬顿挫的效果。如"放量下跌""逢高减磅""逢低吸纳""吸筹建仓""逐波上攻""缩量调整""拉高吸

货""走势疲软""追涨杀跌""止跌回升""虚买虚卖""冲高受阻""通购通赎""对敲转账"等。

2.2 在构词上,采用一般构词法与特殊构词法相结合

一般构词法举例。

主谓式:盘整、仓重、绩优、走势疲软、买力薄弱等;

联合式:吸纳、涨升、抬拉、大涨小回、上扬下挫等;

动宾式:解套、建仓、探底、抢跑道、坐轿子等;

偏正式:仓位、旺市、新高、市场面、潜力股等;

动补式:套牢、走稳、踏空、摸高、追涨等;

缩略式:股改(股份制改革)、沪深指(上海、深圳证券指数);

特殊构词法:核心字和系族的构成。

前面已经说过,利用已有的语素和构词法进行类推,可以大量地创造股市新词。这些股市词语以一个字为核心,与不同的字组合,周边的每一个字都可以形成同样的辐射性网络,从而构成一个系族。如:

(1)以"股"为中心

股本、股票、股份、股评、股金;强势股、亏损股、潜力股、绩优股等。

(2)以"盘"为中心

开盘、收盘、整盘、停盘、崩盘、抛盘;盘挡、盘坚、盘跌、盘整等。

(3)以"仓"为中心

建仓、持仓、转仓、斩仓、满仓、补仓、空仓、轻仓、重仓等。

(4)以"手"为中心

买手、卖手、现手、总手、空手、做手等。

(5) 以"面"为核心

盘面、股面、个股面、宏观面、资金面、消息面、政策面等。

在以上的每一个系族中都含有共同的核心语素,而且所组成的词不管是语义关系还是语法结构都相同或基本相同。如果用"模标"来指该核心语素,用"模槽"来指可变语素,那么模标加模槽就构成了一个能产词的"词语模"[1]。在这个词语模的基础上,以核心语素为中心,可以有前空型,例如"＊股"、"＊面"等;后空型,例如"股＊"、"盘＊"等。一个语素如果能以模标的地位得到确认,就大大增强了它的构词能力。

三 股市行话的语义、语用特征

3.1 股市行话的语义特点

股市行话不仅在语音、构词方面极具特色,其语义上也是个性鲜明,多姿多彩。

首先,股市词语往往短促有力,充满力度。例如表示动作性的词语有:炒、抬、冲、追、杀、抛、崩、斩等,这些单个出现的动词一般以元音发音,饱满有力,语义上具有短暂、快速、有力量的特征,在股市行话中频频出现,可以说明股市交易的快、猛、狠,凸现炒股的大悲大喜,大起大落。

其次,股市词语形象生动,贴近生活。例如双音节的动词:套牢、踏空、摸高等,可以通过动补式结构将动作形象化、拟人化。还有表示情状、类型特征的词语,如暴跌、疲软、消化、撤退、抢跑道、坐轿子、垃圾(股)、绩优(股)等,也具有拟人化的效果,与生活用语紧密联系。这充分说明了股市经济已经与越来越多的市民发生联系,股票的涨升起落关系到千家万户的利益,牵动着无数人的心。

另外,股市行话中还有众多意义相反、相对的词语,比如上扬和下挫、大涨和小回、高抛和低吸等,这些词语之间没有明确的界限,存在着中间过渡带,只有语义程度上的差别,可以向相反的方向无限延伸,永无止境。正是这种无限性和不确定性造成了股海沉浮、神秘莫测的命运,充满了投机的色彩,从而带来一家欢喜一家忧的戏剧效果。

3.2 股市行话的语用特征

股市行话作为一门特殊的行业用语,在语用过程中有其自身的基本特征。从股市行话的内部结构、产生机制和词汇特色来看,可以总结为以下三点。

(1)规约性与开放性

股市行话是社会语言的一个组成部分,但又不同于一般的社会语言。作为一门行业用语,它反映这一行业的特殊性质,具有行内规约性。同时,在规约性的基础上它也具有一定的开放性,并不是一个封闭自守的系统。一方面它能够灵活地吸收其他语言成分,为我所用;另一方面,能够运用于其他社会现象中,展示其丰富的语义内涵。例如"绩优股":他出国留学回来,在其他人眼里成了绩优股。"垃圾股":她和男朋友分手了,她说他是垃圾股,抛掉算了。股市行话在其他领域里同样适用。

正是规约性和开放性的统一,使得股市行话的内部结构既有长期的稳定性又有一定的灵活性,从而在自身系统内达到不断丰富、不断完善的结果。

(2)时效性与能产性

股市行话是时代发展、经济繁荣的产物。股市行话的大量涌现,从产生到发展、壮大都体现了时代、社会、经济的发展足迹。

在频繁的使用过程中,股市中的一部分常用词就日渐固定化,成为股市行话中的基本词汇。在此基础上,产生了以该词为模标的一系列词族。从股市词语的构词特点中我们已经看到了这一现象,这也正是股市词语能产性的体现。

(3)对立性与统一性

股市行话中存在着"抛"与"吸""进"与"出""涨"与"跌""上"与"下""高"与"低""长"与"短""强"与"弱""升"与"降""扬"与"挫""虚"与"实""优"与"劣""卖"与"买""多"与"空"牛市和熊市、开盘与收盘、黑马与白马、顺差与逆差等,都是以相对立的形式出现的。

同时,股市行话作为一个相对对立的系统,有自身的统一性。股票交易作为市场经济的一种重要经济活动,已经逐渐走上了正规化和法制化的轨道,成为一门完善的系统的独立行业。股市行话作为行业语言涵盖了股市交易的各个环节和过程。

四 股市行话与社会文化

社会文化的进步与开放推动了股市行话的产生与发展。

改革开放,商品经济的迅速发展,使得人们的价值取向、审美观念、处事方式都发生了巨大的变化。过去我们往往单纯地用政治标准去衡量一切并做出价值判断,现在则不同,随着经济、政治、文化的多元化发展,人们对人和事进行价值判断时有了更多的认识和看法。我国股市经济的大力发展,为一部分较早入市的股民带来了丰厚的回报,"股市"成了人们心目中"获利""发财"的代名词。股票交易带有强烈冒险性与潜在暴利性,满足了人们求新求奇的心理,从而在广泛的范围内得到响应,股市行话也随之迅速发展起来。

反过来,语言对社会又具有一定的反作用,股市行话的迅速流行对社会文化产生了深远的影响。股市词语的意义被泛化和扩大,在整个社会语言中得到反映,不仅是经济领域,还逐渐渗透到其他语言现象中。

体育报道套用股市行话,楼盘分析使用了股市行话。婚姻恋爱、日常生活也与股市行话扯上了关系。比如年轻人择偶要有个"心理价位",刚谈朋友叫做"探行情",订婚叫"入市",结婚叫"成交",两人世界由热转冷叫"盘整",结婚后双方感情不好叫"踏空",有了孩子叫"扩容",婚后感情平淡,无可奈何地凑合叫"套牢",终于离了,叫"解套",两口子婚姻彻底散伙不可挽回叫"崩盘"……如此等等,诙谐幽默且生动形象。

语言随着社会的发展而发展,生活是丰富的,语言是灵活的。股市行话的发展与流行是社会物质、文化生产的多样性与人们生活丰富性的一种折射。

注释

[1] 李宇明《语法研究录》,商务印书馆,2002.12.

参考文献

《现代汉语词典》,2002 年增补本。
李宇明《语法研究录》,商务印书馆,2002.12。
贺国伟《新词板块中的金融股市词语考察》,《语文建设》1999.4。
王建华《现代汉语语境研究》,浙江大学出版社,2002.12。
陈原《语言与社会生活:社会语言学札记》,三联书店,1999.11。

(原载于《修辞学习》2004 年第 2 期,与王月会合作)

人名系统的社会语言学研究

人名,是人类社会中最普遍的语言现象,是人们利用语言符号区别他人的特定标志。同其他的语言现象一样,人名也是一个系统,其内部的姓、名、字、号、笔名、绰号等等的形式、结构、关系都有一定的规律。我国传统的"名字训诂学"即是研究人名系统内部规律的专门学科。更进一步,人名系统的外部同复杂丰富的社会现象有着广泛而深刻的联系。社会文化、社会心理、社会生活等对人名系统都有种种直接、间接的影响和作用。可以说,一定的人名系统是一定的社会、文化、生活的镜像。揭示人名系统和社会诸因素的种种关系,是很有意义的社会语言学课题。

人名系统与社会文化

文化,作为人类劳动所创造的物质财富和精神财富的总和,具有强烈的民族性和社会性。一个民族、一个社会的种种现象都深深浸润着该民族文化的基因,都要打上这个社会的烙印。作为最普通的社会现象之一的人名,自然也不例外。

中华民族具有悠久的文化传统,这些文化传统有形无形地影响着汉族人名系统,使之具有几个重要特点:看重姓氏,不愿轻易改姓,同姓不得通婚;取名字很慎重,讲究宗法礼仪;名、字并存,意义相通,常常可以互训、反训;另有别号、谥号,于此寄寓种种含义;奉行避讳制,为尊者、长者讳名等。在汉族人名系统中,姓氏作为世代相传的家族标志,相当稳固。人们都把自己的姓氏看得很重,不愿轻易改姓。这与民族文化有渊源关系。

同姓不能通婚。"人所以有姓者何?所以崇恩爱,厚亲亲,远禽兽,别婚姻也。故礼别类,使生相爱,死相哀,同姓不得相娶,皆为重人伦也。"[1]这种文化特征在上古即已显现。

取名讲究礼仪,名、字并存也是汉族人名系统一个很突出的特点。早在2000多年前的《礼记·曲礼上》就这样记载道:"幼名、冠字、五十以伯仲、死谥,同道也。"可见在周朝为人取名并非简单的活动,而是作为社会的规则和礼节来施行的。为了取名的慎重起见,春秋时还有所谓的"命名之道":"以名生为信,以德命为义,以类命为象,取于物为假,取于父为类。"[2]这都说明我们祖先取名的慎重和讲究。既有名,还要有字,"始生三月而加名","男子二十冠而字",是汉族人名特有的现象。究其原因,一方面与远古时期的"名字拜物教"有关;另一方面也与我国古代文化礼俗有关。据杨宪先生研究,古代贵族男子二十岁时要在宗庙举行冠礼,为其取"字"是冠礼的重要内容之一。冠礼是获得人生意义的重大典礼,在这仪式上获得的第二个名字"字"也象征着新的人生的开始,因而"冠字"被视为周道之一。自然,春秋以后,命字成为一种普遍的行为,不再伴随隆重的仪式和典礼,但由上古而来的名、字并存现象一直被继承下来,成为汉族人名系统中一个十分独特的形态。更进一步,不仅名、字并存,而且二者之间还有密切的联系。《颜氏家训·风操》云:"名以正体,字以表德。"正说明了这种联系:字是用来表述取名的用意的。名、字之间的关系最常见的是名字互训。如屈原名平,字原,诸葛亮字孔明,白居易字乐天,曾巩字子固,辛弃疾字幼安,蒲松龄字留仙等,莫不如此。也有的反义相对,如唐代韩愈字退之,宋代朱熹字元晦,元代画家赵孟頫字子昂等。还有其他一些形式,如连义推想、连义指实等。[3]二者的关系如此复杂,乃至形成"名字训诂学"的专门学问,但究其实还是文化传统在起主要作用。

除名、字之外,别号也是汉族人名系统中的特有现象。号的起始与名、字同时,主要用于对人的尊称。《周礼·春官·大祝》云:"虽为尊其名更为美称焉。"秦汉以后,别号多由本人自撰。特别是文人阶层,常常于别号之中寄寓种种含义。如诸葛亮号"卧龙先生",以示本人高远的志向,陶渊明号"五柳先生",以明自己淡薄的情怀。这是我国人名系统中最丰富的一部分内容。此外还有谥号。周礼规定,帝王、诸位、贵族死后应该立谥号,其谥应与死者生平事迹大致吻合,实际上是对死者的评价,盖棺论定。

避讳——汉族人名系统中又一特有现象,同样是社会文化对语言现象的一种影响。正如吕叔湘先生所指出的,讳名最早源于语言拜物教,因为这可以起到保护作用。[4]我国封建社会的避讳制度十分完备、严密,有不同的内容:对帝王要避"国讳",对圣人(如孔子)要避"圣讳",对祖辈要避"家讳";有不同的形式:讳名称字用于生者,讳名称谥用于死者;有不同的方法:或用改字法,或用空字法,或用缺笔法等。早在周代就已有避讳出现。当时主要指不以邦国、官职、山川、牲畜、器币等事物命名,这种要求后世没有完全遵从。但为了礼貌起见，人们在实际中仍不直呼其名，名与字的并存，正是为了讳名称字的需要。隋唐以后，讳名之风日盛。唐太宗李世民曾规定"双名不避单讳"，故官府机构都有"民部"，大臣李世勣、虞世南亦不必讳"世"字。但唐高宗以后，双名也一样要单讳了，"民部"改为"户部"，李世勣也只得改名为李勣（虞世南已死）。至于唐代诗人李贺因为父名李晋肃，"晋"、"进"同音而不得中进士，则更是荒唐至极。正如韩愈"讳辩"一文中所写："父名晋肃，子不得举进士，若父名仁，子不得为人乎？"这种避讳现象直至清代。如姓氏中的"邱"，本应为"丘"，是为避"先师孔子圣讳"，于清雍正三年十二月以钦定的形式改换的。《红楼梦》中写黛玉读书，凡遇"敏"字即念成"密"，书写时也减去一二笔，仅仅因为其母名为"贾敏"而已。

汉族人名系统与文化的关系非常复杂，内容十分丰富，其中可以展开研究的课题很多。以下几点还是值得提出的。一是人名中讲究排行辈分。前代人有专用的辈分字。这种现象自春秋开始，延至新中国成立初为止。辈分字的选定，一般都由长辈从诗词、典籍中选择一句、一行或一句格言等，用第一个字为第一代人的辈分字，用第二字为第二代人的辈分字，以此类推。这里反映了族人重辈分，明等级的文化观念。这种文化影响之大，连改名还讲究保留新的辈分字。如著名作家谢冰心，原名谢婉莹，改为冰心后，她的三个弟弟也随之改名：由谢为涵、谢为杰、谢为楫，分别改名为：谢冰仲、谢冰叔、谢冰季。

二是讲究与阴阳五行相配。阴阳五行是中国传统文化之一，它认为金、木、水、火、土五种成分构成宇宙万物，一个人命中最好都具有这五种成分。人们可以通过占卜、算命了解到一个人的"命"中这五行是否都齐全,如果缺什么成分,最好是在人名中加以补救。这种"补救性人名"的现象十分普遍,例子不胜枚举。

三是由于民族文化熏陶程度不一样,在汉族人名中还可以看出人们不同的社会阶层和文化素养。最明显的是我国文人常从典籍、诗词中选取格调高雅、寓意丰富的名字。如曹操字孟德,取自《荀子》"夫是之谓德操"。元代戏曲家高明,字则诚,取自《礼记》:"诚则明矣。"著名美学家王朝闻,原名王昭文,改名取义于:"朝闻道夕死可也。"相比之下,一般平民阶层的人名多很质朴、平实,并且常常体现出一定的宗族关系。

不同社会文化背景下的人名现象的不同是很明显的。如西方社会中的人名就不存在汉族人的名和字并存现象,他们确定姓名也常常不像汉族人那样慎重、讲究,随意性较大。如日本人原来没有姓,后来确定姓氏时,不少人就以居家的地点为姓,如田中、山口、坂原、井上等。美国人姓史密斯(Smiths)、泰勒(Taylors)、巴伯(Barbers)的很常见,而这些姓分别是"工匠""裁缝""理发师"的意思,表明了这些姓氏祖先的职业。有的甚至以身体特征为姓氏的,如阿姆斯特朗(Armstrong 粗壮的胳膊)。在取名时,西方人也大多是随心所欲。如美国有人叫奥林奇·马默莱德·莱蒙(Orange Marmalade Lemon 橘子、橘子酱、柠檬),芝加哥有一个人的名字叫 Guslautirius paqatheodorak Oumauttourigiomichelakpoulas 整整长达 53 个字母。更有甚者,据《羊城晚报》载,美国有一个小姑娘的名字竟长达 922 个英文字母!真是别出心裁。这些漫不经心的人名现象,显然是同汉民族文化传统迥异的。

在社会的交际中,西方似乎更注重人名的价值功用。与我国传统的讳名相反,他们崇尚以尊贵者的名字来命名其他事物,以表示对其敬重、怀念之情。如俄国的彼得堡,十月革命之后改为列宁格勒,伏尔加格勒改为斯大林格勒(现又更名为伏尔加格勒,是因为社会生活的其他原因),其余如高尔基大学、普希金大街等亦如此。南斯拉夫黑山共和国首府铁托格勒、美国首都华盛顿显然也是为纪念他们所尊崇的领袖而命名的。同样是尊重名人,对其名字却有不同的处理方式,这种现象只能从东西方的不同文化背景中寻找解释。

给人取一个寓意深刻又朗朗上口的名字,可以说是各民族的一般心理。但由于各自的文化背景不同,一个民族中有寓意的名字难为其他民族的人所理解,这是不言而喻的。如我们读到蒙古族的人名"巴特尔""策琪格"时,就不一定有该族人的自然联想意义(巴特尔——英雄好汉,策琪格——一朵鲜花)。王蒙的小说《歌神》中写到一个哈萨克族姑娘名叫阿依达那柯,赞道:"多么好听的名字!它的意思是'像月光一样洁白',而洁白在我们的语言里代表着美、纯真和善良。"如果不是作家特意说明,我们也很难认定这个名字一定很美好。作家柯岩在一次中美作家会议上发言时解释了自己的笔名:"柯,岩,译成英文,似乎只是两个互不关联的单音节字。但在中文里,是有它独特的含义的。我们中国人的古人把绿色的小树称之为柯。岩呢?自然是大大的,坚硬的石头。岩石上是很难长出树来的,因此,凡是能在岩石上成活的树,它的根必须透过岩石的缝隙寻找泥土,把根深深地扎入大地,它的生命力必须加倍的顽强。"这段解释,对于具有不同文化背景的美国作家来说并不是多余的。

然而,文化又并非一成不变的,它要在吸收新的物质和精神财富的过程中,在与不同文化的交流中继承、扬弃、同化、异化,不断地丰富发展。我们也可以从人名的一些现象中窥探这种发展变化的轨迹。例如我国传统的避讳到近代就不那么强调了。现代社会则更进了一步:尊者之名也同西方一样,常用来命名事务,以示纪念。最突出的是以孙中山先生的名字来命名,几乎各大城市都能找到以"中山"命名的街道、公园等。广东省还有中山市、中山大学。其他例如革命战争年代为纪念牺牲的烈士而命名的公略县、左权县、志丹县、存瑞中学等。新中国成立后的"毛泽东号""周恩来号""朱德号"机车组,鲁迅公园、树人大学、包兆龙图书馆等。这种以人名来体现价值观的用法明显地反映了我们民族文化观念的演变。又如满族统治阶级建立清朝以来,由于满汉文化发展的不平衡,满族文化并不能取代源远流长的汉族文化而居统治地位,反而被汉民族文化逐步同化。这在人名系统中也有所反映,如清代中、晚期,许多满族人把自己多音节的姓氏改为汉族人的单音节姓。据谱书记载,索绰罗氏改为曹姓,完颜氏改为汪姓或王姓,萨喇嘛氏改为蔡姓,伊尔根觉罗氏改为赵姓,瓜尔佳氏改为关姓,叶赫那拉氏改为叶姓或那姓……不仅改姓,名字也同汉族人一样,字号齐全,讲究风雅。满族著名作家老舍在小说《正红旗下》真实地描述了清末这一独特的社会现象:"在那年月,旗人越希望永远做旗人,子孙万代,可也越爱模仿汉人。最初高级知识分子,在名字而外,还要起个字雅音美的号,慢慢地,连参领佐领们也有名有号,十分风雅。到我出世的时候,连原来被称为海二哥和恩四爷的旗兵或白丁,也都什么臣或什么甫起来。是的,亭、臣、之、甫是四个最时行的字。"由姓名的这种变迁上,我们可以看到满汉文化交融的一个侧面。

值得一提的是,取名虽是一种个人活动,人们有充分的自由,但这种活动要受到社会文化有形无形的制约。据报载,近年来有些年轻的父母给孩子取名时有意带上一些外国风味,如朱安娜、高吉太郎、纪因斯坦等,这违背了我们的文化传统,实在是不足取的。

人名系统与社会心理

作为普通的社会行为和社会现象,人名与社会心理之间有密切的关系。社会心理是一个综合体,既是民族文化、传统习惯的积淀,又是社会环境、个人心理的总和。个人的心理和行为总是趋近于同社会心理一致的。对人名系统进行考察,也十分清楚地显示了这一点。

趋同心理是人名系统和社会心理的首要之点,这可以用古今中外不同人名系统的大量实例来证明。如东汉末至魏晋200多年间,我国人名系统有一个很突出的现象,单名比例特别高。《后汉书》和《三国志》中的任命,单名者占90%多。人们熟知的三国人物如曹操、曹丕、曹植、司马懿、张辽、刘备、诸葛亮、关羽、张飞、赵云、马超、黄忠、孙策、孙权、周瑜、黄盖、庞统等,莫不单名。这显然与当时的社会心理有密切关系。据《汉书·王莽传》记载,这种单名制的风行,与王莽的倡导有关。王莽当权时曾下诏令禁双名。由于统治者倡行具有较大的社会影响,慢慢地形成了一定的社会氛围,凝聚成一种社会心理,因而对当时人的命名行为起着潜在的约束作用。又如,魏晋南北朝时期,我国人名系统有一种与系统文化相左的现象:父子之名可以数代相袭,不避讳。如大书法家王羲之之子名献之,献之之子名静之等。这种现象到底出于何因,从文化角度还须细究,从社会心理角度来看,可以这样解释:某种特殊的社会心理能形成一种较强的社会定势,可以突破传统的藩篱而使人名现象呈新的形态。自然,对这种社会心理定势的形成,还有必要再做深入的研究。

给自己或后辈取一个字雅音美、含义丰富的名字是一般人的普通心理,各民族的人名系统大都如此。这可以看作一种求美的社会心理在起作用。从汉族人名系统来看,这种追求"美名美称"的社会心理是在汉代以后出现的。春秋以前,人们命名较质朴,可用干支、五行为名,如殷帝王之名几乎全用天干;也可以按身体特征为名,如春秋时就有叫黑臀、黑肱、重耳的诸侯、父子。汉代以后,封建制度逐步完善,儒家倡行的君君臣臣父父子子的道德观、等级观占了统治地位,人名中的礼教色彩也渐渐浓厚起来。据肖遥天先生的《中国人名的研究》说,汉代以后作为名字的新兴美辞有表尊老、称谓、身份、形容、德性、行为、赞叹等7类57个字。唐宋以后又有新的美辞出现,如五代的"彦"字,宋代的"老、叟、翁"等字。直到现代,取一个好的名字仍是一种普遍的社会心理。新中国成立前一般平民多以"福、禄、寿、禧"等褒义字命名,有较高社会地位和文化素养的人则常选择一些雅致、寓意深刻的字为名。当今的年轻父母为孩子取名也十分注意,常选择那些表强壮、勇猛、爱国、有为的字眼为男孩子取名,选择表文雅、善良、温柔、美好等字眼用于女孩子之名。由于汉语单音节语素和语义组合的灵活性等特点,姓、名用字常被合起来表示某种美好的含义。因而人名中常可看到诸如万里、康庄、张天翼、张羽鹏之类的美名。又因为汉字的合体字可分可合,分为独体也有一定的理性含义,人们亦很注意字形。如最近香港第27任总督戴维·威尔逊爵士到任,他原来的中文姓名为"魏德巍",英国当局和香港社会认为不太合适,因为这个名字里有两个"鬼"字,而鬼出头不吉利,不符合汉语社会里的共同心理。现已改名为"卫奕信",既与威尔逊读音更相近,更重要的是完全有"充满忠诚和信心地护卫(香港的和平稳定)"的含义。这一改动,为我们提供了人名与社会心理相互适应的一个佳例。

不同的社会文化、传统习惯会产生不同的社会心理,不同的社会心理对人名影响的结果自然也不一样。如我国古代龟和鹤、松一样被看作长寿的标志,有"龟年鹤寿"的说法,龟也被用于人名之中,如唐代有李龟年。但后来龟的含义带上了某种特定贬义,适应这种变化,我国以龟为名的就极为罕见了。而日本民族则一直视龟为吉祥物,日本人并不鲜见的龟山、龟田等姓氏正是与这种社会心理相适应的。可见,人名要受社会心理的影响这一点可以说是人类所共同的。又如苏联第一名宇航员 Юрий Гага́рин(尤里·加加林)首次完成宇航飞行之后,成为亿万人瞩目的英雄。崇拜英雄是各民族的共同心理,因而在若干年内苏联许多新生婴儿都被取名"尤里"。

人名系统中还有另一种特殊现象:用逆反心理命名。在我国这主要是为孩子更好地成长而故意反其意而用之。据说给孩子取一个令人反感、憎恶的名字可以保佑他的性命,恶魔就不会来抢走他——贱名易养。如欧阳修本人并不信佛,却为儿子取名为"僧哥"。他解释道:"人家小儿,要易于长育,往往命以小名。僧哥之名,亦此意耳。"这种贱名易养的逆反心理至少在汉代就已形成。如司马相如小字犬子,桓熙小字石头,范晔小字砖儿,慕容农小字恶奴,元叉小字夜叉等。这种现象直到现代还是存在的。如周建人先生曾谈到绍兴老农民的孩子以出生时的体重为小名,如"六一",即6斤1两。这在鲁迅小说《风波》中已有所反映。又如江浙一带"接路头姓"的命名方式也属于此类。还有,男取女名也是逆反心理的表现之一。因为在我国文化传统中,男尊女卑、男贵女贱,取一个贱者之名,对男孩是有保护作用的。如老舍的《正红旗下》中写到他母亲在他以前生过两个男孩,有一个就叫黑妞,因为"女贱男贵、贱者易活"。

在现代化社会中,不同文化交流越来越频繁,人名的翻译也成了一个不可忽视的问题。在人名翻译中,不同的社会文化和社会心理的差异被明显地反映出来。这里,一个总的原则应该是遵从本国的社会心理和传统习惯。如欧美人名的汉译,就要基本遵从汉族人所共有的社会心理。英国作家 Bernard Shaw 译为萧伯纳,原美国驻华大使 Leighton Stuart,译为司徒雷登,是按汉族人的前姓后名顺序而译的。瑞典汉学家 Bernhard Karlgren 译为高本汉,英国科技史学家 Joseph Needham 译为李约瑟,美国作家 Pearl Buck 译为赛珍珠,都是被加上了一个汉族人的姓。社会的发展会带来社会心理的相应改变,特别是处于急风暴雨般的社会大动荡、大转折时期,这种变化就更直接、更显著。这当然又影响到人名。1983年6月5日的《讽刺与幽默》上曾刊载一篇短文,列出各年代

出生的一串人名,转录于下:

出生年代	姓		名	
1948年以前	贾得宝	孙发财	姚有禄	庞天佑
1949—1950	郑解放	叶南下	秦建国	向天明
1951—1953	司卫国	邓援朝	朱抗美	靳停战
1954—1957	刘建设	申互助	童和平	时志方
1958—1959	孟跃进	潘胜天	戴红花	王铁汉
1960—1963	任坚强	冯抗洪	齐移山	赵向党
1964—1965	高学锋	钱志农	文学雷	方永进
1966—1976	董文革	张要武	房永红	邢卫兵
1976—1983	韩振兴	李跃华	宋富旺	彭文明

这一个个带有特色的名字,形象地反映了人名系统中共同的社会心理,体现了人名现象与社会心理的共变关系。如果说这是艺术作品,是为了故意追求一种幽默效果而不足为据的话,那么,陈章太先生借助电子计算机统计资料所做的研究当具有很高的科学性。他指出,我国1949年9月30日人名的前6个字是"英、秀、玉、珍、华、兰",1949年10月至1966年5月人名的前6个字是"红、华、君、文、英、明",1976年11月至1982年6月人名的前6个字是"华、丽、春、小、燕、红"。[5]不同时期人名用字的频率高低不完全一样,显然同各个时期的社会心理有密切的关系。又如王蒙的小说《如歌的行板》写一个名叫周耀祖的参加工作之后改名为周克,而且"我敢保证到了解放区把自己的名字改成'克'的男同志就和'文化大革命'中起名叫做'红'的女孩子一样多"。其原因盖出于,它来自一个闪电惊雷一样的名字——布尔什维克。最能反映

社会心理变化的人名要数"文革"时期了。当时出生的孩子大多被取上带有强烈政治色彩甚至火药味的名字,如造反、批修、卫红、拥军、文革、武卫等。笔者对人名作调查时注意到几个1968年出生的人名都是如此的。如一对双胞胎分别名为卫东、卫红,一户人家三个子女,前两个"文革"以前出生,取了较有人情味的单名,第三个1968年出生,取了一个双名:卫东。还有叫学彪的(现已改为学雷),也是"文革"高潮的这一年出生的。除当时出生的孩子以外,"文革"时的青少年也纷纷以改一个"革命"的名字为时髦。李国文的小说《花园街五号》里描写一个市委书记的儿子韩大宝在"文革"中造反,改名为"学青",作家感慨地写道:"那年头出了多少学青、卫林、向东啊!"笔者有的同学姓贾、胡,还曾因为不能改为贾批修、胡造反之类的名字而伤心过。更有甚者,无法选择的姓氏也莫名其妙地带上了政治色彩。如"钱"被认为是封、资、修的黑货,那时"样板"式的文艺作品中的反面人物便多以钱为姓,如京剧《海港》里的钱守维,电影《青松岭》里的钱广。正因为此,那个扮演李玉和的"大名角"钱浩亮干脆把自家的姓氏丢掉,以"浩"为姓,以示与封资修断绝关系,也正是这种社会心理的典型反映。

在文学作品中,作家笔下的典型人物身上还会出现将自己的名字随心所欲、翻来覆去地改动的情况。如刘绍棠的小说《田家闲月》写到一个外号叫马特而侯爵小姐的"女强人":"50年代上小学,正是中苏友好的时候,她的父亲给她取名叫马莎。60年代为了标明根红苗正,改名叫马丹。十年动乱中更是因地制宜,因时而异。叫过一阵子卫红,又叫过一阵子向青。这个时期连姓都不要了。"到了改革的年代,忽然又叫起了马戈力,她自己解释道:"骏马的马,干戈的戈,力量的力。"——每个时期的名字都有很强的政治色彩,同当时的社会心理是相吻合的。

近年来,现实生活中取名有一个很明显的趋势:单名化越来越占主导。有资料表明,解放初期单名只占全人口的 1/14,1983 年已约占 1/3。最近笔者调查了杭州市一个居民区 80 年代出生的幼儿的人名,发现这一现象有增无减。在被调查的 120 名幼儿中,单名者 76 人,占 63.3%;双名者仅 44 人,占 36.7%;单名比例接近 2/3。而他们父母单、双名的比例分别为 8.42% 和 91.58%。笔者对某县一个幼儿园 100 名幼儿的名字所做的调查也发现同样情况,其中单名者 78 人,双名者 22 人,单名比例更高。[6]可见,单名化是近年来城镇人名现象中一种普遍的社会心理。从调查结果来看,另一种较明显的社会心理是取名用字富于人情味,有较好的理性意义的字常用于人名。如用于男性的常见有:超、钢、栋、强、飞、伟、杰、斌等,用于女性的常用字有:婕、洁、佳、倩、丹、丽、莉、娟、媛、婷等。"文革"人名中那些频率很高的字眼几乎不出现,"红"未见到,"军"仅见一例,那种浓厚的政治色彩荡然无存。为了避免重名,还有不少父母为孩子取名时有意选取一些冷僻难认,使用频率不高的字眼,如勍、虩、赟、宬、劼、燚、昊、翊、珏、昱等等,这也是人名现象中值得注意的一种社会心理。

注释

[1] 班固《白虎通·姓名》。
[2] 《左传·桓公六年》。
[3] 马来西亚学者肖遥天先生做过研究,分为"同义互训、反义相对、连义推想、连义指实、辨物统类、见贤思齐、因生记瑞、伯仲排行、君卿称美、原

名加辞、干支五行"等 11 类。见肖遥天《中国人名的研究》，国际文化出版公司，1987 年。
[4] 吕叔湘《语言作为一种社会现象》，载《读书》1980 年第 4 期。
[5] 陈章太《汉语的人名和人名用字》，载《语文导报》1985 年第 7 期。
[6] 农村幼儿名字的资料正好与城镇资料相反，双名率大大高于单名率。这同生活环境、开放程度有关系。

（原载于《语言·社会·文化》（论文集）1991 年 11 月，语文出版社）

人名与社会生活

人名,是人们利用语言来区别他人的特定标志,每个人名都有具体的确定的所指。表面看来,千千万万个人名只是互相区别的语言个体存在,区别性是其主要特征。实质上,人名是一个系统,其内部的姓、名、字、号、笔名等的形式、结构、关系都有一定的规律。其外部又同社会、文化紧密相关。作为人类社会特有的现象,人名和其他语言现象一样,同复杂丰富的社会、文化有着广泛而深刻的联系,在现实生活中,人们为后辈或自己取名、改名固然常常考虑字雅音美、富有含义,更要自觉不自觉地打上一定时代、一定社会生活的烙印。社会生活的纷繁复杂,决定了它与人名系统的关系纷繁复杂:一方面,社会、文化对人名有种种影响、制约作用;另一方面,从人名系统也可以窥探、反映社会生活。本文主要分析人名系统与社会生活的关系,这种关系至少可从以下几方面来考察:

1. 社会时代环境对人名的影响

一定的社会和时代环境是人生舞台的背景,每个生活在这个舞台上的人的行为都受到这个特定背景的某种影响和制约。

反映人们一定行为的人名系统同样也是如此。如我国知识分子人名系统中有一个特殊现象：在名、字之外，还常另取一个别号，这与我国文化传统有关。文人的别号种类很多，它不像名、字二者之间常有某种联系那样，而是或寓某种含义，如欧阳修号六一（欧阳修《六一居士传》："吾家藏书一万卷，集录三代以来金石遗文一千卷，有琴一张，有棋一局，而常置酒一壶，以吾一翁，老于此五物之间，是岂不为'六一'乎？"）；或道生活境况，如贺知章号四明狂客（贺嗜酒，家住浙江四明山下，故自号"四明狂客"）；或借家乡地名，如文天祥号文山（文江西吉安人，其地有文山，因以为号），等等。表面看来，别号在很大程度上取决于各人所好，无律可循。然而，这种别号现象与一定的社会时代环境是有关系的。不同的社会和时代里有不同的内容。唐宋时，佛教盛行，文人在别号后加上"居士"的情况很常见（"居士"为梵文"家主"的音译，佛教用以指称在家佛教徒之受过"三归五戒"者）。如欧阳修号"六一居士"，李白号"青莲居士"，白居易号"香山居士"，司空图号"耐辱居士"，苏轼号"东坡居士"，李清照号"易安居士"等。而元代尊崇道教，文人中便风行以道人为号。如怪怪道人（冯子振）、惺惺道人（乔吉）、月山道人（任仁发）、大痴道人（黄公望）、梅花道人（吴镇）等。到了鸦片战争之后，外患日趋严重，中华民族面临着严重危机，不少文人的别号则带有强烈的爱国色彩和奋发向上的精神。如戊戌六君子之一的谭嗣同号"壮飞"，《洪秀全演义》的作者黄小配号"黄帝嫡裔"，华兴会创始人之一陈天华号"思黄"，女英烈秋瑾号"鉴湖女侠"等，都与社会时代环境密切相关。

现代社会里别号现象已不多见,但出现了另一种更为常见的现象:笔名。从各呈其异的笔名中我们也可以看到社会时代环境影响的种种痕迹。试以鲁迅的笔名为例。

据不完全统计,鲁迅一生共用过笔名达128个(本名、学名及字号不计),每个笔名都有其深刻的含义。由于他生活在那个风雨如磐的黑暗社会,不能畅所欲言,只得不断地变换笔名,采用隐晦曲折的形式来鞭挞黑暗,唤醒民众。他的绝大多数笔名都与这种社会时代环境有密切关系。如"封余""丰瑜""丰之瑜"等就是针对有人诬蔑他是"封建余孽"而取的针锋相对的笔名。"隋洛文""洛文""乐雯"等笔名是对1930年国民党浙江省党部通缉"堕落文人鲁迅"的愤怒反击。"周莲小姐""莲小姐"等笔名则是对"左联"的称许。"隼"是鲁迅以飞得很高很快的鸟自喻,"旅隼"暗指自己遭受迫害,经常迁居,"翁隼"则表达了自己坚持同敌人作斗争的心。他晚年的最后一个笔名"晓角",寓"清晨的号角"之义,则表达了要为唤起民众、解放民族而奋斗到底的坚强意志。这些笔名都在一定程度上折射出当时的社会时代环境。

2. 社会生活经历对人名的影响

人名,特别是笔名、改名、别号等常与人们的生活经历有关。如艺术大师徐悲鸿原名徐寿康,因为家穷,少时屡被人看不起。世态炎凉,使他悲从中来,犹如鸿雁哀鸣,遂改名为"悲鸿"。作家茅盾这个笔名与其大革命失败后处于矛盾状态的生活经历有密切关系。

在漫长的历史长河中,历来不乏志士仁人为寻找真理而上下求索,这种探求的经历也会在人名现象中反映出来,以现代为例,著名诗人柳亚子原名柳慰高,第一次改名为"柳人权",表字"亚卢"。这与他读了卢梭的《民约论》,主张天赋人权、人人平等的思想经历、生活经历有关("亚卢"意即"亚洲的卢梭")。毛泽东本来字"润之",年轻时很敬佩康、梁,因而1910年仿梁启超的号"任公"自取一别号"子任",表示以天下为己任。在追求真理的过程中,他终于找到了共产主义作为毕生奋斗的目标。故后来写文章又有一笔名"二十八画生"。一般人认为"毛泽东"三个字正好二十八画,笔名为自指。实际上不是这样。他本人曾做过解释,"二十八"乃是共产主义、共产党的"共"字所拆,"二十八画生"意为"共产党的一个成员"。又如彭德怀曾为自己取过一个别号"石穿",取滴水穿石、百折不挠之义,这是他在离家寻求真理的日子里取的。一次他躲进岩洞避雨时,发现洞顶滴水不止,年长日久,把脚下的石板溅出一个个深深的凹坑。生活的境况、坚定的信念使他触景生情,固取"石穿"以自励。在为共产主义奋斗的过程中,无数的先烈英勇献身。感人至深的是,即使面对着敌人的屠刀,他们也不曾动摇过共产主义信念。在为自己的后代取名时,再次旗帜鲜明地重申自己的追求。如第一次大革命时期牺牲的赵云霄烈士,在生下女儿一个月零十几天的时候走上了刑场。她在狱中为自己女儿取名为"启明",充满信心地预示天将破晓,黑暗即将过去。重庆解放前夕牺牲于中美合作所的王朴烈士临难时的遗嘱写道:"给孩子取名继志",继无产阶级革命之志。这些真实的革命史料也正是人名的社会、文化研究的珍贵材料。

在以塑造人物形象、再现社会生活为己任的文学作品中,作家更是十分注意作品中人名与社会生活经历、个性特征的种种关系。鲁彦周的小说《彩虹坪》里有一个改正后的右派名叫余春,能让人联想起他坎坷的经历和改正后的生活。喻杉的《女大学生宿舍》里也有几个颇具特色的名字:在箩筐里长大的匡筐,在糖水中泡大的辛甘,抛弃旧家攀高枝的辛母裘莉等,也能形象地反映出人物的不同生活经历。古典文学的瑰宝《红楼梦》在这方面更为我们提供了许多极好的例证。作家用谐间修辞的手法把人名巧妙地同其生活经历联系起来。除了人们熟知的一些主要人物如贾政(假正)、甄士隐(真事隐)、元春、迎春、探春、惜春(原应叹惜)、英莲(应怜)以外,贾府中那些清客帮闲者们的名字也都有含义,如詹光(沾光)、赖大、赖升(赖贾府而大而升)、单聘仁(善骗人)、卜世仁(不是人)等,都与他们的生活经历和所作所为密切相关。又如甄士隐夫人的丫环名叫娇杏,谐音"侥幸",暗伏她"偶因一着错,便为人上人"当了贾雨村夫人的机遇。为了表现贾府书香门第的源远流长和公子小姐们的阅历修养,曹雪芹甚至对很不起眼的配角人物如丫环、书童等的名字都做了一番推敲。如贾府四位小姐的丫头:抱琴、司棋、侍书、入画,暗以琴棋书画为名。宝玉的四个书童分别名之为茗烟、锄药、双瑞、双寿,两两相对,高雅吉祥。怡红院的八个大丫头的名字也可以分为四组:袭人、媚人、晴雯、绮霞、麝月、檀云、春燕、秋纹。所有这些艳婢姣童的人名从一个侧面为读者形象地展示了主人公们锦衣纨绔、风流艳世的生活。

3. 社会地位和身份对人名的影响

人名还可以反映人们所处的社会地位和身份。鲁迅的小说《阿Q正传》中的阿Q是一个生活在社会最底层的悲剧人物典型,连姓都没有。自认为姓赵,却招来一顿毒打——"不配!"曹禺的话剧《日出》中的下层妓女翠喜同样没有姓氏,其名也昭示了她只不过是供人玩弄的活物而已。其他如张乔治、王福升等人名,形象地反映了其身份和社会地位。又如成平的小说《干杯,女兵们!》写一群女兵就人名猜成分:"王满仓——富裕中农,刘卫红——改的名,革干,吴小拴——贫农,怀情——职员……"也正是人名和社会身份密切关系的生动写照。

在现实生活中,人们所处的社会地位影响到其名字的情况也是的确存在的。如清朝末年,相声艺人被看作是下三流的杂耍,在北京天桥一带下层人生活的地方是其卖艺之处。相应的一批著名相声艺人的艺名也都带有鲜明的下层民间色彩。如:穷不怕、丑孙子、万人迷、韩麻子、盆秃子、张傻子、大面包等。现代社会中,有一种把原名改为与自己职业有关的名字的现象,更值得注意。如作曲家践耳,原名朱荣实,因为特别崇拜聂耳和贝多芬,改名践耳,"意思是表达我的愿望,走聂耳的道路,实践聂耳的理想"。画家黄宾虹长于山水画,其作多取材于黄山,因自号"黄山山中人"。这种现象最常见于影视界的演员,他们常用自己所扮演的、所喜爱的角色的名字作为艺名。如康泰,原名刘秉璋,因在话剧《重庆二十四小时》中扮演一个叫康泰的角色而出名。刘本人的身世、气质与角色十分相似,他十分喜爱这个角色,加上康泰二字发音洪亮,易叫易记,遂正式更名。又如牛犇,原名张学景。1946年沈浮导演《圣城记》缺一儿童角色小牛子的演员。谢添推荐、帮助13岁的张学景上镜头而一举成名。谢很喜欢这个机灵的孩子,便给他取艺名为牛犇。"牛",从角色"小牛子"而来,"犇、奔"同音,意即从小牛子开始,加上三头牛的牛劲向前奔驰。张亦很高兴,遂以为名。

4. 自然生活环境和地区对人名的影响

人名现象与人们生活的自然环境和地区也有联系。如人们熟知的大诗人、大作家郭沫若,其名是合家乡的沫水、若水两河之名而成。生活在青藏高原的藏胞很喜欢白雪皑皑的雪山,因而"贡嘎"这个名字在藏民中很常见(藏语中"贡"意为白色,"嘎"意为山,合起来为"白色的山")。又如"左联"五烈士之一的柔石,原名赵平复,是浙江省宁海人,与明初著名学者方孝孺同乡。他从小生活于方孝孺旁边,方当年那种不向强暴屈服、刚正不阿的品德给了他极深的影响。在方祠的前面有一座名叫"金桥柔石"的小桥,为纪念方孝孺,他便截取后两个字作为自己的笔名。陈章太先生曾援引电子计算机统计资料,分析了人名用字中不同地区的不同情况。如:"北京喜欢用'荣',上海喜欢用'妹、宝',辽宁喜欢用'素、凤',陕西喜欢用'建、军',四川喜欢用'清、琼、德、成',广东喜欢用'亚',福建喜欢用'治、美、水'。此外,北京取名男的常常爱用'铁、锁、柱'等,上海、江浙为男孩子取名往往爱用'根',广东、福建不管男女都爱用'阿'字。"笔者在人名的社会调查中还发现:不少父母在孩子的名字中寓含了出生地点和环境。如:陈津浙,父母双方是天津、浙江人;李粤,父母原籍为广东;祁鲁江,父母分别为山东、江西人;张铙昌,父母在他出生时刚由上饶调到南昌等。这也是生活环境影响人名的一种情况。甚至连姓氏也存在着与生活地区有关的现象。据最近科研人员用电子计算机随机抽样统计的结果表明:我国的姓氏分布有明显的地区差异。李、王、张、刘等大姓在北方人中常见,而陈、赵、黄、林、吴等大姓在南方人中比例较高。这为探索我国各地人群的血缘关系与相对迁移率等社会现象提供了一条线索。

诚然,以上四种情况并不一定能概全社会生活对人名的种种影响,现实生活中的人名现象本来就是丰富复杂的。如叶永烈曾在《羊城晚报》上发表过一篇文章,谈到哲学家艾思奇(原名李生萱)这个笔名。作者询问了艾的夫人王丹一同志。但由于王在艾的生前并未问过他,也很难定论。她说大概有这么几种意思:

(1)艾的谐音是"爱",即热爱马克思(思),伊里奇(奇)之义。

(2)"爱独特地思考"之义——"思"想"奇"特。

(3)"生萱"两字的英文开头字母为 SG,音译为"思奇"。早年艾思奇在《云南民众日报》发表文章时,曾用过 SG 的笔名。

(4)他身体很好,不怕寒冷,而且常喜欢一个人坐在寒风中思索。人们给他取了个外号叫"爱斯基摩人"。艾思奇即前三个字的谐音。这里,"艾思奇"这个笔名的由来因为他本人的辞世或许很难得到十分确切的解释,但有一点是可以肯定无疑的;以上不论哪一条都与他的社会生活有关系。换言之,艾思奇这个笔名也同样具有强烈的社会性质。

5. 人名对社会生活的反作用

人名与社会生活的关系不仅仅限于受其影响,还表明在它反过来对社会生活也会产生某些影响和作用。因为人名一旦确定,便是一个客观的社会存在,便要在日常社会生活中发挥其功能和效用。由于其他种种因素的介入,人名对社会生活的反作用也是复杂多样的。如社会生活中的"知名度"问题就是显而易见的现象。一般说来,现代社会中除了政党领袖、国家首脑一类人物最知名以外,要数电影明星、歌唱明星、诗人作家知名度最高了。人们冲某个影星的表演去看电影,冲某个歌星的歌唱去听音乐会,冲某大作家的名气买文学作品的现象在生活中是比较常见的,而初出茅庐、刚登上文坛的作家的作品因为知名度不高而被退稿的现象亦不在少数。据载,土耳其著名讽刺作家阿吉菲·奈辛的处女作就因为没有名气而遭出版社的拒绝。后来他把小说中人物统统改成美国人。自己的名字也改名为美国的人名马克·奥勃朗。这样一来,出版社不仅欣然接受,而且非常认真地为其写了内容简介,称之为:"杰出的近作,稀世的巨著。"这种极荒唐之事正说明了人名在社会生活中的反作用。据悉,我国文学界、科技界也时有假冒他人之名的现象。为了保障公民的正当权益,《中华人民共和国民法通则》第九十九条规定:"公民享有姓名权,有权决定、使用和依照规定改变自己的姓名,禁止他人干涉、盗用、假冒。"用法律来明文保护人名,进一步证明了在现代社会中人名对社会生活的意义。

在漫长的历史长河中,还有不少知名度很高的人的名字被作为文化遗产的一个部分继承下来,在日常生活中经常地发挥作用。如西施之于美女,诸葛亮之于智者,阿斗之于愚人,张飞之于猛士等,都是人名借代的用法。甚至现代社会中也会出现这种情况。如最近报载,波兰华沙的青少年很崇拜中国的武术,武术明星李连杰的名字在当地竟成了"中国人"的代称,实在有趣。

  人名对社会生活的反作用还表现在人名可能影响人们在社会生活中的地位,或者引起某种纠纷乃至影响生命。如唐代大诗人李贺因为父亲名叫李晋肃,而不得中进士。这是因为我国传统讲究避讳,"晋""进"同音的结果。《北齐书·元景安传》记载了这样一个故事,高洋推翻东魏,建立了北齐政权。他当政后大肆镇压原来的元姓贵族。原属元姓势力的元景安便想请求改姓高。元景安的堂兄元景皓坚决反对:"岂得弃本宗,逐他姓?大丈夫宁可玉碎,不能瓦全。"元景安将此语报告了高洋。结果元景皓被杀,而元景安独自改为姓高得到重用。在是否改姓问题上,反映了两人不同的品德和情操,结果是一人被诛,一人升迁,这也从一个方面说明了人名在社会生活中的作用。

(原载于《语文导报》1987年第9期)

略谈人名对社会生活的反作用

人名,是人类文化的一个重要组成部分。它与文化共生、共变,是文化的载体,又是文化的镜像,人名本身是一个系统,其内部包括姓、氏、名、字、号、谥、笔名、小名等因子,其外部则同文化、历史、社会、生活等因子密切相关。很显然,纷繁复杂的人名现象是同其背后的文化内涵紧紧地连在一起的。什么样的文化背景在人名的表层便会有什么样的投影。这是文化对人名的影响和作用。有关这些方面的内容,拙著《文化的镜像——人名》[1]已做了比较细致的论述,此不赘述。本文想谈的是问题的另一面:人名对社会生活的反作用。所谓"反作用",指的是人名这种现象确定之后,作为新的文化内容反过来对其他的社会现象产生影响和作用的情况。

同深层文化内涵对人名的影响是复杂、多维的相似,人名对社会的反作用通常也是与其他因素如民族传统、社会心理、时代环境、现实生活等糅合在一起的,因而也是较为复杂的。下面我们结合一些实例分为几点来谈。

一　人名的避讳产生的反作用

避讳,是汉族人名系统特有的现象。它指的是对皇帝、圣人、祖先的名字不能直呼相犯,更不能有意仿效。这种现象是同汉民族文化传统的伦理道德观念密切相关的,是君君臣臣、父父子子的封建等级制在人名表层的反映。无疑地,避讳之所以出现是源于深层的文化内涵的。但是,这种现象一旦产生,乃至逐渐积淀,便成为汉民族文化的传统内容之一,反过来可以对社会生活、对人们的行为发生反作用。具体地说,历史上的人名、地名、书名、官职名、事物名等都可因避讳而改动。如晋武帝司马炎之父名司马昭,为避其名讳,不惜将著名的西汉人王昭君改为"王明君",而因为唐高祖名李渊,晋代诗人陶渊明在初唐一度被改称为"陶泉明"。五岳名山之一的恒山,在汉代曾被称为"常山",为的是避汉文帝刘恒的名讳。唐代的匡城县,胤山县在宋代也被改掉,因为宋太祖名叫赵匡胤。音韵学著作《广雅》也曾因隋炀帝名杨广而改为《博雅》。此外还有因汉高祖妻吕雉之故而改飞禽"雉"为"野鸡",苏轼因其祖父名"序"而改作序为"叙"等例子,都属此类。

推而广之,不仅相同的字需要避讳,就是同音而不同形的字也需避讳,史称"避嫌名"。这样,就使社会生活受到了更多的干预。如汉代官名"中书"因隋文帝之父名"忠","中、忠"同音相犯,被改成"内史"。宋代州官田登因讳己名,甚至不许人们说"灯"字,元宵节时出告示只得把"点灯三日"说成"放火三日"。更有甚者,唐朝皇帝姓李,曾经禁食鲤鱼,因为"李、鲤"同音;明朝国姓为"朱",亦曾禁食猪肉,史载明武帝朱厚照就明文规定过全国禁止养猪、食猪,也仅仅因为"朱、猪"同音!由此想来,幸而中国历史上没有姓范、姓蔡的人当过皇帝,要不然,老百姓岂不连饭、菜也不能吃了吗?

更为严重的是,因犯讳还能影响人的一生前途,甚至丢掉性命。如唐代大诗人李贺因父名"晋肃","晋、进"同音相犯,而不得中进士,影响了一生的仕途。连韩愈也为之打抱不平,写了《讳辩》一文:"父名晋肃,子不得举进士,若父名仁,子不得为人乎?"《唐律疏议》规定,故意直呼皇帝之名就是犯了"大不敬"罪,是封建社会中严重的、不能赦免的"十恶"之一。历史上因犯讳而致人头落地的例子比比皆是,不少人并非故意犯禁,也招来杀身之祸。如清乾隆时,江西举人王锡侯修订《康熙字典》自编《字贯》一书,被巡抚海成告发。乾隆亲自看了《字贯》,发现"凡例"中直书康熙、雍正、乾隆三个皇帝的名字,没有避讳,认为这是"大逆不法、罪不容诛"。结果不仅王锡侯及子孙被问斩,那个想讨好皇帝而告密的巡抚海成也因没有说出"凡例"中的"大逆",被革职惩办,最后还判了斩刑,缓期执行。甚至连海成的上司两江总督、江西省布政史、按察史等官员也受到株连。由此可见,封建社会避讳制是何等的森严和冷酷,避讳这种人名现象对现实生活的反作用是何等的广泛而深刻。

二 排名表与知名度产生的反作用

我国的文化传统十分讲究上下有别、长幼有序,等级观念和伦理色彩相当浓厚。在现实生活中,人名的使用也受到了这种文化内涵的影响,由此而形成了一种人名现象:排名。可以说,封建社会的九品中正制等传统的等级观是排名的根源。初唐时文坛齐名的王勃、杨炯、卢照邻、骆宾王就曾出现过争排名的情况。如杨炯就表示过"愧在卢前,耻居王后"。随着时间的推移,排名也逐渐积淀为一种特有的文化现象,对社会生活发挥着反作用。如《水浒传》写到宋江等一百〇八条好汉在水泊梁山的聚义厅排座次,宋江坐第一把交椅,卢俊义坐第二把交椅,吴用坐第三把交椅……以下依此类推,不同的交椅就象征着不同的权力,他人不得僭越。由此流传下来,逐渐演变成今天的"第一把手"、"第二把手"之类的排名学的基本术语。即使在现当代,排名表问题也时常困扰着人们。由于排名的种种麻烦,当今重要场合的排名表大多改用了"以姓氏笔画为序"或"按音序排列"的新方法,这无疑是向破除等级制、实行民主化的目标跨进的一大步。但是,在最近几年开始实行的差额选举中,又有人抱怨自己姓氏笔画太多,在候选人名单中排在很后面,"无形之中给人以不很重要的感觉",因而吃了亏。主张"以姓笔画为序"也可以将笔画多的排在前,笔画少的排在后。因为以姓氏笔画为序"没有规定是由少到多,还是由多到少"。这种在姓氏笔画上打主意的现代笑话,正是排名表本身对社会的反作用之表现。

崇拜名人,是不少民族共同的社会心理,由此也形成了另一种人名反作用现象:知名度。在我国漫长的历史长河中,不少名人的名字已作为文化遗产的一个部分被继承下来,在日常生活中经常地发挥着作用。如西施之于美女,诸葛亮之于智者,阿斗之于愚人,张飞之于猛将,陈世美之于负心郎等,都是借人名指称某一类人的。这些名字已凝聚成一个个有特定意义的词了,可见影响之大。有的人名虽没能在词汇系统中确立地位,但在当时也是极有影响的。《水浒传》中"及时雨"宋江的知名度就几乎相等于江湖上的通行证,各路好汉闻之莫不如雷贯耳,顶礼膜拜。如宋江在发配江州的途中,数次大难临头,差点成为刀下之鬼。但当人们一听说是山东及时雨,都马上纳头便拜,赔礼道歉,敬若上宾。可见其知名度的作用非同小可。

一般说来,在当今社会中政党领袖、国家首脑一类人物是最知名的,因而他们的大名屡屡被人借用命名他物,有的国家甚至用做广告。如据中央电视台报道,南非反种族主义运动领袖曼德拉就曾同意用他的名字做广告,所得费用捐给黑人儿童,就是一个直接的例子。除此之外,影视界、音乐界、体育界的明星及诗人作家的知名度也非常高。人们冲某个影星的表演去看电影,冲某个歌星的演唱去听音乐会,冲某健将的搏击去看比赛,冲某大作家的名气买文学作品的现象在现实生活中是较为常见的。也正因为有知名度的反作用,前些时不少歌星的出场费动辄成百上千,几场下来能以万计。甚至有的影星为了"名誉受损"打官司提出的索赔费竟高达几十万之巨!这虽让人瞠目,但到底是知名度带来的好处,不赚白不赚!在国外,各类明星的赚钱更是财源滚滚。

知名度高的人可以财源滚滚,鸿运亨通。而对一些确有才华但尚未成名的人来说,知名度问题常像一个盖子似的压在他们的头顶,使之难以脱颖而出,不得不借助其他力量来冲破它。这是知名度对社会文化反作用的另一方面。如台湾歌星高凌风,原名葛元诚。他自幼爱好唱歌,学生时代已初露头角。但一度很不得意,才华不被社会承认,默默无闻。后来,他几次求教于著名作家琼瑶。琼瑶为他不屈的奋斗精神所感动,便编了一个与他生活经历相似的电影剧本《女朋友》,描写一个叫高凌风的青年对歌唱事业的执著追求。影片由葛元诚任幕后主唱。公映后的几天之内,葛元诚便名扬台湾,获得了人们的承认。此后,葛干脆将名字改成知名度很高的"高凌风",在台湾、香港、东南亚一带获得了很高的声誉。文坛上也有类似情况,一些初出茅庐的作家写的作品因知名度不高而被退稿的现象亦不在少数,甚至会出现更离奇的情况:同出于著名作家手笔的作品仅因为署不同的名字,而遭到不同的境遇。如英国著名女作家陶丽丝·莱辛,曾被提名为诺贝尔文学奖候选人,其作品当然绝对不用担心出版。但她为社会上许多无名作家很难发表作品感到不安,便开了一个恶作剧式的玩笑。她写了两部小说《一位好邻居的日记》和《老年人如能……》,署名为"简·萨默斯",寄给长期来出版她的作品的伦敦出版商乔纳森·凯普书局,果然不出所料,两次都被退了回来。后来,莱辛以这次经历为例,告诫出版商应"以书的本身作根据","不要被作家的名字所左右",实在是一语中的。

高知名度的人不仅在生前一帆风顺,而且死后还可以"流芳百世"。因而历来有人采取种种手段谋取高知名度,以使其名不朽。有的为了达到目的而不择手段。如据《读者文摘》载,英国著名的剑桥大学下设的各种学院,一直多以约翰、圣彼得、丘吉尔等圣徒或大名人为校名。但新近忽然出了一所大卫·罗滨逊学院——这个大卫·罗滨逊何许人也?原来,此公20世纪70年代因经营电视出租业务而大发其财,但一直默默无闻。为了使自己能"流芳百世",他狠下心,向剑桥大学倾囊捐出巨款一千七百万英镑,唯一要求便是以其姓名命名一所学院。剑桥经过讨论,最终也竟同意了这个富翁的要求。这真是人名反作用的一个绝妙例子。

三　人名的巧合带来的反作用

以上两方面的反作用大都同文化传统、社会心理有关,带有一定的普遍性。也有的时候,人名对社会生活的反作用是偶然的、个别的。由于巧合的缘故,某个人名现象干预了社会上的大小事件,使之改观;或改变了某人的命运,使之升降等。这种情形现实中还是不少的。

据外刊报道,20世纪60年代英国保守党首相、外交大臣 Douglas Home,本应称为"道格拉斯·霍姆"。但他的自称及别人叫他都是"休姆",这为什么?原来,这个姓是英国某贵族的家族名演变而来的。早年也一直读作"霍姆"。但后来在一次贵族之间的战争中,这个家族的一位贵族欲率众冲锋,高呼家族名"Home!"跃马冲向敌阵,但其部下听到"Home"这个词,以为是下令撤退还家,[2]便纷纷后退,导致大败而归。因为这个偶然的巧合,Home 家族的人便不再叫"霍姆",而在发音上略加改动成了"休姆"。

在国外,偶然的人名巧合影响社会生活的最典型例子莫过于美国五星上将马歇尔的姓了。第二次世界大战结束后,胜方的同盟国苏联、英国政府都给战绩显赫的将军授予"元帅"军衔。美国也打算在陆军中设立元帅衔。但有关部门发现,在任的陆军参谋长马歇尔的姓 Marshall 与元帅一词 Marshal 基本相同。要授元帅衔，马歇尔无疑是当然人选。但人们觉得称呼一个人为 Marshal Marshall 实在太别扭了。经过反复讨论，最终还是决定不设元帅，只以五星上将等同于其他国家的元帅。这样，当时赫赫有名的将领如麦克阿瑟、艾森豪威尔、马歇尔等都没能得到"元帅"的殊荣——只因这一个人名的偶然巧合，便改变了美军军衔的设置序列，实在是很有趣的。

我国历史上也有很多类似的偶合例子。前举李贺因父名晋肃而不得中进士，即为一例。又如1904年（光绪三十年），清王朝照例举行了一次殿试（此为中国历史上最后一次科举考试）。主考大臣把试卷按成绩高低呈递慈禧太后钦定。本来第一名为广东的朱汝珍，但慈禧对广东人最反感，因为洪秀全、康有为、孙中山等清朝的"逆党"都为广东籍。而第二名叫刘春霖，为直隶（河北）省肃宁人。她很喜欢，因为"春霖"这个名字含有春风化雨，甘霖普降之意，肃宁也象征着肃静安宁的太平景象。于是她大笔一挥，钦定刘春霖为状元，而把朱汝珍降为第二名。再如宋代著名书法家米芾嗜洁成癖，对有同好的人格外青眼相加，甚至与清洁有关的人名也受到他的赞许。相传他为女儿择婿时，发现候选人中有一人叫段拂，字去尘，十分高兴，认为"既拂矣，又去尘，正合我意也"。便定他为乘龙快婿。这里，只因人名的巧合，就改变了人的命运，或擢为状元，或选为东床，可以说是人名反作用的极端了。

在某种特定情况下，人名的巧合还可以决定人的生杀予夺。鲁迅先生曾在《忽然想到》一文中写下这样一段话来怒斥反动军阀的罪行："曹锟做总统的时代（那时这样写法就要犯罪），要办李大钊先生。国务会议席上一个阁员说：'只要看他的名字，就知道，不是一个安分的人。什么名字不好取，他偏要叫李大剑。'于是乎办定了。因为这位'大剑'先生已经用名字自己证实，是'大刀王五'一流人。"这里，那个阁员把"钊"与"剑"相混，又由"大剑"之名来判定人的品行，真是混蛋至极。诚然，他们迫害李大钊同志，还有更深刻的社会政治原因，但是，从鲁迅先生这段话中不也可以看到人名的某种"催化剂"式的作用吗？

四 人名反作用的时代性

　　人名对社会文化的反作用还有一个特点：它是与社会时代密切相关的。即使是相同的反作用现象，也可以因时代的不同而具有不同的内容。如我国传统避讳产生的人名反作用，就与不同朝代、不同皇帝有关。在汉代，"邦、雉、庄"等是要避讳的字，到了唐代，则要避"渊、世、民"等字。宋代、明代、清代等同样有各自不同的避讳内容。换言之，人名的反作用是有时代性的。王明君是晋代的称呼，陶泉明是唐代的叫法，后世完全可以恢复其原来的名字而不必避讳。这是显而易见的。

　　西方人名文化有一个传统：多用尊者长者之名命名他物以示纪念，这特别以苏俄为甚。沙皇时代此举已十分盛行。如圣彼得堡是以彼得大帝的名字命名的，察里津意为沙皇城，此外还有叶卡捷琳娜（俄国女皇）堡等城市名。十月革命胜利后，列宁曾明令禁止为领导人歌功颂德，特别强调不得以个人名命名城市和街区。但他一去世，这种传统马上又恢复了。1924年，彼得堡改为列宁格勒。以后又有了斯维尔德洛夫城、伏龙芝城、斯大林格勒、日丹诺夫城、基洛夫城、加里宁城等。再后来,伏罗希洛夫、勃列日涅夫、乌斯季诺夫、安德罗波夫、契尔年科等也都有了自己的"本家"城市。但是这种现象随着时代环境的变迁常常产生新的情况。作为一种政治待遇,以人名命名城市无疑是褒奖、纪念性质。然而若是某故人的是非功过出了问题,这种待遇又得取消,以图抹去这人在历史、在现实生活中的种种痕迹。如1961年,最高苏维埃主席团发出命令,更换以斯大林命名的十一个城市和一座山脉的名称。著名的斯大林格勒被改为伏尔加格勒。勃列日涅夫去世后,乌拉尔的切尔内市于1982年11月改为勃列日涅夫城,但到了1988年1月又被取消,恢复原来的名称"切尔内"。莫斯科城内的其他以勃氏命名的广场、街区等也都恢复了旧名。更令人吃惊的是,随着苏联局势的急剧演变,第二次世界大战的英雄城市列宁格勒不久前也被改成了"彼得格勒"。这种随时代变迁的人名反作用现象真可谓政治气候的晴雨表。

在我国,史无前例的"文化大革命"期间的人名也曾莫名其妙地变得举足轻重。黑雁男的纪实作品《十年动乱》写到在"文革"中康生诬陷中南局第一书记王任重是特务,所凭依的材料竟是敌特档案中有叫"任重"的人![3]老报人林放曾在《新民晚报》上写过一篇短文《穿凿之可怕》,提到"文革"中一件离奇之事:有个单位派人来找他外调一个名叫"汤森"的人。问他道:"解放前国民党有个司令叫汤恩伯,又有一个特务头子叫毛森,这个汤森跟汤恩伯、毛森两人有什么关系?"这使他非常惊愕,只得哑然相对,以至被来人训斥为"不老实"。这种荒唐的例子并非个别。同样在《新民晚报》上还曾刊登过一则小故事:"文革"期间,有一个叫"蒋如毛"的中学生外出串联,被一伙红卫兵揪住斗争了一番。尽管他解释这是因为他出生时很小,像只小猫,才叫"蒋如猫",上学后改成蒋如毛。但红卫兵们认为:"蒋家王朝的人多如牛毛,那还得了!还有,蒋如毛,把蒋介石和毛泽东的名字并列,污蔑了伟大领袖,更是犯了滔天大罪!"因而,那些激进的红卫兵建议:"以后不许姓蒋,姓蒋的统统改成姓毛!"并下令把"蒋如毛"的名字改成"毛向东"。这种由人名引起的种种是非,甚至连笔名也包括在内。如著名学者罗竹风20世纪60年代以"骆漠"为笔名写过杂文,被反动文痞姚文元抓住打棍子。他先从笔名分析入手:"骆,骆驼也,漠,沙漠。作者自比骆驼,把社会主义的中国视为沙漠——这是其居心所在!"真是欲加之罪,何患无辞!作家刘金60年代亦曾用过一个笔名:"墨客"。在"文革"中被造反派抓住责问:"墨者,黑之甚也,墨客,反动透顶!"因为这个笔名,作家多受了不少折磨。这些都是在特定时代环境下的人名对社会生活反作用的极好例证。

从另一个方面看,人名反作用的时代性特点为人们认识特定的社会时代生活提供了有力的证据,故而常常引起学术界的重视。如我国牛耕田的历史到底始于何时,曾是史学界长期争论的问题。南宋著名学者郑樵在《通志》一书中认为,在先秦时代只"用牛拉车",真正用牛耕田则"始于西汉"。而另一个著名学者王应麟,却独辟蹊径,经过分析孔子两个学生的名字"冉耕,字伯牛;司马犁,字子牛",得出春秋时已用牛耕田的结论,十分令人信服。这种从名、字训诂中解释字义、了解史实的做法,在清代形成了专门的学问:名字训诂学。

又如学者们发现,不同时代的人名避讳现象,有助于深入研究古音的发展演变轨迹。王力先生认为:"支脂之微四韵合一,陌麦昔锡四韵合一,至少在第八世纪以前就完成了。韩愈《讳辩》认为'雉'、'治'同音('雉'属至韵,'治'属志韵)和'机'、'基'同音('机'属微韵,'基'属之韵),'昔'、'皙'同音('昔'属昔韵,'皙'属锡韵),可以为证。"[4] 还有人指出,汉代"谈""同"属于同音,因为司马迁父名司马谈,《史记》中凡出现"谈"字均改为"同"字;五代时"镠"、"刘"已同音,因为当时吴越王名叫钱镠,时人有避"镠"字而改姓刘为姓金的。[5] 这些佐证利用了不同时代的人名材料,都很有说服力。

以上从不同侧面谈了人名对社会生活的反作用。这使我们认识到:作为人类社会的一种特有现象,人名同文化的关系是错综复杂,互相影响的。诚然,人名现象明显地受文化内涵的影响和制约;但另一方面,人名一旦确定,便是一种客观的社会存在,自有其功能与效用。而且,作为文化的产品,人名也可以逐渐积淀为一种新的文化现象,反过来对现实的社会生活施加种种影响,留下自己的印痕。我们只有深刻认识人名文化的这种两重性,才能较为全面地把握人名这种特定的符号的性质和功能。

注释

[1] 吉林教育出版社,1990年12月版。
[2] 英语 home 的原意为"家"。
[3] 据沈醉《军统内幕》一书透露,任重为军统特务周伟龙的化名。
[4] 王力《汉语史稿》(上),中华书局1980年版,第163页。
[5] 李新魁《历代避讳在古音研究上的利用》,载《语文园地》1985年第1期。

(原载于《浙江教育学院学报》1991年第2期)

汉族人名系统的
演变与民族文化的交融

人名是常见的语言现象,也是重要的文化现象。通过人名来揭示民族文化的内涵,前辈学者如罗常培、吕叔湘等已做过研究[1]。笔者的一些文章也做过探讨[2]。本文拟从另一个侧面再次分析一下人名与文化之间的对应关系。即:以汉族人名系统的演变现象来揭示汉民族文化同其他文化交融并发展的轨迹。

同其他民族人名相比较,汉族人名系统有强烈的民族特性:在表层形态上,姓前名后,名、字并存,号、谥、小名、地望名、官爵名等变体众多。在深层文化上,以封建礼教观念为主导,重等级,分嫡庶,明贵贱,讲伦理,由此产生重姓氏、赐姓名、避上讳、同姓不婚等汉族人特有的文化现象[3]。但是,文化发展史告诉我们,任何民族的文化都不是自足的,而是在长期的历史过程中同其他民族文化密切接触、互相交融而形成、发展的。汉族文化也是在数千年的历史发展过程中,不断吸收其他民族文化的内容,最终百川归海,蔚为大观,才形成了汉民族特有的、博大精深的文化系统。这种文化交融现象在汉族人名中有很明显的反映。

根据历史的发展过程,我们可以大致分为以下几个阶段来谈。

一 上古至秦汉时代

我们的民族有着悠久的历史和灿烂的文化。从传说中上古的黄帝、炎帝以降,氏族、部落间连绵不断的战争、兼并,使先民们逐渐融合,形成了今天所谓的汉民族。在夏、商两代之后的周朝,已是"郁郁乎文哉"[4],制订了一整套封建礼法。各诸侯国共同遵循周礼,达到了文化的高度统一。随后的春秋战国时期,虽然各诸侯国纷纷争霸,形成了所谓的邹鲁文化、三晋文化、燕齐文化、荆楚文化等地域性的文化区,但由于战乱频起,接触甚密,一些基本的礼法仍为各地域文化所共同遵奉,文化交融亦为主流。当时各国的人名系统就有不少相同的地方:1.各国的命氏方式大都一致,如以国名为氏,以封地为氏,以官职为氏,以祖宗字或名为氏等。2.名、字并存,意义相关或相对的现象,在鲁、齐、秦、晋、楚、卫等诸侯国中广泛存在。3.命名方式大概类同。如以天干地支为名、字,以"子"为字,以"伯、仲、叔、季"为排行字等,都同现于各国的人名之中[5]。由人名看文化,可有力地证明当时的文化融合局面。

春秋战国时期的文化交融为秦代的统一天下打下了良好的基础。可以说,秦之统一六国,是社会历史发展的必然结果,也是文化交融的必然产物。秦为嬴姓,本为东夷之一,封在西方,同西戎诸族相杂相融,逐渐强大。秦孝公用商鞅变法,成为战国诸强之首,终于由秦始皇统一了天下,达到了"天下车同轨、书同文、行同伦"[6]的大一统局面。由于新的集权国家的形成,民族融合达到了一个新的高度,此时的人名系统也发生了相应的变化。主要表现在：随着封土建国的宗法制度的终结,分立支族和建立新"氏"的做法已经停止。因而姓、氏开始合一。姓即氏,氏即姓。姓氏作为家族的标志,传至子孙后代永远不变,而不再像以前立氏那样,三代之后便可能不同氏[7]。其次,出于中央集权的政治需要,秦代开创了"为尊者讳名"的避讳制度[8],如秦始皇叫嬴政,史籍中"政""正"都要避讳,其父名子楚,"楚"也被改称"荆"。

秦立国的历史虽然很短暂,但其政治上的中央集权和郡县制,文化上的各民族大融合的局面,都为中国两千年来的封建社会制定了规范。紧随其后的汉代就直接承袭了其政治制度和文化融合的局面,一方面,随着封建制度的完善和儒家正统思想的确立,汉族人名系统带上了浓厚的礼教色彩。人名的等级观、避讳、赐姓名等逐渐积淀为一种深层的文化传统。另一方面,随着国力的强盛,疆域的拓展,同异民族的接触、交融日益频繁。汉代的人名系统便很明显地透露出匈奴、鲜卑、氐羌、蛮夷等民族同汉族接触、渐变及同化的史实。如西汉武帝时,有叫金日磾的大臣,本是匈奴休屠王的太子,东汉佛经翻译家安世高,本为西域安息国太子。至西汉末三国时,附汉的匈奴人同汉人杂处,同化,也都改成汉姓。如刘、卜、乔等。其他如康、竺、支等姓均源于少数民族。这些异族人的姓、名在形式上都与汉族人名系统无异,说明了当时民族间交融的现状。

二　魏晋南北朝时期

魏晋南北朝的三百年间,是汉民族文化大融合的一个重要的历史时期。特别是南北朝时羌、氐、羯、匈奴、鲜卑等"五胡乱华",

使汉族文化在动荡的战乱中同其他民族的文化紧密接触、经受考验并进一步发展。南北朝时北方有十六国之兴衰相迭,其中绝大多数为少数民族所建。这些民族开化较迟,文化不如汉族之发达。由于政治上的得势而居于统治地位,一时同汉族文化发生过强烈的冲突。如史载羯族人石勒(后赵)曾杀汉人数十万。不过,文化冲突之后必然继之文化的融合,这种融合又是以汉族文化为中心的。这在人名系统的演变中可以看出。鲜卑族的北魏孝文帝拓跋宏就曾下令鲜卑人改姓。他自己改为姓"元","诸功臣旧族,自代来者,姓或重复,皆改之"[9]。如另一支拓跋氏改为长孙氏,达奚氏改为奚氏,乙旃氏改为叔孙氏,丘穆氏改为穆氏,步六孤氏改为陆氏,贺赖氏改为贺氏,独孤氏改为刘氏,贺楼氏改为楼氏,勿忸于氏改为于氏,尉迟氏改为尉氏等,还有一些非鲜卑族的复姓也都改为汉族人的单姓。而且,同魏晋汉人所重的"九品中正制",姓有高低贵贱之分一样,这些汉化的姓氏也是有等级的:元、长孙、宇文、于、陆、源、窦等姓为"甲姓",其他还有乙姓、丙姓、丁姓三个等级。"举秀才,州主簿、郡功曹,非'四姓'不在选"。[10]在人名的其他文化内涵上也同汉族人一样,如像汉族人的古礼那样,禁止同姓通婚。北魏孝文帝就下过诏令禁止同姓相婚:"自今悉禁绝之,有犯以不道论。"[11]

此时期文化交融的另一个重要方面是佛教文化东渐。佛教文化来自印度,是以宗教渗透的形式传入的,因而同"五胡乱华"那样的暴力征服所引起的强烈的文化冲突不一样。其与汉族文化的融合是比较平和的。但这并不等于说二者之间没有任何冲突。这种文化冲突多来自儒家礼教和道家。"下弃妻孥,上绝宗祀""遗弃二亲,孝道顿绝""悖礼犯顺""五逆不孝""不礼之教""绝种之罪"等抨击以及一度对佛教徒的限制和诛戮,都是文化冲突的反映。佛教的广泛传播、流行,并成为统治阶级的意识形态之一,是战乱频繁的南北朝提供了机会。这又以北魏和南梁先后正式宣布其为"国教"为标志。佛教的传入,带来了一种新的文化背景和文化内涵,对汉族文化有较大的冲击力。从人名系统上可以清楚地看到这一点。吕叔湘先生的《南北朝人名与佛教》一文就较详细地谈到这个问题。如瞿昙(释迦牟尼的姓)、悉达(释氏之名)、菩提(释氏十大弟子中有人名:"须菩提")、菩萨(佛教中仅次于佛的得道者)、罗汉(小乘佛教修行的最高成果)、弥陀(即"阿弥陀佛"的名号)等佛教人名或术语直接用于人名的,就多达三十六种。而用与佛教有关的一个字如"佛、僧昙、法、道"等同其他字配合成名的,更不可胜数。还有像"觉、明、智、慧、禅师、居士总持、智藏、宝积、智积,圆通"等字眼,都是与佛教密切相关的。佛教文化的流行以及同汉文化的融合由此可见一斑。

三 唐宋时代

唐代国力强盛,疆域辽阔,异族外邦争相来朝。汉族文化再一次为弱小民族的发展做出了贡献,同时也在融合、同化其他民族文化的过程中更加发展了自己。是时突厥、回纥、党项、靺鞨、吐谷浑、高丽、羌、回等少数民族附唐为官者甚众。如突厥人阿史那社尔、百济人黑齿常之、吐蕃人论弓仁、鲜卑人尚可孤等,均为唐朝将领。安史之乱的魁首安禄山、史思明均为西域胡人,而其名字均已同汉人一样。类似的同化人名还有史大奈、李多祚、尉迟胜、李光弼、浑瑊、裴玢等。

在同化异族的过程中,唐代统治者常以赐姓作为一种褒奖手段,客观上也促进了民族文化间的融合。如唐太宗赐契丹首领库克、赐鲜卑人拓跋赤辞姓李、玄宗赐契丹大帅达年嘉哩为李姓,等等。唐之后的五代十国之国君,多为少数民族,如后唐李存勖原为沙陀族人,其祖父朱邪赤心在唐朝因镇压农民起义有"功"而被赐为"国姓":李。其他如后晋石敬瑭为西夷人,后汉刘知远为沙陀人等,其姓名亦完全汉化。由此可知,唐宋间的民族融合已达到了何等的程度。

唐宋之际,佛教文化的发展也有了新的变化。汉民族文化的传统,是不以宗教为本,而更重伦理的。魏晋时期,在佛教输入的同时,汉族文化即以其巨大的同化能力求使之融合为一体。到了唐代,在汉文化的同化之下,佛教诸宗渐衰,唯有最合中国文化基因的禅宗教派盛行,佛教也由此带上了浓厚的中国特色。宋代以后,更有以儒学为主,兼容了道、佛思想的理学出现。因而,唐宋以后,人名系统中已不多见南北朝时那种大量的、有明显佛教色彩的名字。人名中所反映的文化内涵更多地回复了汉代的礼教色彩,像诗人王维、字摩诘,分取佛教人名为名、字的现象已是极少数。但是,禅宗的不出家修行,自性成佛的教义,为人们所好,也符合汉文化传统,故此时人名中的名、字虽多为正统的或一般的含义,不少人却在号中反映了其与禅宗的联系。如"居士"为佛教"家主"的音译,即不出家而受过"三归五戒"的佛教徒。唐宋时人以"居士"命号者为数甚多,仅以文学家为例。李白号青莲居士,白居易号香山居士,苏轼号东坡居士,张元幹号芦川居士,张孝祥号于湖居士,李清照号易安居士,司空图号耐厚居士等。连当初对佛教有抵触的欧阳修亦号六一居士,便是这种文化融合的一个生动映现。

四 金、元、清时代

宋代以降,汉民族文化又经历了一次历时最长、规模最大的文化交融。契丹、党项、鲜卑、女真、回纥、蒙古、壮等少数民族与汉族的频繁接触和冲突(大多是交战、入侵方式),使汉族文化长期处于同异族文化的冲突和交融之中。特别是元、清两朝,蒙古和满族的贵族先后当政,建立疆域辽阔的多民族的封建王朝,各种文化不断地冲突、交融,一浪推着一浪。我们试从人名中看看这种文化冲突和交融的现实。

金代为女真族所建,其与汉族接触甚密,久慕汉族的文化,因而随着文化的交融金人多改用汉人姓名。在金代初期,世宗、章宗尚曾一再下令"禁止女真人勿得译为汉姓"[12],"犯者抵罪"[13]。但至金末,已有确凿的姓改为汉姓了。皇家的"完颜"改为姓"王",首当其冲。其他如乌古论改为姓商,纥石烈改为姓高,徒单改为姓杜等。另外还有吴、周、姚、马、陈等二十八种汉姓亦有女真族或其他少数民族渗入[14]。

金人不仅喜改为汉姓,而且多取汉族人的名、字。即在原有的女真名之外,再来一个汉族人的名。如金太祖本名阿固达,又名旻;金太宗本名乌奇迈,又名晟,皇族如乌页又名勖,舍音又名杲,隆哈又名思敬等,百姓亦如此。这种"一人二名"的使用场合是不同的,女真名用于称呼,而汉名则用于诏、令、章、奏等官方文件之中,由此看来,此时汉族文化已在其上层建筑领域占了主导地位,而其原有的文化只是从属性的了。

元代是蒙古族贵族当权。跟以前当政的少数民族如五代十国、辽、金等不同,元代统治者汉化程度不深,文化发展也较低级,因而与汉族文化接触之初发生过较明显的冲突。元初保守势力一度占了上风,奉行"马上得天下,马上治天下"的政策,将国人分为四等:蒙古人地位最高,色目人次之,汉人(北方汉人,包括契丹、高丽、女真等族)再次,南人(南宋汉人)地位最低。在官府机构中,蒙古、色目人均据要津,掌管大权,汉人少有为高官者,多为无实权的闲职。这种民族冲突反映在人名系统中,更是不少,汉人为改变其地位低下的状况纷纷改为蒙古人名。清代史学家赵翼《廿二史札记》说:"元时汉人多作蒙古名者,如贾塔尔珲,本冀州人;张巴图,本平昌人;刘哈喇布哈,本江西人;杨朵尔济,及迈里古思,皆宁夏人;崔彧宏州人,而小字拜帖木儿;贾塔尔珲之孙,又名六十一;高寅子名塔头不花,皆习蒙古俗也。"元统治者对有功之人也多赐以蒙古之姓名。如元太祖赐张荣为"兀速赤",赐刘敏为"玉出干"等。至于不入仕的平民百姓,元朝也有规定:"庶民无职者,不许取名,止以行弟,及父母年齿,合计为名"[15]如六十七、七十一、八十六之类的名字。肖遥天先生曾以自家族谱世系证明此说可信[16]。

随着文化接触的深入,汉族文化的优越性越来越突出。至元代中后期,蒙古统治者已改用汉法治国。与之相应的是,蒙古人、色目人反过来均以改为汉人姓名为风尚。《元史·赵世延传》:"赵世延,字子敬,其先雍古族人。"赵翼《陔余丛考》云:"察罕帖木儿,系出北庭,以祖父家于颍州,遂姓李,字庭瑞。丁鹤年,本西域人,以其父职马禄丁为武昌达鲁花赤,遂以丁为姓,而名鹤年。"又如元代文学家贯云石,为元代大将、色目人阿里海牙之孙等等。从人名系统的这种演变现象中,我们可以清楚地看到元代文化交融的发展脉络。

再看看清代,其同汉族文化的关系与元代时颇为相似。清初的疆域远比宋、明为大,有十八省号中国本部,设立道、府、州、县,这些地方的居民均以汉族人为主。但在满人的发祥地——广漠的东北原野上,却一直实行着"八旗制"。并严禁汉人入关,出入山海关须持朝廷所发的文票。因而清代东北开发甚迟,直至光绪年间才开禁。统治者深怕其后院为汉族文化渗入,竟采用如此封闭的政治策略来防止,文化冲突可见一斑。但事实上,在清朝中晚期,汉族文化的影响已使诸多八旗子弟同化。这在人名中可以看出,满族人多音节的姓大多改为汉族人的单音节姓。据谱书记载,改姓的有:索绰罗——曹,完颜——王或汪,萨嘛喇——蔡,伊尔根觉罗——赵,瓜尔佳——关,叶赫那拉——叶或那,喜塔拉——齐,萨各达——罗,赫舍哩——赫或康或张。清皇室的姓爱新觉罗亦有人改为"金"姓。不仅改姓,而且名字也同汉族人一样,字号齐全,讲究风雅。满族著名作家老舍在自传体小说《正红旗下》中真实地描绘了清末这一独特的社会现象:"在那年月,旗人越希望永远做旗人,子孙万代,可也越爱模仿汉人。最初高级知识分子,在名字而外,还要起个字雅音美的号,慢慢地,连参领佐领们也都有名有号,十分风雅。到我出世的时候(老舍生于1899年,笔者注),连原来被称为海二哥和恩四爷的旗兵或白丁,也都什么臣或什么甫起来。"由人名系统的这种变迁,我们可以看到满汉文化交融的一个侧面。

五 "五四"至现代

清末鸦片战争之后,帝国主义列强用炮舰轰开了中国"闭关自守"的大门,西方近代社会的文明和资产阶级思潮随着入侵者的马蹄声一齐涌入古老的神州大地。传统的汉族族文化在血与火的洗礼中,在与外来文化的激烈冲突中阵痛、裂变,又发生了崭新的变化。这以"五四"新文化运动的爆发为最主要的标志。明末以后,由于清政府的闭关政策和极端的政治高压以及中国封建制度内部的超稳定结构,使得中国文化逐渐处于停滞状态,加大了与西方化的差距。西方列强的侵入,一方面加剧了中国人民的灾难,另一方面客观上也为中国文化的发展提供了新的参照系和新的契机。由于东西方文化的差异和不平衡,"五四"前后曾发生过激烈的文化论争。当时大多数人痛感中国之落后,力主引入德先生(民主)和赛先生(科学),实行改革,使中国强盛起来。因而多对西方文化怀有好感,而抨击汉族文化几千年来的封建礼教。这种文化现象在人名系统中是留下了痕迹的。

其一,在人名原有的浓厚的礼教色彩之中,西方文化的一些思想、观念也被反映出来。如"五四"以后常能见到一些知识分子以"乔治、约瑟、约翰、玛丽"等为名的。曹禺的话剧《日出》中有一个留学国外的阔少:"在国内叫张乔治,在国外叫乔治张。"罗常培先生在《语言与文化》一书中曾提到20世纪40年代体育界有符保卢、马约翰,学术界有洪煨莲、赵萝蕤,昆明西南联大有马宝莲、陈彼得等人,其名都明显地受西方基督教的影响。如赫胥黎的《天演论》经严复翻译介绍进中国之后,其"物竞天择,适者生存"的进化论观点正契合当时激进的、切望中国强大的青年知识分子的思想,为他们所津津乐道。因而有李天择、张竞生之类的名,亦有秋瑾字竞雄,陈炯明字竞存之类的字,胡适原名胡嗣穈,也受其影响,改名为"适",字"适之"等。

其二,汉族人名的结构发生了一些变化。传统的汉族人名重视姓氏,名、字、号齐全,但"五四"以后,这种结构受到了冲击。首先是历来所重视的姓氏已成为一种纯粹的符号。人们改姓,随母姓,甚至不要姓的现象屡见不鲜。如一些作家取代了本来姓名而名世的笔名,曹禺原姓"万",改为姓"曹";鲁迅原姓"周",从母姓"鲁",老舍原姓舒,笔名中则没有了姓等。其次在名方面,三四十年代以后,传统的名、字并存现象已不多见,另取别号的做法也大为减少,但出现了一种新的现象:笔名盛行。"五四"以后的中国作家大都有笔名,不少人以笔名传世,如鲁迅、茅盾、老舍、巴金、曹禺等。还有的人的笔名多达一百多个,如果说三四十年代取笔名还有政治环境的原因,那么,当今文人也喜欢用笔名,则只能是风尚的变迁了。究其实,这与东西方文化交流的关系非常密切。

其三,人名系统中的一些文化内涵发生了变化。最引人注意的是:历时数千年之久的避讳制度被革除了。随着闭关锁国的政策被打破,西方社会"人为本、名为用"的价值观念给汉族文化传统的"重名分、讲人伦"的封建避讳制以很大冲击。清末最后一个皇帝溥仪在位时，还曾有人避其名讳，如后来出任过袁世凯内阁总理的唐绍仪，一度改"仪"为"怡"。辛亥革命推翻了中国历史上最后一个封建王朝，在历史前进的车轮和西方文化浪潮的夹击之下，延绵数千年的避讳制终于土崩瓦解，被扫进了历史的垃圾堆。这是现代汉族人名系统发展的一个重大进步。而且，随着东西方文化的进一步交融，我国人民对尊者长者之名的处理方式也更进了一步：同西方一样，尊者之名不仅不再避讳，而常用于命名其他事物，以示纪念和敬重。最突出的是以孙中山先生的名字来命名，几乎各大城市都能找到以"中山"命名的街道、公园及建筑物等；广东省还有中山市、中山大学。其他如革命战争年代为纪念牺牲的烈士而命名的公略县、左权县、志丹县、子长县、存瑞中学等；新中国成立后的毛泽东号、周恩来号、朱德号机车组、鲁迅公园、树人大学、包兆龙图书馆等等，亦是此类例子。汉族人名系统这种新的价值观明显地受西方文化的影响，很好地反映了不同文化之间的交融。

需要指出的是：在现代文化的交流之中，汉民族文化也给他族人产生了较大的影响。特别是近十多年来，我国改革开放，博采众长，各种文化间的交融比以往任何时候都更加频繁和密切。外来文化对当今中国发生着影响，中国传统文化也同样影响着其他国家和民族。从人名中可以看到这种双向影响的现实。一方面，我国近来出现了一些诸如"纪因斯坦、殷悦笑子"之类的洋化人名，另一方面，在中国留学的众多外国学生大都有中国名字。1987年第二届外国友人唱中国歌上海赛区15名参加决赛的选手中，除日本人以外，美国、苏联、比利时、加拿大、苏丹、印度、尼泊尔等国选手都有中国名字。那些对中国传统文化有较深刻了解的汉学家更是如此。如瑞典汉学家 Bernhard karlgren 的汉名为"高本汉",德国语言学家 Gunnal Richter 博士的汉名为"吕昆纳",英国语言学家 M. A. K. Halliday 取汉名为"韩礼德"寓"礼仪道德"之义,而不愿人们按其音译叫他"哈里迪"(他本人曾明确发表过这种意见)。由此可见当今社会文化交融的某些新特点。要准确预测这种交融的最后结果尚需时间,但两点是可以肯定的:任何文化都是在同其他文化的交融中更新、发展的;任何有悠久历史、深刻内涵的文化都是有生命力的,是不会轻易被异族文化所同化的,甚至表层形态的变更都不容易。如汉族人名的姓前名后结构与西方人名的名前姓后结构,就难以达到同化、统一。透过表层形态看深层内涵就更加如此。

综观汉族人名系统中所反映的文化冲突与交融,我们至少可以得到三点认识:

1. 人名,作为民族文化的物质载体和"活化石",蕴涵了丰富的文化信息和密码。从不同角度发掘人名的文化内涵,是有益的,也是大有可为的。

2. 在人类文化的交融之中,发展水平较低的文化总是趋近于被发展水平高的文化所融合、所同化。这是不同文化之间交流的一条主要的内在规律。有的时候,这种规律可能暂时为外界因素所干扰,如统治阶级的政治干预、血腥镇压等,但这终究只是外因,并不能够最后决定文化交融的走向。从汉族人名系统演变所反映的文化融合来看,不论是"五胡乱华""五代十国",还是辽金元清的政治高压,都不能阻止这种文化融合的必然发展趋势。

3. 同其他民族文化一样,汉族文化也是在同诸多民族文化的冲突交融中继承、扬弃并进而得到充实和发展的。从上古到现代，汉民族文化同其他文化的交融一直没有间歇过。

注释

[1] 罗常培《语言与文化》，国立北京大学出版社(1950)；吕叔湘《南北朝人名与佛教》，载《中国语文》1988年第4期。

[2] 笔者有关人名文化的论文为：《人名与文化》，载《中国语文天地》1988年第4期；《汉族人名与汉民族文化》，载《语言的文化视界——中国文化语言学论文集》，上海三联书店(1990)；《人名系统的社会语言学研究》，载《语言·社会·文化》(全国首届社会语言学讨论会论文集)，语文出版社(1990)。

[3] 有关汉族人名系统的文化内涵，可参上举拙文。

[4] 《论语·八佾》。

[5][16] 具体例子可参肖遥天《中国人名的研究》，国际文化出版公司(1987)。

[6] 《礼记·中庸》。

[7] 秦以前的姓、氏并不相同，姓从母系，一直不变，氏是分封制的产物，"一传而变也"。可参拙文《汉族人名与汉民族文化》。

[8] 周代以前的避讳源于原始的"名字拜物教"，周代的避讳则仅限于"讳事神"，尚不严格。与秦以后的"为尊者讳"的内容、性质不完全一样。

[9] 《通鉴》第一百四十卷。

[10] 《新唐书·柳冲传》。

[11] 《魏书·高祖纪》。

[12] 《金史》卷七，《世宗纪中》。

[13] 《金史》卷八，《世宗纪下》。

[14] 陈述《金史拾补五种》，科学出版社(1960)。

[15] 俞樾《春在堂笔记》。

(原载于《浙江教育学院学报》1990年第2期)

从浙南地名看温州的移民文化

温州地处浙江南部,下辖瑞安、乐清两市及永嘉、平阳、苍南、洞头、文成、泰顺六县。春秋战国时期,温州就居住着"瓯越之民"《史记·赵世家》描写他们是"剪发文身,错臂左衽"。在温州历史上,这些"瓯越之民"经历过几次大的人口迁徙,迁徙有的在本民族之间进行,我们姑且称之为"族内迁徙",有的在不同的民族之间进行,往往是从一个民族聚居地,迁徙到另一个民族的聚居地,这种迁徙我们称之为"族际迁徙"。漫长的岁月,众多的迁徙,形成了温州历史文化的一个重要特征——移民文化。

不同地区人口的迁徙,不同民族的交往接触,常常造成语言、文化的碰撞融合,它往往在地名上留下深深的痕迹。通过对地名类型的分析,对地名的构成材料和地名构词法的考察,可以折射出迁徙的原因、心态及民俗,印证人口迁徙的路线与及民族融合的状况。

一 从浙南人口迁徙后形成的地名类型看温州的移民文化

温州历史上由于人口迁徙,使得不同语言相互接触和相互影响,产生的许多各具特色的地名,这些地名有各种各样的类型。我们分两部分来分析：

(一)"族内迁徙"形成的地名类型

1.1 把原驻地的地名原封不动带到新驻地来,来命名新地名。这地名就成为古代人口迁徙最明显的踪迹。此类地名在温州地名中很多。

如瑞安市有:"长山村""南镇""三大亩"等地名。"长山村":据《郑氏宗谱》载,明代郑姓从乐清常山迁此,以其原籍地名村,称"常山村"。后谐音改今名。"南镇":据《缪氏族谱》载,其先祖于宋乾道间自福建南镇迁此始居,以不忘故地,故名。"三大亩":据《谢氏宗谱》载,清康熙年间谢姓自平阳江南三大庙地方徙居于此,为怀念故地,遂称"三大庙"。后谐音改今名。此外还有"温州厝""温州寨""温州寨顶"等,祖先均从温州市区迁来。

又如平阳县有"麻园村""铁场村""桐桥村"等。麻园村:当地《郑氏宗谱》载,明末,郑氏祖先从乐清柳市的象山麻园迁此居住,此地故名麻园。铁场村:林氏从小南乡墨城铁场移居此地。以原籍地名命名,沿用至今。桐桥村:当地《白氏宗谱》载,清康熙年间,万全乡童桥村白氏在此建墓,其后人又迁此成村。为纪念祖籍,取名"童桥村"。后谐音改为"桐桥村"。

1.2 把原驻地的地名通过压缩,作为专名,加上一个通名构成一个新地名,原地名曲折地保留在新地名中。

如平阳有"梅村巷""大文厂""金塆厂""陈畚""南陀岭"等地名。梅村巷:因巷内大部分居民从梅源迁来。大文厂:《黄氏宗谱》载,清康熙戊辰年,其祖先从驷马、大份头来此牧牛,盖茅屋栖身,故名大份厂,因方言谐音,写成"大文厂"。金塆厂:其祖先自腾蛟金塆来此盖茅舍栖身。故名金塆厂。陈岙:当地《马氏宗谱》载,马氏祖先为陕西(古为秦地)平凉县人,于明崇祯己亥年迁此,"秦""陈"同音,遂称陈岙。南陀岭:腾蛟乡南陀村孙氏建墓于此。并筑石道通向山下,故名南陀岭。

又如瑞安有"黄林""桐星"等地名。黄林:第一代村民从青田县黄砚地方迁入,以不忘故地称"黄村"。后因村中枫树成林,改为"黄林"。桐星:1965年因桐溪水库出险,桐溪村部分村民移此建村,取名桐星。

1.3 把原驻地的地名通过压缩,成为一个语素,加上一个表示心理或有一定寓意的语素,再加上一个通名,组成一个新的地名。

如瑞安有"陈思田"、"肇平垟"等地名。陈思田:村民都从陈岙徙居,境内稻田多属陈岙陈姓所有。"思"意含怀念思念,故名。肇平垟:清初,祖上由平阳迁此,寓肇始之意,故名。

1.4 以新驻地的环境命名

如平阳有"上岙""上坦""雅屿""上坎头""士头山""沿口""前堡"等地名。上岙:当地《孙氏宗谱》载,明正统年间,孔氏自山东曲阜迁此始居。村庄三面环山,处于岙门最上端,故名上岙。上坦:当地《蔡氏宗谱》载,宋仁宗天圣二年(1024年),蔡姓由闽蒲田迁此定居。因北面有一片平坦高地,村名俗称上坦。雅屿:陈氏祖先自闽长溪赤岸迁此成村。此地原为岛屿,林茂景美,故名雅屿。上坎头:当地《赵氏宗谱》载,其祖先于清康熙七年(1668年),自乐清迁居此处。因村处东面龙凤山山脉一段高坎之上,故称上坎头。

士头山:陈氏从灵溪繁枝迁此成村。因村位于"士"字形三座山峦之间的小平原,故名士头山。沿口:地处鳌江中游沿岸的东坑山岙口,故称沿口。前堡:当地《周氏宗谱》载,清康熙间,周姓祖辈从北港迁居此地。因村庄四面环河,形似元宝,取村名为"元宝"。又因方言谐音,演为前堡。

1.5 以姓氏或祖先的名字作为语素,加上通名或方位词,构成新地名来命名新驻地。

如瑞安有"薛里""贾岙""翁山"等地名。薛里:为薛氏(福州人),从福建迁到温州市区,再迁到瑞安,故名"薛里"。贾岙:始迁祖贾仁三,福建仁溪人,宋乾德间任黄岩尉,后卜居乐清龙门山麓,以姓氏命名"贾岙"。翁山:始迁祖翁神安,原籍福鼎,于宋乾德二年访伯父至瑞安未遂,逾数岭到泰顺定居,新居地命名为"翁山"。

又如平阳有"杨光龙""徐家站"等地名。杨光龙:杨氏祖先杨光,从闽泉州迁此定居。茅舍建在山腰上,周围山形似龙,故名杨光龙,沿用至今。徐家站:徐氏家族从闽迁此,村名遂为徐家站。

此类地名很多,如"包宅""蔡宅""李家村""蒋家桥"等。我们在"地名与宗族文化"里将作详细分析,这里不赘。

此外,还有以迁徙时的某些特定的事件命名的。如瑞安的"里北垟":据《李氏宗谱》载,始祖德兴随父璞山于宋淳熙年间从永嘉楠溪迁此,是年适父子同游泮水,遂以姓与泮名其地,为"李泮垟",后谐变为"里北垟"。"盘台角":始居者陈、木两姓,曾一再择地而迁,搬迁至此,可说是搬到角落了,故曾名"搬到角",谐音改为今名。

这一类由"族内迁徙"形成的地名在浙南大量存在,有力地证明了温州历史文化的一个重要特征——移民文化。

(二)"族际迁徙"形成的地名类型

这类地名主要是以方言词为专名或通名,构成具有浓郁民族色彩和地域色彩的地名。

2.1 以"寮"等构成的畲语地名

我们以畲族为例:浙南各县,尤其是山区县,都有畲族居住。畲族是古老的民族。"畲"字来历甚古,《易·无妄》有"不菑畲"句。《诗·周颂·臣工》:"亦又何求? 如何新畲。"毛传:"田,二岁曰新,三岁曰畲。"畲又指焚烧田地里的草木,用草木灰作肥料的原始耕作方式。唐元结《谢上表》:"臣见招辑流亡,率劝贫弱,保守城邑,畲种山林,冀望秋后少可全活。"畲族,也称"畲民",因从事畲耕(即刀耕火种),故名。畲族自称"山哈","山哈"即"山客",意为居住在山上的人。畲族古时分布在今闽、粤、赣、浙四省的山区。南宋·刘克庄《漳州谕畲》:"畲民不悦(役),畲田不税,由来久矣。"

那么,畲族的语言又是如何的呢? 我们认为在唐之前,居住在闽、粤、赣交界处的畲族先民肯定在使用一种语言,这种语言就是古畲语。它应该融合了许多古汉语词汇。据史书记载,汉朝统一过这一带。唐代开元年间,唐王朝为镇压闽、粤的畲族,便派唐将陈元光父子为首的 123 名将领,58 姓军校带领近万人的中原队伍进入闽粤地区,这些都对畲语产生了很大的影响,促使畲语吸收古汉语成分。另一方面是客家话对畲语的影响。客家先民从东晋开始,分五次由中原南迁,部分客家人与畲民杂居,这不能不对畲语产生影响。据施联朱教授主编的《畲族简史》和蒋炳钊教授的《畲族史稿》研究认定,畲族离开凤凰山到闽东、浙南定居,是从南宋到明代时期(公元1127—1644年)。在这个时期内,畲族先民与客家先民经历了一个长期杂居阶段。在这个阶段中客家先民的进入,不是强制同化,而是畲族先民与客家先民心理上的隔阂更少,语言上的交流更顺畅,相互吸收进的各自原有语言中的词汇相当多。这时的畲族先民操的是古畲语,客家先民操的应是中原古汉语加进沿途迁徙吸进汉语方言而产生的次古汉语。按《畲语简志》所言,在这个阶段中,畲族先民是放弃了畲语而使用客家语,雷先根认为应该说是畲族和客家人在互相学习中,古畲语进一步吸收了客家先民带来次古汉语,客家语也进一步吸收了当地的古畲语。黄家教、李新魁于1963年在《潮安畲话概论》中认为:畲语"至少在宋元时代便开始向汉语靠拢"。第三方面是迁徙到浙南温州各县的畲语受到浙南瓯语和闽南话的影响,这在地名中都留下了痕迹。常见的有下面几类:

2.1.1 以畲语"寮"为通名组成的地名。浙江省景宁《畲族志》第81页载:"房子畲语称'寮'。"畲族山歌里唱道:"今日寮里起身来。"早期畲民生产力落后,过着刀耕火种、游移不定的农业生活。他们大多数"结庐山谷,诛茅为瓦,编竹为篱,伐荻为户牖"。这种房子畲民称"草寮"。它在浙南农村,尤其是山区普遍存在,因此,温州地名中以"寮"为通名组成的地名很多。如:

下黄寮、上寮村、寮后、寮山、寮下、长岭寮、白玉寮、外寮、底寮、上豹寮、杨寮、田寮、坟头寮、吴寮、东家寮、罗家寮、茶寮弯、上寮峰、茶寮、寮后、下寮、三寮、石寮。寮坑村、朱寮、银寮、大寮后、外寮、地寮、宏寮、香菇寮、鸭母寮等。

2.1.2 直接以"畲"或畲族的"盘、蓝、雷、钟"四姓命名的。温州有:"李家畲""畲龙行政村""畲屋""桐畲""下畲""梨畲""彭畲"等地名。此外平阳有一个"国宋村",当地《雷氏宗谱》载,清乾隆十二年,畲族雷国宋迁居此地。雷氏后裔为纪念祖先,即以国宋为村名。

2.2 以"老鸦"等构成的客家地名

据史料记载,客家先民原是黄河、江淮流域的汉人,由于战乱、饥荒等原因,从唐末宋初开始大量辗转南迁。起初,大批客家先民进入畲族居住的赣闽粤三省交界处,他们与原先居住在这里的畲民杂居,"共处"时间长达400多年。在这漫长的时间里,客家人和畲人共同劳作、共同生活。势必在语言上也相互影响、共同融合。从而使客家语中融入古畲语成分,畲语里有客家话成分。正如游文良先生指出的那样:"今天,99%畲族所使用的现代畲语是有古畲语成分、汉语客家方言成分和畲族居住地汉语方言成分三结合组成的;而现代汉语客家方言中那些不是来源于古汉语的词语中很多是古畲语融入的。这就是畲族语言和汉语客家方言历史上的相互关系和现在两族语言的基本事实。"[1]客家话对温州话的影响主要是通过融入畲语,间接作用于温州话。此外,还有一个途径是直接作用。据史料记载,从五代开始,1000多年间,就有大批的中原人,或经过江西,或经过福建等地,或直接进入温州,到楠溪江流域等地。他们许多是客家人。他们自然而然地使用他们所使用的、熟悉的语言来命名地名。这样温州地名中就有了客家话成分。

老鸦：客家人称"乌鸦"为"老鸦"。温州地名里有"老鸦坑、老鸦窝、老鸦尾、老乌嘴（老鸦、老乌：瓯语音近，指乌鸦）"等地名。

担：客家话是"挑"的意思。温州有"担水山、担水山前、担水礁、串担山"等地名。其中"担水"就是"挑水"的意思。

背：是客家方言的方位词，相当于普通话的"面"。温州地名有"后背山、后背门、后背厂"等。

此外，还有以客家词汇"灶、镬、甑"等构成的地名。[2]

2.3 以"厝"等构成的闽语地名

如：闽语"厝"（房子）为通名组成的地名。如：

萧厝、温厝、大厝基、老厝、外新厝、张唐厝、朱厝、朝西厝、老厝、厝基、陈厝、温州厝。

此外，还有以闽语词汇"岐、漈、模"等构成的地名。[3] 这类地名往往出现在福建移民的居住地。

2.4 以"栏"等组成的古越语地名

温州地名中有"牛栏坑""羊栏坳""牛栏塘""牛栏汪""牛栏岗""牛栏断""仙牛栏""栏巷"等。

据《方言与中国文化》介绍，壮侗语系称"屋"、"家"为"栏"，房屋用竖立的木桩为底架，建成高出地面的一种房屋，屋内住人，屋下空间养畜，南方自古就有，我国南方出土文物，如云南晋宁石寨山青铜器上的建筑模型，两广、湖南、贵州汉墓中随葬的"干栏"明器，以及早在江西新石器时代遗址中的陶屋，都是"干栏"式建筑。"干栏"虽不是汉语词，而浙南瓯语没把房屋说为"栏"，但牲畜住所仍沿称"栏",如"牛栏"、"猪栏"。这是因为西晋之后,大量的中原人进入东瓯,原来居住在东瓯的部分土著人即古越人开始南迁,进入福建、广东以至越南的北部及附近岛屿,成了闽越、南越、骆越等,称之为"百越"。而"栏"是瓯语的底层词,跟壮侗语同源。温州地名中这类古越语地名并不罕见。[4]

二 从浙南地名的构成材料看温州的移民文化

(一)地名反映了移民的心态

迁徙后的新地名首先反映了人们对故土的眷念。上文提到的1.1、1.2、1.3类均带有故土的地名,用意是使这些移民不忘故土。尤其是第1.3类地名,如"陈思田"是从陈岙迁出来的。以"思"直接表明对故土的思念。

第二,反映了人们对新生活的期盼。如瑞安地名"肇平垟",祖上由平阳迁此,寓肇始之意。迁徙总是迫不得已的,被认为是"背井离乡",到了一个新的居住地,一切都从头开始,新的生活也从头开始。

第三,新地名反映了人们对居住环境的重视。居住环境对处于自给自足的自然经济之下的农业生产和生活的人们是非常重要的。土地、水源、山林等是人们生存的先决条件。如1.4类"上岙"、"上坦"中"岙"是山间平地,"坦"也是平地。"雅屿"主要指树林美。"沿口"表明靠近水源。

第四,地名反映了人们对祖先的崇敬心理。如1.5直接以祖先姓名命名,表明了祖先创业不易,以姓氏命名表明了对祖先的怀念、敬重、崇拜。

(二)地名里反映了民族的历史和民俗

我们还是以畲族为例:

畲族史诗《高皇歌》记载了上古时代,祖先盘瓠征服犬戎,与高辛皇帝的三公主结婚,后弃官入凤凰山居住,生下三男一女,三子分别姓盘、蓝、雷,女儿招婿姓钟。畲歌唱道:"祖宗落担凤凰山,做天做地做世界,青山绿水做衫着,溪河流水做琴弹。"在《高皇歌》中有"送落凤凰大山宫""送落潮州凤凰村""凤凰山头一块云""凤凰山上鸟兽多""凤凰山上实在闲"等句子。畲民把始祖居住的地方称"凤凰山"。在凤凰山繁衍了四姓族人,后因外族入侵和民族压迫而被迫外迁,其中一部分迁到浙南各县。

畲族尊三公主为"凤凰神",畲族妇女普遍穿"凤凰装"。"凤凰装"别具特色:畲族妇女用红头绳扎头发,盘在头上,高高隆起,像凤凰头,叫"凤凰髻";在上衣上刺绣着大红、桃红夹着黄色的花纹,镶绣着金丝银线的花边,象征着凤凰的颈和羽毛;围兜上也绣着五彩的花纹,象征着凤凰的腹部;身后两条绣花的飘带,象征着美丽的凤尾,各种颜色的脚绑和绣花鞋,象征着凤凰的脚爪;周身佩挂着叮当作响的银饰品,象征凤凰的鸣啭。《后汉书·南蛮传》记载的"好五色衣服"。《桂海志续》记载的"女则用五采缯帛缀于两袖"。指的就是"凤凰装"。姑娘出嫁时,还要戴"凤凰冠"。有的凤凰冠还饰有雕刻吉祥图案的银片、银牌,非常昂贵。像这样的凤凰装、凤凰冠常常在婚礼上穿戴一次便收于箱底,等到亡故时再用来穿戴入葬。

婚礼的厅堂上常有"凤凰到此"、"凤凰来仪"的红联,婚宴中有"取凤凰蛋"的歌舞节目。畲族"赤郎"(迎亲伯)常在婚宴上唱这样的畲歌:

> 一心要去凤凰山,凤凰山上客聊坪,
>
> 凤凰山上出凤凰,凤凰贵子进京城。
>
> 凤凰是凤凰,凤凰生蛋四角方,
>
> 凤凰生下凤凰蛋,凤凰蛋献状元郎。

短短八句畲歌,"凤凰"一词竟出现了十次。可见"凤凰"是畲族的崇拜对象,是吉祥的象征。这在地名中也有所体现。畲族居住的地方,地名常带"凤凰"或"凤"字。如平阳有"凤卧乡"原名"凤翔"。因闽语"翔""卧"谐音,故演变为"凤卧"。平阳还有"朝阳乡"是畲族聚居地,现有畲民756人,取"丹凤朝阳"之义。从一个侧面反映了畲族的这一信仰和民俗。此外,平阳还有"凤口""凤头""凤山""凤山头""水凤尾"等村名。瑞安以"凤凰"命名的地名只有"凤凰山"、"凤凰山礁"两个。永嘉有"凤岙村""凤岙尖""凤山村""凤凰寨""凤凰头"等。这些地名都从一个侧面反映了畲族的历史和风俗。

(三)地名印证了人口迁徙的线路

对于上文提到的"族内迁徙"形成的地名类型,如1.1—1.3用原地名来命名新驻地,我们只要把这些地名排列起来,逐一分析,考证其年代,当时迁徙的痕迹就会明朗起来。谭其骧的《晋永嘉丧乱后的民族迁徙》一文就是这样写成的。谭其骧是根据侨置郡县来判断民族迁徙。但温州没有侨置郡县,所用的故土地名都是小地名,但这种方法仍可使用。

另外,我们尝试用绘制地名同名线的方法来考察迁徙的路线,也是很有效的。据调查,以"寮"为通名组成的地名里,大多数历史上曾有畲民居住过,有些现在仍有畲族居住,如"外寮""宏寮""寮后"等。我们可以用有"寮""凤"等畲族特有的地名用词构成的地名,绘制地名同名线,根据同名线的走向及疏密程度等,从中我们就可以推断出畲族迁徙的路线及分布。

又如以"厝"字组成的地名,主要分布在沿海岛屿,并且按带状分布,从福建到苍南、平阳、瑞安,经洞头列岛,到达温岭的石塘附近。再往北就没有了。据说,从前有规定,福建人打鱼,北面以石塘为界,石塘以北是宁波人打鱼的区域,以南是福建人打鱼的区域。可见福建渔民北迁的路线的终点应是石塘。

三 通过对浙南地名构词法的分析,进一步印证民族间接触和民族融合的历史

(一)地名词中的后缀"仔、牯、娘",可能是畲族移民带来的畲语词,印证畲客汉民族的融合

1. 关于浙南地名的后缀

仔:浙南瓯语表示小称。温州带仔的地名很多。但市区不曾

见,主要分布在平阳、文成等地。如:"山头仔",因村处小山坡上,住户稀少。此外还有"溪兜仔、岭头仔、下垟仔、毛岩仔、山架仔、下垟仔、溪底仔、毛垟仔、前坪仔、半岭仔、竹垄仔、西山仔、坟前仔、后垄仔、长流仔、赤垟仔、鸟仔窝、坑仔头、坑仔内"等。

瓯语的后缀"仔"可能是畲语的借词。今畲语"仔"既指儿子、幼子,也作小称。如手指叫"手指仔"或"手仔"、"小猪"称"猪仔"、"小鸡"叫"鸡仔"。

2.关于浙南地名的类后缀

牯:动物名词带"牯"后缀,表示动物雄性的附加义。瓯语把"公猪"叫"猪牯",把"公牛"叫"牛牯"。温州带"牯"的地名有:

牛牯岭、黄牯袋、黄牯山(黄牯:公黄牛)等。

娘:动物名词带"娘"后缀,表示动物雌性的附加义。瓯语把"母鸡"叫"鸡娘"、"母猪"叫"猪娘"。"娘"甚至可以放在植物名词或其他事物后,如瓯语把"老姜"叫作"姜娘"、"大粽子"叫"粽娘"。温州带"娘"的地名有:

猪娘礁、猪娘峰、鸡母娘礁等。

瓯语的类后缀"牯"和"娘"也可能是畲语的借词。畲语动物名词带"牯"和"娘"后缀表示动物性别的附加义,其使用范围比瓯语广泛。瓯语只有"猪牯"、"牛牯"、"狗牯"等几个为数有限的词语。畲语除上述外还有"虎牯""山猪牯""鸭牯"等。还可以加在某些事物名词后,表示"大"的意思。如"斧头牯"(大斧头)"刀牯"(大刀)"锄头牯"(大锄头)"石牯"(大石头)等。甚至可以加在表示"人"的名词后,表示贬义。如"乞食牯"(乞丐)、"贼牯"(惯偷)。后缀"娘"也是如此。

(二)地名词中的不同语序,反映了部分古越人的迁徙路线

1. 在温州地名词的语法构造中,偏正结构的地名修饰语常常在中心词后面。

如:猪母头、猪母礁、猪母仔礁、猪娘礁、猪娘山、猪娘垟。

牛牯岭、黄牯袋、黄牯山、牛母礁。

鸡母岗、鸡母娘礁、鸭母寮(鸭母,指母鸭)。

表示性别雌雄的语素(修饰语)在温州地名里,经常处于被修饰成分(中心语)之后。这种语法现象跟侗壮语相似。

试比较下列一些壮侗语言的词语:

	菜刀	白菜	锅耳
壮语	mit$_{(8)}$ plak$_{(7)}$ 刀　　菜	plak$_{(7)}$ ha:u$_{(1)}$ 菜　　白	ɣɯ$_{(2)}$ ɣek$_{(7)}$ 耳　　锅
布依语	mit$_{(8)}$ zon$_{(5)}$ pi:k$_{(7)}$ 刀　切　菜	pi:k$_{(7)}$ ha:u$_{(1)}$ 菜　　白	zie$_{(2)}$ ca:u$_{(5)}$ 耳　　锅
临高语	mit$_{(8)}$ sak$_{(7)}$ 刀　　菜	sak$_{(7)}$ fiak$_{(8)}$ 菜　　白	sa$_{(1)}$ dou$_{(1)}$ 耳　　锅
侗语	mja$_{(4)}$ ma$_{(1)}$ 刀　　菜	ma$_{(1)}$ pa:k$_{(10)}$ 菜　　白	kha$_{(1)}$ ta:u$_{(1)}$ 耳　　锅
仫佬语	mit$_{(8)}$ tsjep$_{(8)}$ ma$_{(1)}$ 刀　切　菜		khɣa$_{(1)}$ chik$_{(7)}$ 耳　　锅
水语	mit$_{(8)}$ qat$_{(7)}$ ma$_{(1)}$ 刀　切　菜	ʔma$_{(1)}$ pa:k$_{(10)}$ 菜　　白	qha$_{(1)}$ tseŋ$_{(6)}$ 耳　　锅
毛难语	mit$_{(8)}$ tsat$_{(8)}$ /ma?$_{(1)}$ 刀　切　菜	ʔma$_{(1)}$ ka$_{t(7)}$ pok$_{(8)}$ 菜　　白	kha$_{(1)}$ chik$_{(7)}$ 耳　　锅

上列侗壮语词语的结构同温州地名一样,也是中心语成分在前,修饰成分在后。可见,温州地名还保留了少数古侗壮语的语法特点。这是古越语遗留的"底层语法"。

2.地名中有个汉语普通话中很罕见的特点,即单音方位词置于作中心语的名词前。这在温州地名里很普遍。如:

北山、西湾、西奓、西岸、外河、上垟、后源、西湖、后半垟、中央巷、前巷、下庄、前庄、底庄、上村、中村、下村、底村、前黄、东曹、上伊、上敖、前陈、后陈、前潘、后潘、西堡、西陵、上店、下铺、下店、下窑、上炉、外塘、后半屋。

这类语法现象跟畲语、侗壮语都很相似。如畲语"洞里""屋里"说"里洞""里寮"。它源于古越语,试比较下列壮侗语族语言的方位结构:

	桌子上		桌子下		房子前	
壮语	kɯn(2) 上	ta:I(2) 桌子	la(3) 下	ta:i(2) 桌子	na(3) 前	ɣa:n(2) 房子
布依语	kɯn(2) 上	ɕoŋ(2) 桌子	la(3) 下	ɕoŋ(2) 桌子	na(3) 前	za:n(2) 房子
临高语	bai(4) 上	bɔi(2) 桌子	dau(2) 下	hɔi(2) 桌子	na(3) 前	lan(2) 房子
傣西	nə(1) 上	tsɒ(3) 桌子	tai(3) 下	tsɒ(3) 桌子	pai(2) 前	hɣn(2) 房子
傣德	Lə(1) 上	phən(1) 桌子	tau(3) 下	phən(1) 桌子	pa(3) 前	la(3) hɣn(2) 房子
侗语	ʔu(1) 上	pi(2) pa:n(1) 桌子	te(3) 下	pi(2) pa:n(1) 桌子	qun(5) 前	ja:n(2) 房子
仫佬语	ʔu(1) 上	kon(2) 桌子	te(3) 下	kon(2) 桌子	kun(5) 前	hɣa:n(2) 房子

续表

	桌子上	桌子下	房子前
水语	ʔu(1) tjem(6) 上　桌子	te(3) tjem(6) 下　桌子	ʔna(3) ɣaːn(1) 前　房子
毛难语	ʔju(1) ceŋ(6) 上　桌子	kha(3) ceŋ(6) 下　桌子	na(3) jaːn(1) 前　房子
黎语	teɯ(1) tsho(1) 上　桌子	fou(3) tsho(1) 下　桌子	daŋ(1) pioŋ(3) 前　房子

	房子后	心里	房子外
壮语	laŋ(1) ɣaːn(2) 后　房子	daɯ(1) sim(1) 里　心	ɣoːk(8) ɣaːn(2) 外　房子
布依语	paːi(6) laŋ(1) zaːn(1) 后　房子	daɯ(1) sam(1) 里　心	zo(6) zaːn(1) 外　房子
临高语	lɔi(2) lan(2) 后　房子	da(3) tim(1) 里　心	lan(2) ŋuai(4) 房子　外
傣西	pai(2) lǎŋ(1) hɣn(2) 后　房子	nai(1) tsǎi(1) 里　心	nɒk(8) hɣn(2) 外　房子
傣德	pa(3) laŋ(1) hɣn(2) 后　房子	laɯ(2) tsaɯ(6) 里　心	pa(3) lɒk(8) hɣn(2) 外　房子
侗语	lən(2) jaːn(2) 后　房子	qaːu(4) səm(1) 里　心	nuk(9) jaːn(2) 外　房子
仫佬语	lən(2) hɣaːn(1) 后　房子	ho(3) təm(1) 里　心	ʔuk(7) hɣaːn(2) 外　房子
水语	lən(2) ɣaːn(1) 后　房子	ʔaːu(3) loŋ(2) 里　心	ʔnuk(7) ɣaːn(2) 外　房子
毛难语	lən(2) jaːn(1) 后　房子	jaːu(3) səm(1) 里　心	ʔnuk(7) jaːn(1) 外　房子
黎语	tshei(1) ploŋ(3) 后　房子	huɯːk(7) 心里	zuːn(1) ploŋ(2) 外　房子

据上表壮侗语族语言方位结构的词序,可以判断温州地名方位结构的特殊词序跟古壮侗语同源,也是古越语保留在温州地名里的"底层语法"。

浙南地名词的语序不同于普通话语序的原因是瓯语语法来源复杂:有来源于与侗壮语同源的古越语,有来源于畲语,其原因在于:

温州古为瓯地,"瓯"指瓯越,是越族的一支。战国时属越。秦汉时分布在今浙江南部瓯江流域。当时古越人所操的语言应是南方的土著语——古越语,但越语已消失,古越语是什么样子的?我们无法知道。然而我们知道汉朝,大量越人避居山中,成为"山越"。西晋之后,大量的中原人进入东瓯(即现在的温州),原来居住在东瓯的部分古越人开始南迁,进入福建、广东以至越南的北部及附近岛屿,成了闽越、南越、骆越等,称之为"百越"。也就是南方少数民族的祖先。而古百越民族的语言发展到现代,就是侗壮语族各语言。浙南地名中有些特殊的语法现象,我们现在很难解释,但如果我们把它们与壮侗语进行比较,发现这些语法可以在壮语或侗语等壮侗语族中找到相似的现象。我们称为"底层语法",这些语法可能是古越族居民遗留下来的,它可以印证部分古越人的迁徙路线。

(三)不同方言语法的同时存在及"架床叠屋"的造词法,反映了民族的融合

请看下面两组地名:

A.猪母头、猪母礁、猪母仔礁、牛母礁、鸡母岗、鸭母寮(猪母、

牛母、鸡母、鸭母,闽语分别指母猪、母牛、母鸡、母鸭)。

B. 猪娘礁、猪娘垟、牛牯岭、黄牯袋、黄牯山、鸡母娘礁(猪娘、牛牯、黄牯、鸡母娘,浙南瓯语分别指母猪、公牛、公黄牛、母鸡)。

虽然表示性别雌雄的语素在闽语和浙南瓯语里,经常处于被修饰成分之后,但二者所选用的语素不同。这两组地名常出现在同一县市,表明了语言的互相影响,反映了民族的融合。

还有同一地名中多种语言成分的重合也反映了民族的融合。

如"草寮厝"中的"寮"是畲语成分,表"房子"义。但"厝"是闽语,也表"房子",闽方言称房子为"厝",建房子叫"起厝",房租叫"厝税",屋顶叫"厝盖"。闽语的"厝",就是畲语的"寮",也就是瓯语的"屋"。"草寮厝"是畲语受到闽语的影响而形成的"架床叠屋"的造词法,这也反映了民族的融合。

总之,人口的迁徙必然会带来语言的碰撞、渗透,民族的接触、融合。它往往在地名中留下印迹。人们可以在这些地名中考察和印证人口迁徙的历史;印证民族间接触和民族融合的历史。正如 L. R. Palmer 在《Modern Linguistics》中所说的那样:"地名的研究实在是语言学家最引人入胜的事业之一。因为他们时常供给重要的证据,可以补充和证实历史学家和考古学家的话。"

注释

[1] 参见游文良《畲族语言》,福建人民出版社 2002 年第 1 版,第 520 页。
[2][3][4] 参见盛爱平《温州地名词的语源及历史层次》,载《语文研究》2004 年第 3 期。

(原载于《民族语文》2005 年第 4 期,与盛爱萍合作)

国家语言教育政策：
母语教育与英语学习

任何一个民族都有自己的语言,是之谓母语。母语是民族文化的表现形式和精神载体。中国是一个多民族国家,不同民族的母语都是在本民族的发展过程中得以丰富,也为本民族的兴盛做过贡献。其中汉语更具有源远流长的历史和灿烂辉煌的传统,尤其是值得我们骄傲和珍视的瑰宝。毫无疑问,汉语作为十几亿汉族人民的母语在当代中国社会正发挥着越来越大的作用,而且随着综合国力的强盛它在世界上的地位和影响也越来越重要。不过,如果我们以实事求是的态度来具体分析,就会发现当今我们的母语教育方面也出现了不少问题,诸如母语教育与外语学习的问题、母语教育与对外汉语教学问题、母语教育与应用规范问题、母语教育中语言与文化的问题等,这些都是涉及国家语言教育政策方面的问题,值得语言学者加以认真的分析和研究。

本文主要讨论母语教育与外语学习(在当今中国表现为英语学习)的问题。

一

改革开放二十多年来，我国的语言生活发生了许多新的变化，其中一个最明显的表现便是对英语学习的重视以及由此带来的英语地位的显赫。有关教育部门对英语的学习强调自不待言，各级学校作为教学的实施主体，对英语教学则是不遗余力。全国各级各类学校约有3亿多学生学英语，英语学习的年龄在逐渐降低，城市从小学开始便有英语学习的要求，甚至在幼儿园也有所谓的"从娃娃抓起"的英语学前班。据有关资料，目前城市学英语的平均年龄为6岁，不少农村也在9岁左右。在中学阶段，学英语所用的时间已占一半以上。涉及千百万人的高考，英语的竞赛成绩享有加分的优惠。到了大学，英语学习的地位更是达到傲视他科的地步，英语课程作为必修课，通常占有20学分左右；大学英语四级、六级考试一度成为与学位证书密切挂钩的重要砝码。中国外语教育研究中心2004年10月曾对4000多名非英语专业的在校大学生做过一个调查，题目是：您在大学期间，花在英语上的时间有多少？结果显示，几乎全部的占19%，占大部分时间的为56%，正常学习时间的为16%，只有9%的人认为可以占用很少时间。[1]这个调查告诉我们，竟有四分之三的大学学子将大好的年华主要用于英语的学习！令人匪夷所思。与教育界英语学习热相呼应，社会上对英语的倚重也十分明显：在公务员等各类考试中英语作为必备项目具有不可动摇的地位，职务晋升也绕不开英语考试成绩这一关，即使是研究中国传统文化的专业人员，也必须过关。如此种种现象,被学术界有关人士直指为"英语霸权"。

相比之下,我们自己的母语教育的现状和地位则有每况愈下的趋势,令人担忧。改革开放之初吕叔湘先生的忧虑"十年的时间,二千七百多课时,用来学本国语文,却是大多数不过关,岂非咄咄怪事!"[2]过去二十多年了,并未得到根本改观,中小学语文教学中母语教育的偏差对一代青少年的影响相当深远。据调查,当今青少年母语的素质并不高,以2005年广东高考为例:语文作文题为《纪念》,尽管难度不大,在43万余份考卷中,真正好的文章属于凤毛麟角,50分以上的作文不足7%。关于母语基本知识和技能方面问题更大些,一道模仿造句题竟有10万多考生得0分,占到总考生的25%左右;古文翻译题得0分的有1万多份考卷,许多考生不懂律诗的颈联在什么位置,对现代文的修辞手法、表现手法和文句的含义不能准确把握。在大学,曾作为公共必修课程的"大学语文"早已淡出学生的视野,母语的学习既无评价标准更无实际效用,以至于北京师范大学教育学研究生开考汉语课程,也遭来种种议论。2005年复旦大学举行汉语言文字大赛,最后获胜的是外国留学生队,让人感慨万千。而在学术界,重英语轻汉语的现象还要严重。有学者曾经作过一项统计,在"社会・文化"(soc. culture.)网点下的120多个讨论本国文化的小组中,放弃本国文字而使用英文的以中国为甚。其中一个以对外汉语教学及汉语研究为主要内容的联网讨论组,本来天经地义应该使用汉语,然而多年来也一直是以英语为工作语言。2005年在上海举办的第四届全球华人物理学家大会,有500多名黄皮肤黑头发的学界精英出席大会。然而,大会从论文汇编到会议网站,从演讲到提问,甚至会场门口的指南,全是英文。有学者申请用汉语作报告竟然没有获得大会主办方的同意。只有诺贝尔奖得主美籍华人丁肇中教授,坚持以汉语作报告,成为唯一"反潮流"者。华人的专家学者在自己的国土上竟然不能讲母语,这种现象既是天下奇闻,又发人深省。

对上述种种现象,近年来讨论之声日益激烈,大多数人都忧心忡忡,大声疾呼。轻则说"英语学习挤压了母语教育",重则认为"英语霸权入侵汉语",呼吁要展开一场"母语保卫战"。英语学习果真与母语教育势如冰炭,不可调和吗?这的确是一个不容回避、必须讨论的现实问题,如何看待这个问题,需要用理性的态度来认真地分析。

二

对于母语教育与英语学习的关系,首先要放置在广阔的社会文化这个大背景中来讨论。从这个背景来看,母语教育与英语学习并存是必然的、必要的和必须的,也是进步的、具有积极意义的。社会语言学认为,语言与社会是共生共变的,语言现象反映的是社会现实。当今社会进入了一个全球化、信息化时代,民族之间、国与国之间的经济、政治、科技、文化各个领域全面深刻的交融与渗透史无前例。在这个大趋势中,语言的交流与融合首当其冲。英语学习成为教育热点和社会潮流,反映的正是这种开放的时代要求,是历史进步的表现。回想"文革"期间,会外语的人动辄被扣上"里通外国""帝国主义、修正主义特务"的帽子,社会上极端的颂扬语和恶狠狠的骂詈语并存,母语教育被糟蹋得无以复加、外语学习更是被打入十八层地狱的往事,我们由衷地为这种社会进步而欣喜。再从文化角度来看,当今世界文化的发展精彩纷呈,多元化的特征日益明显。语言作为文化独特的表现形式和精神载体,在相互接触与交融不断丰富着内涵,这既合乎规律又十分有益。学习一种外语就是在习得一种文化,就是打开了一扇认识世界的窗子,对扩大视野、吸收不同民族的先进文化成果来丰富本民族的文化有重要的意义。另一方面,在与不同文化的接触与交流中,母语文化也能在不断强健自身的同时,对其他语言文化施以种种影响,从而为丰富多元的世界文化做更多的贡献。

其次,要以开放的心态看待二者的关系,既坚持母语的第一性,又肯定英语学习的积极意义。作为我们母语的汉语,音、形、义都有一系列其他语言不具备的特点。如在语音上,元音占优势,又有声调、双声叠韵、儿化迭音、开齐合撮等变化,还讲究双音节、四音节对称匀合,使之音节分明、音色明亮、节律自如、抑扬顿挫、优美动听;在文字上,有表意体系文字特有的强烈的象征性和表意性,方块字形的分合和重组十分方便;在意义上,单音节语素的条件使语义组合格外灵活,形成了强烈的意合特点和自由倾向。在语言文化方面,汉语讲究含蓄、内敛,意在言外,有明显的汉民族文化特征。这些都值得我们珍视和发扬。也就是说,母语的第一性,是我们要始终坚持的原则。从另一方面来说,作为认知世界、加强交流与沟通的一种工具,英语为人们走出国门,接受新的观念、新的文化、新的技术提供了极大的便利。据统计,在当代社会里,约80%的出版物以英文书写,最尖端的科技成果以英语论证,联通世界的网络信息以英语为绝对主流，占了 85%，而中文的信息只占不到总量的 1%。在联合国各种场合当中使用的语言 95% 也是英语，同为联合国工作语言的汉语使用还只有百分之零点几。很难设想，一个在语言教育政策上封闭的国家能真正融入当今的国际社会。在这方面我们曾经有过惨痛的教训，再不能走闭关自守、游离于开放的国际社会主流之外的老路了。

更进一步，母语的教育与英语的学习本质上并不是截然相对、相互排斥的。语言学理论研究告诉我们，不同语言之间虽然各有不同面貌和特点，富有个性，但共性的现象与规律也很多。母语与英语的关系应当是相得益彰的，"母语是进修英语的基础，英语是学好母语精通母语的不可或缺的参照。"[3] 近现代中国的一批硕学鸿儒如胡适、林语堂、钱锺书、吕叔湘等都既具有深厚的国学功底，又是精通英语及外国文化的大师，便是明证。精通了母语，可以更好地学习和掌握外语。反之，母语教育基础不实，英语学习也难达致境。日前上海举办了一次英语小说翻译大赛，最终获胜的选手为新加坡人，而非常重视英语学习的上海人则表现平平。评委认为，这些选手失利不在英语，而在汉语水平不够。有的参赛者虽读懂了原文，但因找不到恰当的汉语表达，或词不达意，不切语境；或过于绮丽，华而不实。这也从反面说明了母语的第一性。

第三，片面强调英语学习的地位是值得商榷的，走向极端化更是不对的。毫无疑问，在当今社会里学好国际通用的英语是重要的，但过分强调以至于把它抬高到不恰当的地步，比如学龄前儿童过早学英语、大学英语的等级考试与有关证书相挂钩、社会考试和职务晋升都必须有英语的成绩以至于全民学英语的现象，等等，就是需要重新评估的。过分强调英语学习很可能、事实上也已经在一定程度上冲击了母语的教育。现实生活中,大学生毕业后连简单公文都不会写,钢笔字写不好毛笔字更不能提,社交场合口语表达结结巴巴的现象比比皆是。据报载,一所重点大学的汉语言文字专业的学生在毕业时竟然没有人通读过四大古典名著,原因便是英语学习的压力使之没有足够的时间学习专业。[4]至于把英语的地位推向极端,如在2004年雅典奥运会上,中国运动员的运动服上除了"CHINA"和国旗以外,"中国"这两个最具母语代表的汉字却无从看到的现象和前举华人学术会议不用汉语的情况,都是错误的。开放固然重要,语言多元化也是必要的,但以开放之名而对母语妄自菲薄,使母语教育和母语地位受损则有害无益。从国家语言政策和制度设计上来说,母语教育和外语学习之间的关系必须明确,不能本末倒置。强调英语学习的重要性要有一个合理的度。

第四,不必把母语教育与英语学习简单地对立起来,从而忽略了母语教育自身的问题。客观地说,现阶段的母语教育是有很大问题的,有人据此认为都是英语学习"惹的祸"。虽说片面强调英语学习的地位、大中学生在英语上所费时间太多都对母语教育产生了负面影响,但不必动辄便是"英语霸权"而不具体分析母语教育内部存在的深层次问题。这种以口号掩盖实质的做法不是研究的态度,缺乏科学的精神。我们认为,母语教育效率低下的主要原因在于教学理念的落伍、知识系统的陈旧、教学手段的单调和政策导向的偏颇等方面。长期以来,母语教育的理论研究滞后,语文教学的性质、目的、方法等讨论旷日持久,莫衷一是;母语教学的习得理论用于指导实践未见突破;还有相当多的人抱有母语教育不必深究,无师自通的观点。在母语教什么的问题上,语言知识系统和技能分析一度占主导地位。20世纪50年代中学语文教学实行"文学"和"汉语"的分科,虽为时不长,但汉语知识由此成为语言教学中的主体。先有60年代初的"暂拟语法系统",后有80年代的"教学语法纲要",母语知识以规整的系统面貌出现,字词句篇、语修逻文,条分缕析、教条繁琐,而学生只能得到片段的、不实用的一些知识点,教学的效果难尽人意。著名作家王蒙曾面对小孙子的语文题"傻眼"过:一道选择题,要求选出与"窗外有棵杨树"意思最接近的一句话,三个预选项是:一棵杨树长在窗外;窗外有一棵树,是杨树;从窗内看出去有棵杨树。这种题目之绕,连王蒙都"觉得确实不会做了"。在怎么教的问题上,听说读写的畸轻畸重,传统的行之有效的教学方法被轻视和抛弃;名动形数量代、主谓宾定状补等机械的分析一度成为语言训练的代名词。更糟糕的是,这种教学常常把有生命的优秀作品肢解,母语的鲜活和灵动,文化的血肉和精髓都被割裂,既糟蹋了优美的母语,又极大地扼杀了学生学习的积极性。再从语言政策导向上看,缺乏对母语教育的整体规划,虽制定了相关法规,但执行不力;母语教育的评价没有刚性的要求和具体的标准;母语测试中"标准化试题"所导引的应试教育倾向;大学汉语教学课程设置处于放任自流状态;社会上对母语教育的经历和成绩不甚重视、忽略不计等等。所有这些因素综合起来便造成了母语教育总体效益低下的现实。

其实,在我国语言教育领域,不仅母语教育效益低下,就是英语学习的成效也不高。一方面是轰轰烈烈的全民学英语热潮,另一方面却是苦读多年收获甚微,投入与产出严重失衡。与社会的功利性需求相适应,不少人学英语也都讲究功利,英语作为工作、晋升的"敲门砖"现象十分明显。四分之三的大学生花大量精力学英语,可等级考试通过之后又有多少真正的英语人才?辛辛苦苦学了十几年英语却口不能说、手不能写的"考试精英"随处可见。与母语教育类似,英语学习应试教育的印迹也是颇为深刻的,据报载有这么一出活剧:2005年高考之后,北京请了6位外籍教师做英语高考试题,满分本为150分,可6位外教的平均分只有71分,连一半都不到!以至于外教发出"你们这是考英语吗?"的疑问。[5]这些情况说明,不论是母语教育还是英语学习,都面临着共同的问题,需要在国家语言教育的层面上认真总结经验教训,调整政策导向,采取切实的措施,提高教育效益。

三

如何处理好母语教育和英语学习二者的关系,使之相互依存、相互促进、相得益彰?我们提出如下建议:

第一,加强国家语言教育政策的研究和语言教育规划的制订。目前阶段尤其要对母语教育问题给予更多的关注和研究。首先要坚持母语第一性的原则,加深对母语教育重要性的认识:母语是根植于我们民族灵魂与血液间的文化符号,与民族的文化心理、思维方式密切相关。它承载着中国五千年的文化"乡愁"和民族"记忆",真实地记录了民族的文化踪迹,也是延续历史与未来的血脉。其次要把母语作为国家的重要资源,提高到国家安全的高度加以考量。母语是我们民族文化的资源,汉语众多的方言与境内其他民族的语言一道构成了祖国的丰富语言文化遗产。今天我们提倡的母语教育,不仅指通常意义上的现代汉语共同语教育,也包括其他民族语言教育和汉语方言的传承及保护。保护母语就是保护自己赖以生存的文化基因,护育着华夏五千年的文明。开展好母语教育,充分发挥母语的作用,使之健康发展就是对母语最好的保护。随着国际交往步伐的加快,还要让汉语教育在世界上更加普及,因为学习汉语的外国人越多,就能越了解我们国家和民族的文化,求同存异,和而不同的国际秩序就越容易建立。再次要按照《中华人民共和国国家通用语言文字法》等法规,做好母语教育的规划,制定合理的语言发展目标,强化母语在各级各类学校教育中的地位,强化母语在考试、晋升等社会生活中的作用。建立母语教育的评价体系和科学标准,并使这种评价更加刚性,有更大的效用。

第二,进一步以开放的视野和理念看待英语学习,针对存在的问题,调整英语学习的政策导向。要继续坚持强化英语学习的战略方针,同时要认真调研,在宏观层面上指导英语学习的政策与规划制订。作为一个现代化的国家,必然要主动参与各种国际事务并发挥积极作用,需要大批的外语人才。但这种人才的需求应该做科学的分析和论证,要区分人才培养和使用层次,建立一个金字塔形的英语学习者结构,国家统筹规划,重点保证高精尖英语人才的质和量,对于塔底的比例,也需要论证和协调,找到其中合理的度。对不同的专业、不同的层次、不同的人学英语应有不同的标准和要求,不必都一刀切。在英语学习的时数方面要充分体现合理性,不能再让众多的学生把大好年华都耗在英语学习上;在学习的年龄上也要有充分的理据,不必提倡越早越好;在教学内容上,不仅让学生学习和掌握作为工具的英语,还应教会他们熟悉这种语言工具所对应的文化。还要认真研究母语教育与英语学习的相互关系:什么情况下能相得益彰,什么情况下可能适得其反等等。再有就是社会评价和功效上,要以平等的理念,调整政策导向,社会考试和职务晋升等不再片面强调英语的作用和地位,力图使全社会的英语学习更加理性化。

第三,进一步加强母语和英语的教育教学改革。对母语教育来说,这种改革尤其重要。要更新教育观念,弃除母语教育无师自通的观点;加强母语教育的理论研究,特别是要结合现代认知科学、教育心理科学、语言习得理论等领域的新成果,提炼出适合母语教育的策略与方法,使母语教育的整体效益上一个大的台阶。除了教育理论的改革之外,目前应更多集中于教学内容和手段方面。对于母语教育的内容改革,首先要重构体系,由过去的以知识为主的体系转为"知识—技能—人文"的新体系,使母语教育提高学生的应用能力,塑造学生的人文精神,彰显其深厚的文化价值。在知识的传授方面,要由过去的以语法为重点、字词句篇的系统转为"语法—语义—语用"、以语义为重点的构架。在教学策略上,要结合多学科的研究成果,探讨"语言—语境—认知"层层递进的策略模式。中小学语文教学的课程改革要紧紧服务于母语教育的革新,在以上方面争取新的突破。"大学语文"在恢复公共必修课程的地位时,必须加强口语交际、应用技能和人文素养等方面的培养。从教学方式和手段上看,要认真总结传统语文教学中朗读、感受、涵泳、顿悟等方法,并概括出规律上升为理论,进一步指导母语教育实践。在英语学习方面,也有许多可以改革之处,特别是加强听说教学的薄弱环节,以改变"哑巴英语""聋子英语"的现状。再有就是如何将英语学习与英美文化有机结合起来,有效地克服应试英语的偏向,也是值得认真探讨的问题。

第四,开展科学研究和科技创新,力求以现代技术的最新成果支持母语教育和英语学习。当代科学研究已经表明,语言习得、语言学习与脑科学、心理科学和认知科学有密切的关系。不论是母语教育还是英语学习都有必要借助先进的科技手段来实现革命性的突破。实验语音学、神经语言学、心理语言学、认知语言学等分支学科的大量实验研究数据能为母语和英语学习提供科学依据,计算语言学和语料库建设能为母语和英语学习提供实际帮助。还有,教学中充分利用外语学习机器、多媒体教学软件和电脑网络等技术手段,可以大大提高教学效果;大力开发同声传译的技术,可以节约大量人力物力,既提高质量和效率,保证高端翻译的需要,又促进母语教育与英语学习的良性互动。凡此种种,都有迫切的需求和广阔的发展空间。

注释

[1] 《北京青年报》2005 年 1 月 11 日。
[2] 吕叔湘《语文教学中两个迫切问题》,《人民日报》1978 年 3 月 16 日。
[3] 王蒙《为了汉字文化的伟大复兴》,《新华文摘》2005 年第 9 期。
[4] 《中国青年报》2006 年 5 月 15 日。
[5] 《中国青年报》2006 年 5 月 15 日。

(原载于《绍兴文理学院学报》2006 年第 3 期)

关于语文教学若干问题的思考

语文教学是应用语言学的重要内容之一,历来受到人们的重视。叶圣陶、吕叔湘、张志公等老一辈的著名学者对此都有过深刻的论述。近十几年的语文教学改革也取得了不小的成绩。但是,也不必讳言,目前的中学语文教学状况还是不很理想,教学效率较低,学生兴趣不大,教师同样感觉不好。这里面当然有很多原因。为此,我曾对来教育学院进修的不少中学语文老师做过调查咨询。发人深省的是,他们几乎都对语文教学中的语言地位和内容提出了疑问。我觉得这些疑问实际上涉及了语文教学的一些重要的理论问题,有必要加以分析和讨论。对此,我想归纳为三点来谈。

第一,名称和内涵

"语文教学"这个名称在我们国家叫了多少年了,其内涵指什么?人们似乎已经习以为常,并不深究。其实,这个概念是相当含糊的。"语文"是语言和文字,还是语言和文章,抑或语言和文学?好像都可以说。国外学术界有"语言教学"(Language teaching)的术语,却没有"语文教学"的叫法。我们的"语文教学"是否等同于"语言教学"?这个问题也似乎没有谁明确肯定或否定过。考其源头,"语、文"并称最早是指语言和文字:说出来的是口语,写下来的是文字。由于汉字与西方文字不同的形态和性质，决定了汉字教学的重要地位，这是我们的国情和"语情"。然而，"语文"常常又被人们做其他的理解，如语言和文章、语言和文学等，而且这些不同的理解都在具体的教学实践中体现出来，这种认识的不统一，便是困扰语文教学深化的第一个症结。

我觉得，对语文教学的内涵可以做狭义和广义的理解。狭义的语文教学，便是指语言和文字的教学。通过它，使学生掌握语言文字的基本知识，"热爱祖国语言，能够正确理解和运用祖国的语言文字，具有现代语文的阅读能力、写作能力和听说能力，具有阅读浅显文言文的能力。"（《全日制中学语文教学大纲》）广义的语文教学则指语言和文化的教学。这里的文化不仅包括了文章、文学等知识，还包括了社会的、自然的种种人类文化知识。把语文定义为语言和文化有充分的理据。语言和文化是水乳交融的，语言本身既是文化的一部分，又是传承文化的载体。同时，我们可以注意这样两个事实：一是我国的语文教学从小学开始就不仅是单纯地教学生掌握语言文字，而一直是"文以载道"，强调提高学生的文化水平，培养其高尚的道德情操；二是外语教学中的"文化导入"问题也提示我们，即便纯粹以语言文字的教学为目的，也是与文化分不开的。语言与文化的并称，反映的是一种动态的语言观，具有丰富的内涵、宽阔的疆域和勃勃的生机。因而不论是狭义还是广义的理解，我们都应认定语文教学的内涵实际上便是"语言教学"。这种认定，关于明确语文教学的性质和任务是很有益的。当然，至于狭义与广义之间的联系，语言和文化之间的影响等理论问题，还需要语言应用的研究进一步深入地探讨。

第二,内容与重点

如果承认语文教学即为语言教学,那么,以什么内容为重点便是一个重要的问题。审视目前中学的语文教学,我们不难发现某种倾向:语言教学的主要内容便是语法和修辞的知识。特别是语法的内容,从《暂拟系统》到《系统提要》,几十年下来一直影响很大,以至于不少中学教师一提到"语言"教学,马上便认定是指语法知识的教学。这种"语法"="语言"的观念是一种认识上的误区,有必要从理论上加以澄清。

我想,讨论语言教学的内容应该认识到不同的教学阶段有不同的侧重。如果说,小学阶段的重点是语音的教读、正音,汉字的书写、识别和词语的讲解、辨析等内容,那么,中学阶段的教学绝不应简单地按汉语知识体系的顺序把语法和修辞作为主要内容。中学生的生理心理和智力水平、中学语文的理论目标、现实社会的客观需求等,都对中学语文提出了新的更高的要求。它不能像小学阶段那样以狭义的语言文字知识为主,而应属于广义的语言和文化的范畴,要把语言知识同文化交融在一起,在语言同社会文化密切结合的基础上,充分发掘语言文字符号所寓含的种种意义,以达到"开拓学生的视野,发展学生的智力,培养学生的社会道德情操、健康高尚的审美观和爱国主义精神"(《全日制中学语文教学大纲》)的理论目标。

事实上,把语法教学的内容等同于语言教学的全部,在具体教学实践中的弊端也是明显的。对此,中学老师们深有体会。在平时的汉语教学中,曾有不少学生和中学的语文老师提出疑问:语法分析搞得那么细,内容又那么多,可到底有多大用处?公正地说,这种观点不无偏激片面之处,但它是教师从实践中得出的感受,也是应该正视的问题。

那么,中学阶段语文教学内容的重点到底是什么呢?我个人认为,不是语法知识和规则,而应是语义的问题。语法和语义,一为形式一为内容,同有限的语法规则比起来,语义十分复杂。词汇意义、语法意义、修辞意义、理性意义、蕴涵意义、语境意义、言外之意、社会意义、文化意义、主题意义等,琳琅满目。揭示出语言文字符号所负载的种种不同的语义,让学生通过理解语言意义的途径去理解社会、理解人生,正是中学语文教学理论目的具体体现。

第三,方法与策略

中学语文教学效率不高,还有一个重要原因,是教学方法上的问题。对此,第一线的教师们做了种种努力,各种探索的方法也纷纷涌现。但我认为,教学方法不是孤立的,而是同教学内容密切相关,并要有深厚的理论背景的。从内容上看,既然我们肯定语义问题是中学语文教学的重点,那么,教学方法就应该围绕语义的理解来认识,来制定。首先,我们必须将语义大致分类;其次对不同类型的语义理解要有不同的方法;再次,这些方法应该符合人的认识结构,具有理论的深度和较大的概括力。显然,这个问题并不简单。

语义分类可以有多种角度。着眼于理解,我们可以把它分为两个层面:语言的意义和语用(言语)的意义。前者指语言体系本身具有的词汇意义、语言静态结构的语法意义等,后者指语言在具体使用中的实际意义。它以前者为基础,又常常发生偏离。和这种区分相适应,中学语文教学的方法也应分出不同的层次,而且这些方法不应只是某种具体的课堂教学步骤,而应具有较大的概括力,有较深厚的理论背景。根据现代认知心理学和学习理论的观点,理解大致有三种策略,一是自下而上的语言(句法的、语义的)策略,这种策略是由语素义、词义到短语义、句子义的运动过程,由小到大,由部分到整体。这是理解语言意义最直接的策略。二是自上而下的语境策略,这种策略是认知能力——语境条件——选择定向——意义理解的运动过程,由大到小,以大观小,从整体到部分,这是理解语用意义最常用的策略。第三种策略是综合性的,既自下而上,又自上而下,二者互为交融,既有个体语言单位的辨析,又有整体语境的把握。这种策略是全面理解语义最为有效的方式,也符合人类的知识结构。对于这种理解策略同教学方法的关系,我已在拙著《语用学在语文教学中的应用》(杭州大学出版社,1993年)中做过分析,此不赘述。我觉得,把教学方法同理解策略挂起钩,可以扩大教学方法的理论容量,也会有更大的指导作用。

除以上三个方面之外,中学语文教学还有一些问题值得在理论上探究。如作为母语教学的语文教学同外语教学有什么异同?中学生的语文学习是否也存在着某种"内在大纲"?习得和学习两种方式在教学中是如何互相促进的?等等,这都是语言应用理论应该也能够深入探讨的课题。

(原载于《语言文字应用》1994年第1期)

当代中学生的双方言现象

一　引言

1.1　普通话和地方方言共存、并用是当代中国社会语言现象的一大特征。不同性别、不同年龄、不同阶层的人都在不同程度上使用着双方言。[1]为了客观地反映这种现状,本文以当代青少年学生这个群体为对象分析一下与双方言使用有关的问题。

1.2　对青少年学生的使用语言状况做全面细致的分析讨论,是一项工程浩大、纷繁复杂的工作,不是个人能力所能承担的。为此,本文的研究在对象、方法和内容等方面都有所侧重和限制。

1.2.1　本文分析的对象限定为高中二年级的学生。具体地说,是杭州市第六中学和宁海县桥头胡中学的两个高二班的学生,前者60人,后者51人,共111人。男女之比为:72∶39(六中比:37∶23;桥头胡比:35∶16)。之所以选定这些对象是因为:第一,这些学生大都在18岁左右,生理上基本成熟,心理的"断乳期"也将过去,具有较为明显的自主意识,其语言使用已大致定形,而不像幼儿园、小学的学生那样还可能发生语言使用的变异。对他们的双方言现象做分析有较大价值。第二,这些人都会一种以上的地方方言,又受了十几年的学校教育,都会使用普通话。由于开放的社会和适时的年龄,他们的接触面较广,有较多的自由选择不同语码交际的机会,能为我们的讨论提供合适的语料。第三,他们尚未进入高考的临战阶段,有较大的兴趣和可能同我们认真合作。而且,这两班学生都是由他们的校长出面组织,参与我们的调查活动的。这在一定程度上保证了为我们提供的材料是较为客观、可信的。

1.2.2 本文采用的方法为社会语言学研究常用的选点调查、问卷设计、统计比较、综合分析的方法。我们选的两个点都有一定的代表性。杭州六中在市区,能反映城市学生使用双方言的情况;桥头胡是宁波至象山港公路上的一个集镇,该中学的学生能代表农村中学生的双方言现象。至于问卷调查的方法,其好处是:目的明确、针对性强、便于控制;对于被调查对象来说,可避免当面询问时产生的窘迫,又因有充裕时间从容答卷,也更易客观地回答所提问题。不足之处则是:调查对象不太多,统计学意义上的说服力有可能减弱;不是当面咨询,回答问题难免简单等。对此,我们做了必要的补充;设计问卷时尽可能地细、实,并综合考虑各种因素的合力影响。另外,在对调查数据做统计分析的过程中,我们分别规定调查的常项和变项,对所得数据的函变关系和比例做出分析,以尽可能如实地反映不同参数的影响作用。

1.2.3 本文讨论的主要内容为:高二学生双方言的使用、双方言的态度等。[2]

1.3 研究现实中活生生的双方言现象是很有意义的。本文期待着能在客观描述中学生双方言使用的同时,揭示出其中的社会、心理因素,并为今后的语言政策提供某些依据和材料。

二 关于双方言的使用

2.1 同其他年龄、阶层人们的双方言现象相似,高中学生使用双方言的情况也是复杂的。他们的生活圈子已不限于校园、课堂,交际对象也不限于亲友、老师、同学,交谈的内容同样是开放性的。要尽可能如实反映这种复杂情况,首先必须设定被调查者在交际中处于主动地位,即在交际中有选择不同语码交际的优先权;同时设定与之交际的对象既会说普通话也会说和被调查者相同的方言。然后,需要仔细地设计问卷。根据社会语言学的有关观点,我们的问卷着重调查了三个主要参数:交际场合、交际对象和交际话题,每个参数内部又分出更细的项目,由此得出了一系列数据。下面逐项分析。

2.2 交际场合因素

根据我们以往的研究,[3]交际场合对双方言使用的影响是十分明显的。这里,我们规定交际中其他相关因素如交际对象、交际话题为常项,暂不分析,只把交际场合作为变项分析。

2.2.1 交谈对象为老师、话题为学习方面,在不同场合选用普通话的情况如表1[4]:

表1 交谈对象为老师,话题为学习方面,不同场合选用普通话情况

	课堂		校园		公共场所	
	人数	百分比	人数	百分比	人数	百分比
杭六中	58	96.7	25	41.7	20	33.3
桥头胡	46	90.2	7	13.7	5	9.8

由表中可知,在课堂、校园、公共场所等不同交际场合中,高二学生所用普通话的情况是不一样的,由高到低的比例为课堂、校园、公共场所;因为课堂是谈论学习话题的正式场所,师生的角色关系最为明确,双方用语均要求规范,普通话的使用频率理当占压倒优势。校园内则比课堂要随便些,但又比公共场所正式,因而其讲普通话的比例要比在公共场所高。

2.2.2 话题仍为学习方面,而交际对象为同学(这两项仍作为常项)时,被调查者在不同场合使用普通话的情况见表2:

表2 交谈对象为学生,话题为学习方面,不同场合选用普通话情况

	校园		公共场所	
	人数	百分比	人数	百分比
杭六中	26	43.3	21	3.5
桥头胡	7	13.7	6	11.7

这里反映出来的情况同2.2.1类似。看来,在公共场所选择语码的确比较自由,使用普通话的比率仍不如在校园那样高。

我们还设计了其他话题、对象确定时不同场合使用普通话的调查项目,其结果大致同上,这里从略。

2.2.3 从交际的大的场合来看,城乡差异也是明显的。总起

来说,城市学生在不同的场合使用普通话的比例都要高于农村学生。如表1、表2数据所显示的。这与前者生活于较为开放的社会环境之中,普通话的作用地位较为重要有密切关系。

2.3 交际对象因素

交际对象也是影响双方言使用的重要因素。我们做了两项调查。

2.3.1 在场合确定(公共场所)、话题确定(谈论学习)时,高二学生同老师、同学、家长使用普通话的情况见表3:

表3 话题、场合确定,交谈对象不同时使用普通话情况

	老师		同学		家长	
	人数	百分比	人数	百分比	人数	百分比
杭六中	20	33.3	21	35	18	30
桥头胡	5	9.8	7	13.7	2	3.9

从表中可以看出,相同话题、相同场合情况下,交际对象也能影响语码的选择。理论上说,在谈论学习问题时,交际中的角色关系决定了学生同老师使用普通话的比例应最高,同学之间次之,同家长再次。但从表中显示的情况看却不尽然。与同学交际时使用普通话的比例最高,与老师交际则降至第二位,这与我们预先估计的略有差异。不过,对这些数据做进一步的分析,还是有不同情况的。为了更清楚地显示学生们同对象的角色关系,调查时我们还分别设计了几组更小的项目,老师分同性、异性,同学亦分性别,还分出关系密切和关系一般。调查结果表明,以上25个用普通话同老师交际的人中只有一人分出性别:同性用方言,异性用普通

话。而28个用普通话与同学交际的人中,有11人是属于普/方兼用的。其中6人以关系密切程度区分;关系密切者用方言,关系一般者用普通话;另有5人是以性别区分的,同性用方言,异性用普通话。如果把兼用情况考虑进去,可以认为,在公共场所谈论学习话题时,还是同老师这个对象交际时使用普通话的比例最高。

2.3.2 为了进一步看清高二学生在日常生活中不同对象交际时使用语码的情况,我们还调查了他们在公共场所(常项)谈论日常话题(常项)、与不同对象(变项)交际时使用普通话的情况。结果见表4:

表4 公共场所、日常话题,交谈对象不同时使用普通话情况

	老师		同学		家长		亲戚		邻居		医生		售货员		个体户	
	人数	百分比	人数	百分比	人数	百分比	人数	百分比	人数	百分比	人数	百分比	人数	百分比	人数	百分比
杭六中	13	21.7	15	25	12	20	11	18.3	11	18.3	20	33.3	11	18.3	12	20
桥头胡	5	9.8	5	9.8	1	1.9	0	0	0	0	13	25.5	8	15.7	1	1.9

表中数据告诉我们,在面对不同对象时,高二学生常采取不同的应对语码。一般来说,在日常生活中同医生交际时使用普通话的比例最高,与老师、同学交际时次之,与售货员交际时比例也不小;而同家长、亲戚、邻居用普通话的比例则较小。这同交际对象的职业、身份、文化水平有关,也同角色关系有关。医生常常是有文化、修养较高的,中学生们看病又有求于医生,这时的角色关系带有权势倾向。他们面对医生,选择普通话(须经过教育才能习得)作为语码应是自然的,虽然也有时是不知不觉的。反之,与父

母、亲戚、邻居的交往时的角色关系或为亲密性的,或为临时、随意性的,既没有某种功利性,又有较密切的亲近感,于是方言使用的比例就要更高一些。

2.3.3 与不同对象交际使用普通话或方言是否还有另外的因素在起作用?我们设计调查表时曾有所估计。因而对象的下位项目分得较细。如老师分性别,同学分性别和关系密切与否,亲戚分长辈、平辈和性别,邻居、医生、售货员、个体户等均分出年龄和性别。但是从调查的反馈看来,这些子项目对他们选择语码的影响不太大(稍有影响的见前面所提),他们的回答基本上不分这些更细的因素。由此,可以认为,交际对象影响语码选用主要体现在身份、职业、角色关系等方面。

2.4 交际话题因素

我们的调查把话题分为两个大的方面。学习话题和日常生活话题,后者包括生活、购物、看病、影视、体育、闲谈等子项。当交际场合确定(公共场所)、交际对象确定(分别为老师、同学、家长)时,话题对普通话选择的影响见表5:

表5 话题对普通话选择的影响

	同老师交际				同同学交际				同家长交际			
	学习话题		日常话题		学生话题		日常话题		学习话题		日常话题	
	人数	百分比	人数	百分比	人数	百分比	人数	百分比	人数	百分比	人数	百分比
杭六中	20	33.3	13	21.7	21	35	15	25	18	30	12	20
桥头胡	5	9.8	5	9.8	7	13.7	5	9.8	2	3.9	1	1.9

很明显,在场合确定、对象确定时,谈论学习话题说普通话的比例都要大于谈论日常生活话题。不论是同老师或同学还是家长交际,这个趋向都是一致的。

2.5 高二学生的双方言使用同他们的性别也有关系。从调查的反馈来看,男性使用普通话不如女性高。如 2.2.1 的调查项目,将性别区分开来便为:

表 6 性别对普通话选择的影响

		课堂		校园		公共场所	
		人数	百分比	人数	百分比	人数	百分比
杭六中	男	35	94.6	15	40.5	11	27.8
	女	23	100	10	43.5	9	39.1
桥头胡	男	31	88.6	5	14.3	3	8.5
	女	15	93.6	2	12.5	2	12.5

除桥头胡中学在校园这个场合,女生使用普通话略低于男生之外,其余多项指数都高于男生。[5] 这从一个方面证实了我们在现实生活中的经验。

2.6 以上各项的调查均是设定高二学生有优先选择语码的权力,即作为首发表达者的情况。那么,当他们作为接受者时,对方用普通话同他们交际时,他们选用什么语码呢?为了回答这个问题,我们也设计了一个项目:"当人家用普通话向你问路时,你用什么话问答?为什么?"从回收的结果来看,回答用普通话的为 110 人,理由是:讲礼貌或怕人听不懂。只有一个回答用方言,理由没写。110∶1,比例小到几乎可以不计。因而,我们有理由认为:在日常生活中,高中学生是有经常使用普通话的潜在倾向的。只要交际的对方选用普通话,往往容易触发他们使用普通话的机制,而使普通话的使用比例大大增加。换句话说,他们都是较好的"适应型双方言使用者"。[6]

三 关于双方言的态度

3.1 从上节的数据可知,高中学生的方言使用倾向要高于普通话。那么,这种现象的背后有什么因素在起作用呢？我们认为,这便是对双方言的态度、感情以及相关的社会心理。有关这方面的情况我们也做了调查。

3.2 对方言的态度

3.2.1 对方言的态度首先便是喜欢不喜欢自己的方言。从我们调查的情况看,喜欢自己方言的人占绝大多数。我们把态度分为三类:喜欢、不喜欢、无所谓。具体数据为:杭六中60人三者之比为43:10:7,喜欢者占71.7%;桥头胡51人三者之比为34:6:11,喜欢者占66.7%,都超出2/3。在"为什么"这一问中,回答"有亲切感"、"从小学会的,习惯了"、"反映了本地文化"、"便于表达感情"等占绝大多数,说明人们对自己方言的感情是很深厚的。这也可以看作是前一节方言使用占优势的最好注脚。

3.2.2 那么,中学生们对其他地方方言的态度如何呢？这是一个颇有意思的问题。我们以"在外地,你听到自己不懂的方言时,你怎么想？"为题做了调查,结果是填"感到讨厌"的约占29%;

觉得"他们要是讲普通话该多好啊"的约占 47%;"感到遗憾"的约占 15%;另有 7%左右觉得"无所谓"。还有极少数人填上"我想尽快把这种方言学到手"。前三种情况加起来在 90%以上,表明这些中学生对别人的方言并不感到亲切,也不愿表示宽容。这是一种明显的语言认同心理在起作用。

3.2.3 对不同方言的感情有时还同青年人的年龄特征、兴趣爱好有关系。我们的调查表中分别列出两个项目:"你喜欢越剧吗?为什么?""你喜欢广东话唱的流行歌曲吗?为什么?"调查结果表明,中学生们对用吴方言演唱、在本方言区广为流传的越剧并不很喜欢,111 人中共有 79 人填上"不喜欢",占总人数的 71.1%。原因大多是:气闷,节奏慢,不合青年人的口味。面对用广东话唱的流行歌曲,填上"喜欢"的人数为 68,占总人数的 61.3%。这些人对"为什么"的回答多为:时髦、刺激、神秘、够味。其中不少人明确写道:听不懂话,但有韵味,很喜欢。这种有趣的"反常"现象说明:中学生们对不同方言的好恶有强烈的年龄特征和从众倾向,不同的艺术形式和社会心理也能左右对方言的价值评判,青年人的爱赶时髦、喜欢刺激和新鲜等特点使之形成某种集体无意识,而在一定的社会心理引导之下,极易产生从众和趋同现象,由此而对方言持有不同的态度和感情。

3.3 对普通话的态度

3.3.1 对这个问题我们首先列出一个项目:"你认为普通话是水平高,有修养的标志之一吗?"以了解中学生们对普通话的基本想法和态度。结果表明,回答"是、不是、不一定"三者人数之比分别为:杭六中 21∶6∶32(另有一人没回答)。桥头胡 5∶16∶28

(有两人没回答)。仅分别占 35％和 10％。可见,人们并不普遍认为会说普通话的心理、修养、地位上占有某种优势,因而也就没有很大的必要趋向于多讲普通话。前一节中大多数情况下普通话的使用比例都不高的原因由此也可以得到解释。

3.3.2 调查表上还有一个项目:"你愿意继续学好普通话吗?为什么?"回收的数据却是百分之百的中学生都答"愿意",多少有点令人意外。只有两人又写上"我已经学得很好了,也可以不再学"的补充。从大家回答的原因来看,也是十分的一致,普通话是我国人民的统一用语,学好它有利于扩大交际,走向各地。这从另一方面展示了中学生们对普通话的态度,即认识到了它的重要作用,愿意掌握它、使用它。

3.4 中学生对方言、普通话发展趋势的预测,也可以从另一侧面反映他们对双方言的态度。在回答"你认为方言和普通话的发展趋势是怎样的?"一问中,答"方言将较长时期与普通话共存,但最终要为普通话取代,因为普通话是全民使用的语言"的比例最高,约占 62％,认为"方言很快要消亡"的约占 10％,认为"方言永不会消亡"的约占 14％;其余的为"不清楚"。可见,虽然在平时中学生大量使用方言,但从发展来看,他们也认为普通话将占优势地位。这便是 3.3.2 中,百分之百回答"愿意继续学普通话"的根源所在。因而,从长远来看,目前中学生们对待普通话的态度和使用的矛盾现象可以认为是阶段性的。随着时间的推移,普通话的使用无疑逐渐占优势。

四　结论

通过上面的分析，我们可以做出如下结论：

4.1　总起来看，在目前，中学生方言的使用是远远高于普通话的。除了在课堂教学这个场合、角色关系、话题都十分特别、明确的情况下，普通话的使用呈现压倒优势之外，其他各种场合，各种话题，面对不同对象，都是以方言为主，普通话为辅的。但是，如果他们处于接受者的地位，被动地选择语码，则依交际对方的语码而定，使用普通话的比例可以大大增加。

4.2　双方言的使用情况与多种因素有关。从大的方面看，有交际环境因素和说话人的因素两大类。

4.2.1　同交际环境有关的因素为：

(1)交际场合，(2)交际对象，(3)交际话题，(4)交际的主动权。还可能存在一些随机的因素。

4.2.2　同说话人有关的因素为：

(1)语言态度和语言感情，(2)群体意识和社会心理，(3)性别、年龄特征，(4)同交谈者关系密切程度。

理论上说，还同说话人的文化修养、职业阶层等有关。不过由于本文所做的分析是针对高二学生这个群体的，这些因素没有充分体现。

4.3　以上两类因素对双方言使用的影响有隐显、强弱之分。第一类因素是明显的、外在的，第二类因素是隐性的、深层的。从作用来说，第一类因素更直接，第二类因素则更重要。不同语码的选择总是潜在地受深层的心理、态度、感情等因素支配的。这是双方言使用中的一般规则。高中学生方言多于普通话的现象同这规则也是大致相吻合的。

4.4 中学生对普通话重要性的认识,同他们日常选用语码存在着矛盾,他们对自己方言和对其他方言也存在着矛盾的心理、意识。这些现象告诉我们:影响双方言使用的因素之间关系十分复杂。不过,从他们对普通话的归附动机中,可以预示:随着社会的发展和需要,普通话肯定要呈上升的趋势。

4.5 当代中学生是21世纪的社会中坚。他们的双方言现象告诉我们:在我国,相当长的一个历史阶段中,方言将与普通话长期共存。这就需要我们在大力推广普通话的同时,充分认识方言的交际语码的重要作用,在细致描写方言特点的基础上,加强对方言的功能和发展趋向的研究。同时,我们认为,当前的语言政策要切合实际,就必须注意语用现状的调查研究。由于精力及条件所限,本文仅限于高二学生这一个断面。这对青少年的语言使用虽较有代表性,但它同其他年龄、其他阶层的人们使用双方言的情况有什么异同点?能反映什么问题和趋向?这是需要另外深究的。如当前幼儿园的孩子、小学生们的语言使用情况到底如何,就是很有意义并要尽快研究的。只有在对不同年龄、不同阶层的语用情况做出充分的调查研究之后,才有可能制定出针对性强、切实可行的语言政策来。

注释

[1] 本文"双方言"的内涵为:地方方言和标准方言(普通话)。下文中以"方

言"和"普通话"对举,"方言"即指地方方言。
[2] 调查的内容本来还包括"双方言的习得"一项,因结论同常识差别不大,加之篇幅所限,这部分内容略去。
[3] 参见拙文《语文教师的双方言现象》,载《双语双方言》论文集,中山大学出版社1989年7月出版。
[4] 根据调查表所反映的情况来看,高中学生平时使用方言多于普通话。因而我们在表中只列出使用普通话的人数和比例,其余的即为使用方言的数据。文中各表均同此。
[5] 其他的调查项目也反映了较明显的性别差异。为节省篇幅,均略。
[6] "适应型双方言使用者"的概念可参陈松岑《绍兴市城区普通话的社会分布及其发展趋势》一文,载《语文建设》1990年第1期。

(原载于《语言研究》1992年第1期)

新世纪语言文字规范的若干思考

提要 语言文字规范工作是一项涉及许多方面的系统工程。在新世纪到来之际,很有必要对此进行更深入的思考。本文从社会文化对规范的制约、语言自身调节对规范的影响、语言文字工作对规范的作用三个方面,对此问题作了探讨。

关键词 语言文字 规范工作

一 社会和文化对规范的制约

21世纪将是一个急剧变革的时代:地球上的居民正日益紧密地唇齿相依,不同民族的人们比以往任何时代的接触都要密切;文化多元化,无论是通过文化吸收、文化渗透还是文化演变、文化侵略,打破了地域文化、本土文化一度舍我其谁的独霸格局;网络时代的到来又使人类日益笼罩于信息共享的巨大幸福或无尽烦恼之中。作为人类的首要符号的语言,必然映射社会的种种变化。新世纪语言文字应用及其规范要从社会文化的宏观背景入手,语言文字规范要有时代观、未来观和国际观。

1. 新的时代与语言规范

世纪之交的社会发展呈现多方面的特征。与语言文字应用和规范相关的大致有以下几种情况。

一是时尚化生活与语言的时尚化。时尚是一定时期内为相当多的人所追求和追随的生活方式，包括思想的时尚、行为的时尚、生活方式的时尚和语言的时尚等。有的时尚仅是昙花一现，有的时尚继续发展推广开来。语言随着时尚节律的跳跃而变奏。下面的语例说明层出不穷的新词语群在反映时尚的高速流布和流向时的能量。

以"火"为形的词语大有用武之地。"火"可以灵活地用作动词或形容词："火一把、火起来了、很火"，"火"代替了"红火"一词，更其简洁，更其形象。以"火"为偏旁的"爆、炒"成了非常活跃的构词语素："火爆、爆满、爆冷门、爆出新闻、爆棚；炒期货、炒楼、炒股、炒汇、炒明星、炒《废都》、炒卖、炒作。"各种类型的"发烧友""发烧"随处可见，甚至"发高烧"也用来表示"对某些事物的极端热衷"了。这些词语的大行其道正是对日趋时尚化和时尚快速变替更新的当代社会的反映。

词缀"族"和"一族"反映在社会时尚中社会群体的进一步分化和社会变元的多样性。有固定特征的群体："上班族、打工族、知青族、学生族"；有仅反映人群的外在或临时特征的："手机族、只逛不买族、征友族、细小族"，更有"造假族、作弊族、乞讨族"等反映社会中负面现象的词语。再如"嫂"的盛极一时："空嫂、地嫂、巴嫂、险嫂、邮嫂、送饭嫂、商嫂"是对中年妇女的职业分类，而"警嫂、军嫂"是根据其丈夫的职业特征所用的称呼。最近"人类"一词也由于时装业和时尚杂志的推动而开始成为一个时尚化的词缀，并开始成为社会学研究中的一个时髦词语，常见的是"新人类、新新人类"等对时尚青少年的分类,这叫做"人以'族'聚"。

二是产业化文化与语言的产业化。在当今社会中,我们所大量面对的是大众文化的批量产品。精英文化的精英性使其高居于文化金字塔之巅,颇有不食人间烟火的味道,民俗文化是传统意义上的大众原生文化,因其原生性而具有非潮流性、非商业性。大众文化则是文化制造商为大众消费而制造出来的、通过大众传播媒介所承载和推销的潮流文化,这种文化因其通俗而为大众所接受,因制造、承载、推销的过程和目标而具有商业性,其所用的制作传播手段就是包装和炒作。在这种背景下,一方面文化日益成为一种产业;一方面产业日益利用文化作为垫高自己的台基,即所谓"文化搭台,经济唱戏"。与此同时,作为文化一员和文化的载体的语言也在走向产业化,语言因子在今天的商业显微镜下有着丰富的含金量。

与此同时,种种语言产业勃兴。要想在现代商业社会中建立良好的个人形象或公司形象吗?去找取名公司、签名设计中心、商标设计公司、广告代理公司、金点子公司、咨询公司、公关公司、礼仪公司吧。他们可以为你的语言形象及一切形象提供必要的,甚至是言过其实、文过饰非的包装。

面对产业化的文化和语言的产业化,新世纪的语言文字规范应该研制相应的规范标准。一方面,要承认语言产业化的必要性和必然性,为语言产业的发展和规范提供宏观的理论依据和实践标准;另一方面要避免商业的急功近利思想导致的语言形式上不规范、内容上虚假、愚弄公众的成分。

三是网络化人类与语言的网络化。关于将要进入的21世纪,我们有各种各样的称呼：信息时代、电脑时代、数字化时代、网络时代。应该说，"网"和"网络"是这个时代真正的标志，电脑和数字化不过是这一时代的技术标志，"信息时代"的说法也只不过用以印证信息空前的丰富性。而"网络时代"道出了当今社会人们以种种方式相互连接为一个"地球村"的真谛：有陆海空全方位的交通网络、有大众传媒网络、有无线通讯网络，更有涵盖全球的因特网。人们在社会生活中依赖上述网络形成更复杂的人际关系网、社会关系网。网上的人们通过网络迅速触知世界，也通过网络将个人微薄的力量共振成对整个网络的影响。网络化的人类使用的语言也网络化了。

网络世界使语言流速加快，语言覆盖面扩大，语言的流向也变得更加复杂。尤其是在因特网上，由于不存在真正意义上的网络管理人，网络成了所有因特网网民的自由言论世界。因特网的信息扩散对传统的有严格"把关人"（记者、编辑）的大众传播媒介构成了严峻的挑战。因特网网上术语、网上缩写、网上简体文字等逐渐为人们熟知熟用，大量带有网络特征的创新词、简缩词、汉英混杂词对网内和网外的语言生活都形成了很大冲击。同时，网上的不良传播又成为语言生活中一条新的污染渠道。

针对这一网络时代，一方面应该积极制定适用于网络语言应用的规范，并利用网络的覆盖和流速尽快公之于众，吸引公众参与语言文字应用评议，引导公众自觉地遵循规范；同时又应该密切观察网络用语的特色，研究网上用语的结构和功能，吸收网上语言的有效成分。

2. 文化交流与语言规范

在文化呈现多元化格局的今天,汉语与多种语言的接触为未来更具有生命力的汉语提供了更广阔的活动场所和新鲜血液。语言文字规范要有开放的心态,不应窒息语言的发展和发展中的语言,规范化原则应随着语言实践和文化交流的发展而变化或完善。

在汉语走出国门的大背景下,如何向世界展现汉语言文字应用的规范,如何通过汉语的传播使我国的传统文化中的优良成分走向世界,如何把汉语传统文化中的内容转换成其他语言的内容,是新时期的几个重要课题。社会各界对此还没有足够的重视。例如,中医学、针灸学和推拿学正日益受到世界医学和保健学的重视,但是各穴位、经脉的具体称呼在对外中医学的英文名称却很不统一,有的用中文拼音名称,有的用英文意译,有的干脆用"第一穴、第二穴"等简化称呼。没有一套能与汉语术语对应的统一、科学化的拉丁化术语,中医学便很难真正走向世界。

汉语及其文化曾与古今中外很多语言和文化遭逢而被影响。今天汉语所固有的很多语言成分,其实同时带着固有的本民族语言文化和外来的语言文化两方面的成分,具有语言文化的二重性。新时期汉语汉文化中外来语言成分和外来文化成分则更趋丰富和活跃。比如外来语的形式就更加多样:意译词继续作为汉语民族化吸收外来成分的主干形式,音译式新词的发展速度最快,出现的势头最迅猛,直接移用外语词的情况主要出现在电脑、医学等科技领域和一些缩写词语中。而这几种形式又派生出若干混合形式,外来语言成分还为汉语带来了许多构词能力很强的新词缀,例如来自"的士"的"的",来自"巴士"的"巴",来自"酒吧"的"吧",来自"可口可乐"和"百事可乐"的"可乐"("可乐"已成为商品名称,一个类词缀,如"非常可乐"),"氏"(现常被用于商品的命名和译名,如"乐百氏、屈臣氏、旁氏",最初源于对英文名词后缀"S"的音译)。这一方面说明当前汉文化的开放性非常强,吸收功能良好,另一方面也与外来文化极其活跃和可接受性越来越高有关。在吸收外语成分和外来文化的过程中,一些盲目模仿外来语、盲目引进外来词的现象确实对现实生活和语文秩序构成了干扰,因此,在对外来语言成分的规范工作中必须区分有效引进和盲目引进。

二 语言自身调节机制对规范的影响

语言是发展变化着的。语言内部的自我调节是平衡其发展与稳定的重要机制,这种调节可分为:语言系统的内部各层面的调节,语文固有成分和语文异己成分的调节,语文旧成分和新起成分的调节,语言符号系统与书写符号系统和其他符号系统的调节,口语与书面语的调节,语文系统与语文亚系统的调节,语言和言语的调节,等等。这种调节的过程比较缓慢,有些环节的自我调节没有外部干预几难实现。进行语言文字规范工作,必须对语言的自我调节范围和作用有清晰的认识,顺应语言自身调节的基本走向。下面就较有代表性的三种调节来看看语言的自我调节机制。

1. 语言系统内部层面的调节

语言的系统内部分为语音、语义、语法、词汇、修辞等层面,这些层面的发展不平衡性是语言演变的一个基本特点；同时各层面内部的次层面也处于不平衡的发展关系中，如基本词汇和一般词汇的发展速度不可同日而语。这种不平衡性可以促进语言的动态进展。语言的自我调节首先对这些层面、次层面之间的相互关系有适当的调节作用，以使其相互的不平衡性总是浮动在一定的范围内。虽然基本词汇发展较慢，一般词汇发展很快，但由于一般词汇经常不断地向基本词汇输送营养，基本词汇也会以符合时代要求的新形式取代旧形式，或淘汰旧词，或引入新词。

语言与社会的同步发展中的名与实的矛盾也常常被语言自身的调节所解决：当原来的名实约定不再适应时代需要时，语言自己作出调整，使语言形式改换、语义发生变化或替换词语；当新事物新思潮大量涌现时，语言会充分地调动自身的各项因素，发生相应的大量新词和词语新用法。比较典型的例子是一些记号和结构的功能扩展。"很"，原来只能修饰形容词，今天"很青春、很女性、很贵族"等说法屡见不鲜，汉语言系统正在开始把这种结构作为一种能产结构纳入自己的标准语法系统。大量动宾结构的动词原来是不带直接宾语的，现在"出台新政策、接轨国际"之类的结构正成为新兴的富有生命力的形式。

目前一些所谓的词汇赘余引进现象，在语言自身的运作机制调整下其实并非都是赘余。因为我们的语言系统自身在对这些词语的意义和色彩在作出调整，有些词语因只是昙花一现，确实因为赘余而被舍弃，更有大量的词语成为有用、必要甚至彻底代替原来的词语的成分。例如，有人称"克力架、曲奇"等名称的引进是词语滥用，其理由仅是我们原来就是"饼干"这个很汉语的名称。然而

"饼干"的内涵在汉语系统里已经得到调整,今天的"饼干"在汉语里是一个类名。随着生活的丰富和物质品种的多样化,饼干家族按照其烘烤焙制的工艺、形状和成分有了多少新的成员,"克力架、曲奇、华夫"等种种名称已将"饼干"的天下分而治之,物质匮乏时代"饼干"一名独霸的时代已成过去。

2.语文系统与语文亚系统的调节

一个民族、一个国家的主流文化要汇入各方涓涓的支流文化,同时又广泛向支流文化输出养分。一个国家的标准语言文字系统和其他的地域语言文字系统、不同社会集团的社会方言也存在着如是关系。应当正确认识汉语言文字规范与其自身的调节机制的关系:第一,普通话、简化汉字系统与其他区域的汉语汉字地方标准系统的关系。新加坡的华语和简化字是以普通话和简化汉字为标准的,但在一些细节上仍有所区别;台湾继续使用繁体字,国语的语音标准也与普通话有相当不同。当这样的系统相互遭遇的时候,普通话和简化字的标准是优势标准,所以繁体如何回潮也不会改变我国和全世界以简体字为汉字的标准文字、通用文字的地位,而这两个地域的标准会受到普通话和简体字的影响发生潜移默化的改变;从另一方面看,普通话和简体字系统也可能会从这两个系统中吸引有关成分。

第二,普通话和地域方言的关系。汉语地域方言是汉语在不同地域独立发展而形成的,普通话是高于地域方言的汉民族共同语。但汉语方言仍将继续在很长时期内发挥其交际作用:某些场合使用特定方言可以凝聚说话双方的感情;某些场合的方言有特殊的表达效果；在普通话仍不普及的地方，方言还是当地人们的主要交际工具。从语言的调节来看，由于普通话的普及和大众传媒的影响，从年青一代开始，方言的发音和词汇、句法都在发生着靠近普通话的变化，一个方言区域的老年、中年、青少年三代的方言因此有很大分歧。同样，普通话不拒绝来自方言的养分，尤其是港台用语为普通话输送了大量新词新用法。

第三，共同语和社会方言的关系。人们由于社会分工和相互关系形成不同的社会集团，这些职业的、专业的、阶层的社会集团都有自己的专门用语，即社会方言。当职业、专业知识普及或有较多的曝光机会时，社会方言的词语和用法会进入大众的视野，成为通晓的或进一步通用的词语和用法，例如电脑网络的发展和生物工程的进展使它们的很多术语得以普及。再看一个特殊的社会方言领域——隐语，隐语带有隐蔽性和特殊的象征、比喻意义，不为外人所知。但是隐语被不断曝光后就可能进入通用词语领域甚至成为专门术语。比如"洗钱"一词，该词是意译词，原为黑帮专用的黑话，可是现在它进入了很多法典（包括我国的国家法律条文）专用以表示该犯罪事实。有人为此感到不安，认为犯罪分子的黑话怎配成为法律用词。其实，这就是语言的调节作用：既然语言系统中没有任何其他词能更确切地表示该含义，而另造新词似乎也不能解决问题，那么就按原样移用吧。

3. 语文固有成分与语文异己成分的调节

不同民族的语言是在不断地接触，相互影响的。民族性差异大的语言系统相互吸收比较缓慢，民族性差异小的系统相互吸收就比较容易。民族交往少的时候,语言比较排斥异己成分,民族接触频繁时,语言较开放,较容易宽纳异己成分。汉语对异己成分的接纳度和改造度在不同的历史时期有相当大的差异。封建社会时期的汉民族较闭关自守,一般对外来文化和外来语采取鄙视和排斥态度,就是吸收外来文化和外来语时也往往按汉民族的心理和习惯予以汉化的改造,其态度极为审慎。明清两代,西方文化对我国的影响势力增强,汉语吸收外来语的能力增强,但以意译为主。"五四"以后,音译词大量出现,汉语有了更强的吸收功能。而在我国改革开放的二十年中,中外词语对流前所未有的频繁,一些外语原形词、简缩词开始出现在人们的口语和书面语中,如 CT、VCD、MBA、DNA、EMS、CAD 等。可以说,这些外语词发音迥异于汉语的发音习惯,拼写方式迥异于汉字形体,是最容易被汉语汉字系统排斥的异己成分。然而在 20 世纪 90 年代,它们被更多更快地引进,使用它们的,有知识分子,有普通百姓。虽然是不太符合其本来标准的发音或者是已发行过的形式,但毕竟是出现在汉语口语和书面语的语流中了,并且已经引起很多专家和大众的关注,有一种担忧就是生怕如此引进会使"汉语不再是汉语"、"汉字不再是汉字"。其实,汉语还是汉语,汉语作为一种独立的民族语言也永远不可能变成别的非驴非马的东西。正如英语里直接引进汉语的饮食文化词语"mantou(馒头)、jiaozi(饺子)、toufu(豆腐)、chaomian(炒面)"及中医学和气功学词语"wushu(武术)、gongfu(功夫)、qi(气)、yin(阴)、yang(阳)"等,引进更多的词语也不会使英语变成别的语言。而汉字作为记录汉语的符号系统,目前和将来很长时期都不可能被别的记录系统代替,异己成分的有限存在也许可以促进汉字的进一步合理简化和改革。总的说来,异己成分一旦进入汉语汉字系统,就必然地受到系统的调节;而汉语汉字系统的吸纳功能也因为异己成分的输入得到不断的改善。

正确认识语言自身调节机制,对于语言文字的规范工作是十分重要的。如果不顾语言的内部规律,忽视语言内部的自我调节机制,去制定规范标准,实施规范行为,难免要出问题。当然,如果过分强调语言的自我调节机制,忽略社会文化的发展等外部因素,不进行积极的、有效的干预,也是不利于语言健康发展的。

三 语言文字工作对规范的作用

语言文字的规范除了顺应语言发展的自身规律外,还应该有更积极的态度——干预。这种干预是有弹性的、有张力的,而不是一味的死板规定,因为死板的规定会限制语言的勃勃生机而导致语言僵化,妨碍语言的发展和语言生活的照常运转。这种干预又是有约束性、导向性的,而不是随着语言生活的风向毫无原则地改变态度的不倒翁,随风倒的干预只是一道多余的摆设,只能助长语文生活中的不良倾向。这种积极的干预是权威性的,必须是政府行为,才能保证语言文字规范的有序实行,它通过政府的语言文字立法和执法进行语言文字应用管理。这种积极的干预又是具有科学性的,语言学界对汉语汉字及其应用的研究成果是制定有关规范的依据。这种干预还是全民性的,需要宣传和教育两头并进,以宣传促进规范的普及,以教育提高全民的综合素质和语文素质。

1. 语言研究

语言的基础研究成果是语言文字规范理论和具体规范得以建立的理论基础。近二三十年来,语言学基础研究取得了很大成绩,在此基础上,语言文字工作者对语言规范进行了普遍反思,突破了原来的规范观中一些十分僵化死板的框框,提出了若干新的语言规范观。

第一,关于规范的地位和规范研究者的态度。以往的规范是高高踞上的指令,久而久之,规范便脱离了群众,变成了僵化的教条,不再适应语言发展的新处境。新的规范观中的规范是服务。作为规范的研究者们,对待社会的语言文字应用不应该再是指手画脚的评说是非,而应该本着服务于大众、服务于社会的宗旨,为语言的良性发展和语言生活的健康发展提供服务。为此,语言规范的研制者们必须首先做好语言的实地调查工作,包括经常对大众的语言文字应用进行调查,尤其是对语言文字应用中出现的新现象的调查,掌握充分的语料,编辑资料性的词典,在掌握大量第一手资料和社会语言动态的基础上确定规范。对待社会生活中的一些暂时不规范的形式,不再急于下定论,而要采取宽容的态度。

第二,关于规范的服务面和服务对象。计算机的出现和日新月异的发展使语言文字的服务对象从传统的人际交际拓展到人机交际,甚至于机机(由人控制的计算机与计算机的)交际。语言文字规范的服务面也因此面临新的对象:由人控制的计算机和整个计算机网络系统。无论是简单的中文输入还是复杂的机器翻译、机器创作、网络共享,面向中文信息处理的规范标准必须考虑计算机的二元逻辑特点。随着我国的更加开放,汉语也进一步走向世界,汉语言文字应用的规范又面临着世界上众多汉语学习者这一服务对象,为他们解释规范和制定有关测试标准,是跨入21世纪的汉语言文字规范不可忽略的重要任务。

第三,关于规范的方法。规范应该有三个方法:规定、追认和预测。规定是说明语言文字应用中哪些是正确的,哪些是不正确的。然而规定是死板的,而语言是无时无刻不活泼泼地往前走的,所以规定总是要落伍,规定需要及时更新。于是,追认在一定的时候成为必要,即说明在语言生活中一些不符合原来的规定的成分已发展成社会约定俗成的合理成分,一些符合原来规定的却已为社会生活抛在后面,不再是规范形式。于是新的规定形成了。规定、追认、再规定、再追认,似乎语言文字应用规范成了生活的追风者,显得极其被动,甚至让人怀疑其存在的必要性。20世纪90年代中关于语言规范观的颇有建设性的看法是:规范应该进行预测,使规范成为语言生活的预言者和积极的引导者。预测,是根据语言发展的规律和社会生活的航向对语言文字应用将出现的规则和成分的预言,是提供给使用者大众的可行的、合理的倾向性建议。这一新观点的提出为语言文字规范拓宽了前景。

第四,关于规范的层面。规范有语言层面、语用层面和社会层面。语言层面规范力求语音、语义、词汇、语法、文字、标点符号和修辞的正确规范。语用层面的规范力求符合语用的合作原则,切合具体语境,选用恰当的语体,社会层面的规范要求语言所表达的东西与特定社会的道德建设、精神文明建设、法制建设和审美要求相适应,要求语言文字应用健康、高雅、文明、有美感,限制和清除语言文字应用中的不文明的、低级的、丑恶的现象。三个层面,缺一不可。

第五,关于规范的层次。规范的相对性和时间局限性决定了在特定时期的规范和不规范的界限并非是绝对的,两者中间总是存在着一个广阔的中间地带。存在于这个中间地带上的现象有的比较靠近于规范,有的比较靠近于不规范。规范的动态性又决定了这个中间地带的灵动性。活泼变动的中间地带既为规范的发展和规范的超越准备和输送着新鲜血液,又为规范的预测工作提供了用武之地。另外,规范的这种层次性可以说明不同社会集团在语言文字应用方面的不同要求。

2. 语言法规

规范有效的语言文字体系和科学合理的言语交际秩序,需要国家的法律支持和政府的有效管理,需要有关部门和人员的积极参与和合力执行。在语言立法方面,目前存在的问题大致为:一是对有的规范未根据语言发展的情况作出及时调整,致使法规条例滞后于语言的现状。例如,轻声和儿化的减少正成为较普遍现象,需要重加整理和规范。但是作为国家级水平测试依据的《普通话水平测试大纲》仍把过多词注为轻声和儿化,结果是普通话学习者感到困惑,水平测试员难以把握标准。二是规范本身有些先天不足,致使大众无所适从。异读词的审音和多音字的审音都不同程度地存在类似问题,比如多音字"壳"字在具体词语中究竟读什么音？三是规范得不到社会认可或法规贯彻不力,比如普通话拼写的分词问题,虽然有规则,但影响极小,即使是小学的语文教科书也不能充分贯彻。这些问题缘起于立法本身的不严密不科学或者宣传力度不够。

在语言规范的执法方面,则存在着有法不依,执法不严现象。且看广播电视语言文字应用:字音误读、用字不规范、词语误用、不合语法等知识性错误多见;方言使用过滥,港腔港调时闻,领袖戏的领袖只说方言;流行歌曲的粤语显示"粤语的优越感";古装电视剧人物满口似通非通的古语;影视作品语言呈现粗俗化倾向,文理不通,故弄玄虚;广告谐音乱改成语等。在进入法治社会的今天,语言文字法规的严格制定和严肃施行十分重要。一方面要继续制定新的语言文字规范法;一方面要不断修订和完善原有的具体言语法,如商标用语法、广告用语法。在执法中,还应该有法必依,违法必究,真正使语言文字法规得到保质保量的执行。

语言文字规范化是一项涉及许多方面的系统工程。首先,语言的内部机制和外部干预共同发挥作用,调节语言文字应用的规范,但外部干预只能在顺应语言内部规律的前提下发挥作用。其次,语言文字的规范应该根据语言文字系统和语言文字应用的实际情况区分为不同层次、层面和环节,有语言规范和言语规范的不同层次,有不同社会集团和交际圈的多元层次,从规范到不规范的语言文字又可以划分出若干中间地带和过渡层次。其三,外部干预的构成因素是极其复杂的,有社会发展,有普通大众,有大众传媒,有政府行为,有语言文字研究和教育工作。这些因素都对语言文字生活和其规范起着不可或缺的干预作用,这其中政府的干预是积极有效的。其四,语言文字规范的研究者们和制定者们必须走出语言文字研究的象牙塔,走出规范观的误区,走近大众,走近真正的语文生活。从而倡导、引导语言的健康发展。

(原载于《浙江学刊》2000年第3期,与袁国霏合作)

21 世纪语言文字应用发展之前瞻

21 世纪的帷幕已经拉开,中华民族进入了全面振兴的新世纪。语言文字作为最主要的交际工具,在新世纪必将发挥出独特的、重要的作用。许嘉璐先生曾经对应用语言学作过这样预言:"21 世纪前半叶将是中国应用语言学成熟并且腾飞的时代。"(《21 世纪——中国应用语言学成熟、腾飞的时代》,《语言文字应用》2000 年第 1 期)这种预见是很有道理的。不仅应用语言学如此,整个语言学也都会随着社会的发展而得到新的发展,而语言文字的应用也会受到更为广泛的重视。必将会推动语言文字应用的研究和语言文字应用本身的发展。对许先生的这种预见的肯定,我们可以从三个方面来认识。

一、社会的发展会带动语言的发展,社会的发展也需要语言的发展。我们可以从改革开放二十多年社会的发展、进步和语言的发展、活跃得到印证。改革开放二十多年来,特别是市场经济实行以来,我国人民的语言生活出现了前所未有的丰富而活跃状态,这与新时期飞速发展的经济形势和宽松的政治生活氛围是分不开的。进入 21 世纪,经济形势将会得到更为快速的发展,政治生活氛围将更为宽松。特别是随着香港、澳门的相继回归,可以预见台湾问题的最终解决,祖国的和平统一也是不远的事情,祖国的政治生活的氛围必将更加宽松,国内广大人民之间的交往必将更加频繁;随着西部大开发的战线进一步拉长,步伐的进一步加快、加大,国内各族人民之间的交往和交流也必将增多;随着我国加入WTO组织,我国与世界各国之间的交往,特别是和发达国家的交往也会不断增加。所有这一切,都会对语言文字的应用和语言的接触产生直接的、积极的影响。同时,社会的、经济的交往的本身也是依赖于语言文字这个最直接的交际工具来进行的,因此,交际工具如果跟不上交际的需要,交际也必然要受到阻碍,语言文字应用的发展和社会形势的进步息息相关,而迅速发展的社会形势为语言文字应用和研究带来了十分活泼、复杂发展形势。

二、国家对语言文字应用的重视和有效的领导,必将推动语言文字向规范、正确、健康、有序的方向发展。2001年1月1日起《中华人民共和国国家通用语言文字法》的颁布实施,使我国的语言文字应用结束了无法可依的为难状态,为21世纪的信息化社会的语言文字应用提供了有力的法律依据,为语言文字应用的规范化、标准化工作提供了有力的武器,将全社会的语言文字应用纳入到法制的轨道,对克服社会语言文字使用中的盲目性和随意性提供了有力的保障。所以,《语言文字法》的实施推动语言文字朝着规范、正确、健康、有序的方向发展,使之更好地为祖国的经济建设、社会发展做出应用的贡献。所以可以预见21世纪将会是语言文字应用和应用语言学成熟并且腾飞的时代。

三、网络和信息技术的发展,拓展了语言文字应用的范围,加快了语言文字应用的发展,也对语言文字应用的标准化和规范化提出了挑战。随着信息化社会的到来,现代通讯技术和网络技术成了人们生活须臾也不可离开的辅助交际手段,传播速度慢、负载信息量少的通讯手段逐渐淡出人们的生活范围。现代化的通讯技术使信息通道得到了前所未有的拓展,信息传输的速度在点击之间就可完成,这一切既为语言文字应用及研究提供了方便,也对语言文字应用的标准化、规范化带来了一定的难度。

语言文字工作者要充分利用有利的形势,抓住机遇,寻求对策,使21世纪的语言文字应用的腾飞真正成为现实。为了使语言文字应用在21世纪朝着规范、正确、健康、有序的方向发展,我们在应该看到其光辉前景的前提下,必须对语言文字工作在21世纪所面临的各种挑战有所考虑、有所研究、有所准备。

随着我国加入WTO组织和西部大开发战略的进一步展开,将会出现许多新情况、新问题,下面的几个问题就是我们所面临的主要问题。

一 加入WTO之后汉语将会面临冲击

在几年之前,人们最为担心的是,加入WTO之后国外发达国家的科技产品和产业将会在我国产生市场垄断。在逐渐端正了认识之后,新的忧虑不能不让我们关注。从长远看,发达国家在经济领域所形成的科技产品和产业的垄断,我们经过努力终将会打破,这对提高我们的竞争能力,提高产业的科技水平,无疑是利大于弊的。然而随着国外科技的大量涌入,产业垄断的出现,必将会对语言产生强烈的冲击。对这种冲击,人们的认识远没有对产品和产业垄断的冲击认识那样清楚。因为这种冲击不像产品和产业垄断的冲击那样明显和直接，它是一种潜性的冲击，主要表现为科学技术产品会在语言中产生强大的渗透作用。

1. 随着我国加入WTO，西方发达国家的高科技技术与产品将会大量涌入，由于竞争，产品的更新换代也会不断加快。而这些高科技技术与产品的说明（包括产品说明书和产品上的文字，如品牌、厂址、操作指引、注意事项等）都用的是欧美语种，人们长期接受这种现象的感染，久而久之，必将对汉语的准确使用产生负面影响。

2. 21世纪计算机将会得到普及，会走进我国的千家万户，成为生活中的必需品。随着计算机使用的普及，计算机软件也会不断更新。而计算机软件的开发及应用，也是以欧美语种为主，形成了"话语霸权"，使汉人使用汉语的范围受到限制，这对汉语的发展也是极为不利的。

3. 加入WTO之后，整个社会以及文化、政治、文学等上层建筑也会进一步开放。人们的交流范围得到了扩展，信息传播的速度得到加快，比如，以前人们要用写信的方式传递信息，而现在，电话基本上成了人们传递信息的主要工具，写信已基本上成了"奢侈品"；目前有了E-mail，电报已基本上在逐渐退出历史舞台了（信息产业部最近已经发出通知取消了电报的"加急"业务，要求人们急事用电话联系）；而互联网的沟通，使人们的交际进一步"提速"，宽带网的出现又使信息通道得到了进一步的拓宽，信息技术的发展真可谓"一日千里"。而互联网在以英语为主的前提下，当然也会有其他多种语言出现，使人们接触汉语的几率逐渐降低，这不仅会降低汉语的使用效率，而且也逐渐使人们对汉语产生陌生感，这对汉语的发展是极为不利的。

二 科技现代化对语言发展的影响

前面我们分析了网络和信息技术的发展会对语言文字的应用的发展提供良好的契机,如果再加上加入WTO的语用条件,科学技术现代化对语言文字应用则更会提出规范、标准的要求。所有这一切,都为语言文字应用创造了良好的发展前景。但是,我们必须看到,科学技术的现代化会对语言的发展,对语言文字应用提出更为科学的、规范的、标准的等严格的要求。同时也对语言文字应用的管理带来了困难。

1.网络语言具有一定的变异性。因特网上人们的交往从距离上说,是既远在天边,又近在咫尺,从交际时限上说,是在点击之间就可沟通。在这种环境下交际,人们讲究的是语言的便捷、快速,不特别注重语言的规范正确,因此造成了网络语言的变异性特点。就目前看,这种语言就已经是五花八门,如用":-D"表示非常高兴地张嘴大笑、用"|-D"表示呵呵笑、用"|-P"表示捧腹大笑、用"|-9"表示舌头舔着嘴唇笑等等符号语言,用字母CU(see you)表示"再见"、用F2F(Face to face)表示"面对面"、用JAM(Just a moment)表示等一会儿等等网络术语的出现,就有些让人应接不暇了。不知道,是不是该编一本网络词典了。这种不规范的语言的泛滥,久而久之,必然会对规范的语言产生不良影响。

2.网络语言具有传播的快速性、广泛性。网络语言的传播速度非常之快,发一份电子邮件一般很快就能到达,网上聊天是即发即收,非常快捷。网络语言的传播也十分广泛,现在上网的人从中小学生到退休的人士遍及各个阶层。比过去靠看报纸、杂志、电视和听收音机来接受信息,靠阅读文学作品、看电视文学作品来欣赏文学艺术的要广泛得多。这种信息传播的快速性和广泛性的特点,增强了语言的渗透力,也给语言文字的规范工作带来了困难。然而,如果我们的语言文字工作不能很好地占领网络这个阵地,其后果是难以想象的。

3. 网络语言具有随意性。在网络上发表言论不像在报纸和杂志上那样困难,要经过作者精雕细刻,还要经过编辑、责任编辑和主编的多次审校,才能使文章和读者见面。在网络上,人们要发表何种言论,只要在 BBS 上,或在网站上公布出来就行,无须斟酌,极为随意。这种语言极不规范,对青少年的影响很大,如果青少年经常接触,必然会降低规范的意识。过去,人们曾对电视广告中乱改成语的做法议论纷纷,和网络语言相比,真是小巫见大巫了。

4. 网络语言具有一定的非可控性。网络媒体本身具有一定的特殊性,网络作为传递信息的基本通道,具有其特殊性,最主要的是可控性差,信息管理部门虽然对一些信息可以进行过滤,对信息的通道可以进行开放或关闭,但交际者可以通过各种连接,迂回地打开被关闭的信道,突破人为的控制。

这些特点,都对语言的规范产生一定的冲击。电脑业巨子比尔·盖茨说过"因特网将改变一切"。网络技术会为人们的交际打开前所未有的广阔前景,也会给我们的语言带来预想不到的麻烦。所以我们语言工作者,特别是语言文字应用方面的研究者要研究的问题更广泛了,要求就更高了,难度就更大了。我们应该研究,我们的理论语言学如何为应用语言学服务,应用语言学如何更好地发挥作用,如何和现代科技结合得更为密切,如何正确面对和改善网络形势下的语用环境。这些问题都是值得我们认真思考并且为之努力的。

三　社会心理因素对语言将会继续产生影响

社会心理因素对语言有着直接的影响,信息、网络时代人们的社会心理肯定会适应时代而以快速、便捷、俭省以及从众等心理为主要特征。因此,政府制定语言政策必须研究社会心理因素。这方面新加坡华语地位将逐渐被英语取代的现实已经给了我们以警示。

1979年,新加坡前总理李光耀曾发起过一场华语运动,要求民众必须在政治、社会及商业阶层内使用华语,以争取华语在英语主导环境之下的生存空间,否则华语将会成为"厨房里的语言"。然而,最近从中新香港网提供的一则消息却让我们感到吃惊:新加坡华语地位将逐渐被英语取代。据新加坡《海峡时报》的一项调查指出,目前43.2%的小学一年级学生会经常使用英语,而20年前同组别的使用英语比率仅为9.3%,明显有大幅度的增长。调查还指出,目前有53.8%的学生在家会使用华语,虽然比1980年的数字上升了25.9%,但却比1989年的69.1%大为下跌。在新加坡的多种族人口中,以华人最多,占77%,共320万人;印度及马拉人排行第二。由于近年来新加坡政府积极在向华人社区推广使用英语,故令英语的地位渐与华语并驾齐驱。专家们指出,英语的使用率在过去20年来不断上升,相信在未来的5至10年,英语与华语的使用率将会更为相近。负责推广使用英语运动的主席表示,英语将会继续在华人的家庭中被广泛使用,而英语将会取替华语,成为新加坡华人的第一语言。李光耀所担心的华语将会成为"厨房里的语言"不久将会成为现实。这个现实不能不引起我们的警惕。这种结果的出现,直接原因是政府的推行,然而和社会的心理因素也有密切的联系。

最近,不少的城市为了迎接加入WTO的那一天早日到来,已经在"厉兵秣马",要求各种服务窗口(如的哥、服务员、办事员等)甚至市民都要学习英语,电台、电视台还开出了市民学英语的节目。这应该说是件好事,然而,我们必须警惕,这种积极的作为,不要让国民中早就潜存的奴性心理重新滋长、蔓延。否则,若干年以后,李光耀所担心的现象将会在我国出现。

四 西部大开发与推广普通话关系密切

西部大开发是我国经济建设事业上的一项重大创举,是我国社会主义现代化建设的一大战略措施。这一措施的实施,对语言文字的应用研究也提供了新的课题。这个课题的中心就是推广普通话。中国是一个多民族的国家,在我国的西部就居住着许多少数民族,使用着各种少数民族语言,而汉语是一种又是多方言的语言。开发西部,四面八方汇聚一方,普通话才是最好的交际语言,迫切需要推广普通话,迫切需要在提高西部人民整体素质的同时,提高广大干部和广大人民群众运用通用语言和文字的水平。更好地吸引外商来西部投资。许嘉璐先生曾指出,"有些港澳同胞是想到西部投资的,但是考察之后决定先缓一缓,原因之一就是当地方言严重,人家听不懂。当年广东、深圳就没这个问题,因为毗邻港澳,没有语言障碍;后来上海、江苏引进的香港、澳门的资金也不少,因为这些地方普通话推广得好。"(《学习宣传、贯彻实施〈国家语言通用文字法〉》,《语言文字应用》2001年第2期)可见,推广普通话和经济建设的关系多么密切。

特别值得我们注意的是在推广普通话方面要早作打算,早作部署。西部大开发有党和政府的高度重视,有方方面面的资金、技术的支持,成效一定会比在西部地区推广普通话要高得多,而推广普通话由于其工作的特殊性,见效要慢得多。但是,如果推普工作跟不上形势的需要,必然会拖西部大开发的后腿。对此,我们的各级政府部门和语言文字工作者都应有清醒的认识。

五 西部大开发应重视双语和多语的研究

和上一个问题紧紧相关的就是要加强双语甚至多语的研究。西部大开发促成了在正式场合、公共场合用普通话进行交际,但是如果是在非正式、非公共的场合,人们往往习惯于使用自己熟悉的语言或方言,特别是在家庭中,这种现象就会表现得更为普遍。为了更好地推广普通话,我们必须重视并且认真地研究双语、多语并存的现象,为推广普通话服务。在"推普"中,做到既尊重少数民族学习、使用和发展本民族语言文字的权利,也尊重各民族互相学习语言文字的权利,尊重少数民族学习使用全国通用的普通话和规范的汉字的权利。使在公共场合说普通话成为人们语言交际的首要准则。

21世纪语言文字应用有着光辉的前景,也有着值得我们继续深入探索的课题,让我们都来关注21世纪汉语语言文字应用及其研究吧!

(原载于《汉语学报》第5期,与周明强合作)

第三编

语用学研究

第三卷

華嚴本教

语用学:语言学研究的新兴分支学科

一 语用学研究的兴起与发展

语言,是人类所特有的一种交通工具,其起源和发展堪称与人类的起源和发展同生共伴。然而,真正独立的语言学研究的历史还不长。在漫长的岁月里,语言学没有获得独立的地位,在西方是哲学的附庸,在中国是经学的附庸,都属于传统语文学的范畴。18世纪末19世纪初兴起的历史比较语言学,才使语言学开始成为一门真正的、独立的科学。

20世纪以来,语言学研究进入一个新的阶段。世纪之初,被誉为"现代语言学之父"的瑞士语言学家索绪尔在其名著《普通语言学教程》中提出"语言学的唯一的、真正的对象是就语言和为语言而研究的语言"[1],开了结构主义、描写语言学的先河。他所提出的几组概念,如语言与言语、组合与聚合、所指与能指等直到今天仍是语言学研究中重要的范畴。他认为语言学主要是研究语言系统特别是语言结构本身,而言语活动是异质的,应该排除在语言学研究之外。随后,美国描写主义代表人物布龙菲尔德对语言的音系、形态和语法进行了专门的研究,使结构主义系统描写的方法臻于完善。20世纪50年代,乔姆斯基创立了转换生成语法学派,从认知的角度将语言与人的心理机制结合起来,提出了转换、生成、语言能力等重要概念,运用演绎方法,高度形式化地抽象出内在的语法规则,把语言结构的研究推向了新的阶段。值得注意的是,20世纪前半段的语言研究是以结构描写为主导的。虽然有像英国语言学家弗斯那样,提出关注意义、研究语境的观点,但在强大的结构主义潮流面前,长时间未受重视。而乔姆斯基的学说虽然号称语言学的一次"革命",但其基本的立足点仍与索绪尔、布龙菲尔德等是一脉相承的,亦即关心语言的内部结构规律,排除了其他"杂质"。

语言学界这种一枝独秀的现象到了20世纪60年代有了明显的改观。一是横向性的拓展。语言学研究不再像乔姆斯基宣称的那样:"语言学理论所要关心的是一个拟想的说话人、听话人,他所处的社团的言语是纯之又纯的,他对这一社团的语言的了解是熟之又熟的。"[2]自始关注现实社会中的语言现象、语言功能和语言运用、计算语言学等分支学科应运而生。二是纵向性的发展:语言学研究不再像布龙菲尔德所说的:"语言的描写工作在于对语言形式作出比较严格的分析,同时假定这些语言形式具有稳固的和可以确定的意义。"[3]除了对语言结构系统的进一步研究之外,还开始对其另一个重要属性——意义给予充分的重视和研究,而不再停留在对意义的"假定"上。这导致了语义学的兴起和发展。应该说,从结构研究到意义研究,是语言学向纵深发展的重要标志。而随着研究的深入,人们发现,对语言意义的研究并不简单,甚至要比纯结构的研究困难得多。首先是与语言结构相对应的意义本身就是很复杂的；其次除了这种结构意义之外，语言还可能带有什么意义？再次，这些新的意义同哪些因素有关，如何研究？等等。由此，语言学研究又再向纵深迈进一步——语用学的产生也就成为必然。

从历史的角度看，语用学涉及的内容早在古代就存在，并引起学者们的注意。古希腊、罗马时期的诡辩术和修辞学就有不少与现代语用学相关的论题；我国传统的训诂学中的一些内容也与当今语用学研究有着或远或近的关系。现代语用学研究的端倪在 20 世纪上半叶开始有所显现，30 年代，英国语言学家弗斯提出了关于意义的语境理论，50 年代，英国哲学家奥斯汀创立了言语行为理论，这些都是现代语用学研究的重要内容。就语用学 (Pragmatics) 这个术语在 30 年代也已出现。1938 年美国逻辑学家莫里斯在《符号学理论基础》一书中提出，符号学可分为三个组成部分：1. 符号关系学，研究符号与符号之间的关系；2. 符号意义学，研究符号与所指之间的关系；3. 符号实用学，研究符号与使用者之间的关系。由于语言文字是人类使用的最重要的符号系统，莫里斯的观点后被借用到语言学界，而这三分法也正好与语言学向纵深发展的轨迹不谋而合，于是莫里斯的三个术语便成了语言学研究常用的三个平面的名称：句法学（Syntactics）、语义学（Semantics）和语用学（Pragmatics）。

何谓语用学？何兆熊的《新编语用学概要》[4]一书中罗列了 20 世纪 80 年代至 90 年代不同学者对语用学所下的定义不下十余条，并认为这些定义都有一定的积极意义同时又有一定的局限和偏向。的确,由于内容的复杂和学科独立的时间不长,要给语用学以准确的定义并不容易。在综合国内外学者的研究观点基础上,笔者认为,可以这样下定义:"语用学是在动态的语言应用中研究说写者所表达的语用意义和听读者所理解的语用意义,并研究语用意义的实现或变异条件的科学。"也就是说,语用学"关注使用语言的人(包括说写者和听读者);关注语言使用中的种种有关因素,特别是语境的作用;它也十分关注语言手段本身并使之同以上两个方面紧密结合在一起。换言之,它从说写者和听读者的不同角度以及相互关系上,研究人们的言语行为(语言表达和语言理解);研究特定语境中的特定话语,并探求语境的种种功能;研究语用的种种言内之意和言外之意及其相应条件等等"。[5]

作为一门新兴的语言学分支学科,语用学在国际范围内的崛起大约在20世纪70年代,其获得独立地位是以三个重要事件为标志的。一是1977年《语用学杂志》创刊,二是1983年第一本语用学专著出版,三是1986年国际语用学会成立。语用学的创立与发展是与一大批语言学家、哲学家的努力探索分不开的。奥斯汀、格赖斯、舍尔、列文森、利奇、格林、斯帕波和威尔逊等在语用学研究方面都做出了杰出的贡献。在仅仅二三十年的时间里,语用学的发展非常迅猛,就研究的广度而言,语境(Context)、言语行为(Speech act)、会话含义(Conversational implicature)、指示语(Deixis items)、语用预设(Presupposition)、会话结构(Conversational structure)等内容已成为语用研究的最充满活力的部分,荷恩级差关系(Hom scale)、原型理论(Pragmatic strategies)等课题也已展开。从研究的深度而言,如语用原则的研究在不断深化,格赖斯1967年提出了会话的合作原则,利奇在1983年提出礼貌原则及其次准则对前者进行补充和修正,1986年,斯帕波和威尔逊提出了以认知理论为基础的关联原则,到1991年,列文森又较为系统地提出新格赖斯语用机制,力图从交际双方的角度阐释话语的一般含义,拓展语用原则的运用范围。

国内的语用学研究是从20世纪80年代初开始的。1980年,北京大学胡壮麟教授在《国外语言学》杂志第3期上发表《语用学》一文,比较全面地介绍了语用学的发生、发展过程及其主要内容;1983年复旦大学程雨民教授在同一刊物上发表《格赖斯的"会话含义"与有关的讨论》一文,引介了美国语用学家格赖斯关于会话原则的理论;著名语言学家许国璋教授则翻译了英国哲学家奥斯汀的《论言有所为》。这些引进和介绍,对国内的语用学发展起到了十分重要的作用。随后,外语界的学者根据国外研究资料,先后出版了一些概论性著作,主要有何自然的《语用学概论》(湖南教育出版社,1988年),何兆熊的《语用学概要》(上海外语教育出版社,1989年),对介绍语用学的理论和知识起到了积极作用。

与外语界积极引进介绍西方语用学理论相呼应,我国汉语研究界也适时地结合语用学概论,开展了对汉语语用学研究。研究的内容大致可分为三个方面:1.面向外语教学的语用学研究;2.面向汉语语法和语用法开展的研究;3.语用学理论的研究。[6] 1992年,北京语言学院出版社出版了由西植光正编的《语境研究论文集》,共收入44篇论文,其内容为语用学的重要因素——语境,是当时语境研究成果的汇编。1993年,笔者出版了《语用学在语文教学中的运用》(杭州大学出版社)一书,1994年中国社会科学院语言研究所"汉语运用的语用原则"课题组,结集出版了《语用研究论集》(北京语言学院出版社),用语用原则对汉语语法中过去难以解释的现象作出系统的解释。1997年,清华大学出版社又出版了钱冠连的《汉语文化语用学》,以汉语文化为背景,建立起"人文网络言语学"。此外还有陈宗明主编《中国语用学思想》(浙江教育出版社,1997年)、左思民的《汉语语用学》(河南人民出版社,2000年)等著作。

二　语用学研究的相关因素与系统

语用学是一门年轻的学科,同其他新兴学科一样,其内涵和外延需要在发展过程中逐步清晰起来。同以往的语言研究最大的不同就在于,它涉及的因素众多且呈开放性特征。这是因为语用学不同于此前只关心语言内部有关因素的各种语言学流派,而是将语言置于实际应用的状态之中研究其功能。正如第五届国际语用学学会所宣告的那样:"语用学可以被非常广义地看作是对语言之认识的、社会的及文化的视角研究。"[7]动态的语用牵涉面很广,从理论上说,凡是同语言应用相关的因素包括社会的、文化的、心理的等等都可以成为语用学研究要讨论的对象,而且这样的因素还处于动态之中,难以尽述。美国语言学家海姆斯1974年曾把语用交际的相关因素解析为十几个构成项目,归纳为八个大项,并用SPEAKING一词的八个字母分别代表[8]:

S代表Setting和Scene,即背景和场合。这指时间、地点等交际活动发生的具体环境和抽象的心理环境——社会和文化赋予的特定背景。

P代表Participants,这是语用交际中最重要的因素——语用的参与者。具体地说参与者的年龄、性别、种族、社会身份、文化素养等,都是语用中值得重视的。

E代表Ends,即交际的目的,包括按社会文化约定的惯例所期待的结果(outcome)和参与者的个人目的(goals)。

A代表Act sequence,这指语用交际的行为顺序,包括信息内容与内容的表达方式和形式。

K代表Keys,指语用交际的基调,包括说话的语气、表情、姿态等,如认真的、嬉戏的、夸张的、嘲讽的或不动声色的等。

I代表Instrumentalities,指语用交际的媒介和渠道,即在语用中使用的是哪种语言或方言,是口头表述还是书面表达等。

N代表Norms,指语用交际时人们必须遵循的各种规约,正如海姆斯所说的人们"该不该说,说什么,对谁说,什么时候说,什么场合说,以什么方式说"。[9]

G代表Genres,指语用交际的体裁或话语类型,如评论、祈祷、演讲、公告、诗歌、书信、寓言、笑话、诅咒、谜语等的使用范围是不同的。

1981年,美国跨文化交际学家萨姆瓦等人也从另一方面谈到交际的八个因素[10],分别为:

信息源(Source),这指的是具有交际需求的个体。这种需求可以是出于个人寻求社会承认的愿望,也可以是出于与别人分享所得所思,以期影响别人态度和行为的愿望以及其他各种愿望。

编码(Encoding),这是一种内心活动,通过对言语和非言语符号的选择,以一定的语法规则组合在一起,从而构成信息。

信息(Message),指一组言语的或非言语的符号,代表了信息源在时空的某一特定时刻下的特定存在状态。

渠道(Channel),这是信息得以传递的物理手段,使信息源和接受者相关联,具体表现为传递的媒介方式。

接受者(Receiver),指获得信息并随之与信息源相关联的个体或群体,可以是信息源意向所指的对象,也可以是在信息进入渠道后因为种种原因而取得信息的其他人。

译码(Decoding),指把外部信息源转化为具有意义的经验的内心活动,这种活动是接受者所进行的,与编码过程相逆,也称为信息加工过程。

接受者的反应(Receiver response),即接受者决定对信息采取什么行动。最小限度的反应可以表现为接受者无视信息的存在或对之不采取行动,最大限度的反应为立即、明显的行动,可能伴随着大幅度的动作。

反馈(Feedback),在交际的过程中,某些情况和信息可由信息源所掌握,并由之作出对交际效果的定性的判断,从而调整和适应当时的交际情境。一般来说,反馈多指信息源的调整行为,而反应则多为接受者的行为。

显而易见,语用交际是一个十分复杂的现象,涉及的因素众多,以上两种观点只是代表,所列的因素有相同的,也有不同的,这一方面说明人们对语用交际认识角度的差异,另一方面也说明了语用交际本身的复杂。对此,需要进一步加以概括。我们认为,语用学涉及的因素虽然众多,但并非杂乱无章的堆砌,而是可以抽象为一定的系统来进行研究的。在第一个平面上,语用学主要有三大要素:"如果说语境是语用的条件,那么,话语便是语用的工具,交际者便是语用的主体。这三大要素互相联系、影响和制约,构成了语用学的完整系统。而在这三大要素内部又可以分出若干子因素,形成各自的小系统。"[11]

三 语用学研究的主要论题与内容

面对复杂的语用交际因素,二三十年来的语用学研究集中了几个主要论题加以深入的讨论,并经众多学者的努力,成为语用学研究领域中形成共识的内容。

1. 语用意义

语用学研究语言的功能,研究实际运用中的语言的作用,势必要从语用意义的讨论入手。而对于"意义"来说,语言学界一直就众说纷纭。1923年,C. K. Ogden 和 I. A. Richards 出版了一本有名的著作《意义的意义》,列举了关于"意义"一词的二十二种意义。1933年,结构主义语言学的代表布龙菲尔德则明确地说:"只有当某个言语形式的意义在我们所掌握的科学知识范围之内,我们才能准确地确定它的意义。"[12]但这种观点受到后来兴起的语义学的批判。着眼于将意义的研究纳入语义学范畴,英国语言学家利奇区分出了七种意义:理性意义、内涵意义、社会意义、情感意义、反映意义、搭配意义和主题意义。其中第二至第六种意义又可用一个更概括的术语"联想意义"来统称。[13]需要指出的是,利奇的这种分类虽声称是语义学的分析,但其联想意义的提法,尤其是社会意义、情感意义、反映意义等所对应的意义内涵,并非单纯的语义学上的,而或多或少地进入到语用意义的范畴。

其实,在同一本书中,利奇的研究也注意到语用意义的问题。如对言外之意和会话含义他便认为是语用的意义,除此之外,他还提出了四条标准,以判明对意义的讨论是否进入语用学范畴:

(1)是否考虑了发话人和受话人或言者和听者;

(2)是否考虑了言者的意图或听者的解释;

(3)是否考虑了语境;

(4)是否考虑了通过使用语言或依靠使用语言而施行的那种行为或行动。

如果对这些问题的回答有一个或一个以上是肯定的,就是在讨论语用学,亦即是对语用意义的讨论[14]。也就是说,语用意义实质上是应用中的动态的意义,与发话人或受话人、与言语行为、与语境等因素相关。

另一方面,语用学家们一开始就致力于区分语言的意义和语用的意义两个层面上的不同。1957年格赖斯将意义分为两种:自然意义和非自然意义,前者不涉及意图,后者一定涉及意图,也称之为说话人的意义。在此基础上,格赖斯提出了会话含义的理论。可以说这两种意义便是语言意义和语用意义的区分。1995年,托马斯出版了名为《言语交际中的意义:语用学概论》的著作,她把意义也分为两大类:抽象意义和说话人意义,其中说话人意义又包含语境意义和说话人的意图两个层次[15]。这两大类的意义也是在语言意义和语用意义两个层面上立论的。

1993年,笔者的《语用学在语文教学中的应用》一书中明确提出:"从语用学的视角来看待话语意义,区分两个层面上的意义是重要的。"第一层面的意义为话语的语言意义或理性意义,第二层面的意义为话语的语用意义或信息内容[16]。在书中重点讨论分析了语用意义的几种类型:一般语用义、突现语用义、色彩语用义、言外之意(包括语用预设义、会话含义、间接言语行为义等)、文化意义和主题意义。还指出利奇所说的"要表达的意义与被理解的意义"[17]的区别也是很重要的,这实际上便是语用意义的实现与变异的问题。并在此基础上提出"语用意义是语用学研究核心"的观点。

2. 言语环境

言语环境是语用学研究的另一重要范畴。说它重要,首先是因为它贯穿语用交际的全过程,是语用得以顺利进行的重要条件。任何一次语用交际(不论是口语还是书面语)都有一定的环境或场景,包括具体的时空等自然环境和特定的社会时代环境。这些参与到具体的言语行为中的环境就是语境。不能设想,语用交际可以脱离语境而存在。其次因为它对语用交际的影响十分直接,尤其是对语用意义的形成、转换等关系密切。"语境不是外力加于句子意义的东西,它也是确定句子的真理价值和基本意义的要素"[18]。再次是因为它的复杂性:构成因素的复杂、内部分类的复杂、功能作用的复杂等等。

语境的术语是由英国人类学家马林诺夫斯基20世纪20年代最先提出的。他认为有文化语境和情景语境两个大的类型。伦敦学派创始人、英国语言学家弗斯认为,除了语言本身的上下文之外,整个社会环境、文化、信仰、参与者的身份、经历、参与者之间的关系等,都构成语境的一部分。他将语境分为"语言的上下文"和"情景的上下文",后者包括:(1)参与者的有关特征:人物、人格;(2)有关客体;(3)言语活动的影响或效果等诸要素[19]。英国语言学家韩礼德用"语域"的概念等同于"语境"这个术语,他的语域由"话语的范围"、"话语的方式"和"话语的风格"三者构成[20]。美国语言学家海姆斯提到的语境因素有:"话语的形式和内容、背景、参与者、目的、音调、交际工具、风格和互相作用的规范等"[21]。英国语言学家利奇提出语境因素应包括:言语发出者,言语接受者;话语的上下文;话语的目的;作为行为或活动形式的话语——言语行为;作为言辞行为的结果的话语等五个方面[22]。同其他人关心语境对语言的制约作用的角度不完全一样,英国语言学家莱昂斯从知识的角度来解释语境,给后人以启示和较大的影响。他归纳了六种知识:

(1)每个参与者必须知道自己在整个语言活动中所起的作用和所处的地位;

(2)每个参与者必须知道语言活动的时间和空间;

(3)每个参与者必须能够辨别语言活动情景的正式程度;

(4)每个参与者必须知道对于这一情景来说,什么是合适的交际媒介;

(5)每个参与者必须知道如何使自己的话语与语言活动的主题相适合,以及主题对选择方言或语言(在多语社团中)的重要性;

(6)每个参与者必须知道如何使自己的话语与语言活动的情景所属的领域和范围相适合。[23]

受这种语境知识论的影响,不少人也从这角度讨论语境。如我国的何兆熊认为语境的构成可归纳为:

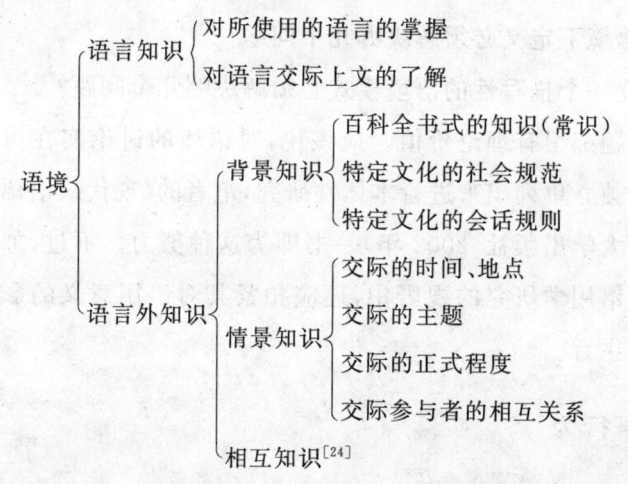

```
         ┌ 语言知识 ┬ 对所使用的语言的掌握
         │         └ 对语言交际上文的了解
         │         ┌ 百科全书式的知识(常识)
         │   ┌ 背景知识 ┬ 特定文化的社会规范
语境 ┤         │         └ 特定文化的会话规则
         │         ┌ 交际的时间、地点
         │ 语言外知识 ┤ 情景知识 ┤ 交际的主题
         │         │         │ 交际的正式程度
         │         │         └ 交际参与者的相互关系
         │         └ 相互知识[24]
```

需要指出的是,近十几年来,西方语言学界把语境作为一个本体性概念进行研究,提出了不少令人瞩目的新问题。主要有:

(1)语境是客观的场景,还是心理产物,还是交际主体相互主观构建(解释)的背景?

(2)语境是在言语交际之前既定的,还是在交际过程中动态形成的?如果是动态形成的,那么它是由交际的参加者构成的,还是由其自身构成的?交际主体除了受语境制约,是否还可以为了自身的交际目的构成语境?如果语境是不断构造的,那么其过程是不是积累性的?

(3)语境是相对什么而言的?它是不是单一的和唯一的?它是否具有确定性?

(4)语境是否为言语交际主体共享,或者说是否被限制在交际双方的"互有知识"范围内?不同的交际主体是否有不同的语境?

(5)应当将语境置于什么层次上进行研究?抽象的、一般意义上的普通语境是否存在?

(6)给语境下定义必须解决哪几个问题?

(7)建立一个描写性的语境模式必须解决哪几个问题?[25]

这些问题都很有理论价值。应该说,对语境的讨论实在可以从语用学中独立单列出来进行本体性研究,笔者的《现代汉语语境研究》(浙江大学出版社,2002年)一书即为这种努力。不过,如果将语境置于语用学研究的视野中,还应扣紧其对语用意义的影响和作用这个主旨。

3.言语行为

言语行为理论是与哲学家奥斯汀和塞尔等人的名字联系在一起的。1955年,奥斯汀在哈佛大学做了题为《论言有所为》的演讲,后由其学生整理成书于1962年出版。塞尔则于1969年、1975年和1979年分别出版发表了《言语行为:语言哲学的一种尝试》、《间接言语行为》和《表达和意义:言语行为理论的研究》等重要论著。言语行为理论的基本出发点是:言语的使用总是同说话人的具体目的、意图相联系的,这种意图体现在话语表层,就使之不仅表达了一定的意义,而且完成了说话人的一种行为,这种行为又是可以付诸行动,可以实现的。由此开辟了一条从行为角度研究语言使用的新道路,言语行为理论也成为当今语用学研究中最重要、最热门的范畴之一。

言语行为理论经历了一个较为清晰的发展过程。奥斯汀早期将言语行为分为言有所述、言有所为两种,前者用于描述事物状态或陈述某种事实,有或真或假的意义区别。后者是表明说话人所要实施的言语行为的一种特定形式。后来,奥斯汀放弃了这种两分法,提出了著名的言语行为三分法:

(1)言内行为,指通过话语字面意义来达到某种思想的发话行为,大致相当于发出一个有意义的句子,其功能是以言指事;

(2)言外行为,除字面意义之外,还伴随着说话人强烈的心理意图,带上某种语力,如承诺、请求、命令、宣告、威胁等,其功能是以言行事;

(3)言后行为,指说话人欲通过话语取得某种效果,即对听话人产生一定的影响,影响他们的感情、思想或行动,其功能是以言成事。

奥斯汀的主要精力是放在对言外行为的研究上,他将此类行为进一步分为五种:裁决型、行使型、承诺型、行为型和阐释型,并试图从词汇语法的角度寻求形式依据。[26]

塞尔进一步发展了言语行为理论。首先他将言语行为区分为发话行为和命题行为两种,指出不同的话语可以表达同一命题,但有不同的语力。他认为没有必要去区分言内行为和言外行为。"句子意义的研究和言语行为的研究在原则上没有区别"[27]。其次重点讨论了言外行为的分类。他对奥斯汀的分类提出了批评,认为不同类型的言外行为的差别至少有十二个重要的方面[28],在此基础上,他将言外行为分为断定式、指令式、承诺式、表情式和宣告式五种。再次,提出了间接言语行为的概念,这是塞尔对发展言语行为理论所做出的一个重要的贡献。"间接言语行为是通过实施另一种施事行为的方式来间接地实施某一种施事行为"[29]。这又可分为规约性和非规约性的间接言语行为。塞尔进一步指出，说话人和听话人表达或理解间接言语行为有四条依据：共同具有的背景信息，听话人的理解的推断力，言语行为理论，会话合作的一般原则。

言语行为理论对语用学研究具有重要的意义。其一，深化了对语用意义的讨论。该理论对言外行为特别是语力的分析有独到之处，从一个方面指出了话语之所以含有不同语用意义的原因。其二，体现了对语用主体两方面的关注。言外行为、言后行为都着眼于交际双方，一定程度上讨论了听话人与说话人的关系，拓宽了语用学研究的范围。其三，综合了语境和语用规则等因素。特别是非规划性间接言语行为的讨论，涉及了语境、会话合作原则甚至是礼貌原则等，使语用诸因素的分析在一个较高的层面上得到整合。

4. 语用规则

会话含义，是语用研究中备受重视的一类语用意义。这种语用意义的产生与语用规则密切相关。1967年，格赖斯在哈佛大学所做的演讲《逻辑与会话》中，提出了交际中的"合作原则"：人们的互相交际总是遵循一定的目的，能互相默契，力求使所说的话能符合所参与的交际的公认目的或方向。因而对交际双方来说，存在着某种共同遵守的原则，这便是合作原则。

合作原则又含有四个准则：

(1) 量的准则,要求说话人提供给听话人的信息量既足够又不超出;

(2) 质的准则,要求说话人的话是真实的,至少他本人认为是真实的、有根据的,不是自相矛盾或虚假;

(3) 关系准则,要求所说的话紧扣话题,同交际意图密切相关;

(4) 方式准则,要求话语清楚明白、简洁,避免晦涩和歧义,并要井井有条。

格赖斯进一步指出,如果说话人有意违反合作原则,目的不是让交际中断,而是另有企图,而这有意的违反又能为听话人所接受,并默认听话人作不同的理解,这时就产生了一种新的意义——会话含义。应该说,这是格赖斯对语用学研究的一个重要的理论贡献。

关于会话含义,格赖斯做了较充分的论证。比如区分了一般性会话含义和特殊性会话含义,给出了会话含义的推导步骤,分析了会话含义的基本特征等[30]。由于合作原则的规律性和普适性,会话含义的深刻性和创新性,语用规则的探讨引起了众多学者的重视,格赖斯所创学说中的一些不完备之处也为后继者所关注和修订完善,并取得一系列的新进展,提出了一些新的语用规则,主要有列文森三原则、礼貌原则、关联原则以及得体原则等。

列文森三原则是 1987 年提出的,当时主要是作为合作原则的"援救"而设的:"礼貌原则不能被视为添加到合作原则上去的另一个原则,而是为援救合作原则解决一系列麻烦的一种必要的补充。"具体地说,礼貌原则包含了六个准则:

(1)得体的准则:减少有损于他人的观点,增大有益于他人的观点;

(2)宽容的准则:减少有益于自己的观点,增大有损于自己的观点;

(3)表扬的准则:减少对他人的贬降,增大对他人的赞誉;

(4)谦逊的准则:减少对自己的赞誉,增大对自己的贬降;

(5)同意的准则:减少与他人在观点上的不一致,增大与他人在观点上的共同点;

(6)同情的准则:减少对他人的反感,增大对他人的同情。[31]

礼貌原则是语用学所研究的重要的语用规则之一,不少学者都有所关注,如中国学者顾曰国在1992年也提出了五条有汉语特色的礼貌准则:

(1)贬己尊人准则:指谓自己或与自己相关的事物要"贬"要"谦",指谓听者或与听者有关联的事物时要"抬"要"尊"。

(2)德言行准则:尽量减少他人付出的代价,尽量增大对他人的益处(可谓大德),在言辞上,尽量夸大别人给自己的好处,尽量说小自己付出的代价(可谓君子)。

(3)文雅准则:即自我表现出和善、关心和友爱等。

(4)求同准则:即说者与听者在诸多方面力求和谐一致。

(5)称呼准则:即"上下有义,贵贱有分,长幼有等"。[32]

关联原则是斯帕波和威尔逊1986年提出的。这是一种以认知为基础的语用学研究理论。她们认为,语言交际是一个认知过程,互明、互知是交际的基础。认知的实现在于它本身所体现出来的关联性,就是通过相关的知识来认识事物,即认知主体与认知现

象的相关联,这是关联理论最基本的出发点。关联原则包含两条准则:

(1)认知原则,人类的认知倾向于同最大程度的关联性相吻合;

(2)交际原则,话语会产生对关联的期待,每一个话语(或推理交际的行为)都应该设想为话语或行为本身具备最佳的关联性。[33]

应该说,斯帕波和威尔逊的关联原则是对格赖斯合作原则的一种创新,将其所有的交际准则压缩成一条"关联"原则。当然,在这条原则中还包括语用的推理:话语理解的过程实际上就是在语境假设和新信息之间进行推理的过程。在这里,推理就是在寻找关联。换言之,关联原则是一条普通性原则。在语用交际中,人们不必"有意"遵守它,但要想违反它也是不可能的。值得指出的是:关联原则从认知的角度来看待推理,给出了较为容易把握的相关过程:

推理:输入模块:信号感知→语言解码(运用词汇与语法规则)
↓
中央处理模块:利用百科知识图式建立假设→演绎推理→推导出最为相关的假设

这比格赖斯和列文森等的纯形式化的逻辑推理要简明,也更有解释力,为话语的理解与研究提供了新的理论根据。因而不少学者认为关联原则要比合作原则更令人信服,甚至认为可以取代合作原则。

得体原则最早是海姆斯提出来的,他在1971年发表的《论交际能力》一文中,提出了"交际能力"的概念,认为其包括"什么时候,什么场合,讲什么话,对谁讲以及怎么讲等能力"。据此,海姆斯讨论了交际规则,即除了语法的正确性之外,还有话语的可行性、得体性和可接受性等使用的规则。在利奇的礼貌原则中,"得体"是作为其中之一的准则来论述的。但后来不少学者认为"得体"是作为其中之一的准则来论述的。但后来不少学者认为"得体"不应降低为礼貌原则之下的准则,而应上升为语用的最高原则。如我国学者索振羽说:"我们把适合不同语境的需要,采用拐弯抹角(间接)方式,说出的话交际效果最佳叫做'得体'",从"从言语交际的根本目的来看,话语得体不是为了礼貌,而是它能取得最佳交际效果,并且'得体'比'礼貌'的覆盖面大"。认为这个原则与合作原则分工合作、相互补益,既能科学、合理的解释"合作原则"难于解释或无力解释的一些重要问题,又比新格赖斯会话含义理论更便于交际者大众熟练掌握和运用。具体地说,这个原则又包括三个准则:礼貌准则、幽默准则和克制准则。[34]

5. 话语结构

话语结构也是语用学研究的重要内容之一。与语法学研究静态的语法结构不同,语用学研究的是实际运用的动态话语的结构及话语的功能。这种研究可分为两个方面:

一是对话语本身的语用结构研究。从语用学角度看,言语交际过程就是信息传递、信息交换的过程,因而可以将话语的结构看作是信息传递结构。信息结构的单位有已知(旧)信息和未知(新)信息两大类。已知信息指由环境或上文或背景等提供了的信息,未知信息指不能从环境或上文预测的信息。信息结构同语序密切相关。一般情况下的交际,总是由已知信息导入未知信息的。"已知-未知"的信息结构模式便是语用研究中最常见的。对汉语而言,话题-说明的结构,正是这种最常见的信息结构。

如果说话语的信息结构更多的是与语境因素有关,那么,话语的另一种语用结构——心理结构,则更多的与语用主体相关。心理结构指的是说话人因为交际目的、意图的影响,有意识地加以强调而使话语在表层发生了某些变异的结构,这种需强调的部分在语用学中称之为"焦点"。由于强调,心理结构时常与信息结构不一致,改变信息结构的组成方式。常见的有:说明-话题结构、宾语-述谓结构、中心语-修饰语结构等,对汉语来说,并列式名词组合的话语也可看作是变异化的心理结构。

二是对交际中的话语结构研究。与前一类研究相较,这方面的研究更多的具有动态的性质,话语结构的覆盖面也大得多。首先,交际中的话语有一个前后关联问题,特别是较长的话语片段,经常出现所谓的"篇章现象"。篇章中连贯衔接、复指省略等的形式手段、意义功能以及不同语体的篇章结构等,都是语用学需要关注和研究的。其次,动态语用交际常见的会话中的结构,是语用研究很有价值的语料。会话中的话语轮换结构模式、会话的言语行为相邻对结构、会话的前置序列、插入序列、修正序列等,都是语用结构分析的深化结果。再次,对一个会话过程进行完整的结构分析,可从中归纳出相关的规律和特点,如西方学者对打电话这种"召唤-回答"的会话所做的研究,总结出其"非终止性、不可重复性和制约关联性"等特点[35]。最后,动态的话语结构中还常常涉及语用主体,他们的话语角色类型、交际目标、会话策略、话题控制等,都会对话语结构产生各式各样的影响,使语用学视野中的话语结构更显复杂,也更具价值。

以上五点的内容,是当今语用学研究最令人关注、讨论最集中、成果也最丰富的方面。除此之外,语用学研究常常涉及的还有指示词语、语用预设、语用模糊等范畴,也有相当的成果。限于篇幅,不再展开。

注释

[1] 索绪尔《普通语言学教程》,商务印书馆,1980年版,第323页。

[2] Chomsky: *Aspects of the Theory of Syntax*. MIT Press, 1965.

[3] 布龙菲尔德《语言论》,商务印书馆,1964年版,第203页。

[4] 何兆熊《新编语用学概要》,上海外语教育出版社,2000年版。

[5] 王建华《语用学在语文教学中的运用》,杭州大学出版社,1993年版,第1页。

[6] 沈家煊《我国的语用学研究》,《外语教学与研究》1996年第1期。

[7] *Langrage, Logic and Concepts*, Ray Jackendoff, Paul Bloom and Karen Wynn, the MIT Press, 1999, p. 148.

[8] D. Foundations in Sociolinguistics: *An Ethnographtic Approach*, *Philadlphia*: University of Pennsyivania Press, 1974.

[9] Hymes, D. *On communicative competence*. In J. b. Pride & J. Holmes. (eds) Socialinguistics, armondsworth; Penguin, 1972.

[10] 萨姆瓦等《跨文化传通》,三联书店,1988年,中译本第16—18页。

[11] 王建华《语用学与语文教学》,浙江大学出版社,2000年版,第29页。

[12] 布龙菲尔德《语言论》中译本,第139页。

[13] 利奇《语义学》,上海外语教育出版社,1987年版,中译本第33页。

[14] 利奇《语义学》,上海外语教育出版社,1987年版,中译本第455页。

[15] Thomas, J. Meaning in Interaction: *An Introduction to Pragmatics*,

London:Longman,1995.

[16] 王建华《语用学在语文教学中的应用》,杭州大学出版社,1993年版,第42页.

[17] 利奇《语义学》,上海外语教育出版社,1987年版,中译本第31页.

[18] 《雷柯夫、菲尔墨教授谈美国语言学问题》,叶蜚声整理,《国外语言学》1982年第3期.

[19] Firth, J. R. *A Synopsis of Linguistic Theory*, *studies in linguistic analysis*, Blackwell. 1957.

[20] Halliday, M. A. K. and Hasan, R. *Cohesion in English*, Longman. 1976.

[21] Hymes, D. *Foundations in Sociolinguistics*, *Philadelphia*: University of Pennsylvania Press. 1974.

[22] Leech, G. N. *Principles of pragmatics*, London and New York: Longman. 1983.

[23] Lyons, J. Semantics, Vols. 1 & 2, Cambridge University Press. 1977.

[24] 何兆熊《新编语用学概要》,上海外语教育出版社,2000年版,第21页.

[25] 仇鑫奕《语境研究的变化和发展》,《修辞学习》1999年第3期.

[26] Austin. J. L. *How To Do Things With Words*, ed.: J. O. Urmson and Marina Sbisa, Clarendon Press: Oxford. 1975.

[27] Searle, J. R. Speech Acts: *An Essay in the Philosophy of Language*, Cambridge University Press. 1969.

[28] 索振羽《语用学教程》,北京大学出版社,2000年版,第168—171页.

[29] Searle, J. R. *Expression and Meaning*: *Studies in the Theory of Speech Acts*. Cambridge University Press. 1979.

[30] Grice, H. P. *Logic and Conversation*, in Cole, P. & Morgan, J. (eds.) Syntax and Semantics, Vol. 3: Speech Acts, New York: Academic Press, 1975.

[31] Leech, G. N. *Principles of pragmatics*, London and New York: Longman. 1983.

[32] 顾曰国《礼貌、语用与文化》,《外语教学与研究》1992年第4期。
[33] Sperber, D. & Wilson, D. Relevance: *Communication and Cognition*, Oxford: Basil Blackwell. 1986.
[34] 索振羽《语用学教程》,北京大学出版社,2000年版,第88—89页。
[35] 何兆熊主编《新编语用学概要》,上海外语教育出版社,2000年版,第324—325页。

(原载于《钱江学术》第一辑,百花州文艺出版社,2003年10月)

语用主体的地位和作用

"语言是人类最重要的交际工具。"在实际的交际中研究语言的运用,必然涉及众多要素。除人们经常谈到的语言形式、语言手段之外,语用的主体和语境等都是不可或缺的要素。本文主要讨论语用主体这个要素,语境因素拟另文讨论。

所谓语用主体是指参与语用的人,包括说写者和听读者两个方面。在语用领域,人和语言的关系是主体与客体的关系,构成一对矛盾。人们运用语言互相交际,交流思想、沟通感情、调整关系、协调行为等,语言的功能由人所赋予,并且也是由人去具体执行的。这种主体对客体的使用便形成了日常的语用活动、语用行为。很明显,在语用活动中,语用主体居矛盾的主导地位。重视语用主体在语用中的作用是有重要意义的。然而遗憾的是,这一点在以往的语言学研究中注意得很不够,正如吕叔湘先生所指出的:"语言是什么?说是'工具'。什么工具?说是'人们交流思想的工具'。可是打开任何一本讲语言的书来,都只看见'工具','人们'没有了。语音啊、语法啊、词汇啊、条分缕析,讲得挺多,可都讲的是这种工具的部件和结构,没有讲人们怎么使唤这种工具。"[1]这种偏颇现象必须改变。近年来,开始有人注意到人在交际中的主体作用,但惜乎失之零碎,或停留于呼吁,尚未做出较有系统的探讨。因而,加强对语用主体的研究是当前语用研究中一个十分重要的课题。

语用主体由说写者和听读者双方共同构成,它们可以分别称为"表达主体"和"接受主体"。表达主体是信息的发送者,他通过选择、组合言语形式来恰当地表达自己的意图和思想。接受主体是信息的接受者,他由说写者表达的言语形式(口头的和书面的)辨别、理解意义,进而认识社会、把握世界。这两个方面关系密切,相辅相成。本文拟对表达主体和接受主体分别进行讨论,考虑到典型性和全面性,本文"语用行为"的选例既包括口头交际材料,也有书面的例子。

从语用过程的顺序来看,表达主体和接受主体这对矛盾中的表达主体是首要的。"言为心声,文如其人",他们的年龄性别、气质性格、心理情绪、学识修养、职业阶层等因素都会影响他们对语言的运用,从而使语用的表达行为显示出强烈的主体制导倾向。

以下分别讨论这些因素。

1. 年龄性别因素。表达主体的年龄、性别是其自然的客观属性,与语用关系密切。从年龄方面来看,不同年龄段的人使用语言的情况是不完全一样的。如老年人的沉稳,年轻人的敏捷,小孩子的活泼,都与其自然属性有关。通常情况下,老年人用语多倾向于保留语言中的旧有形式,而年轻人则更喜欢创新,用语常常较时髦、新鲜,由此形成老年和青年语用的年龄差异。如苏州方言有新派老派之分。新派入声减少,尖团相混,表现了更加接近北方方言而偏离吴方言原有系统的特点。这种新老派的差异是大致同青年人和老年人用语差别相一致的。又如据有关调查,北京城区使用亲属词来称呼上一辈非亲属的时候，三十五岁以上和三十五岁以下的两代人有较明显的差别。[2]至于当代青年中流行的"盖了""盖了帽""倒儿爷""够哥们儿"等词语，更是这种语用"代沟"的明显反映。

　　从性别方面来看，大量实验表明：由于男女的生理差异，大脑某些部位的构造不同，女性的语言表达能力要比男性强，有较明显的流畅性和情感性。除生理差异以外，表达主体性别差异的社会性也十分明显。如在语音上，北京的有文化的女青年（十五到三十岁之间）尖音团音的对立表现得十分突出。她们常常把舌面辅音"jqx"的发音部位前移，发成近"zcs"的音，如把"学习 xue xi"读成近似"sue si"，形成所谓的"女国音"，这种现象是不存在于男青年之中的。而北京男青年说话时轻声音节较多，常把舌尖辅音变成卷舌元音，这种情况在同龄女青年中又很少出现，反映了较明显的性别差异。此外，在用词、句式上，男女性别也是有差异的。如男性说话主要关心内容，语言直率，语句干脆，而女性说话则较重视情感的表达，措辞委婉，注意语气和语调，常使用疑问句、感叹句句式等。

　　2.气质性格因素。同年龄性别一样，气质性格也是语用主体的自然属性。不同气质，不同性格的人的语用特征是有差异的。性格豪爽、开朗的人，出语流畅自然，常常喜欢铺张，性格内向沉稳的人，则用语简省朴实，不事渲染。爱好幽默者，吐语诙谐有趣，生动活泼，性格端庄者则不苟言笑，循规蹈矩。这种气质性格是形成不同语用主体言语风格的重要因素之一。如老舍的气质性格沉稳朴实，其作品的语言风格表现为准确、精练、朴实、平易。而具有诗人浪漫气质的郭沫若的语言风格则汪洋恣肆,铺张华丽。在文艺作品中,杰出的作家常常十分注意人物的个性化语言,"使读者由说话看出人来,"[3]也正因为她们懂得人物气质性格在语用中的重要作用。如老舍的《骆驼祥子》中的祥子和虎妞,就是一对性格截然相反的人物,其话语十分恰当地表现了二者的性格差异。请看刘四和虎妞父女吵架的一个场面。因为刘四骂虎妞连带骂上了祥子,祥子不情愿,但也只说了一句:"说谁呢?"又招来刘四的一顿骂。在这种情况下,"祥子没有个便利的嘴,想要说的话很多,可是一句也不到舌头上来。他呆呆的立在那里,直着脖子咽吐沫。"最后真急了,才又冒出一句:"好了,我走!"而爽快泼辣的虎妞则不一样,一吵架"虎姑娘的疲乏也解了,嘴非常的灵便"。她针锋相对地回敬刘四的一段话:

"我不要脸?别教我往外说你的事儿,你什么屎没拉过?我这才是头一回,还都是你的错儿,男大当娶,女大当聘,你六十九了,白活!这不是当着大众,"她向四下里一指,"咱们弄清楚了顶好,心明眼亮!就着这个喜棚,你再办一通儿事得了!"

口齿十分灵便、顺畅,而且说得理直气壮,有诉有怨,很好地反映了她的泼辣性格,真使读者如见其人。

3.心理情绪因素。说话人的心理情绪对语用的影响也是不可忽视的。由于心理情绪是随机的,可变性较大,对语用的影响也就更为灵活多变。通常情况下,人们心情愉快,语多诙谐,心情郁闷,则出言沉重。具有不同心理情绪的人的语用行为能呈现出鲜明的色彩。如《红楼梦》中林黛玉和薛宝钗两人的"柳絮词"就反映出截然相反的心情,一为辛酸、怨恨,一为得意、喜悦。又如《雷雨》中的繁漪,是一个在封建压迫之下的反抗女性,在剧中她的心理情绪处于即将爆发前的压抑状态,因而她的话语有极强的特色:在词汇上,含有令人厌恶和痛苦的词义的词汇出现频率很高,如:"病、药、疯子、罪恶、死人、鬼、棺材、监狱、阎王、私生子、枯死、闷死"等。含有郁热词义的形容词短语出现频率也较高,如"闷热、闷气、热极了、闷极了"等。在句式上,强调句式和语义转折较大的句式出现频率也不低等,都很好地反映了她的心理情绪,预示了她反抗精神的总爆发。[4]

4.学识修养因素。一个人的学识修养是后天习得、培养的结果。这种因素一经形成,也会渗入语用行为之中,对语用产生潜在的影响。如知识分子具有较高的学识,说话作文时常采用较规范的语言,并夹杂一些四字格成语。而文化程度较低的一般体力劳动者的用语则往往朴实、自然,与现实生活联系很紧。对同一件事情的表述,文化程度不一的人常常能在语言形式上反映出来。如谈到生病忌食,知识分子听了着急,会说"照您说的这样忌食,我不就要坐以待毙了吗?"而文化程度较低的退休工人的话语则是"这也不能吃,那也不能吃,我不就等死了吗?"二者的意思完全一样,但所选用的话语形式却正切合各自的文化水平。

5.身份职业因素。一个人可以同时具备多种身份。如在家中可以既是儿子,又是丈夫或父亲,在单位是领导,在商店是顾客,在电影院是观众等,这众多不同的身份都对语用有所影响。一般说来,与职业相关的身份在人们的意识中最强,对语用的影响也最大。通常情况,领导者身份使用显示出主动、傲慢、居高临下的特点,如谌容《人到中年》中的"马列主义老太太"秦波的用语就是很好的例子。而有些身份较低的人为了讨好上司,也会使语用带上较明显的巴结、谦卑色彩。如曹禺《雷雨》中鲁贵的话语。现实生活中有所谓的"官腔"现象,如"研究研究""考虑考虑"等模糊话语是官腔的典型表现,也都是与强烈的身份意识密切相关的。

语用主体的职业对语用的影响同样不可忽视。农民的话语多带上田野的清香,军人的话语常伴随兵营的整肃,教师的话语时露睿智的火花,运动员的话语则每挟赛场的风云……如国际著名的微循环专家修瑞娟的自述有一段话就是很好的例子:

> 我感到,我们党中央的领导同志好像是医术高明的医生,把祖国前进缓慢的症结找到了。现在正在采取正确的治疗方案组织力量诊治。[5]

"医生""症结""治疗方案""诊治"等医学界的术语,与表达主体的身份职业有机地融为一体。

以上分五个方面谈了表达主体对语用有影响的因素。比较起来看,性别、气质、性格、职业、修养等因素较稳定,而心理、情绪、身份等因素则较活泼,处于多变状态。这几个因素分开来说是为了叙述的方便,实际上在现实语用中它们常常是交融在一起的,互相关联,互相补充,共同影响着语用行为。试以张辛欣、桑晔的《北京人·万元户户主》中一段话为例:

> 不怕,有钱,有的是票子,一本本的"大团结"!真的嘛,怕啥?
>
> 我们不仅是他娘儿的万元户,还是万斤户!我养貂,捞钱,他包了地,种粮食;去年一年,钱赚了一万一,粮打了一万

三,着着实实地发了家!嘿嘿,城里人不成罗……老大哥臭美了三十多年,如今奖金十块二十块的,坐牛车罗!

文化? 文化没什么用,发家致富,有初中文化尽够使!文化,卖不了钱。

在这段隐去了问话者的独白式话语中,受表达主体多方面因素的制约。可以看出说话人的年龄性别:青年女性,中老年人很少用"大团结"之类的词;"臭美"一词则是青年女性所习用的。气质性格:流畅自然的话语说明其是爽快的,如"真的嘛,怕啥?""着着实实地发了家"等,快人快语。心理情绪:愉悦、欢快、自豪溢于言表。学识修养:初中文化水平,有钱但修养还不大够,诸如"他娘儿""文化没什么用""文化卖不了钱"之类可以反映。身份职业:农民万元户主,如"有的是票子,一本本的'大团结!'""坐牛车"的比喻充满了乡土气息,有农民的职业特点,等等。可见,在现实的语用中,表达主体的诸多因素常常是在共同起作用的。

语用是一个双向过程,不仅包括说写者的言语表达,也包括听读者的言语接受。任何一个语用行为都是同一定的言语对象联系在一起的,既有表达主体,又有接受主体。仅仅注重表达主体的种种因素还不能够完整地揭示语用的全过程。在语用行为过程中,听读者这个接受主体并不完全是消极的、被动的,它的地位也非常重要。综合起来说,接受主体的重要作用至少体现在以下三个方面:

1.作为交际对象,接受主体潜在地影响、制约着表达主体的话语选择和控制。表达主体的语用行为固然受自身诸多因素的影响,但这还不够,还要受接受主体的影响。并且在某种意义上可以说,前者的影响常常是不自觉或下意识的,而后者的影响则是自觉的、有意识的。在具体的语用行为中,表达主体同接受主体总是构成某种特定的关系,或知心朋友,或萍水相逢,或平辈,或上下级,或同志,或敌对等。在这种种关系之中,接受主体的年龄性别、气质性格、心理情绪、学识修养、身份职业等因素对语用都有潜在的影响和制约,要求表达主体在组合,选择话语时全面考虑接受主体的这诸多因素,这样就使语用行为显得更加复杂。也就是说,表达主体不仅需要具备"语言能力",还必须具备"语用能力",即能在具体的语用行为中适应接受主体种种情况准确、恰当地选择、调整、控制话语的能力。这是语用中至关重要的能力。譬如对上年纪的长辈这个接受主体,说写者的话语必须尊敬、恭谦,而对少年儿童这个接受主体,说写者的话语必须通俗易懂,注意形象性、直观性。对于不同性别的对象,表达主体的话语选择应有所区别。如对同龄的非亲密关系的异性交际应保持一定的语用距离。对不同气质和性格的对象,说写者应该具备"察言观色、审时度势",及时地调整自己的话语以适应不同对象的能力,就像孔子所做的"求也退,故进之,由也兼人故退之"那样。由于接受主体的心境情绪不同,表达主体选择用语也须适应这种不同,做到"悲者面前不言喜,败军面前少夸勇"。接受主体的学识修养、身份职业等因素同样是表达主体进行语用时必须充分注意到的。面对文化程度不高的农民,千万不能满口之乎者也或洋腔洋调;同比自己身份地位高的人交际,要注意话语的得体,不可嘻嘻哈哈,而同比自己身份低的人交际,也不能哼哼唧唧,满口官腔,如此等等,都是接受主体对表达主体选择话语时所提出的要求,俗话说"一句话可以使人笑,也可以使人跳",也就是说表达主体只有充分注意到对方的这种种因素,才能使语用顺利进行,并获得良好的预期的效果。如沙叶新的《陈毅市长》里陈毅夜访齐仰之的语用行为那样。反之,则可能导致语用的障碍、失败,如曹禺的《日出》中李石清当了襄理之后的语用行为那样。

2. 接受主体对话语的接受非完全被动的,而是在接受之后加上自己的处理意向反馈给表达主体,对其进行更直接的影响和制约。表达主体的话语是否有效,很大程度上取决于接受主体的接受、理解。在现实的语用中,接受主体常用一定的行为方式或话语来建立、维持、巩固同表达主体的关系。如采用点头、微笑、凝神静听的行为或"嗯""对""好极了""请说下去"等话语来表示他能接受,并进一步鼓励表达主体的语用行为,采用摇头、苦笑、漫不经心或以"说些什么呀"、"听不懂"乃至于叽叽喳喳小声交谈来表示自己不能接受,希望表达主体能调整自己的话语这两种不同的情形都是接受主体对表达主体的直接影响。根据不同的反馈,表达主体应及时调整自己的话语以确保语用的顺利进行。接受主体的接受、反馈是很复杂的。对同一话语,不同的接受主体的反馈可以不同,甚至迥异。自然,这又与接受主体自身的年龄性别、气质性格、心理情绪、学识修养、身份职业等相联系。譬如幼儿园的老师对不听讲的小朋友说"你的耳朵呢?",目的是提醒他用心听讲,可小朋友却不一定能理解,可能会指着自己的耳朵说:"老师,我的耳朵在这儿呢!"这就说明老师的用语是不成功的,促使他要调整话语。而这句话如果对中学生说,接受一般是没问题的,其反馈也不一样,语用的成功率自然就更大。又如一个高校教师到工厂讲美学,他先是按在大学讲课的基本提纲讲授,由于抽象深奥,听众窃窃私语,有人甚至打瞌睡。他意识到自己的话语不易为接受对象理解,马上进行调整,选择了活泼通俗的话语和现实生活中的众多事例来讲解抽象理论,结果获得了阵阵掌声。因而有经验的演说家,诗人作家都十分注意接受主体的重要作用,白居易作诗总要先请老妪来听,看看能否听懂决定弃取,毛泽东同志有"射箭要看靶子,弹琴要看听众,我们写文章做演说难道能不看读者不看听众?"的呼吁,都说明了这一点。

3.更进一步,接受主体和表达主体之间的关系不是一成不变的,接受主体本身又可以是表达主体,二者常处于互相转换之中。现实的生活中,除了某些特定的场合(如做报告、讲演、上课等),很少出现一方为表达主体、一方为接受主体的固定模式,表达和接受常常是互相关联,互相转换的。上面所说的接受主体的反馈即已在进行角色转换,由接受者的角色变为表达者。更多的情况下,接受主体不仅仅用简单的话语或动作反馈给表达主体,而且积极参与同一语用行为。同表达主体进行一问一答式的交流,在交流中不自觉地实行身份的转换,这是最常见的现象。如鲁迅《祝福》中描写的"我"同濒于死亡的祥林嫂的一段对话。表达主体祥林嫂问:"一个人死了之后,究竟有没有魂灵的?"在她问这话并急切地盼望得到回答的时候,已经将"我"置于接受者和表达者双重身份的位置上了。接下来的对话:

"也许有罢,——我想,"我于是吞吞吐吐地说。

"那么,也就有地狱了?"

"阿!地狱?"我很吃惊,只得支吾着,"地狱?——论理,就该也有,——然而也未必……谁来管这等事……"

"那么,死掉的一家人,都能见面的?"

"唉唉,见面不见面呢?"……"那是……实在,我说不清,……其实,究竟有没有魂灵,我也说不清。"

这段话二人始终互为表达主体和接受主体,祥林嫂首先是表达主体,她不断提出问题并贯穿整个语用活动,同时又是接受主体。"我"同样既是接受者又是表达者,他被动地接受了"究竟有没有魂灵的"问话之后,要做出相应回答,这时他处于表达者地位,自身的学识修养,心理定势等因素对他选择话语有所影响,同时还要考虑接受者的种种情况,因而才有"惶急"和"踌躇"。"我"的答话并非自己的本意,而是"为她起见"的有意模糊。然而"我"的答话又将祥林嫂置于接受者的地位,她按自己的学识修养及心理定势做了按受理解并又反馈过来,以致一步步地穷究下去。正因为参与语用的主体具有表达和接受的双重身份,双方各自的具体情况又不完全一致,才使这次语用产生了障碍。

身份的转换也可以是主动的、自觉的,表现为接受主体按表达主体提供的话题循着自己的思路来组织新的话题和语用行为。如鲁迅《阿Q正传》中吴妈和阿Q的"谈闲天":

"太太两天没有吃饭哩,因为老爷要买一个小的……"

"女人……吴妈……这小孤孀……"阿Q想。

"我们的少奶奶是八月里要生孩子……"

"女人……"阿Q想。

阿Q放下烟管,站了起来。

"我们的少奶奶……"吴妈还唠叨说。

"我和你困觉,我和你困觉!"阿Q忽然抢上去,对伊跪下了。

在这段对话中,吴妈作为表达主体引起了"女人"的话题,而作为接受主体的阿Q因为自己的年龄性别,心理情绪等因素影响,并没有回答吴妈的话语,却是在自身诸种因素的合力作用下,按"女人"这个话题循自己的思想下去,最后突然地说了话,由接受主体转换为表达主体。自然,这种主动的转换也必须遵循前面所说的原则,要受接受者种种因素的影响和制约来选择、组合自己的话语。阿Q这突如其来、直通通的话正由于没有考虑到吴妈的心理定势、身份修养以及传统的文化背景等因素,才引起吴妈的"大叫"、"且跑且嚷",是失败了的。这说明,由于语用主体具有表达和接受的双重性,现实的语用是十分复杂的。

注释

[1] 吕叔湘《语言作为一种社会现象》,载《读书》1980年第4期。
[2] 参阅陈松岑《社会语言学导论》第七章,北京大学出版社(1985)。
[3] 鲁迅《花边文学,谈书琐记》。
[4] 参阅詹开第《曹禺剧作的语言风格》,载《语法研究和探索》第一辑,北京大学出版社(1983)。
[5] 《人民日报》1984年5月16日。

(原载于《浙江教育学院学报》1989年第1期,总第7期)

试论语言理解的联想策略

理解的句法、语义策略以储存在人大脑中的语言知识作为基础,是人的语言能力之外化。那么是否具备了这种语言能力就能顺畅无碍地理解任何话语呢?事情并非如此简单。美国著名的认识心理学家西蒙(中文名"司马贺")曾做过一个有趣的解题试验:

两角纸币的数目是 5 分硬币数目的 7 倍,5 分硬币的总值比两角纸币的总值多 3.6 元,请列出方程。求解 5 分硬币和两角纸币的数目。

把这个题目让一组学生来解。结果出现了三种情况:

(1)列出符合题意的方程式:设 x 为硬币数目,则:$5x = 20 \times 7x + 360$;

(2)列出不合题意的"错误"方程式,如 $20 \times 7x = 5x + 360$;

(3)认为这道题目本身是错误的,不可能有解。

为什么会出现这几种情况呢?西蒙认为,"第一类人注意到了语法的东西,利用的是语法信息;第二类人注意的是语义的东西,他利用了语义信息,所列的方程是现实生活中可能出现的方程";而"第三类人除了根据文字语法分析外,还根据现实矛盾来考虑问题"。这种矛盾不是文字表面的,"而是由分与角的现实知识而发现的矛盾"。事实上,第三种理解才是正确的。调查发现,列出第

一、第二类方程式的学生中有不少成绩很好的人,他们应当具备有关分与角的知识,但仍做了错误的理解。更有意思的是,将这道题目交给计算机来解,科学家发现,它只能阅读文字,然后根据语法来解题,列出合乎题意的方程式(1)[1]。由这个有趣的试验,我们至少能提出两个问题:

  1. 语言理解不仅与语言知识、语言能力有关,还有其他语言外的知识和能力在起作用;而且,这些语言外的知识是否调用出来,同理解的结果有直接关系。

  2. 如何调用语言外知识,其比较有效的途径是什么,很值得探讨。

  先看第一个问题。众所周知,人类具有以大脑先天机制为物质条件,经后天的习得而形成的认识语言的能力,这是人类区别于其他生物的最主要的特征之一。我们认为,这种能力可以大致分为两个层次:语言能力和语用能力。前者指以有关语言的知识为基础的认识能力;后者指在语言知识基础上,再增加有关的语用背景知识(语言外知识)的认知能力。在理解相对简单的话语时,人们只需调用储存在大脑中的语言知识,采取句法策略和语义策略便可奏效,如第一小节所分析的例子,常常需要调用语言知识以为的语用背景知识,采用除语句法、语义策略之外的其他策略。

  再讨论第二个问题。同语言知识一样,语用背景知识也是大脑机制不断习得、及时储存的结果。比如汉语中的"吃了吗?""去哪儿?"所含有的招呼、问候的语用意义,在人们的日常生活中不断使用强化,乃至逐渐记忆、储存,成为语用背景知识。这样,以后再听到这种话语,背景知识便能提示人们透过其表层意义去理解它的语用意义。在人的大脑中,背景知识也是以"图示"状态被储存在长时记忆之中的,在理解需要时,大脑能迅速从记忆的图示中检索出相关的背景知识来。不过,由于语言与世界的关系复杂多样,背景知识的内容十分庞杂,很难像语言知识那样分门别类开出一个语用背景的清单。而且,在理解具体话语的意义时,需要哪些背景知识的帮助,哪方面的知识更加重要等,都是相当棘手的问题,语言学界对此仍处于孜孜探求的阶段。我们认为,在利用背景知识理解时,语用联想是一个重要的、有效的途径。

联想是以大脑的功能和活动为物质基础的,是一种复杂的心里、思维过程。根据认识心理学的研究,它是信息解码活动中提取原有储存知识(包括语言知识和非语言知识)的一种行为。具体说来,外来信息源引起大脑皮层的活动,"激活"了原有知识图式中的相关信息,使新信息和旧知识联系起来的心理过程,便可称之为"语用联想"。在进行语言理解时,话语本身的一些特征、提示,通常可以触发人们的联想机制,使之采取相应的理解策略——我们称之为"联想策略"。其具体方式大致有:

1. 语词的联想

认识心理学认为:"一个语词的意义在于这个语词能在听者的脑海里产生一个联想的心想。"[2]这种联想是有其客观基础的,即该词在客观世界中正是同它所联想的词指称的食物有直接或间接联系的。一般来说,什么词可以同什么词发生联想关系是由社会约定俗成的,大致有规律可循。而且,词的联想结果不仅仅限于词,还可以由词联想到与该词有关的客观事物或具体感情,这便是调动了语用背景知识所做的联想。正如我国语文教育家夏丏尊所说:"赤"不但解作红色,"夜"不但解作昼的反对吧。"田园"不但解作种菜的地方,"春雨"不但解作春天的雨吧。见了"新绿"二字,就会感到希望、自然的化工、少年的气概等等说不尽的旨趣,见了"落叶"二字,就会感到无常、寂寥等等说不尽的意味吧[3]。很明显,由词语触发而联想到相应的事物或产生某种情感,都是语言理解的深化。举一个例子:

啊,汽车,扎起白花,

人们,黑纱缠臂,

广场——如此肃穆,

长街——如此沉寂。

残阳如血呵,

映着天安门前——

低垂的冬云,

半落的红旗……

(李瑛《一月的哀思》)

从表达角度看,这一小节诗通过形象色彩表达了作者沉痛的心情。从理解方面看,人们如何去理解、把握这种心情,与作者达到共鸣?我们说,通过词的联想建构一个心理图像便是主要的途径。"白花、黑纱"两词能让人联想到悲哀的丧礼;"肃穆"一词又能启人联想到尊敬、崇拜的感情;"沉寂、冬云"给人的联想意义为压抑、难受;"残阳如血,红旗半落"的画面则为人们描绘了一种庄严、辉煌而哀婉的氛围。这种种联想不仅仅是在词语之间的语言性联系,更是通过有关词同现实世界相联系。这些词作为联想的"触发语",激活了人们大脑中原来储存的相关的背景知识,通过这种联想,新信息和旧知识得到沟通,理解语言和理解世界互相联系。也就使读者对作者要表达的意义和心情达到一致和共鸣。

2. 结构的联想

结构的联想指人们根据词语的某些搭配而产生的语用联想,使之启动原有的背景知识,进而理解其语用意义。结构联想包括两种手段:一是把想象力竭力扩大到可能存在的荒谬世界(虚拟的世界)之中,使荒谬变得合理;二是排除表面的逻辑荒谬,从背景知识中寻求与之相关的可能解释。这是因为"人类思维不能容忍意义的真空"[4],碰到结构"荒谬"的句子,人们也总是竭力设法寻求意义。美国著名的语言学家乔姆斯基曾举过一个有名的"合语法"但"无意义"的句子:"无色的绿色的念头在狂怒地睡觉"。(Colorless green ideas sleep furiously)在一般情况下,这个句子是无意义的,因为它的语义结构是荒谬的。然而,也正由于这种荒谬的结构,又为人们启动背景知识加以联想提供了条件。雅可布逊就对此做了精彩的议论:

"念头"这个复数话题可能抽象指进行"睡觉"这一活动。但是"念头"被印上了"无色的绿色"的特征,"睡觉"被印上"狂怒"的特征。从它们的语法关系可加以正伪测试:有没有"无色的绿色"或"绿色的念头",或"睡觉的念头",或"狂怒的睡觉"等这样的意义?"无色的绿色"联想为"病态苍白的绿色"的同义表达,显然是"矛盾形容法"的浅近警句。"绿色的念头"的隐喻,使人想起"绿荫下的绿思"这一名句。在比喻意义里,"睡觉"这个动词意味着"出于不活泼、麻痹、无意识等状态",如"他的仇恨从没有睡着过。"

雅可布逊认为,乔姆斯基这句话实际可以表达这样的意思:(他)那病态的充满希望的思想,怎么也不能平静下来！这里对"无意义"句所作的"有意义"的理解,无疑是通过结构的联想,调用了相应的语用背景知识的补充而达到的。

3. 规则的联想

人们在理解话语时根据语用规则进行联想,提取大脑中储存的背景知识,以求得对话语的透彻理解,这是联想策略的又一方式。

语用学中有一系列的语用规则,如合作原则、礼貌原则等,一般的交际都要遵守它们。而一旦说话人有意识地违反这些原则又不声明,则可能含有"会话含义"(言外之意)。这时,听者或读者就这种"违反"背后的语外之义。试举一例:

贾母笑道:"你不认得他,他是我们这里有名的一个泼皮破落户儿,南省俗谓'辣子',你只叫他'凤辣子'就是了。"

(曹雪芹《红楼梦》)

这里贾母向黛玉介绍王熙凤时说的"泼皮破落户儿"、"凤辣子",在她这一方自然有喜爱、夸赞的色彩。而黛玉如何理解这种言外之意？我们说这是介绍了语用规则的联想策略。她乍一听这个话语,心理上肯定一顿:外祖母为什么用这般讥讽的话语介绍一个新客(可对照前面贾母介绍邢王两位夫人和李纨等人的话语),是什么意思呢？她会积极调动想象,寻求解释,并推论出此人必是很得贾母欢心的,而且平日里贾母也一定老是说此人的。这就足可证明贾母对她的看法非同一般。否则,在这个很正式的场合,又是第一次向小辈引见,贾母断不可能如此嘲弄一个实际上真的很平庸又很刁泼的孙媳妇。经过这样一番语用联想,黛玉对"老祖宗"的言外之意当可理解无疑了。

还要指出一点,联想的策略不仅包括了想象,而且包括逻辑推理的过程。正如美国语言学家史密斯和威尔逊所指出的,理解话语的有关因素包括:

(1)一套语言知识(一种语法);

(2)一套非语言知识和信息(一部百科知识);

(3)一套推理规则(一种逻辑)。

人们由话语触发联想,从背景知识中提取相关的知识,这是想象的过程;但确认什么是"相关的知识",便需要人脑进行逻辑处理,分辨出事物之间的逻辑关系,并将有联系的事物检索提取出来。更进一步,在此基础上,还常常需要推理,特别是结构联想和规则联想,都要进行推理,即经过假设推论证实的过程。这在以上例子的分析中已能看出。

参考文献

[1] 司马贺《人类的知识——思维的信息加工理论》,科学出版社,1968。

[2] 涂纪亮《分析哲学及其在美国的发展(上)》,中国社会科学出版社,1987。

[3] 叶圣陶《叶圣陶语文教育论集》,教育科学出版社,1980。

[4] 利奇《语义学》,上海外语教育出版社,1987。

(原载于《计算机时代的汉语汉字研究》论文集,清华大学出版社,1996年11月)

自然焦点和对比焦点的语用转换[*]

提要 本文对变焦这一修辞新格的语用机制作进一步讨论,认为变焦在实际的言语表达中不仅仅是改变句内焦点,有些变焦修辞还改变话语焦点类型,即将自然焦点转化为对比焦点,引进了句外的信息,从而产生幽默的语用效果。

关键词 变焦 自然焦点 对比焦点 幽默效果

1. 变焦作为一个新辞格的提出

"变焦"作为一个新辞格是由赵宏在《修辞学习》2001年第三期的《修辞新格——变焦》一文中提出,作者认为,人们在交际中,每句话都有一个"强调重点",如果接话者故意回避原句的重点部分,而回答非重点部分,这使改变了原句的意义,即改变了原句的"焦点",这样可以形成幽默。这是言语交际中形成幽默的一个重要手法,作为修辞格,可称其为"变焦"。援引原文的三个例子如下:

---

[*] 本文为浙江省哲学社会科学规划重点课题"汉语言外之意的语用学研究"成果之一,项目编号:06CGYY02Z。

(1)父亲说:"你小子真是,我在你这么大年纪时,可没撒过这么大的谎。"

儿子问:"那么,您是在什么时候开始撒这么大的谎呢?"

(原文分析:父亲的强调重点应该是"可没撒过这么大的谎",但其儿子回问的重点是放在了"我在你这么大年纪时"。)

(2)老师问:"小波,你为什么上课吃苹果?"

小波回答:"报告老师,我的香蕉吃完了。"

(原文分析:强调重点是"吃"。话语焦点是"吃",而不是"苹果"。)

(3)贫寒的房客对房东太太说:"你的房子怎么又漏雨了?"

房东太太回答说:"凭你付那点房租,难道还想漏香槟酒不成?"

(原文分析:焦点应该是"漏",而房东太太偏偏不回答漏不漏的问题,将房客句子的焦点故意改在"雨"上,去回答"漏什么"的问题。)

(4)一位外国使者看到林肯在擦自己的皮鞋,赞扬说:"啊,总统先生,您经常自己给自己擦鞋子吗?"

"是啊,"林肯回答道,"那么你自己经常给谁擦鞋子呢?"

(原文分析:这句话里,其焦点是前一个"自己",而林肯将外国使者话语的焦点改为后一个自己。)

从上面援引的原文可以看出,《修辞新格——变焦》一文很敏锐地观察到"变焦"这种修辞手段在形成幽默时的作用,并对"变焦"这一辞格与"移义""闪避""断取"进行辨析,说明它们的异同。但是在关于"改变焦点"具体过程的说明上还不够透彻，并且在对"焦点"的理解上也不够准确，本文准备进行更深入一些的分析。

2. 自然焦点与对比焦点

2.1 焦点的概念分析

焦点不是一个句法概念，而是一个话语功能概念，是指说话人最想让听话人注意的部分。在句子内部，焦点是说话人赋予信息强度最高的部分，跟句子的其余部分相对，可以用"突出"(prominence)来概括它的功能；在话语中，焦点经常有对比的作用，跟语境中或听说者心中的某个对象对比，可以用"对比"(contrastive)来概括它的功能。从理论上来说，焦点可存在于句子的任何部位，因此不是一个结构成分。

焦点是相对于背景(background)而存在的。根据背景的存在形式，背景可以分为两类，一类是话语成分，即话语中的某个部分，另一类则是认知成分，即并没有在话语中出现，而只是存在于听说者的共享知识中的对象。根据背景跟焦点的位置关系，焦点所对的背景又可以分为两类，一类是本句中的其他成分，另一类是在上下文或共享知识中的某个对象或某项内容。（刘丹青、徐烈炯1998）

可根据背景和焦点的位置关系，采用【±突出】和【±对比】两对特征来刻画焦点的功能。"突出"是指焦点以本句其他内容为背景,焦点成为本句中最被突出的信息。"对比"是指以本句外的其他话语成分或共享知识为背景,相对于那个句外成分,焦点是被突出的信息。根据这两对特征,人们通常谈论的焦点大致可分为两类,即自然焦点和对比焦点。

2.2 自然焦点

句子的自然焦点,又可以叫常规焦点、中性焦点、非对比性焦点。它的特征如下:

自然焦点:【＋突出】,【－对比】

具体地说,某些句法成分在没有对比性焦点存在的前提下,自然成为句子信息重点突出的对象,同时往往也是句子自然重音的所在,其背景则是句子的其余部分。自然焦点跟语序的关系较为密切,但并不需要具备专门的句法特征。

2.3 对比焦点

对比焦点不同于常规焦点,其特征如下:

对比焦点:【＋突出】【＋对比】

对比焦点有双重背景。它既是本句中最被突出的信息,因而以句子的其余部分为背景,所以有【突出】的特征;又是针对上下文或共享知识中(尤其是听话人预设中)存在的特定对象或所有其他同类对象而特意突出的,有跟句外的背景对象对比的作用,所以又有【对比】的特征。

以上引的例子(2)来具体说明:

老师问:"小波,你为什么上课吃苹果?"

这个问话的背景只限于句子内部，属于自然焦点，问话人只希望激活句内信息，想知道接话人课堂吃东西的原因，而无意激活接话人的知识背景，如水果种类等。我们再来看下一个语例：

(5) 妻子问："你怎么只买了些苹果啊？"

丈夫答："香蕉和橙子都卖完了。"

这个问答中，妻子的问话中就是对比焦点，问话人希望激活接话人的共享知识或上下文信息，比如丈夫去采购之前可能妻子曾向丈夫吩咐过要买苹果、香蕉、橙子等，这个问话中的信息焦点就是对比焦点，丈夫的回答只是常规回答，而不是出人意料的幽默性答语。

3. 变焦的语用机制

变焦多出现在对话的语境之中，这种修辞格产生的机制有两种类型：一是答话人将发话人的话语中信息强度最高的部分（即焦点）予以回避，而选择发话人话语中的非焦点信息作为下一个话轮的信息重点；二是接话人将问话人的话语焦点进行曲解，将问话中原属于自然焦点的话语曲解为含有对比焦点的话语。

3.1 句内自然焦点的改变

如例(1)，父亲的强调重点应该是"可没撒过这么大的谎"，也是父亲在他的话语中信息强度最高的部分，前文(2.2)提到自然焦点的背景是句子的其余部分，它跟语序的关系较为密切，但并不需要具备专门的句法特征，所以儿子把回答问题的重点是放在了"我在你这么大年纪时",是根据父亲的话语中其他成分提出的,父子俩各自突出的信息重点不同,这样既回避了自己撒谎的问题,同时引入一个新的话题,使自己摆脱了不利的情形。

3.2 句外对比焦点的引入

如上引的例(2)的问话中,老师的话语中形成的自然焦点是"为什么",也是说话时的逻辑重音之所在,而不是《修辞新格——变焦》一文提出的焦点"吃",老师问话的目的是想得知小波上课吃东西的原因,因为按照中国的惯例,上课吃东西是不正常的现象,所以老师其实是使用一个问句来责备小波,这句话中的焦点是一个自然焦点,只能以本句内容为背景的,而小波则有意将其理解为一个对比焦点,因为"苹果"这个词语可能激活水果这个语义范畴,小波引入了本句外的其他话语成分,将话题引进水果范畴的比较,回答说"我的香蕉吃完了",产生幽默效果并对老师的前理解"上课不许吃东西"进行挑战。

4. 余论

话语的焦点和话语的背景、交际者的预设知识有很大的关系,在句法方面没有很强的标记性,但在日常语用过程中,有很重要的人际功能,能够准确地捕捉说话人话语中的焦点,并在答话的过程中选择遵循发话人的预设焦点,还是改变焦点,挑战他的预设知识,是交际者具有较好交际能力的一种反映。

另外还有一个问题,某些辞格没有明显的形式标志,如变焦、计白等,这些言语行为能否达到交际效果取决于交际者之间的共享知识和推理能力,能否将其归入辞格还需要进一步探讨。

参考文献

赵宏《修辞新格——变焦》,《修辞学习》2001年3月。

刘丹青、徐烈炯《话题的结构与功能》,上海教育出版社,1998年版。

(原载于《修辞学习》2008年第1期,与李秀明合作)

言说域转指认知域的语用分析[*]

摘要 本文分析的主要对象是汉语中言说域转指认知域的语用现象,将这种现象分为四种类型:(1)通过描述语言形式和指称对象的匹配状况来转指认知情态;(2)通过描述语言形式来转指其指称的对象或者意象图式;(3)通过描述心理词典的词库容量以及释义方式来指称语用主体的认知情态;(4)通过描述言语行为状况与能力来转指认知情态,这种语用现象可以用"工具转喻事件整体"这一转喻机制来解释,在语用功能上主要是为了实现创意性表达,是汉语中传递言外之意的一种语用类型。

关键词 言说域　认知域　转指　转喻

一　言说域转指认知域的语用现象

沈家煊(2003)参照 Sweetser(1990)论述了"行、知、言"三域在汉语复句语义关系上的反映。"行"指行为、行状,"知"指知识、认识,"言"指言语、言说,"行、知、言"三域在 Sweetser(1990)里分别是 content(内容),epistemic modality(认知情态),speech acts(言语行为)三个层次。该文中列举了以下三个例子:

---

[*] 本文为浙江省哲学社会科学规划重点课题"汉语言外之意的语用学研究"成果之一,项目编号:06CGYY02Z。

(1)他向我保证三周内完成任务。[行域]

(2)我保证他已经完成任务。[知域]

(3)(你必须三周内完成任务!)好,我保证。[言域]

(1)里的"保证"是"担保做到"的意思,担保是一个行为,属于行域;(2)里的"保证"是"肯定"的意思,说话人根据所知担保的是"他已经完成任务"这个命题为真,因此属于知域;(3)里的"保证"一经出口,说话人就同时做出了担保这一"言语行为",因此属于言域。Sweetser(1990)多次论及话语是由言说内容、认知情态和言语行为共同组成的一个结构,并认为话语的意义是基于语词和世界的关系来体现的。我们认为行、知、言三域在话语中的相对应的三个领域是内容域、认知域、言说域。对这三个域可以做出以下界定:

内容域主要是指语言对外部世界和人们的客观经验所进行的描述,比如"天气寒冷"这句话是对外部世界的天气状况进行描述。认知域主要是指语言对说话人的认知情态所进行的描述,对认知情态一般意义的理解,主要是指说话人对一个事件状态的认知、情感、意愿上的态度,比如"今天天气让我们感觉很舒服",这句话主要反映了人们对天气的认知和情感态度。言说域则是指话语对说话人所使用的话语状态进行描述,比如"用晴朗来形容今天的天气是很恰当的",这句话是说话人对话语形式或者内容的评述。

这三个世界的描述是可以互相转换,可以互相转指的,李明(2004)讨论汉语中"从言语到言语行为"这类词义演变。比如"再见""寒暄"等常用词的词义演变方式:某些词语(用 X 表示),尤其是惯用语,发展出了"说X"这个意义。这类词语具有很强的语用特性,通常是整个话语的用意而非该词语的字面义,表示"以言行事"这种言语行为。如:

(4)马林生……在自家院门口看到那群孩子像大人一样互相握手告别,大声再见。

(王朔《我是你爸爸》)

这个句子中的"再见"不是具体的"再次见面"的意思,而是表示"说再见"的意思,这类词义演变,李明(2004)称之为"从言语到言语行为"的演变,也就是 Sweetser(1990)指出的内容域转指言说域带来的语义演变现象。

本文要讨论的是在话语层面上"从言说域转指认知域"的语用类型。我们注意到以下语言现象:

(5)你随便看一张年逾四十岁的脸笑时的模样,如果你脑子里没生出"乐极生悲"这四个字,只能说明你的观察力和表述力欠佳。

(郑渊洁《皮皮鲁和金拇指》)

(6)如果要描述歌剧演员的生活方式,最恰当的字眼就是"令人憎恶"。

(参考消息,2007:8.25)

(7)志摩……死……谁曾将这两个句子联在一处想过!他是那样活泼的一个人,那样刚刚站在壮年的顶峰上的一个人。

(林徽因《悼志摩》)

例(5)(6)是陈述当人们面对某个现象(一张年逾四十岁的脸

笑时的模样)时,在语言表达中会出现的相对应的词语。例(7)则是陈述"志摩"和"死"这两个词语(专用名词和一个动词)在人们的认知域中不可能共现,但是在现实生活中这个"志摩+死"这个主谓句描述的现象已经发生了。

这些言语现象在形式上具有一个共同特点,即这些语句在表层结构上是在描述语言使用情况,而深层语义则是在描述说话人对外部客观世界或者内部意识状况。也就是说,这些语句表面上看起来是说明言语行为本身的状况,而实际上却是在表述写作者对某件事情的认知状况。我们可以将上述(5)(6)(7)三句分别改写成下列三句:

(5′)看到一张年逾四十岁的脸笑时的模样,会令人乐极生悲。

(6′)歌剧演员的生活,简直令人憎恶。

(7′)谁也没想到志摩会死!……

以上三个改写后的例子都反映了人们的认知情态,表述的是说话人对某个事件状态的情感、态度。我们把这种语用现象界定为"言说域转指认知域的语用现象"。

二·言说域转指认知域的语用类型

语用主体在话语形式表述中描述言语行为,而其语用意图却是转指其认知情态,这种语用现象在实际的语言使用中并不少见。在对这种语言现象进行了长期观察和大量的语言材料收集之后,本文试图对之做出初步的分类如下:

(一)通过描述语言形式和指称对象的匹配状况来转指认知情态

(8)手枪、砍刀、高尔夫球场、别墅、赌场,这些对于普通大众来说都很遥远,可在宁波市鄞州区发生的一起持枪抢劫案就把这几个词合乎情理地串在一起。昨日,这起劫案的一名犯罪嫌疑人李君果被鄞州区人民检察院批准逮捕。

(《浙江在线》2007.07.03)

在这种句式当中,我们可以看到,"几个词合乎情理地串在一起",并不是这几个词语"手枪、砍刀、高尔夫球场、别墅、赌场"等词语在某个文章当中出现了,而是这些词语所指称的对象在某个现实事件中一起出现了。写作者在讲述自己对这个事件的认知情态时,不是直接表达对这个事件的惊讶,而是描述这些词语"对于普通大众来说都很遥远",可在这起"持枪抢劫案"被合乎情理地串在一起了。在这类转指现象中,语表形式是说明语言形式和指称对象的匹配关系,而话语的表达意图却是为了说明说话人对指称对象的惊讶情态。这种转指在语言当中还有不少,比如:

(9)a.用"勇敢"来形容他当时的行为是最合适不过的[1]。

b.我们可以把所有的表示赞美的词语都用在此时,也不为过。

c.用尽全部的赞美语词,也不足以表达他的丰功伟绩。

这种转指除了用话语小句的形式来完成以外,在汉语当中还有些短语已经凝固化了,如下面几个例子中的"真可谓""那才叫"

"真叫""正应了一句话"等等固定短语的用法,原来这些短语都是为了说明语言形式和指称对象的匹配关系,但是由于高频使用这种语用的转指功能已经逐渐丧失了。

(10)用这家伙扫街,柔中有刚,经久耐磨,一扫帚出去就是一大片,又快又干净,那才叫痛快。

(《人民日报》1997年11月26日)

(11)两位王老有着深厚的革命友谊,但他们的交往是君子之交,是信仰、事业、品质相通之交。任重同志没有请王震吃过一顿饭,倒是王震在家里请任重吃过两次。真可谓"君子之交淡如水"。

(《人民日报》1997年12月16日)

(12)在英国看病真叫难。

在上面例子中,"真可谓""真叫"已经词汇化成为一个固定短语,具有程度副词"非常"的功能了。

(二)通过描述语言形式来转指其指称的对象或者意象图式

(13)"富贵"二字,真真把人荼毒了。

(《红楼梦》第七回)

(14)人生在世,吃穿二字。

在(13)例中,话题是"'富贵'二字",但是其语用意图并不是为了说明"富贵"这两个汉字把人荼毒了,而是转指"富贵"这个符号所指称的对象把人荼毒了。(14)例中,也不是说人生在世,就是为了使用或者写好"吃穿"两个文字符号,而是表达说话人对人生在世的认知,是为了说明人生在世,就是为了谋求"吃穿"二字所指称的对象,而这个指称对象不仅仅是吃和穿,"吃穿"只是人生在世所需要的物质条件中最凸显的要素,"吃穿"还激活了人们对人生在世所需的物质条件这个意象图式所包括的内容。所以我们把这种转指界定为"通过描述语言形式转指其指称的对象或者意象图式"。

用语言形式来转指其指称对象或者意象图式在语言当中也不是简单的修辞现象,我们在对语言现象的观察中也发现了这种转指类型在词汇层面上也有体现。比如汉语中的"那话儿",如:

(15)王胡子私向鲍廷玺道:"你的话也该发动了。我在这里算着,那话已有个完的意思;若再遇个人来求些去,你就没帐了。你今晚开口。"

(《儒林外史》第32回)

这句话中"那话"指代钱,意思是说"钱"已经快用完了,所谓"那话"便是钱,却不明说钱,因为在中国古代文人的意识当中"钱"是俗物,所以用"那话"来指代,后来的汉语白话中"那话儿"主要用来转指男女的性器官,也是一种避讳的词汇转指现象。在汉语话语中,还有通过标点符号来转指指称对象的,如"冒号"来转指"领导"。

(三)通过描述心理词典的词库容量以及释义方式来转指语用主体的认知情态

心理词典(张必隐 1992:66)[2]也称大脑词库,它既是研究者主观虚拟出来的一个概念,又是客观存在于人脑的一个系统。心理词典被定义为人脑中关于词汇信息的"内存",是关于词汇的存储与提取的信息集。这些信息包括了词的语音和正字法的表征以及词的意义和词的语法特点的表征,其中词的意义的表征在心理词典中占有重要的位置。认知语言学认为,心理词典就是词的意义在人的心理中的表征。关于心理词典的词库容量和释义方式来转指认知情态的语用现象,我们来看下面几个例子:

(16)在他的辞典中没有"退缩"这个词。

(17)他的行为给"爱国主义"作出了最好的解释。

例(16)语表是说明某人的心理词典中没有收录"退缩"这个词语,但是实际的表达意义是说明这个人在实际行动中永不退缩,陈述了表达者对这个人的认知状况。(17)语表是某人的行为给"爱国主义"这个词条作出了最好的解释,其实际的表达意义则是说明说话人对某人行为的评价。这种语表是描述词典词库容量或者释义方式,而表达意义是说明对某个事态的认知情态的语用现象在实际语言运用中并不少见。还有下例,也可以归入这类转指现象:

(18)总之,中国足球现在就像中老年妇女喜欢的民歌,虽然受众仍然很广,但已是"老土"的代名词。而中国篮球却像青少年喜欢的周杰伦歌曲,代表了未来。

在这个句子中,"中国足球"成为"老土"的代名词,语表是描述两个词语之间属于同义关系,表达意义则是表明说话人对"中国足球"的认知情态,也可以归入这类转指现象。

(四)通过描述言语行为状况与能力来转指认知情态

所谓言语行为状况与能力主要是指说话人在话语表达中对话语的言说状况或者语用主体的表达能力进行描述。人们在表述经验的时候,经常会发现我们体验的事件是我们无法用语言来表述的,比如汉语中有大量的成语来表述我们语言的局限性,"莫名其妙""不可名状""无法形容""苦不堪言"等,来说明我们对某个事件的认知情态;或者这种认知状况是普遍的,我们会使用"谁不说""没话说""谁敢说个不字""不消说"这样的表述来说明我们对某个事件的认知情态。请看以下几个例子:

(19)谁不说俺家乡好。

(20)你疼顾照看他们,谁敢说个"不"字?

(21)索赔别提多麻烦了,参加保险简直就是自找麻烦。

(19)(20)两个例子中"谁不说""谁敢说个不字"在语表上都是对言语行为的状况进行描述的,而其语用意义则是说明说话人对言说对象的认知情态,"谁不说"这个短语也已经具有一定凝固性,表示对"俺家乡好"这个事态的肯定和自豪。(21)句中"别提"也是通过描述言语行为的状况来转指语用主体对"索赔多麻烦"这个事态的情态。

(22)你不要抱着这种无所谓的态度。

(23)看看这个不锈钢架子,质量上肯定没话说。

例(22)"无所谓"本来是指对某件事情不发言,但是现代汉语中"无所谓"已经不再是不发言了,而是不在乎,由"不发言"转指"不在乎","不发言"是一种对语言世界表达方法的描述,而"不在乎"则是对某人的意识世界的描述。而例(23)中"没话说"则是人们对某个事物事件不用言说,或者我们无须对其言说,用无须言说这种言语行为状况来转指人们对言说对象的高度赞赏。

(24)然而我们是朋友,即使偶尔吵闹起来,打了太公,一村的老老小小,也决没有一个会想出"犯上"这两字来,而他们也有百分之九十九不识字。

(鲁迅《社戏》)

在这个例子中,"决没有一个会想出'犯上'这两字来"描述的是"言语行为"的能力,来转指"一村的老老小小"对"偶尔吵闹起来,打了太公"这个事件所引起的认知情态,连"犯上"两个字都想不出来,更别说村里老老小小会将这些"吵闹"理解为"犯上"这样的大不敬了。

三 工具转喻事件整体
——对这种语用现象的解释

如上所述,语用现实中存在不少类似的言说域转指认知域的话语现象,那么如何解释它们呢?我们尝试使用认知语言学中的转喻理论来解释这一语言现象。

转喻理论认为,日常交际的语言中充斥着转喻。在人类的思维转喻框架中,工具可以代动作事件,"工具"作为一个凸显点可以用来指代事件整体,比如"丹青"作为书画的工具可以用来指代书画活动,我们可以说某人"工于丹青","干戈"是战争的武器,在汉语中用"干戈"来指代"战争"。我们认为人类思维的工具是语言,所以对言语行为的描述可以转指人们的认知情态。"工具转指事件整体"是这种语用现象的整体解释依据,而对这种语用现象的四种类型,每一种类型的话语都只是一个完整的言语行为一个组成部分,我们还可以从言语行为的转喻方式来做具体的说明。

Thornburg 和 Panther(1997:207)认为,言语行为实际上与我们日常生活中的非言语行为并无二致,两者的完成都要有适当的条件,要经历一定的阶段。间接言语行为要遵循一种转喻规则,交际者往往是用一个言语行为去借代另一个言语行为。言语行为是一个有结构的行为脚本,一个行为由三部分组成:

(A)前段(BEFORE),(B)核心及结果段(CORE and its RESULT),(C)后段(AFTER)

尤其需要指出的是,行为脚本的段内存在着互为转指的关系,脚本内任何一部分都可根据交际的需要用于借代整个言语行为。也就是说,在言语交际过程中,话语可激活言语行为脚本中的一个成分,由于脚本内诸成分之间存在着互为借代的关系,交际者可以在推理时以脚本中诸成分所指的概念为对象,行使概念转喻功能。

从转喻理论来看言说域转指认知域这一语用现象,我们可以认为:语言是人类思维的工具,人们要表达自己的内在意识情态,就必须首先进行语言上的选择与权衡,我们可以将人类传达认知情态的过程理论化地分解为以下几个过程:

a. 权衡自己有无能力来实施言语行为(语言行为的前段);
b. 搜索心理词库(言语行为的前段);
c. 确定语言形式(言语行为的前段);
d. 权衡使用这个语言形式是否适当(言语行为的前段);

e. 表达自己的认知情态(核心段);

f. 情态表达取得实效,让接受者感受到说话人的认知态度和评价(后段)。

由于言语行为段内存在着互为借代互为转指的可能,所以,人们在使用语言来表达认知情态的时候,上述过程中前四个阶段都属于该言语行为的前段,表达认知情态则属于核心段,用一个行为脚本中的前段来转指核心段,就是"言说域转指认知域"这一语用现象的运作机制。

在这个转喻机制中,表达认知情态的言语行为过程中 a 阶段,大致对应于本文第二部分分析的第四种类型,b 阶段对应于第三种类型,c 阶段对应于第二种类型,d 阶段对应于第一种类型。这四个阶段也就相对应于本文所界定的"言说域",言说域的四个阶段都可以通过转喻机制来转指"认知域"。

还必须指出的是,语言是人类思维的工具,人们要表达自己的内在意识情态,必须通过语言。语言可供人们描述事件,表达言语行为,这种情况下的语言工具发挥其日常的功能,即客观地陈述、指称或描摹,表达语言的规范意义。但是,人们在使用语言的时候,通常并不是完全纯客观地表述,而会带上自己的某种情态:或惊讶、或赞许、或感叹、或委婉,这些情态都与人的意识和认知相关,可统称为人类的"认知情态"。在言说事件、表达言语行为的同时带上说话人的认知情态,便是话语的转指现象,即从言说域转指认知域。这种现象可使话语衍生出相应的语用意义,如例(9)中对他勇敢行为的赞许之意,例(19)中对家乡美的自豪感,都是转指产生的语用意义——情态意义,也都可视为言外之意的一种类型,从语用功能上看,这种转指实现了创意性表达。

对这种语言现象的解释前人也已有所涉及。如谭永祥(1992)有一个例子:

(25)他还想:要是我们的周围,有更多的人还能看到"但是"后面的但是,该多好啊!

(张洁《非党群众》)

谭先生分析说:

"但是",是一个表示转折的语气词,它基本的理性信息或意义蕴涵,仅止于此。然而在这一例中,第一个"但是"是指错误给我们的教训,第二个"但是",是从教训中总结出来的经验。"但是"所负载的联想的附加信息量,已经大大超过了载体的基本信息量,因而又"附加"上了美感信息,给人一种审美感受,具有美学价值。这就是修辞现象。

这样的解释认为"但是"所负载的联想的附加信息量,已经大大超过了载体的基本信息量,附加上了美感信息,具有美学价值。谭先生把这种现象放在修辞范畴来认识,用"美感信息"来解释,已经注意到语言符号的多功能性。我们认为,如果用心理认知的理论来解释可以更具说服力。这个"但是"具有和上文例(15)中的"那话"一样的转指机制,属于"语言形式用以转指其指称对象或意象图式"类。例中第一个"但是"是转指一个包含着"但是"这个语词的话语形式所指称的对象或者意象图式,因为我们知道"但是"在一段话语中通常都是引出存在于某个事件中的错误或者不足之处,第二个"但是"则是转指"错误和不足之处之所以存在的原因"。

四 小结

通过上文的分析,我们发现,"行、知、言"三域不仅在词义演变这个层面有互相转化的机制,在复句的语义关系上有互相转指的现象,在语用的话语层面也有很普遍的转指现象,在这个层面主要是体现在为了表现说话人对其言说事件的情感态度而采取的语用转喻手段,在转指手段上有四种类型:(1)通过描述语言形式和指称对象的匹配状况来转指认知情态,(2)通过描述语言形式转指其指称的对象或者意象图式,(3)通过描述心理词典的词库容量以及释义方式来指称语用主体的认知情态,(4)通过描述言语行为的状况与能力来转指认知情态,这四种类型可以用"工具转喻事件整体"这一转喻机制来解释,在语用功能上主要是为了实现创意性表达,是汉语中传递言外之意的一种语用类型。另外我们还注意到,在这种创意性的语用手法中,有些句式由于高频使用已经词汇化了,如"真叫""无所谓""没话说""别提"等形式已经成为固定习语了。

注释

[1] 本文的语例如非特别注明,均来自通过百度网搜索得到的句子,这些句子不一一注明出处。

[2] 按照张必隐(1992)的介绍,"心理词典"这个概念最早出现在 20 世纪 60 年代,有 Treisman 提出,认为心理词典是由许多词条组成的,学会了语言和阅读的人,都具有一个心理词典,所谓认知一个词,就是在心理词典中找出了与这个词相对应的词条,并使它的激活达到了一定的水平。20 世纪 80 年代以后,心理学家贾斯特和卡朋特(1987)开始从

其形成以及内容方面解释心理词典，认为心理词典中每一个词条都包括了与这个词条相对应的词在语音与写法方面的表征，认为心理词典就是词的意义在人的心理中的表征。

参考文献

李明《从言语到言语行为》——试谈一类词义演变,中国语文,2004,(5)。
沈家煊《复句三域"行、知、言"》,中国语文,2003,(3)。
沈家煊《转喻与转指》,当代语言学,1999,(1)。
谭永祥《汉语修辞美学》,北京：北京语言出版社,1992。
张必隐《阅读心理学》,北京：北京师范大学出版社,1992。
Sweetser, Eve. *From Etymology to Pragmatics: Metaphorical and Cultural Aspects of Semantic Structure*. Cambridge: Cambridge University Press, 1990.
Thornburg, Linda & Panther, Klaus. *Speech act metonymies*. In Liebert, Wolf-Andreas, Redeker, Gisela & Waugh, Linda. (eds.). *Discourse and Perspective in Cognitive Linguistics*. Amsterdam/Philadelphia: John Benjamins Publishing Company, 1997: 205-219.

（与李秀明合作）

书名语言与关联认知

一　常态书名与异态书名

书名是反映图书信息的语言载体,是图书内容最抽象、最精练的概括,具有画龙点睛的作用。从语用学角度看,这个专名学范畴内的语言载体不同于一般的会话交际,有自身的特殊性:它的信息传递具有单向性、一次性的特点。具体地说,书名由著者发出,传递给读者,具有单向的性质。著者发出书名信息后,就基本完成了他的交际任务,通常很难或不会再作更改。读者同著者的交际不是同日常会话那样面对面,而要通过书名来沟通,是一种间接的方式。

正因为书名语言交际具有单向性、一次性的特点,著者和读者之间更要靠一种规则来达到成功的交际效果。我们认为,这种规则是以"合作原则"为基础的。对于著者,是要考虑书名本身的语言魅力,有吸引力,能引起读者的注意;对于读者,是愿意为解读书名、获得信息付出自己的努力——双方都在自觉或不自觉地遵守合作原则。

书名语言可以分为"常态"和"异态"两种。常态书名是指在结

构形式和语词运用上相对传统,符合语言规范,较易理解的书名,它们的基本特点是遵循合作原则,具体表现为:

1. 简洁

在合作原则中,量的准则要求"言语交际时说出的话应当包含交际所需要的必要信息";"话语信息量不超过所需要的信息"。这对书名语言来说就是要简洁,同时也是方式准则中"避免啰嗦,要求简练"的体现。

一本图书可以洋洋洒洒好几万字乃至几十万、几百万都可以,但是书名却不能无限制地扩张。书名长度不应超过人的认知机制。据认知心理学研究,人们对新信息的把握通常都由短时记忆来实施,短时记忆的单元项数为 7 ± 2。这一点也为当前书名语言的现实所证实。如《全国新书目》2005 年第 1 期中所登录的 A～Z 类总计约 2369 条书目中,1—4 字书名 477 条,约占 20%;5—8 字书名共 1112 条,占 47%;9—12 字书名 548 条,占 23%;12 字以上书名共 232 条,占 10%。可见,90% 的书名是在 12 字以下(含 12 字)的,67% 的书名在 8 字以下(含 8 字),如《邓小平的浙江情》《眼睛的权限》《社会科学基础》《判断的艺术》《优势产业发展研究》《文化研究导论》《文学创作心理学》《火星的故事》《生物万象》等,特别是五字、七字的书名,信息量恰当,读起来朗朗上口,在书名语言中得到了广泛运用。

2. 贴切

合作原则中"质"和"关系"的准则要求发话人不说自知是虚假

的话,不说缺乏足够证据的话;方式准则提出"要避免晦涩,避免歧义,避免杂乱",这些反映在书名上,即是要求书名语言贴切。贴切的书名要能真实、恰当地反映主题内容,恰如其分地反映图书的关键信息。一本图书的内容往往是多角度、多层面的,书名可选择其中一个切入点提炼而成。如:

以所阐述的主题命名,如《价值与存在》《中国佛教》《发展心理学》《全球化与浦东社会变迁》《审美研究的文化转向》《西方人眼中的东方文学艺术》《粤北土话音韵研究》《〈韩非子〉同义词研究》《应用数理统计》等。

以人物姓名命名,如《邓小平》《高清海哲学文存》《末代皇弟溥杰传》《蔡元培自述》《吾师余秋雨》《梁思成、林徽因与我》《林茂兴中国画》《马思聪年谱》等。

以阅读对象命名,如《全国法律硕士研究生联考应试练习》《残疾人权益保障百例解析》《大学生心理卫生》《老年心理诊所》《新任党支部书记必读》《肥胖病患者宜忌 200 条》等。

以功能、效果命名,如《考研英语:30 天 90 分》《张口就说:社交演说范本》《懒人也能说英语》《十周穴位刺激瘦身法》《清晨瘦身法:一生绝不再胖的方法》等。

异态书名指那些著者主观意念明显、凸显个性,突破常规的书名。它们往往打破传统,运用新奇语词,杂糅其他语种,抛弃规范语法,偏离甚至违反合作原则,呈现出形式奇特、意义含糊、个性十足的面貌。

如台湾爱情小说作家王文华的几部作品分别取名《蛋白质女孩》《61×57》《吃玻璃的男孩》,恐怕很少有人能一开始就明白这几个书名的含义。据作者解释:"蛋白质女孩"是指女性像蛋白质一样健康、纯净、靓丽、完美。蛋白质女孩是时尚的、青春的、健康的、唯美的。《61×57》的书名是指爱情是相乘的,只有跟那个特定的人在一起时,才能把彼此生命中还没爆发的潜力诱导出来,并因此而快乐。对《吃玻璃的男孩》王文华这么解释:我们吃肉,如果用一把刀划破肉,它会痛。吃玻璃的人全身都是玻璃,看起来晶莹剔透,拿一把刀划一下也不会留下痕迹,象征着对爱情很疏离的人,不论得到和失去都不会有太多的伤感。——应该说著者是自圆其说了,但实际上,这些书名给读者的印象只能是"怪异"的感觉。

苏培成先生曾写过《治一治书名不通病》一文,针对青年女作家安顿的人生写实集——《动词安顿》提出质疑:这样一部人生写实集,为什么叫《动词安顿》呢?"动词"是语法术语,动词表示的是动作行为、发展变化,汉语的动词可以用"不"来否定,后面可以加"了""着""过"等助词,这和"安顿"有什么关系?语法学家可以写一篇论文,如《动词"是"字研究》,因为"是"是动词,而"安顿"是人名,怎么是动词?"安顿"是研究动词的吗?大概不是。万一是的话,也应该说《研究动词的专家安顿》,也不能简缩成《动词安顿》。[1]然而,不管语法学专家、语义学学者怎么分析、批判,类似的异态书名仍然如雨后春笋般大量涌现。如《奇奇怪界》《大浴女》《爱情变化球》《菜刀温暖》《e男孩飘女孩》《烧.COM》《候鸟e人》《狗在1996年咬谁》《我的男人是爬虫类》《我们不是一个人类》《爱情素描簿——25℃的咖啡》《心的1/2》《拯救绯闻》《路的旁边也是路》《幸福不怀好意》《谁的雀斑在飞》《管你爱不爱》《不是我点的火》《偶是深圳一个贼》等。

当然也需要说明，异态书名并不是真的不遵守合作原则——任何一个书名最基本的功能是要让读者接受、理解，没有哪个著者会存心与读者作对。他们选择怪异的书名，是为了追求个性，突出特色，达到更加新颖和有魅力的语用效果。从这个意义上说，所有的书名都是可以理解、可以认知的，因为著者的语用态度已经决定了这一点。

二　常态书名的关联认知

遵守合作原则的常态书名语言简洁、规范、贴切，能准确反映著者的意图，为读者选择图书提供有效信息。但在书名语言交际中，关键的环节还在于读者的认知方面。因为著者的书名是否符合读者的阅读需求、是否让读者乐于接受，或者说，读者是否愿意合作认同，是否愿意做出相应的推理并付出一定努力，是书名语言交际能否成功的关键。

格赖斯的会话含义理论对于违反合作原则而产生的语用含义有过精辟的分析：说话人有意违背合作原则能带上"会话含义"，这种含义需要听话人进行一系列的推理来获得。我们这里讨论的是遵守合作原则的书名语言，是否也需要读者（听话人）的推理来参与呢？回答也是肯定的。只不过这种推理首先是建立在合作原则的基础上，因为如果读者不愿意合作，对著者的书名不接受不认同，就谈不上进一步的推理。其次，这种推理仅用合作原则来解释也是乏力的，需要引入语用学研究中的新的原则——"语用关联"。

关联作为一个大的语用原则是美国语用学家斯帕波和威尔逊

在《关联:交际与认知》中提出来的。按照她们的观点,语言交际过程是认知过程。话语理解既是人们主动思维、积极认知的动态的推理过程,又是依靠语境建构相关话语信息的求解过程。关联理论把交际看作是一种明示——推理的认知活动,人们之所以能够成功地进行语言交际,不断认知对方的交际意图,其主要原因有二:第一,交际双方说话是要让对方明白,所以要求"互明";第二,交际是一个认知过程,交际双方之所以能够配合默契,明白对方话语暗含的内容,主要是由于有一个最佳的认知模式——寻找关联。

根据关联理论的语用观,语用推理是对最佳关联的追求。关联理论的核心内容是关联原则,要点如下:

关联的第一(或认知)原则:人类认知常常与最大关联性相吻合。

关联的第二(或交际)原则:每一个明示的交际行为都应设想为它本身具有最佳关联性。

最佳关联推定:

1.明示刺激具有足够的关联性,值得听话人付出努力进行加工处理。

2.明示刺激与说话人的能力和偏爱相一致,因而最具关联性。[2]

关联的第二原则和最佳关联推定还蕴涵着最简解释原则,即听者一旦获得某个具关联度的解释,就认定它是所涉话语的唯一解释而无需继续搜索其他关联的解释。

根据以上原则,我们可以就读者对常态书名的关联认知模式进行探讨。以书名《毛泽东诗词选》为例,根据关联的第一原则,通常读者的认知常常与最大关联性相吻合,他们的认知常识轻易地促使他们将这一书名切分为"毛泽东""诗词""选"等语词,而不会胡乱切分成"毛泽""东诗""词选"等。随后"毛泽东""诗词""选"等语词所发散的意义作为一种明示刺激开始引导读者进行认知推理、寻找关联:

(1)这本书收录的是毛泽东的作品。

(2)这本书收录的是诗词,而不是散文、小说之类的作品。

(3)这只是选集,是从毛泽东所有诗词中挑选出来的。

(4)毛泽东(1893~1976):湖南湘潭人。伟大的马克思主义者,无产阶级革命家、战略家和理论家,中国共产党、中国人民解放军和中华人民共和国的主要缔造者和领导人……

(5)"诗"是文学体裁的一种,通过有节奏和韵律的语言反映生活,抒发情感。中国古代称不合乐的为诗,合乐的为歌,现代统称为诗歌。"词"是兴于五代与唐,流行于宋的一种文学体裁,又称"长短句"、"曲子词"等。

(6)……

通常情况下,读者认为"毛泽东""诗词""选"等明示刺激与该书本身是具有最佳关联的,愿为此付出努力加以处理、加工,然后推断(1)(2)(3)为最佳关联,并且以此最简解释为唯一解释而终止了继续推理。

常态书名的认知特点在于其明示刺激相对都较强,读者仅用较小乃至最小的努力就可以获得与书名的最佳关联,体会到著者的写作意图、图书的核心内容等。这对于具有标志词语的程式性书名[3]尤其如此,读者借助标志词的刺激能够更迅速、省力地推定自己认为的最佳关联。对于非程式性的常态书名也一样,如对《红旗谱》的解读:"红旗""谱"这两种明示刺激中,"红旗"对于中国的读者最具刺激性,"红旗"在中国通常象征着革命事业,象征为革命事业鞠躬尽瘁的先烈们,因此读者很容易就会将该书与"革命""英烈"等关联起来;而"谱"则是"谱系",或是"谱写",即按照事物的类别或系统编排记录。据此,读者(特别是在革命年代、建国初期的读者)很容易就推断《红旗谱》的最佳关联是"写为革命事业鞠躬尽瘁的英雄先烈的书,并且写的不止一位、两位英雄,而是一系列的革命先烈"。

正是基于常态书名的明示刺激较为强烈,容易解读,当前有很多书名都走上了"系列化"道路,如"奶酪"系列、"卡耐基"系列等。这种模式的优点在于可以给读者以足够强烈的明示刺激,减轻读者对书名的认知、推理努力,尽快获得对书名的最佳关联。

三 异态书名的关联认知

异态书名相对于常态书名而言,其认知是较为困难的。因为这种书名在明示方面刺激很弱,语词间的联系是迂回的、含混的,需要读者调动其百科全书式的背景知识,运用联想的方式来建立最佳关联,进而达到认知。以前面提到的《动词安顿》为例,苏培成先生认为这样的书名站不住脚,这自然有他的道理。但是,作者取这样的书名也必定有自己的考虑,绝不是存心让读者看不懂。问题的关键是,读者在接受这个书名时是如何认知与理解的?我们在此试做分析:

(1)根据关联的第一原则,读者很可能把这个书名当作同位词组来关联。因为"安顿"本身是动词,二者的组合符合一般的语法规范。这种认知的结果是将此书作为一本语法著作来认知。

(2)实际上,书的内容与书名不是一回事。根据会话含义理论,这是著者有意违反合作原则,必定带有某种含义。读者要做的是从书名的表面寻求背后的含义,理解著者的意图。

(3)根据关联的第二原则,"动词"与"安顿"的人名组合作为一个明示,读者应设想为它本身具有关联性。这种关联很特别,会促发读者对这种奇怪的书名产生兴趣,付出努力,展开联想。

(4)读者可通过联想将"动词"关联人生旅途上的漂泊不定,"安顿"关联人生旅途上的安定、平静。这个书名与作者的能力和偏爱相一致,"动词"和"安顿"之间也就具备了最佳关联性。因而《动词安顿》可能染上动态的变化的色彩:象征着作家人生道路上的寻寻觅觅、起起落落。

(5)读者结合该书首页上的一句话——"安顿我的人是你",推理出该书不是语法著作,而是作家的人生写实集,《动词安顿》既是作者的心声,也是作者与读者之间的沟通。

(6)……

正因为读者有效地结合有关知识,在自己的认知语境中,通过联想建立最佳关联,即使像《动词安顿》这样的异态书名也可以推理出一种合理的、可理解的意义来,并从中挖掘出图书的核心内容和著者的意图。在这里,读者的认知语境是重要的。"关联是依赖语境的。这个语境是一个心理建构体,不仅包括交际时话语的上文,即时的物质环境等具体的语境因素,也包括一个人的知识因素,如已知的全部事实、假设、信念以及一个人的认知能力。"[4] 与常态书名的认知不同,异态书名的认知要求读者付出相对较大的努力,构建相应的认知语境,并发挥联想的功能,才有可能获得与书名的最佳关联。一旦读者拒绝付出努力,则导致交际终止。这正是异态书名关联认知的特点。

讨论还可以更进一步。在各种因素的作用下,异态书名的认知是有层级差异的,这包含三个方面。一是"异态"本身有差别,试比较《BOBO女人》和《61×57》,同样都是异态的书名,但二者程度是不一样的。前者虽也不易理解,可"女人"一词还是有相应的明示作用的。后者则完全用一个数学表达式做书名,实在是够怪异了,读者对它的认知会更加困难一些。

二是对同一个异态的书名不同读者的认知也有不同,某些异态的书名具有很强的针对性,其实就是有特定的读者对象。其他类型的读者由于不具备相应的背景知识,会失去对认知的兴趣。以《BOBO女人》为例,这是一本典型的女性读物,如果读者为白领女性的话,她会结合自己的认知语境从书名中寻找最大限度的关联信息:

(1)"BOBO"是布尔乔亚(Bourgeois)与波西米亚(Bohemia)两词的组合。

(2)美国记者大卫·布鲁克斯(David Brooks)在《天堂里的波波族》(*Bobos in Paradise*)一书中首创该词。

(3)"BOBO"在中国是一种具有"小资"情调的生活方式。

(4)"BOBO"指这样一种生活方式:一方面是社会精英、成功人士,享受富裕的物质生活;一方面又没事吃饱了撑的,渴望心灵的自由和不羁的流浪。

(5)书名中的"女人"说明这是写给女性的书,或是专门写女性生活的。

(6)"BOBO"们经常喝卡布其诺,衣着轻松,驾驶 SUR 越野车,喜欢去人迹罕至的地方进行充满内涵的苦难旅行。

(7)……

该读者在经过联想、推理后可能结合(1)(3)(5)得出《BOBO女人》就是一本写具有"BOBO"生活方式的女性生活的书,这种生活方式在中国是"小资"生活的象征。并且,她认为这一推断是与著者意图最关联的。一旦得出了这样的推理结论,该读者随即停止搜索其他关联,并结合自己的白领女性身份,认为著者意图与自己的需求相吻合,于是接受该书(购买或阅读),交际成功。

而如果假设一名文化水平不高的农民看到这本书,这个书名就很可能让其失去兴趣,从而导致交际失败。

三是在同一类读者对象中,对异态的书名认知也是有程度差别的。如《61×57》这本书的读者对象的定位是当代时髦的青年男女,但不同读者由于自身的各种因素影响,其认知语境各有不同,可能造成不同个体在推断最佳关联上的差异。我们可以把这个异态书名的相关认知关联因素分列如下:

(1)书名很怪,但是风格现代、时髦、超前,让人好奇,感到这是一本时尚的书。("61""57"两个数字,都属于质数,相加是偶数。)

(2)结合图书封面设计,可以推测该书为爱情小说或通俗读物之类的。

(3)结合作者信息——王文华,台湾作家,擅长写爱情小说,已经出版过像《蛋白质女孩》等同样书名怪异的著名畅销爱情小说,受到一大部分读者的欢迎与喜爱。因此,此书很可能也是爱情类的。

(4)书中有一句话——"他们虽然没有相加成一个偶数,却曾经相乘出一种幸福"。对于本书中的男女主人公来说,他们就如永远是孤独的质数"61""57"那样,充满个性,特立独行,但相互又曾经相乘过,虽然没有相加成一个偶数家庭,却曾经交叉出一种幸福。

(5)结合背景资料知道,"61×57"是19世纪法国印象派大师雷诺阿的名画《小艾琳》的尺寸,而小艾琳不仅与本书中的女主人公神似,且这幅画贯穿全书始终,与男女主人公的感情纠葛息息相关。

(6)……

对于这个书名的认知,上述的推理解读并非能发生在每个读者身上。读者要根据与书名有关的词语信息、逻辑信息和百科信息做出恰当的语境假设和关联。这种语境假设因人而异,会造成不同个体对同一话语的不同理解。如果读者不具备相关认知语境,推理就无法进行。浅层次读者也许由于好奇心的驱使将最佳关联推断为"该书可能是一本比较时尚的书";中层次读者则能结合相关知识将(1)(2)(3)推断为最佳关联;高层次的读者则也许可以将最佳关联一直推理至(4)(5)或者更多。并且,对于不同的读者而言,都会认为自己的最佳关联是唯一正确的。由此而造成的情况是,一个书名具有多种不同的,但都自认为唯一的最佳关联。

综上所述,我们可以略加小结:以合作原则为基础的关联理论对于书名的认知具有相当的解释力。常态书名的语言由于用语规范、结构简单,有较多的明示信息,读者比较容易进行关联认知。对异态的书名则要更多地寻求百科性的知识,包括著者的知名度(或专业背景)、图书的出版装帧特色以及媒体宣传资料、图书本身的内容等外显的或内蕴的诸多因素,有时还要从社会文化的角度来加以补充。不管多么怪异的书名,它在各个层面必然或多或少地反映某些关联性。具有一定能力水平的读者通过把握这些关联性,构建相应的认知语境,展开语用联想和推理,就能够建立这些异态书名的最佳关联,进而达到认知与理解。

注释

[1] 苏培成《关注社会语文生活》,上海辞书出版社,2003年3月第1版。
[2] 何自然、冉永平《关联理论——认知语用学基础》,《现代外语》,1998年第3期。
[3] "程式性书名"的概念可参笔者另一篇文章《试论书名的语用学特征》,将刊于《绍兴文理学院学报》。
[4] 何兆熊《新编语用学概要》,上海外语教育出版社,2000年3月第1版。

参考文献

何兆熊《新编语用学概要》,上海外语教育出版社,2000年3月第1版。
赵艳芳《认知语言学概论》,上海外语教育出版社,2001年3月第1版。
王建华等《现代汉语语境研究》,浙江大学出版社,2002年12月第1版。
冉永平《认知语用学探微》,《外语学刊》2002年第4期。
申智奇《关联理论对说服行为的解释》,《外国语言文学》2004年第4期。

(与王月会合作)

语境的定义和性质

提要 本文着眼于语境的理论研究,讨论其定义和性质问题。认为,语境在语用交际中是与语用主体和话语实体相并列的要素之一,对它下定义,要注意三大要素之间的关系和语境自身的功能。文章给出了语境的定义,并在此基础上,讨论了语境的现实性、整体性、动态性、差异性和规律性等性质。

关键词 语用学 语境定义 语境性质

20世纪下半叶以来,语言学的研究出现了一个重要的理论转向:由重视语言结构的分析转而重视语言功能的研究,语用学、社会语言学、功能语言学、心理语言学、文化语言学、应用语言学、交际语言学等应运而生。着眼于语言的功能,各语言学流派都不约而同地把语境作为研究视野中的一个重要参数,加以重视和研究。可以说,近20年来语境研究已成为语言学中的热点之一。人们围绕语境的定义、性质、分类、功能等,提出了许多有益的观点,语境与语法、语义、修辞、交际等方面的关系也得到较为充分的讨论,"语境学"的概念已经提出,并有人做了初步的探讨,出版了若干本以"语境学"命名的著作。

然而也要看到,到目前为止的语境研究还不能完全令人满意。究其原因,一是因其自身的复杂,研究起来有相当的难度;二是因为人们的研究角度和观点的各异,在一些重要的问题上尚未形成共识。我们认为,目前国内的语境研究要有所深化和突破,在理论上澄清几个重要的问题是十分必要的。本文主要讨论语境的定义和性质问题。

一　语境定义面面观

何谓"语境"？它有什么性质？这是一个看似不必多费口舌的问题,人们似乎都在心照不宣地使用着这个概念。然而,事实并不如此简单。在具体的研究中,人们对语境的认识并不一致。试举几位学者的观点:

> 语境是时间、地点、场合、对象等客观因素和使用语言的人的身份、思想、性格、职业、修养、处境、心情等主观因素所构成的使用语言的环境。在交际过程中,言语环境诸因素总是交错在一起影响着语言的使用……言语环境中的客观因素是多变的,但是人们可以去适应它;而主观因素(处境、心情等临时因素除外)既经形成都有相对的稳定性。[1]

> 所谓语言环境,不仅仅指说话的现场,还包括说话人和听话人的身份、是男是女,年轻的、年老的,各是什么地方人,并且包括说话人和听话人的各种背景,如文化背景、语言背景、思想意识背景、风土习惯背景,以至说话者同听话者的目的。[2]

> 语言……总是以一定的条件为前提,并受其影响和制约的。这种前提条件,就是语境——语言环境[3]。

语言环境,也可以叫做"交际场"。在现实的交际活动中,只有当交际的双方有条件地联系起来,组合而成为一个"交际场",交际活动才能够正常地开展,信息的交流才能正常地进行下去。[4]

以上举例性地列举了一些学者对语境的看法。除了语境本身的构成因素和功能之外,可以看到,对语境这个概念的定义、性质的认识人们并不统一。事实上,国内语境研究在这方面的探究的力度和深度是不够的。而西方语言学界自20世纪80年代开始,对语境这个概念的本体研究,提出了不少令人瞩目的新问题。仇鑫奕的《语境研究的变化和发展》一文[5]归纳了七个方面的内容:

1. 语境是客观的场景,还是心理产物,还是交际主体相互主观构建(解释)的背景?

2. 语境是在言语交际之前既定的,还是在交际过程中动态形成的?如果是动态形成的,那么它是由交际的参加者构成的,还是由其自身构成的?交际主体除了受语境制约,是否还可以为了自身的交际目的构造语境?如果语境是不断构造的,那么其过程是不是积累性的?

3. 语境是相对什么而言的?它是不是单一的和唯一的?它是否具有确定性?

4. 语境是否为言语交际主体共享,或者说是否被限制在交际双方的"互有知识"范围内?不同的交际主体是否有不同的语境?

5. 应当将语境置于什么层次上进行研究?抽象的、一般意义上的普通语境是否存在?

6.给语境下定义必须解决哪几个问题?

7.建立一个描写性的语境模式必须解决哪几个问题?

这里所列的七个方面都很有理论价值。的确,如何给语境下定义,准确理解语境概念的内涵、外延,解答"语境是什么?"它有什么特性的问题,很值得进行深入的分析和反思。为了使讨论更集中,我们主要谈两个问题。

二 如何给语境下定义

要回答这个问题,首先得确立相应的理论基点。我们在此讨论的"语境"是语用学范畴之中的,实际上是"语用语境"。为讨论简便,以下我们简称的"语境"都是这个含义。我们知道,语用学是研究语言运用及其规律的学科,它关注使用语言的人——语用主体;关注语言手段本身——话语实体;也关注语言使用中的种种有关因素,特别是语境因素,并使之同以上两个方面紧密结合在一起。[6]也就是说,在语用学范畴里,语境是与语用主体、话语实体相对而存在的语用三大要素之一。它不是单一的,也不是唯一的。要给语境下定义,必须关注语境在语用中的地位和功能,并认清这三大要素之间的关系。

1.语境是语用中的条件和背景

语用活动是人们应用语言手段组成话语,进行交际、交流信息和情感的行为。任何一次语用交际(不论是口语还是书面语)都有一定的环境或场景,包括具体的时空等自然环境和特定的社会时代环境。这些参与到具体的言语行为中的环境就是语境。不能设想,语用交际可以脱离语境而存在,同样,也不能把没有与交际结合在一起的环境当作语境来看待。如果说,一个完整的语用交际中,参与交际的人(包括表达和理解两个方面)是语用的主体,作为交际工具的话语是客观的实体,那么,语境就是语用的条件和背景。它与交际的过程相始终,与交际的另外两个因素相联系,三者缺一不可。

2. 语境能影响语用交际的成败

作为语用活动中的一个要素,语境对交际有重要的影响。它对话语意义特别是言外之意的影响和制约作用十分明显,"一个语词只有在语句的语境中才具有意义"[7],"不仅一句话好不好在很大程度上决定于语言环境,甚至连对不对离开语言环境都很难判断。"[8]语境对语用主体的选择话语手段和理解话语意义的影响和作用也十分明显,言语表达和话语理解的每一个环节都离不开语境因素的影响。语境对语用交际的影响可以有时明显,有时隐晦,但这种影响是绝对的。"适境"与否是衡量语用成败、交际优劣的关键参数。

3. 语境是相对独立的,内部可形成若干子系统

语境同语用主体、话语实体是处于同一平面的因素,其外部与另外两大因素构成平行的、相对独立的子系统关系。另一方面,语境内部所含有的众多因素诸如时间、地点、场景、社会环境、时代背景等又相对独立,可以构成自身更下位的子系统,这些子系统之间

还可能相互影响,按一定的层次,形成有关联的网络,以"语境场"的方式共同地发挥作用。语境的功能是与其结构相适应的。而且,语境的各子系统处于动态的变化之中。可以对各子系统进行分别的分析,但更要将它们作为一个整体,注意到它们之间的联系及函变关系,从而研究语境的整体结构和功能。

4.语境又可与主体和实体形成交叉

语境既是同语用主体、话语实体相对独立的因素,同时,在具体的语用交际中,语境与话语实体和语用主体之间又存在着相互交叉、相互渗透的现象。不注意到这一点,不是辩证地看问题,也不利于语境研究的深入。具体地说,语境同话语实体的交叉可以形成通常所说的"上下文语境",因为话语的这种上下文(前言后语),是互相联系、能影响结构和意义的,与其他语用环境的功能相当。语境同语用主体的交叉可以形成所谓的"背景语境"或"认知语境"。这种语境是语用主体大脑中储存的有关世界的百科知识,作为一种背景或认知条件,参与语用的活动之中而形成的。它们可能是交际双方的"共享知识",也可能是表达一方或理解一方各自构建的认知语境,二者之间可能一致也可能不一致,由此反映出语境的动态性和差异性。需要指出的是,不论这种认知背景是否一致,它们都会对具体的语用产生影响,因而都可以视为语境因素。

根据以上的分析,现在我们可以试图解答"语境是什么"这个问题。也就是说,语境可以定义为:

语境是语用交际系统中的三大要素之一;它是与具体的

语用行为密切联系的、同语用过程相始终的、对语用活动有重要影响的条件和背景;它是诸多因素构成的、相对独立的客观存在,又同语用主体和话语实体互相渗透;它既是确定的,又是动态的,以语境场的方式在语用活动中发挥作用。

三 如何认识语境的性质

作为语用系统的重要因素之一,语境具有什么性质和特征,也是一个很有意义的理论问题。在以往的研究中,人们对此有所注意。如西槇光正认为:"语境本来就是语言的一种客观属性。"[9]王德春认为:"言语环境从本质上说是社会环境的变体,是社会环境在语言使用上的反映。"[10]冯炜认为:"语用语境的主要特征是:主观性、完整性、可变性和个体差异性。"[11]西方语言学界也有许多不同的认识。有的认为语境是客观存在的具体事物,有的认为是范畴化的、纲要式的构造物,有的认为是认知心理的产物等等。[12]应该说这些观点都对全面认识语境的性质和特征有益处。但也要看到,它们多是从某一个侧面来认识的,还显零散,不利于人们系统地掌握语境的性质。

我们认为,语境的性质主要有以下几点:

1. 现实性

任何一次语用交际都是在相应的语境之中进行的,不存在脱离语境的语用交际。语境的这种与言语行为共生的现象,反映了它的客观性和现实性。这种客观现实性,以语言外的诸语境因素如时间、地点、社会、时代等表现最为明显。韩礼德在《语篇与语境》一书中认为,语境总是先于语篇(即交际过程中产生的话语)而存在的,王德春认为言语环境是社会环境的变体,都是看到了语境的这种客观现实性。即使是与话语实体相关的上下文语境,也具有明显的现实性质。在具体的语用交际中,任何话语在执行其功能的同时,都自然而然地形成了话语内部相互影响、话语之间相互关联的话语链,这种话语链便是上下文语境。而上下文语境一旦形成,便是客观的存在,影响语用交际的活动。例如:

"古"当然是值钱的。但是不是凡与"古"沾亲带故的就一定值钱,那就不一定了。

(《文汇报》1992年12月21日《好古》)

这里的"但是不是"的意思到底是什么,与上下文的联系密切相关。加不加最后一个分句"那就不一定了"意思不同。如果没有这个分句,第二句便是先转折后否定(即为"但/是不是……"的停顿),而有这个分句,全句意思则为转折后再设问了(即为"但/是不是……"的停顿),表示存疑。这两种不同的意义,是由上下文的相互制约和影响而区分出来的,由此而构成的便是上下文语境。

能否产生现实的上下文语境,是动态的话语与静态的语言单位之间的显著区别。也只有在这个意义上,说"语境本来就是语言的一种客观属性",才是正确的。

2. 整体性

作为一个独立存在的语用要素,语境本身是一个整体,内部包含了众多的子因素,这些子因素并不是平面的罗列和杂乱的堆砌,而是有一定的结构和层次。"每一个语境(除最小的语境外)包含一个或多个更小的语境;每一个语境(除最大的语境外)包含在一个或多个更大的语境当中。"[13] 不同的因素和结构所起的作用往往并不相同。但要看到,在具体的语用交际中,语境功能的发挥通常是以整体的面貌呈现出来的。例如茅盾的《风景谈》中有一段话:

  这几位晚归的种地人,还把他们那粗朴的短歌,用愉快的旋律,从山顶上飘下来,直到他们没入了山坳,依旧只有蓝天明月黑魆魆的山,歌声可是缭绕不散。

  有人曾撰文指出这段话里有语法错误。因为"这几位晚归的种地人……飘下来"的句式为把字句,可以还原为"这几位晚归的种地人从山顶用愉快的旋律,飘下他们那粗朴的短歌来";压缩一下显示主干为"种地人飘短歌",语法结构上似有问题。但在具体的阅读过程中,我们会感到它有什么错误么?相反,人们会觉得这个"飘"字用得很形象、很生动,原因便在于语境在其中起了作用。特别是下文"他们没入山坳""歌声可是缭绕不散""飘、没入、缭绕"等几个动词相互关联,构成了极富动感的画面。再联系上文关于"蓝的天,黑的山,银色的月光"的背景中农民牵牛捎犁归耕的描写,形成了一幅形象生动的图画,隐去了这一句看似搭配不当的"毛病",而造成了一种很好的表达效果。这说明,在具体的语用中,语境的功能是以整体的状态呈现出来的。

  这个例子主要着眼于上下文语境的整体联系。在现实的语用中,社会文化语境、伴随语境、现场语境以及上下文语境等常常糅合在一起,形成更大的整体,对语用的影响也更为复杂。无论语境因素的复杂或者简单,其整体的性质都要给予充分的重视,认识到这一点,有重要的理论价值。过去的语境研究中,有的人只注意到某一种语境因素,而忽略了其他因素,带上明显的片面性;也有的人将语境的整体割裂开来,用原子主义的方法,平面地、分散地分析不同的语境因素的功能,而不是将语境诸因素有机地联系起来,给人以零碎、散乱的感觉,也就难以准确地认识和把握语境的本质。

3. 动态性

动态性是语境的又一重要属性。这有几个含义:首先,语言外的诸语境因素既是在语用交际之前既定的客观存在,又是随时处于变动不定的状态的。时间是流动的,空间是变换的,场景也是可以更易的。这种客观存在的动态化语境因素,使每一个具体的语用交际过程都带有自身的独特个性。从宏观上看,在不同的交际过程中发生影响的语定语境的限定和制约,还在不断地构建、生成和创造着新的语境。新语境的构建和生成是在语用主体的背景语境的范围内进行的,它使主体的认知语境增加了新的容量。这些新的语境一旦产生,同样要对交际发生影响。再次,即使是不构建新的语境而仅利用既定的语境因素,在具体的语用交际活动中,人们所凭依的语境因素也不会是一成不变的。语用主体往往不停地选择、变换甚至控制着不同的语境因素来为交际服务。语用主体的这种选择、变换和控制,使得语境本身带上了强烈的动态性质。请看一个《红楼梦》的例子:

黛玉磕着瓜子儿,只抿着嘴笑。可巧黛玉的丫环雪雁走来与黛玉送小手炉,黛玉因含笑问他:"谁教你送来的?难为他费心,那里就冷死了我!"雪雁道:"紫鹃姐姐怕姑娘冷,使我送来的。"黛玉一面接了,抱在怀中,笑到:"也亏你倒听他的话。我平日和你说的,全当耳旁风!怎么他说了你就依,比圣旨还快些!"

这里黛玉就巧妙地变换和利用新的语境因素——雪雁送来的小手炉,引出一个新的话题,对宝玉进行了一番奚落。事实上,在现实的语用中,不仅作为语境因素之一的话题是随时可变的,其他的语境因素也是处于经常变化之中的,动态性质十分明显。

4.差异性

语境的差异性也有两方面的含义。一是语境本身对语用交际的影响有差异,不同的语境因素在具体的语用中的作用并不是完全等值的。它们影响的效果有直接和间接之分,影响的方式有外显和内隐之别,活动的形态有稳定和动态之异。我们可以大致地将语境分为言内语境(主要为句际语境和上下文语境)、言伴语境(包括现场语境和伴随语境)和言外语境(包括社会文化语境和认知背景语境)三种。一般地说,言内语境最直接、最外显也最稳定,言外语境最间接、最内隐也更为变幻不定,言伴语境居于二者之间[14]。在对语境进行分析的时候,应该注意到它们之间的这种差异性。

语境差异性的另一含义是:语用交际是双向的活动,有表达的主体,也有接受的主体。在具体的交际过程中,语境作为不可或缺的伴随因素同时对语用双方产生影响。理想的交际,语境应该是语用双方的共享知识,即双方都不约而同地凭依同样的语境因素,交际才能顺畅。这是大多数语用交际的情况。但也要看到,现实交际中的情况并不完全如此理想,交际的障碍经常发生。这便是双方认知语境的差异性使然。例如李六如《六十年变迁》中有这样的描写:季交恕问方维夏:"你知道这个消息吗?""什么消息?""蒋介石开刀啦!"方维夏很奇怪:"什么病开刀?"季交恕说:"你还睡觉! 杀人!"这里方维夏对"蒋介石开刀"的理解出现偏差,是因为他的认知语境与季交恕的不一样。他不清楚蒋介石背叛革命的事实,故理解为"生病开刀"之义。值得注意的是,"开刀"还可有另一种理解:为别人动手术。但这里没有出现这种歧解,是因为在大革命时期,蒋介石是个军人、政客,也是个名人,而不是外科医生。在这一点上,方维夏有着和季交恕相同的认知语境,因而没有歧解。这说明,语用主体对世界的有关知识作为一种认知的背景语境,既有共性的一面,又常常表现出差异性。[15]

总之,在具体语用交际中,语境的差异性是一个常见的重要现象,应该加以重视。以往有的研究忽略了这种差异,所做的分析通常成为实验室式的——"理想的人运用理想的话语在理想的语境中进行理想的交际"之模式,抹平了差异,也就抹杀了语用的鲜活灵动。

5. 规律性

同语言的其他因素一样,语境在语用中的作用和功能也是有规律的。从其内部来看,它的构成、结构应该有规律,众多语境因素如何影响语用交际也应有规律可循。从其与语用主体、话语实体的关系来看,它们之间的相互影响、相互作用也不是杂乱无章,完全没有规律的。对一次具体的交际活动固然可以分析语境因素如何起作用,并从中寻找到相应的规则,而宏观上对语境进行多侧面的研究,从中抽象出种种规律,亦应成为语境研究中的题中应有之义。事实上,目前的语境研究已有不少对规律的探寻,如熊学亮的关于认知语境"前赴后继"式的单向推导分析[16],是对一个具体语用交际内部的语境规律的探讨;王建华关于语言理解中的语境策略的研究,是从中观上探讨语境规律的[17];王德春等关于言语语境及语体、风格、文风、修辞方式之间关系的论述[18],则是宏观上对语境规律的探讨。至于目前人们谈得比较多的语境的制约功能、解释功能等,也都是对语境规律的认识和总结。应该指出的是,对语境性质的探讨,实际上便是语境理论研究深化的一个表征。在这方面,要做的工作还很多,特别是对语境规律性的研究——语境是怎样构造的,不同的语境因素之间存在着什么样的关系,制约每一个特定语用交际活动的语境因素有哪些,起什么作用,怎样起作用,语境对话语的形式特征和信息内容有什么影响,不同语境因素影响的大小等,都是值得深入研究的课题。对此我们将有另文做进一步的探究。

注释

[1][10][18]　王德春、陈晨《现代修辞学》,江西教育出版社,1989年版。
[2][8]　张志公《语境研究论文集·序》,北京语言学院出版社,1992年版。
[3][9]　西槙光正《语境与语言研究》,《中国语文》1991年第3期。
[4]　王希杰《论语言的环境》,《广西大学学报》1996年第1期。
[5]　载《修辞学习》1999年第3期。

[6][17] 参见王建华《语用学和语文教学》,浙江大学出版社,2000年版。
[7] 弗雷格《算术基础》。
[11] 冯炜《语境是语用的中介场》,《山东大学学报》1988年第2期。
[12] 仇鑫奕《语境研究的变化和发展》,《修辞学习》1999年第3期。
[13] Sperber, D. & Wilson, D. Relevance: *Communication and Cognition*. Harvard University Press, 1986.
[14] 关于语境的分类及它们之间的这种层次,我们另有专文讨论。
[15] 关于认知语境的差异引起的歧解,可参见王建华《语境歧义分析》,《中国语文》1987年第1期。
[16] 熊学亮《单向语境推导》,《现代外语》1996年第2~3期。

(原载于《浙江社会科学》2002年第2期)

语境的构成与分类

摘要 本文主要从语用学的角度,讨论语境的构成和分类的有关理论问题。从动态的角度提出了语境构成因素的判别条件,为语境的分析和研究大致廓清了范围;根据周遍性、层次性和简明性的原则,将诸多语境因素分成言内、言伴和言外三个大类,并简要讨论了各种语境类型的主要性质。

关键词 语境　语境构成因素　语境分类

上文主要讨论了语境的定义与性质问题,本文集中分析语境的构成和分类问题。

一　关于语境的构成

这个问题历来众说纷纭。从20世纪20年代英国人类学家马林诺夫斯基最先提出文化语境和情景语境两大类以来,有关语境构成因素的讨论就一直没有间断过。国外有代表性的如伦敦学派语言学家弗斯认为,语境不仅指:"语言的上下文"还指"情境的上下文"。英国语言学家韩礼德用"语域"的概念等同于"语境"这个术语,他的语域由"话语的范围""话语的方式"和"话语的风格"三者构成。美国语言学家海姆斯提到的语境因素有:"话语的形式和内容、背景、参与者、目的、音调、交际工具、风格和相互作用的规范等。"[1]国内关于语境的构成因素的研究最早始于陈望道。在1932年出版的《修辞学发凡》中,他提出"情境"的概念,大体相当于我们所说的语境。他认为情境包括了"六何":何故、何事、何人、何地、何时、何如,它们都对修辞活动有影响。[2]20世纪60年代以后,国内语言学界对语境的研究逐渐重视,对语境的构成因素也有了不少新的讨论。王德春认为,语境由客观因素和主观因素两大部分组成。客观因素分为时间、地点、场合、对象等,主观因素分为使用语言的人的身份、思想、性格、职业、修养、处境、心情等。[3]廖秋忠认为,语境包括上下文,交际双方的目的,交际双方对彼此的认识与假设,说话的现场知识,世界的知识,彼此的信仰,文化背景与社会行为模式的知识等。[4]王希杰认为,语言环境是交际活动中的四个世界的统一,即由语言的世界、物理的世界、文化的世界和心理的世界所构成。[5]

还可以举出一些不同的说法。总括以上不同的观点,可以发现人们所说的语境的构成因素是相当庞杂的。大到社会、时代、文化,小到具体的话语形式和内容、上下文,几乎无所不包。难怪有人说,语言学家们提出语境因素问题也就是给自己提出了一个永无止境的不可能详尽完成的任务,更有人断言:"语言是一种社会现象,社会上的一切都可能成为语境。语言是一种物质现象,自然界的万事万物都可能成为语境。语言是人类本身所特有的交际和思维的工具,那么人类本身的一切也就都可能成为语言的环境。"[6]面对这几乎一切社会的、自然的种种"语境因素",我们需要讨论以下几点:

1.语境构成因素的判别标准是什么。的确,从理论上说,世界上的万事万物都有可能成为语境的构成因素,从而成为语境研究的对象。那么,是否意味着我们将面对永远无法穷尽的因素而束手无策呢?事实上并不如此。要判别什么是语境的构成因素,首先需要同语境的性质结合起来。我们认为,语境是与具体的语用行为密切联系的、同语用过程相始终的、对语用活动有重要影响的条件和背景;它是相对独立的客观存在,是语用学研究的三大要素之一,并同另外的两大要素——语用主体和话语实体处于同一个结构平面上。[7]在这里,语境与"语用主体和话语实体处于同一个结构平面上"这一性质是重要的,这样就将语境在语用学研究中的独立地位及其他要素的关系基本确定了。由此我们来检视一下上面各家提到的诸多因素,可以发现有些其实不应该简单地作为语境的构成因素来看待。如"话语的形式、内容""音调""交际工具"等,是属于话语实体范畴的;"使用语言的人"以及"身份、思想、性格、职业、修养"等因素,是属于语用主体范畴的。它们都可以在语用学的另外两大要素中进行专门研究,不宜简单地当作语境来看待,至少应该具体情况具体分析(详后)。

其次,判断语境的构成因素要同其功能和具体的语用行为结合起来。一切有可能成为语境的种种因素,如果失去了和具体语用的联系,没有对语用产生影响,也就没有充当语境的资格。所谓一切社会现象、一切自然现象和人类本身的一切都可能成为语境的说法,是不太准确的。因为这些"一切"在没有同具体的语用交际结合并产生影响之前,都只是"可能的"语境,并非现实的语境。例如:

(1)马克思与燕妮心心相印,情投意合,融融的爱恋在两个人心中皆是"心有灵犀",双方都没有"一点通"。有一天,马克思拿出一个漂亮精致的匣子,郑重地对燕妮说:"我已经深深地爱上了一位美丽的姑娘,我决定和她结婚"。这突如其来的一击使燕妮惊呆了,她急切地问:"她是谁?"马克思说:"她的相就在这匣子里,你一看就知道。"燕妮用颤抖的双手接过匣子,打开来了,她这才恍然大悟,再也顾不得羞怯,一头扎进了马克思的怀里。原来匣子里是一面镜子,打开匣子,燕妮的玉照就出现在里面了。[8]

这个例子的匣子,是语用中的现实物品。一般情况下,很难说它就是语境因素,充其量也只是可能的语境因素。但在这次交际中它对语用活动的作用是直接的、明显的,因而应该属于语境的构成因素。

更进一步,判断语境的构成因素还有一个重要参数,就是它们是否可以把握,可以分析。现实语用是千变万化的,所涉及的语境因素也是千差万别的。不管如何复杂,语用学研究中的语境构成因素必须能够进行归纳、分析,使之成为可供研究的对象,并进而规则化、科学化。过去有些研究对这一点重视不够,所讨论的语境构成因素庞杂无序,还有不少"只可意会不能言传"的东西,这对语境构成的理论研究是不利的。

2.语境的构成因素具有结构性。作为语用学研究的三大要素之一,语境本身也是一个系统,其诸多构成因素同样具有相应的结构性。这种结构性表现在两个方面:一是其内部诸多因素之间不是杂乱无章的堆砌,而是类似于原子构造般的——有稳定的核心因素,也有较自由的外围因素。二是其外部同语用学研究的另外两大要素——话语实体和语用主体互相交叉渗透,互相交换能量,从而不断产生新的语境因素。注意到语境的这种结构性,具有重要的理论价值。

先看语境构成的内部结构性。这有两个含义,一是语境内部的构成是有层次的。每一个语境(除最小的语境外)包含一个或多个更小的语境;每一个语境(除最大的语境外)包含在一个或多个更大的语境当中。即其内部具有层层内包的结构方式。语境构成的内部结构性的另一种含义是:不同的语境因素在具体的语用活动中的作用并不是完全等值的。它们的出现频率有量的不同,活动的形态有稳定和动态的差异。由此也就形成了核心语境构成因素和外围语境构成因素的区别。

所谓核心构成因素是指在现实交际中与语用过程同现的,并与之伴随始终的种种因素,它们相当的稳定,与语用交际须臾不可分离。常见的有:时间、地点、场合、境况、话题、事件、目的、对象等不可少的现场语境因素;另外还有社会心理、时代环境、民族习俗、思维方式和文化传统等。因为任何语用交际都在它们的影响之下进行,语用的成功与否,同它们密不可分。

语境的外围构成因素主要指在语用交际中出现的一些带有临时性质的因素,如交际者的身势、体态、关系、情绪,语用的语体、风格等。同核心因素相比较,这些因素或不是伴随始终的,而是可选择的;或不是必有的,而是可缺的;或出现频率不很高,或性质和功能不太稳定,更多的带有临时的、自由的色彩。比如,在人才招聘会上,求职者如得知考官与自己是同乡,那么他很可能会改换自己的语码形式,用家乡话与之交流。这种语码转换是话语的形式问题。虽则属于话语实体范畴,但它对交际肯定要产生不同的影响,因而也可以看作是主体有意构成的语境。只不过这语境具有明显的临时色彩。至于其他类似的临时性语境因素,如上例中的自然物品——匣子,也可以同样归纳为语境的外围因素,因为它们大都具有相似的性质。

再来看语境构成的外部结构性。语境是语用学中与话语实体、语用主体并列的三大要素之一,是相对独立的客观存在。但这是否意味着语境与另外两大要素之间就泾渭分明,没有任何交叉和渗透呢?这是语境研究中需要深化的理论问题之一。一般来说,语境与语用主体和话语实体之间的疆域是清楚的。但语境也像任何一个系统那样,内部诸因素有序地排列和运行,外部则与相关系统不断地互相影响和渗透,不断地交换能量,其结果便形成了特定的语境。最为明显的是语境同话语实体的交叉而产生的"上下文语境"。例如:

(2)记得转战陕北。有天夜里住进田次湾,十几个人与毛泽东挤入一座窑里睡。房东大嫂不安地一再说:"这窑洞太小了,地方太小了,对不住首长了。"毛泽东依着大嫂说话的节律喃喃着:"我们的队伍太多了,人马太多了,对不住大嫂了。"说得大嫂和同志们都哈哈大笑起来。

(权延赤《走下神坛的毛泽东》)

毛泽东说的话顺着大嫂的上文而来,反映在形式上是句式、节律的相似,在内容上是两相对照。之所以引得大家哈哈大笑,上下文的语境起了很大的作用。

同样,语境也可同语用主体交叉而产生某些特定的语境。在语用学研究中,语用主体的种种特征通常是在语用主体的研究范畴中的,如"身份、思想、职业、修养、性格"等应属于主体的语言能力和语用能力方面,"心情"可归为主体的主观态度方面,都不必划到语境中来。[9]但如果在某一具体的语用交际中,某个主体由于心情的原因,影响了话语的组织或背景知识的调用,从而也影响了语用交际的进行,那么,这时的"心情"因素也可看作语境因素,它是主体生成的新的语境——情绪。例如:

(3)一次设计工程招标会上,几家设计单位的方案竞争十分激烈。开始大家还温文尔雅,心平气和,但因涉及各自的切身利益,言辞之间逐渐带上"火药味"。后来,一位未能中标的工程师大声说道:"设计这种事吃力不讨好,我再也不干了!谁干谁是王八蛋!"话音刚落,好几个人几乎同时站起来质问他:"谁是王八蛋?你说清楚,谁是王八蛋?"

(《交际与口才》2000年第6期)

这里该工程师说的话明显受心情的影响,未顾及场合,伤害了他人,带来了不好的交际效果。无疑,这种心情可以看作是语境因素,它带有不稳定的临时性。

"认知语境"是语境同语用主体的交叉而形成的一种更值得注意的语境。语用主体的关于世界的百科性知识是构成认知语境的主要因素。在具体的语用交际中,人们需要遵循什么样的社会文化制约,在特定的场景中面对特定的对象应该用什么样的话语,如何恰当地利用上下文语境因素等,都属于百科知识的范畴。很显然,语用主体的知识丰富与否、能否准确调用等直接影响到语用的成功与否。

同上下文语境相比,认知语境呈现出较大的开放性和自由度,也就是说它们可能是交际双方的"共享知识",也可能是表达一方或理解一方各自构建的认知语境,二者之间可能一致也可能不一致,由此反映出认知语境的动态性和差异性。需要指出的是,不论这种认知背景是否一致,它们都会对具体的语用产生影响,例如:

(4)当年李鸿章出访美国,一次他宴请当地官员,席上循例说了几句客套:"今天蒙各位光临,非常荣幸。我们略备粗馔,没有什么可口的东西,聊表寸心,不成敬意,请大家包涵……"云云。第二天报纸照译为英文登出来,饭馆老板看了大为恼火,认为李鸿章是对他的饭馆的污蔑。除非他能具体提出菜肴怎么粗,怎么不可口,否则就是损害他店家的名誉。他提出控告,要求李鸿章赔礼道歉。

(《文汇月刊》1983年第7期)

这里虽然有文化差异的问题,但主要原因还是双方所具有的背景知识不一致,有不同认知语境。同其他的语境因素影响语用交际一样,这种认知语境对交际的影响也是明显的、可以把握和分析的。而且在现实中,这种认知语境往往对语用有更大的影响。这也就是我们为什么把它称为"认知语境",纳入语境研究的范畴而不放到语用主体范畴之中去研究的原因。[10]

3.对语境构成的研究要有辩证的思维。综上所述,我们可以对语境的构成做如下小结:

第一,构成语境的因素必须同语用的行为、活动、过程有密切的关系,并对语用本身产生重要的影响。因而,上下文、前言后语、时间、地点、场合、境况、自然物、话题、事件、目的、情绪、对象、关系、体态、语体、风格、社会心理、时代环境、思维方式、民族习俗、文化传统、认知背景等通常是语境的构成因素，因为在具体的交际中它们总是同语用行为有这样那样的联系、或显或隐的影响和可大可小的作用。

第二，具体语用过程中的语境因素应该是可以把握、可以分析的。对于语用学研究而言，语境的构成因素不应该停留在只可意会不可言传境界，要能从纷繁复杂的现象中抽象出可以作为科学研究的规律性的东西。

第三，要重视语境构成因素的结构性，其内部结构的有序性和外部结构的渗透性是有机的统一。语境的内部构成是一个系统：核心部分相当稳定，外围部分不断地与相关系统交换，或产生新的语境因素，或置换旧的因素。上下文语境因素现已成为学界的共识，其实它是与话语实体交叉而得出、生成的；认知语境因素正为越来越多的人所认识，它同样是与语用主体交叉而生成的。由此，我们找到了这两种重要语境因素的存在理据。

第四，研究语境的构成必须有辩证的思维。在现实的交际中，语境的构成因素处于动态的生成、变化之中。语用主体的一些特征、话语实体的一些变量乃至于一些临时性的不定因素都有可能转化成相应的语境因素，这主要看它们是否影响了语用的行为、过程和效果。这样来认识语境的构成，有助于把握语境的核心因素，同时又呈现出开放性的特点，为语境的分析和研究大致廓清了范围。

二　关于语境的分类

　　语境的分类是将上一节讨论的构成因素按一定的原则有序地加以归类，形成一个条理清晰、层次分明、具有理论上的科学性和操作上的简便性的系统。毫无疑问，这个问题既同上面讨论的构成因素密切相关，又比它还要重要，而且更加复杂。

　　学术界对语境的分类做过比较多的探讨。在以往的研究中，我们曾做过归纳。有角度不同的分类：着眼于构成，分为客观因素、主观因素和临时主观因素；着眼于功能，分为外显性和内隐性两类，或内部语境和外部语境两类，还有分出自足与不自足的及多余语境几类的；着眼于稳定，分为稳态语境和动态语境，等等。也有不少进行层次的分类，分出三个、四个不等的层次，再做下位的更细致的分类。[11]除此之外，语言语境/非语言语境，狭义语境/广义语境，大语境/小语境，直接语境/间接语境，上下文语境/情境语境，真实语境/虚拟语境，明语境/晦语境，语言的知识/非语言的知识等等术语，也都是在语境分类中出现过、使用过的。可见语境分类问题的现状是何等的不统一。

　　语境的分类与其他事物的分类一样，首先要确定分类的原则和标准。我们认为分类应遵循以下几点原则：

　　1.周遍性原则。语境的分类首先要有周遍性。这指的是分类要着眼于完整的系统，将相对独立的语境系统中的各种语境构成因素都涵盖在内，几无遗漏。也就是说，上述各种语境的构成因素在理论上都应在这个分类中找到位置。当然，由于语境的动态性质,这种周遍性不是封闭的、僵化的,而应该是开放的、灵活的。如上所举的一些临时的、生成性的语境因素,也应在这个分类系统中得到体现。

2.层次性原则。语境系统内部的各构成因素是按一定的层次有序地排列并呈现着功能的。一般来说,由上下文语境,到时空语境,再到社会文化语境、认知背景语境等,语境的范围渐渐扩大,层次逐渐提高。语境的分类要能体现这种层次性。诚然,这种层次性也不宜用固定的眼光来看待,因为语境的层次是相对的,而且是交叉的、变动着的。

3.简明性原则。分类还要尽量做到简明扼要,既要周全,又要简明,这是一对矛盾,然而,"科学性往往寓含于简洁性之中"。分类的烦琐并不同科学性有必然联系,对具体的操作还会带来许多困难。这是应当避免的。

根据这几条原则,我们将语境分类如下:

首先,立足于语境同语言的关系,可以分出"言内语境""言伴语境"和"言外语境"三种,这是第一层面的划分。言内语境又分为"句际语境"和"语篇语境"两种;言伴语境又分为"现场语境"和"伴随语境"两种;言外语境又分为"社会文化语境"和"认知背景语境"两种。这是第二层面的划分。还可以进行更下位的划分。如句际语境又可分为"前句、后句"或"上文、下文"等因素;语篇语境又可分为"段落、语篇"等因素;现场语境又可分为"时间、地点、场合、境况、话题、事件、目的、对象"等因素;伴随语境又可分为"情绪、体态、关系、媒介、语体、风格以及各种临时语境"等因素;社会文化语境又可分为"社会心理、时代环境、思维方式、民族习俗、文化传统"

等因素;认知背景语境又可分为"整个现实世界的百科知识、非现实的虚拟世界的知识"等因素。这是第三层面的划分。

这样,我们就把在语用交际中可能产生影响的语境因素编织成一个涵盖面广、结构有序、条理清晰、层次分明的系统网络。而且,从理论上说,这个系统还是呈开放性的。如前述语用主体的心情,可能作为临时性的语境因素起作用,在这个系统中,可纳入伴随语境中的"情绪"因素加以分析;话语的某种变量,如语码转换,是同交际目的相关的,并以语体、风格的形态表现出来,在这个系统中,也属于伴随语境的范畴。其他临时性的语境因素,也都应该能在这个分类系统中找到相应的归宿。例如网上聊天这种方式日益成为青少年交流的手段。这种新的媒介影响着语用交际。因为网络的蔽障可以让人们想到啥就说啥,喜欢怎么说就怎么说,既可不讲作文的间架结构,也可不管语言的规范标准……这种与传统语用不同的媒介体,可以视为新的语境因素,同样可以纳入上述分类系统之中——它属于伴随语境中的因素。

我们的这个语境分类系统,不仅考虑了语境因素的周遍性,层次性也是非常强的。从最底层的"句际语境"到最上层的"认知背景语境"两极之间,是语境研究的广阔的空间地带。它们反映了语境的整体性疆域,也顺应了国际语言学界对语境研究的新趋势:"语境既是客观的场景,又是交际主体相互主观构建的背景。"[12]从范畴上看,"言内语境"是语境与话语实体交叉的产物,在它之下,应该是话语实体本身;"认知背景语境"是语境与语用主体交叉的产物,在它之上,应该是语用主体本身,它们是语用学研究中三大要素的另外两大要素,都超出了语境研究的范畴。而在语境研究的广阔空间里,不同类型的语境呈现出鲜明的层次性。从言内语境经过言伴语境到言外语境,语境活动的形态由稳定性逐渐向动态性过渡,语境影响的方式慢慢由外显性向内隐性转移,语境呈现的性质由共同性渐次向差异性发展,语境显示的功能也由制约性向生成性递增。从下表可以更清楚地看出我们这个语境分类系统的层次性:

第一层次	第二层次	第三层次	活动形态	影响方式	呈现性质	显示功能
言外语境	认知背景语境	非现实虚拟世界的知识 整个世界的百科性知识	动态性	内隐性	差异性	生成性
	社会文化语境	文化传统 思维方式 民族习俗 时代环境 社会心理				
言伴语境	伴随语境	其他各种临时因素 语体　风格 情绪　体态 关系　媒介				
	现场语境	时间　地点 场合　境况 话题　事件 目的　对象				
言内语境	语篇语境	语篇　段落	稳定性	外显性	共同性	制约性
	句际语境	前后句 上下文				

还可以再做一些说明。言内语境中不论是句际语境还是语篇语境,都具有相当的稳定性和共同性,它们对语用交际的影响呈现出较为明显的制约,而这种制约人们通常都共同遵守,因为它们的规则性较强。同时,它们对语用的影响和制约又是很容易把握的,因为它们显露在外,如前举例(2)。言外语境的各种因素,则与言内语境的因素明显不同:它们的活动形态呈现出明显的动态性特征,对语用的影响方式也不外露,属于内隐式的,有时让人很难把握。由于这两方面的特征,差异性在它们上面表现得很突出。尤其是认知背景语境,实际上还可以分为"说写者持有的认知背景、听读者持有的认知背景、双方共同持有的认知背景"等几种状态。双方有共同的认知背景可以使交际成功,但很多时候经常出现差异的情况,这便是不同主体间的语境构建和生成的结果,如前举例(4)[13]。

在言内语境和言外语境这两极之间,言伴语境作为过渡地带。既表现出稳定性、外显性、共同性和制约性,又反映了动态性、内隐性、差异性和生成性的特征。相对而言,它内部的现场语境具有更多的稳定性、外显性、共同性和制约性,如前举例(1),而伴随语境则带上较多的动态性、内隐性、差异性和生成性,如例(3)。

需要说明的是,伴随语境虽属于过渡性的层面,却很重要。如上所述,在具体的语用交际中,主体的一些特征、话语的某些变量和一些不定因素,都有可能成为临时性的语境因素,而对它们的归类,基本上都可以放在"伴随语境"之中。当然,要正确认识言伴语境的过渡性,这种过渡,反映在语境因素的性质、形态和方式等方面的特征,并非截然分开、泾渭分明的,而是渐变的,有时还存在交叉。若再将视野扩大一些,实际上从言内语境到言外语境这一广阔的地带都应该是如此逐渐演变的。

我们对语境的这种分类,还体现了其系统内的结构有序性,具有简洁明了的特点。在这个分类系统中,第一层面为三种语境,第二层面为六种语境,第三层面则尽量涵盖所有的语境构成因素(至少在理论上如此)。它是简明的,同时也是比较科学和有序的。一方面它较为周延,形成独立性较强的系统;另一方面,它又呈开放性,为继续深入研究预留了空间;而且,还便于在具体的分析研究中操作运用。

注释

[1] 转引自王建平《语言交际中的艺术——语境的逻辑功能》,第2—4页,求实出版社,1989。
[2] 陈望道《修辞学发凡》第7—8页,上海教育出版社,1979。
[3] 王德春、陈晨《现代修辞学》第39页,江西教育出版社,1989。
[4] 廖秋忠《篇章与语用和句法研究》,《语用研究论集》第2页,北京语言学院出版社,1994。
[5] 王希杰《论语言的环境》,《广西大学学报》1996年第1期。
[6] 西槙光正《语境与语言研究》,《中国语文》1991年第3期。
[7] 有关语境的性质问题,可参见王建华《关于语境的定义与性质》,《浙江社会科学》2002年第1期。
[8] 此例转引自何家荣《语境研究的新视野》,《安庆师院学报》1999年第4期。
[9] 有关这方面的具体研究可参阅王建华《语用学与语文教学》第五章,浙江大学出版社,2000。
[10] 这种背景知识也可以归入语用主体的范畴来研究,但近年来学术界更倾向于将其作为"认知语境",笔者也持同样观点。
[11] 王建华《十余年来的现代汉语语境研究》,《浙江教育学院学报》1993年第2期、1994年第1期。

[12] 可参考仇鑫奕《语境研究的变化和发展》,《修辞学习》1999年第3—4期。

[13] 关于这方面更多的例子及分析,可参见王建华《语境歧义分析》,《中国语文》1987年第1期。

(原载于《语言文字应用》2002年第3期)

论语境的功能及实现

提要 本文主要讨论语境的功能问题,指出,语境的功能是与其结构相对应的,具有层次性、交叉渗透性和动态性等特征。语境功能的实现还需要一定的条件,这主要指语境本身的隐显程度、关联程度以及语用主体的背景知识和搜寻语境的最佳关联的能力。

关键词 语境　语境功能　功能实现　最佳关联

语境问题是近几十年来语言学研究的热点之一。人们围绕语境的定义、性质、分类、功能等,提出了许多有益的观点,语境与语法、语义、修辞、交际等方面的关系也得到较多的讨论。但我们认为语境研究还有必要进一步深化。本文主要就语境的功能问题做一讨论。

关于语境的功能,人们已多有关注,但认识不完全一致,论说也有详有略。如金定元认为语境在交际中主要有两大功能——解释功能和过滤功能;[1]濮侃等从制约、解释、判断、生成四个方面谈到语境功能;[2]笔者曾从六个方面:限定、协调、省略、补充、制约、创造谈了语境的功能;[3]日本学者西槙光正则谈了绝对、制约、解释、设计、滤补、生成、转化、习得八种功能。[4]我们认为,语境的功能并不是找得越多、分得越细越好,也不应平面地罗列而不管联系与区分。应该看到不同的语境因素、不同的语境结构的功能是不一样的;还要用辩证的、动态的眼光来看待语境的功能,注意功能之间的演变和渗透,并从中找出语境功能实现的依据。从这里出发,我们讨论以下几个方面的问题:

一 语境的功能是与其结构相对应的,有一定的层次性

研究语境的功能,必须同语境的构成及分类结合起来。我们在《语境的构成及分类》[5]一文中曾给出一个新的语境分类表,将语境分成三大类型:言内语境、言伴语境和言外语境,各自内部又可按一定的层次细分为若干类。这样就使语境形成了有序的结构系统,为语境的功能研究找到了较好的对应。根据"结构和功能相对应"的原则,我们有可能对语境的功能做一番较为深入的理论探讨。

英国语言学家莱昂斯说:"语境之中包含语境,每个语境具有一种功能,充当更大语境的一个组成部分。"[6]不同层次的语境有不同的功能,这是因为它们对语用的影响有差异。大致说来,言内语境具有制约功能、协调功能,言伴语境在这两种功能之上还具有过滤功能、补充功能,言外语境则又在此基础上增加了引导功能和生成功能等。

所谓制约功能指的是言内语境的上下文对语言单位之间的影响和作用。这种影响表现为刚性的制约,对话语的语音、语义及结构等都有效。例如:

(1)屋北鹿独宿,溪西鸡齐啼。

(2)白天,家中静悄悄的,她颇觉寂寞。邻居小女孩活泼可爱,整天唱啊跳啊,自称是"喜欢唱歌的孩子"。喜欢唱歌的孩子给她带来快乐,她喜欢唱歌的孩子。

例(1)在古汉语中,前半句都为入声,后半句都为平声,读起来很不顺。这是语音方面制约不够的缘故,因而历来被作为搭配失当的例子。例(2)中有三个"喜欢唱歌的孩子",但它们从结构、语义和功能上看却是不完全相同的。前两个是偏正结构,分别充当宾语和主语,最后一个则是动宾结构,在句中充当谓语。这种结构和功能的区分是由上下文显示出来的,是汉语的语法规则,不论是表达者还是理解者,都要受这规则的制约。上下文语境制约力不够的时候,容易引起交际的障碍。如吕叔湘先生曾举过的一个著名例子:"今年游行,女同志一律不准穿裤子。"[7]

协调功能是从言内语境的语篇角度来看的。语篇语境包含了上下文,上下文语境中的制约放在语篇语境中会出现新的情况。例如:

(3)阿妈坐在门口,膝盖上放着几件军衣,飞针走线忙不停。长长的线儿来回飞舞抽得吱儿吱儿直响,和战士的鼾声糅合在一起。

缝啊缝,春风绕着长线荡漾,暖流跟着针眼流淌。这破洞曾收进了多少风寒,此刻,又缝进了多少温暖!

"缝进了多少温暖",从语法的制约和语义的搭配上看本有疑问,但在这个语篇语境的协调之下,却成为一个很好的表达。

言内语境的制约和协调功能大都是在与话语有关的层面,比较外显。而在语用交际中,言内语境又被包含在言伴语境这个更大的语境之内,它原有的功能也随之为言伴语境的功能所包容。言伴语境主要有过滤、补充等功能。过滤功能指在具体的时间、地点、场合、境况等因素的作用下,对语篇语境中可以出现的成分加以筛选、过滤,剔除冗余成分。这是语用交际的"经济原则"的体现。补充功能(亦可称为解释功能)则同过滤功能相应,在时空、场景等因素影响下,补充出被过滤掉的成分与意义,甚至增加新的内容与含义。例如:

(4)毛泽东在延安的一次演讲会上,当演讲快结束时,他掏出一盒香烟,用手指在里面慢慢地摸,但摸了半天,也没摸出一支烟来,显然是抽光了。有关人员十分着急,因为毛泽东烟瘾很大,于是有人立即动身去取烟。好一会儿,毛泽东笑嘻嘻地掏出仅有的一支烟,夹在手指上举起来,对着大家说:"最后一条!"一语双关,妙趣横生,全场大笑,疲劳和倦意在笑声中一扫而光。听完"最后一条",听众仍兴奋不已。

(《演讲与口才》1989年第7期)

这里由于时间、地点和场合等因素,毛泽东说的"最后一条"是非常经济的,不必受语篇规则的制约,说成'"以上讲了若干条,下面讲最后一条"之类的"完整句"。这是言伴语境的过滤功能。而在这个现场语境中,"最后一条!"这句话之所以引起全场大笑,又是同当时的境况、事件和说话人的体态等伴随语境相关的,是伴随语境使这句话补充和解释了新的含义,达到了很好的表达效果。

就像言内语境被包含在言伴语境之中一样,言伴语境也为更大的言外语境所包含。言外语境的功能在言伴语境的过滤、补充、解释等功能的基础上,又有新的扩展。首先是引导功能:具体的言伴语境对语用的补充、解释为什么是这样而不是那样,是由社会文化语境中的诸因素引导的。社会心理、时代环境、民族习俗、思维方式和文化传统等潜移默化地影响着语用交际,使之限定在一定的社会文化背景之中进行,也使具体的话语得到更确切的解释。例如到饭馆用餐,顾客落座后,服务员让他点菜,又加上一句:"你要不要饭?"就很可能令顾客不高兴。虽然是在饭馆这个特定语境中,时间、地点、场景和交际目的等因素很清楚,但由于社会心理和文化传统等因素的引导,容易使顾客觉得受到侮辱——这说明处在社会环境中的人,不论何时何地都要受社会文化的影响,也说明社会文化语境的功能大于言伴语境的功能。

有人认为语用中最大的语境是社会文化语境,所有的语境都包含在所谓的文化语境之中。但正如我们曾做的分类所示,语用主体的认知背景语境处于社会文化语境之上,属于最高层次的语境。因为社会文化语境作为一种相对客观的存在,要由语用主体来感知、来把握,不同的主体对相同的社会文化语境感知程度是可以不一致的,这会导致语用的结果出现差异。由此认知背景语境也带上了新的功能:生成功能或曰创造功能。这种功能一方面以客观的社会文化语境因素为基础,另一方面又具有主体个性化的认知特征。在具体的语用交际中,生成功能可以产生消极的影响,也可以带来积极的效果。例如:

(5)小张正在欣赏音乐唱片,恰好女友来访,就顺口问道:"你喜欢莫扎特吗?"

"我早就跟你说过、就只爱你一个,你就是不信。"女友娇嗔地说,"况且,我根本没有交姓莫的男朋友,怎么谈得上喜欢他呢?"

(《知识窗》1988 年第 3 期)

这里小张的女友由于背景知识的缺乏,对作为音乐家的莫扎特一无所知,使交际产生了障碍。再看一例:

(6)1949 年,国民党派到北平和谈的代表之一刘斐在和谈没有成功时,对回南还是留北举棋不定。在一次宴会上,和毛主席谈话,借打麻将为题问道:"打麻将是和清一色好,还是平和好?"毛主席想了想,回答道:"清一色难和,平和容易,还是平和好。"刘斐说:"平和好,还有我的一份。"这样就促成了他留在北京的决心。

(柯灵《人民的心》)

这里刘和毛二人都充分运用了语境的创造性功能,完成了一次成功的交际。当时的社会时代环境、刘斐的身份、地位、心理及传统的文化习惯等,都使刘斐不便直言去留问题,只能借打麻将来试探。而对刘斐的这些背景语境,毛泽东是洞悉的,他也发挥了语境的创造性功能,很好地表达了想留刘的意愿,从而使这次语用达到了最佳效果。

二 语境的功能是辩证的、交叉渗透的和动态的

以上通过举例粗略地分析了不同层次语境的六种功能。我们可以看到,这些功能大都是两两相对的辩证统一体。制约功能和

协调功能、过滤功能和补充功能、引导功能和创造功能,都是相辅相成的。有刚性的制约就有柔性的协调,有时空的过滤就有情境的补充,有社会文化的引导还需要主体的认知和创造。这样,我们也就把语境的结构系统与语境的种种功能对应起来了,这有助于对语境功能的整体把握。

还要指出的是,应该辩证地看待结构系统与功能之间的对应关系。语境的诸种功能并不是壁垒分明,互不相通的。它们之间是可以相互交叉和渗透的,还经常是共同起作用的。例如:

(7)"祥子!"她往前凑了凑,"我有啦!"

"有了什么?"他一时蒙住了。

"这个!"她指了指肚子,"你打主意吧!"

楞头磕脑的他"啊"了一声,忽然全明白了。

(老舍《骆驼祥子》)

这个例子应该主要是言伴语境的体态、手势等在起作用,但其他语境的功能也是渗透其中的,可以说是综合地产生影响。如"我有啦!"这句话一开始未被祥子理解,是因为言内语境的制约功能不够明显,易产生其他的意义,这时就需借助言伴语境。"我有啦!""这个!"这两句话,在现场的面对面语境中,可以借助手势和体态补充出简约的话语表层背后的语义:这是言伴语境的补充功能在起作用。而虎妞之所以用这样两句简短的话语,同样是因为在面对面的语境中可以删除不必要的冗余信息。这又是言伴语境的过滤功能。同时还有社会文化语境在起作用——虎妞毕竟是中国人,受传统文化的影响,即使再泼辣也还不至于直截了当地告知祥子"有"了什么(当然还与她此时的某种心态有关)。再进一步,祥子在这个对话片段中处于被动,是因为他的认知背景语境出了障碍。本来,即便是言内语境的制约不够,但言伴语境的补充应该使他很容易明白虎妞的意思。但他在接受话语时并未达到感知——言外的认知语境没发挥作用,从而导致"一时蒙住了"的结果。

这个例子说明,语境的功能是相互渗透的。从言内语境的制约功能到言外语境的创造功能这一广阔的地带里。各种功能之间是你中有我,我中有你的,不少时候还共同起着作用。理论上说,语境功能的分析都应该是这样的。只不过为了说明问题,在具体例子的分析有时侧重或强调某一种功能,而暂时淡化或忽略其他功能而已。

那么,语境的功能之间为什么有如此性质呢?

我们认为,作为语用三大要素之一的语境,在语用活动中产生作用或发挥功能,是以整体性为特征的。林林总总的语境因素之间的关系相互交叉渗透,形成一个"语境场",都会对语用产生影响。虽然这个"场"中的各种语境因素可以按一定的结构类聚,形成"言内语境、言伴语境和言外语境"等,一定结构的语境因素又具有相应的功能。但是,我们绝不能因此而忘记了"语境场"的存在。

在任何一次具体的语用交际中,各种因素语境总是以语境场的整体方式介入的。很少出现某个单一的语境因素独自发挥作用,而其他因素却没有任何影响的情况。当然,不同的语用活动中所起作用的语境因素可以不等同,哪一个语境因素在哪一次语用中起主要作用,也还需要具体分析。如果我们把对语用活动有主要影响的语境因素称之为"主语境",其余有影响的语境因素称为

"次语境",那么,我们可以看到,任何一次语用都有一两个主语境,它们的功能影响整个语用的活动。而次语境有时有一定补充作用,有时可以忽略不计。如上面分析的例(7),主要发挥作用的是言伴语境的补充(解释)功能,它是该次语用交际中的主语境,但其他的言内和言外语境也发挥着相应的作用,它们都为次语境。

值得提出的是,除了注意到语境功能的交叉渗透之外,还要重视语境功能的动态变化。因为语用活动大都是动态的,与之相应,语境场的各种因素及相应功能也就处于变动不居状态。某一语境因素在特定的语用中是主语境,其功能有主要影响,但随着语用活动的进展和变化,有可能其他的语境成为主语境,从而凸显与之相应的另外的功能,而原有的主语境的功能则发生变化。这种情况很常见,是语境功能动态性的表现之一。

语境功能动态性的另一表现是:语用是交际双方的事,客观存在的语境因素对不同的交际主体来说,并不一定有完全相同的认知。也就是说,在语用交际的过程中,语用主体都拥有各自的语境场,有各自相应的主语境并发挥着功能。诚然,在大部分的交际中,双方的语境场内的主语境常常是重合的,这样能够彼此沟通,达成理解。但是现实中不理解、误解、歧解的现象也经常见到。这是因为不同的语用主体的认知背景语境发生偏离,所凭依或调用的主语境功能不一致所致,如:

(8)上海解放前夕,有人在车站候车,久等不见他所等候的电车的踪影,忍不住说了一句:"八路为什么还不来呢?"这句抱怨"八路电车"为什么久久未到的言语,竟被暗探当作心焦望变的革命者的语言,说那句话的人竟被架进监狱,以后就下落全无了。

(秦牧《"含冤树"种种》)

这里,现场(车站)、事件(等车)等言伴语境是说话人的主语境,其功能应该主要体现为过滤和解释功能。而旁边的听话人(暗探)则在社会时代环境的引导下,将其话语歧解,此时他语境场中的主语境为社会文化语境,实现其引导功能。类似这种例子是很常见的,这种动态性也就同时表现为差异性。而且,它们的影响方式多为内隐性的,不大容易一目了然,但其影响却特别大。

三 语境功能的实现是有条件的

以上讨论了语境的不同类型和不同层次的功能、功能之间的交叉渗透及动态性,由此我们认识到,语境的功能问题其实是很复杂的。接下来要进一步讨论的问题是,如此复杂的语境功能在具体的语用中得以实现,是否需要什么条件? 能否抽象出某些规律性的东西? 这是语境理论研究的一个难点问题。我们认为,语境功能的实现条件主要有以下两点:

一是语境本身的显隐程度、关联程度。在具体的语用交际中,语境的影响和作用是不完全一致的,众多语境因素在交际活动中的重要性也有差异。一般地说,语境在交际中的表现形态有外显和内隐的差别,言内语境因素和言伴语境中的现场、时空等因素都很外显,其对语用影响较为直接,因而其功能的实现处于优先的位序。例如一则校园小幽默:

(9)某晨,A君过女生宿舍。见一漂亮女生在窗前向自己一挥手,然后含羞转身而去。随后几日皆如此,A君窃喜,邀出女生:

"作为男生,我应该主动一些。"

"啥意思?"

"频频向我挥手暗示,我好感动。"

"哦!误解了,那是我向窗外扔梳头时梳下的碎发。"

"……"

这里男生A君之所以产生误解,是现场语境中女生的挥手这个十分外显的动作,使之认为对自己有好感。而最后女生说明情况的话语也很明确,这个言内语境有很明显的制约和协调功能,并得到充分的体现。通常情况下,外显性语境的功能总是最先得到实现的,因为其容易把握。相比之下,社会文化语境等言外语境则属于内隐性的,虽然其功能对语用的影响特别大,但有时也难免很顺利地实现。例如:

(10)抗战胜利后,著名国画大师张大千从上海返回四川老家,他的学生设宴为他饯行,同时出席宴会的还有梅兰芳等社会名流。宴会开始,张大千首先向梅兰芳敬酒:"梅先生,你是君子,我是小人,我先敬你一杯。"梅兰芳不解其意,忙问:"此话从何说起?"大千回答:"你是君子——动口,我是小人——动手。"

张大千巧妙地运用我国传统文化中惯用语"君子动口,小人动手",以增进主体间的和谐与交际的效果,但这一时并未被听者理解。也就是说,此处言外语境的内隐式特点,影响了其引导功能的实现。

我们还应该看到,语境功能的实现与否,除了显隐程度之外,还要分析其与交际的关联度。从关联程度来看,语境功能的实现并不简单地决定于其外显和内隐,有时外显性的语境关联度不高,也就难以发挥其功能。如上举例(7),外显的身势等语境因素的补充功能一时未实现。这里就涉及了一个新问题:什么时候语境因素同交际的关联度高,什么时候关联度不太高?何以判断?这便是语境功能实现的第二个条件——主体的语用能力问题。

"语用能力"是与"语言能力"相应的,是人们对语言运用的有关知识的总和。在语用交际中,语用能力至少包括两方面:一是主体的背景知识,它以语言知识为基础,又与非语言的有关世界百科性知识相关。这各种知识有乔姆斯基所谓的先天机制习得来的,更重要的是后天的积累和积淀。尤其是有关社会文化的百科性知识,进入了人的长时记忆,以"图式结构"的方式保存在大脑中。[8] 毫无疑问,背景知识越丰富,人的语用能力也就越强,生成语境的本领越大,同样,使语境的功能得以发挥的可能性也越大。例如:

(11)有个托儿所,阿姨教孩子唱儿歌是:"郎呀,咱们俩是一条心。"儿童提意见说:"狼是坏蛋,不能一条心。"

(《文汇月刊》1982年第3期)

(12)"狼"明天到,排队请早。

(上海四川北路一家商店的广告,1990年)

这里两个例子是很好的对比。托儿所的孩子不知"郎"为何物,因其有限的背景知识中只有童话世界的"大灰狼、狼外婆"等,故会将此"郎"等同于彼"狼"。言内语境中的制约和协调功能在此都起不了作用。例(12)是当年为"狼"牌运动鞋做的销售广告。其对象是广大年轻的消费者,现场语境的过滤和补充功能在此发挥着重要的作用。如果这则广告读给托儿所的孩子听,他们恐怕又要说"狼是坏蛋"了。

语用能力的另一个方面便是搜寻语境的最佳关联的能力。一般来说,人们的背景知识总是较为丰富的,而在具体的语用交际中,并不需要所有的背景知识都参与进来。何时需要参与,参与量的多少,怎样参与等等,都是很重要的问题。这便涉及主体在交际中的"语境化",即语用主体必须具备受外来物刺激,"激活"背景知识储备,搜寻相关语境,建立最佳关联的能力。在这方面,不同的主体也会有差异的。例(6)和例(10)就是很好的说明。毛泽东理解刘斐的话语,就是调用出相关的语用背景知识,建立起最佳的语境关联,并在此基础上进行正确的语用推理所致。而梅兰芳一时没理解张大千的话,并不是因为他不具备相应的背景知识,而只是暂时没有搜寻到相关的语境因素,并建立最佳关联的缘故。

搜寻语境的最佳关联,并进行语用推理,是语境功能实现条件中关键的问题,也是语用学研究和认知语言学研究的重点和难点所在。因为这种搜寻和推理,是人的大脑内部黑箱装置的功能,属于认知机制中的中心系统模块,难于准确展示其活动形态及过程。对此,国内外学者正做孜孜不倦的探索。如西方语言学家提出的"关联理论""认知语境",[9] 我国学者讨论的"单向语境推导模式",[10] "语境理解策略"[11] 等,都是此种探求的初步成果。不过,这方面的工作十分复杂,还有待于进一步的深入。

注释

[1] 金定元《语用学——研究语境的科学》,《中国语文天地》1986年第1期。

[2] 濮侃、庞蔚群《语境学建构及其他》,《华东师大学报》1990年第4期。

[3] 王建华《交际的语境》,钱乃荣主编《现代汉语》第5章第1节,高等教育出版社,1990年版。

[4] 西槙光正《语境与语言研究》,《中国语文》1991年第3期。

[5] 王建华《关于语境的构成和分类》,《语言文字应用》2002年第3期。

[6] Lyons, J. *Semantics*. Cambridge University Press. 1977.

[7] 吕叔湘《歧义类例》,《中国语文》1984年第5期。

[8] 关于这一点,可参看王建华的《语用学与语文教学》第五章,浙江大学出版社,2000年修订版。

[9] Sperber, D. & Wilson, D. Relevance: *Communication and Cognition*. (2nd ed) Oxford, Blackwell, 1995.

[10] 熊学亮《单向语境推导初探》,《现代外语》,1996年第2期、第3期。

[11] 王建华《语用学与语文教学》第六章,浙江大学出版社,2000年修订版。

(原载于《修辞学习》2003年第2期)

语境歧义分析

摘要 本文分析与语境因素有关的歧义现象。语境歧义是在言语交际中产生的。根据说写者和听读者双方不同的情况,可以把语境歧义分为狭义的和广义的两个方面。语境歧义的产生是话语的语义内容和种种语境因素共同作用于听读者的结果。语境的分析是讨论语境歧义现象的重点。外显性语境有一定的限定性,内隐性语境有较大的自由性,因而后者比前者对语境歧义的影响要大得多。

句法歧义问题,是近几年来汉语语法研究的一个重要内容。最近,另一种歧义现象——语境歧义也引起了人们的注意。徐思益同志的《在一定语境中产生的歧义现象》[1]即较详细地提出了有关语境歧义的一些问题,给人不少启发。同时也告诉我们,对这种歧义现象的深入研究是有必要的。本文试图在徐文的基础上,对此再做些分析。

一

语境歧义现象是在言语交际活动中产生的。语言活动包括了说写者的表达和听读者的理解两个方面,因而可以从生成的和认知的两个角度去分析它。在正常的交际中,说写者表达思想、组织话语都具有较明确的语义内容,听读者也能较准确地理解他的意思。这时候,二者是统一的,共同完成交际的活动,无所谓歧义。但有的时候,二者不完全一致,于是就出现了种种的语境歧义现象。

分析语境歧义现象必须同时注意到说写者和听读者两个方面。根据这两个方面在语境歧义中的不同情况,相应地可以把语境歧义分为狭义的和广义的两个方面。

狭义的语境歧义指说写者的表达有明白的、确定的语义内容,而听读者理解时由于受到语境因素的影响产生了歧解。这种歧解可以有几种不同的情况:对于某一确定的语义内容,或者听读者不能完全理解,甚至误解;或者不同的听读者有不同的理解;或者听读者明明能理解而故意曲解。例如:

(1)有个托儿所,阿姨教孩子唱儿歌是:"郎呀,咱们俩是一条心。"儿童提意见说:"狼是坏蛋,不能一条心。"

(《文汇月刊》,1982年第3期,第51页)

(2)程副司令员向她们挥手致意,针对叛乱平息,百万农奴即将彻底解放,欣然说:"乡亲们,天亮了!"天本来就没黑,太阳刚偏西,怎么又天亮了?别处乡亲们极易理解的话,这里乡亲不知所云,但因为尊敬大军,还是躬腰应道:"是啊,天亮了。"

(刘克《古碉堡》)

例(1)小朋友不能理解"郎"的语义而产生了误解。例(2)属于不同的听读者的不同理解。"天亮了"这句话,在解放战争中,绝大多数的群众都能理解它的特定含义——解放了。而在刚解放的西藏边远地区的农奴们却未能理解。他们仅仅理解为字面的意思。至于听话人本来明白而故意曲解的情况可以参看徐思益同志所举的《林海雪原》中的一个例子。[2]这些都属于狭义的语境歧义现象。

广义的语境歧义指的是说写者表达的语义本身就含有某些不确定的因素,因而影响了听读者的理解,产生了语境歧义。这种歧义现象大略可以分为两种类型。

1.语义模糊而引起的歧义。说写者出于某种原因或目的,有意无意地使话语的语义内容含糊不清,对于听读者来说,自然可能产生种种歧解。如《红楼梦》第九十八回,黛玉临死时说的:"宝玉!宝玉!你好……"因为她的断气而没有了下文,其真实含义是怨恨,是绝望,抑或是祝福?很难有定论。不仅小说中的人们说不清楚,就是今天的读者阅读的时候,也难免会有各种不同的理解而补进不同的联想意义。有的时候也会有另一种情况:说写者语义模糊的话语,由于语境诸因素的影响,被听读者理解为明确的。这种语境歧义,与狭义的语境歧义的情况正好相反。如鲁迅的《祝福》中,祥林嫂向"我"询问魂灵的有无等问题,"我"的答话模棱两可,没有明确的肯定或否定。但祥林嫂却按自己的思路把模糊的答话确认为肯定,产生了歧解。

2.语义双关而引起的歧义。双关是一种常用的修辞手法,绝大多数情况下,不会被歧解。但是,这种语义的双关性也为听读者提供了歧解的可能。[3]有的时候,听读者可能仅仅理解表面意思而领会不了暗指的意思,因而产生歧解。例如周晔在《我的伯父鲁迅先生》一文中写道,鲁迅说自己的鼻子之所以"又扁又平",是因为"碰了几次壁"的缘故。而少年时代的周晔不懂这个双关义,只能理解为"墙壁当然比鼻子硬得多了,怪不得你把鼻子碰扁了"。这也是一种广义的语境歧义现象。

区分狭义和广义两个方面的语境歧义是必要的。有的同志讨论语境歧义现象,因为没有注意到这两个方面的不同,把它们混淆在一起,给人一种含混不清的感觉。[4]从交际活动的实践来看,说写者语义明确的话语如何被听读者歧解?其中有什么原因?为了使讨论的问题集中,本文主要分析歧义的语境歧义现象。

二

产生语境歧义的第一个基本要素是话语的语义内容,它为歧解提供了可能性。

一定的语义内容总是通过具体的语言材料来表现的。同音异义和一词多义的语言现象常常使语义内容有歧解的可能。

同音异义现象可能引起的歧义,如例(1),"郎""狼"同音却异义,使小朋友不能区分意义差别而发生误解。这种同音异义产生的歧解多出现在口头交际之中。

一词多义现象可能引起的歧义,例如:

(3)一个卖苹果的喊道:"谁买苹果,进口货。"过路人一听是"进口货",便你一斤,我两斤地买了起来,其中一个迫不及待地先拿了一个尝了尝,说:"这不是很平常的苹果吗?你怎么说是进口货呢?"卖苹果的人却说:"怎么不是呢?你张嘴一吃,这苹果不就'进口'了吗?"

(《故事会》1982年第2期)

"进口货"有两个意义,既可指"进入人口(吃)的东西",又可指"从国外进口的东西"。听话人理解为后一种意义是完全可能的,这是词的多义性所致。

语义内容可能引起听话人的歧解还有另一种情况,就是说写者的话语中含有某种约定俗成的言外之意。这在说写者一方意思是明确的;但这种约定俗成的言外之意对于不同的听读者来说,有时却不易理解。这就有被听读者理解为意义的可能。如例(2)中"天亮了"之所以被藏民歧解,即是他们不能理解这句话特定的社会文化意义,而按字面理解的结果。又如:

(4)病房里,正在抢救重病人。一个前来接班的医务人员问了一句:"他(指重病人)还有戏没戏?"(即"有没有希望")话被正在焦急上火的病人家属听到了,他们不依不饶:"怎么?你们拿我们的性命当儿戏?"

(《健康报》1985年7月25日)

这里的"有戏没戏"是一句惯常用语,意义约定俗成,并不指字面意思。可是听话人由于个人联想意义不一样,很容易由字面意思引起另一种理解,而产生语境的歧义。

三

产生语境歧义的另一个因素是语境。同样一句话语,离开种种特定的语境因素,听话人不一定发生理解上的歧义。语境因素使语义内容歧解的可能转化为现实,因而它在语境歧义现象中比语义内容更为重要。

可以把语境歧义分为外显性的和内隐性的两种。外显性语境指在交际过程中对话语有影响的、可以把握的具体因素。这包括时间、地点、目的、对象以及具体的上下文等等。内隐性语境指对交际有影响的隐含的因素。这包括说写者和听读者的预设、双方公共具有的背景知识以及交际所处的社会、时代环境,等等。两种不同语境对语境歧义的影响也不完全相同。

因外显性语境的影响而产生歧义的,主要有两种情况:

1. 外显性语境提供了两个话题,使听话人产生歧解,例如吕叔湘先生举过的一个例子:

(5)他刚坐下,就听到总理问候他:"林一山,你身体好吗?"他回答:"我眼睛有点不好。"总理又问:"你去看过了吗?"问的是他有没有去葛洲坝看过。他回答:"看过了。"说的是他刚看过了医生。

(徐迟《刑天舞干戚》)

这里总理问"你去看过了吗",可以同"看病""看葛洲坝"两个不同的话题联系,林一山顺着上文答下来,歧解了问话的意思,是因为外显性语境本身提供了两种理解的可能。

2. 上下文语境制约不够,使听话人产生歧解。例如吕叔湘先生举的另一个例子:

(6)1954年国庆前夕,某机关的游行筹备组开会。筹备小组的一位女同志宣布:"今年游行,女同志一律不准穿裤子。"[5]

这句话之所以引起"哄堂大笑",是因为上下文语境制约力不够。她的实际意思是"只能穿裙子",但由于没有说出来,就难免使人有另一种理解。如把后半句也说出来,则不会产生歧解。

内隐性语境对语境歧义的影响主要有以下三种情况。

1.交际双方的预设和所具备的背景知识不一致,而使听读者产生歧解。如前举例(4),医生说"有戏没戏"的预设是"有没有希望",而病人家属理解时则是预设医生把他们亲人的性命当儿戏,两相矛盾,因而产生歧义。又如徐思益同志文章中的例(5),阿Q所说的"我本来要……来……投……"这句话被老头子歧解为"投案",与预设和背景知识等内隐性语境密切相关。在老头子看来,审讯的大堂上犯人必须"从实招来",犯人的每一句话都是口供。这是老头子的背景知识。而阿Q愚昧无知,不具备这个背景知识,还以为大堂上也可以像在未庄那样随便。于是"糊里糊涂地想了一通","断断续续的"说出那句没头没脑的话来,殊不知便成了犯罪的供词。再从双方的预设看,阿Q以为要他招造反之事,便想到了"投革命党",而老头子的预设却是:阿Q参与了抢劫,要来投案。因为背景知识和预设都出现了矛盾歧义才得以产生。[6]

2.社会文化、心理习俗等内隐性语境因素也常影响到交际和理解,导致歧义产生。例如:

(7)我们出口一种内衣,起个名字叫紫罗兰牌。我们自己很得意,因为紫罗兰是一种很漂亮的花。但出口后发现这个牌子销路不行,买的人很少。一了解原来"紫罗兰"某种语的旁义是同性恋和性变态者。因为有这种歧义,人家当然不买了。

(温元凯《中国的大趋势》上海人民出版社,1984)

(8)会上,老爹对队长哈尔穆拉特的工作提出了尖锐的批评,……老爹说了一句:"头脑在哪里?"

> 哈尔穆拉特……立即把头上戴的紫绒小花帽摘下,露出剃光了的尖而小的头……"就这儿,我的头!"哈尔穆拉特喝道,"看见这帽子么?真正的绣花帽,不是路上拣来的,也不是偷的,伊宁市巴扎上十二块钱买回来的!"
>
> （王蒙《葡萄的精灵》）

例(7)是由于社会文化的背景知识不一致而引起的歧义。这种背景知识是一定的社会和文化约定俗成的,是潜在的、隐性的而又很有影响的认识背景。例(8)是由于维吾尔族人民的心理习俗而引起的歧解。通过强调自己的帽子的价值和尊严来表述自己脑袋以及整个人的价值和尊严,是维族人常用的手法。这是他们潜在的知识,构成其内隐性的语境。当问话者提及"头脑"这个敏感问题时,听话人这种内隐性语境就起了作用,使之产生歧解。

3. 时代因素也是一种对交际理解有影响的内隐性语境。例如:

> (9)"致以布礼!"再一次失去知觉的时候,钟亦成突然这样喊了一句,带血的嘴角上现出了发自内心的笑容。
>
> "什么?他说什么?置之不理?他不理谁?他这条癞皮狗敢不理谁?"
>
> "不,不,我听他说的是之宜倍勒喜,这大概是日语,是不是接头的暗号?他是不是日本特务?"
>
> （王蒙《布礼》）

"布礼"即布尔什维克的敬礼,共产党人的敬礼。这是一种表示崇高的革命感情之语。钟亦成这个四十年代的地下党员在"文革"中受到"专政"时,说这句话是用来表示自己的清白和对党的忠贞。而听话人是一群六十年代造反的"小将"们,由于时代的原因,不懂得这句话的意思,便歧解为"置之不理""之宜倍勒喜"等等。而由"之宜倍勒喜"联想到日语接头的暗号,更是时代因素的折射反映。

在交际和理解过程中,内隐性语境和外显性语境是相互影响、相互作用的。但二者对语境歧义的影响程度并不等值。内隐性语境常常比外显性语境更容易造成语境歧义,因为后者有一定的限定性,前者则有较大的自由性。语境歧义现象几乎都离不开内隐性语境的作用。即使像例(5)和例(6),歧义的产生虽然主要表现为外显性语境的作用,也仍然与内隐性语境——交际双方的预设不一致分不开。更进一步,有的时候,外显性语境具有较大的限制性,本来可以排除语境歧义的产生,但由于听话人的内隐性语境之作用,还是导致了语境的歧义。例如:

(10)上海解放前夕,有人在车站候车,久等不见他所等候的电车的踪影,忍不住说了一句:"八路为什么还不来呢?"这句抱怨"八路电车"为什么久久未到的言语,竟被暗探当作心焦望变的革命者的语言。说那句话的人竟被架进监狱,以后就下落全无了。

(秦牧:"含冤树"种种,《文汇月刊》1982年第3期)

(11)美国观众不理解《舞台姐妹》中的一个情节:姐姐春花苦口婆心地劝月红以后不要跟唐经理在一起了。月红听后讲了这么一句话:"晚了,我已经是他的人了。"即使有英文字幕,他们仍看不懂:"什么叫'他的人'了?"

(谢晋:访美观感,《文汇报》1985年8月26日)

例(10)的"八路"(电车)被暗探歧解为"八路军"。本来在这个具体的场合、时间、地点以及说话人的目的等外显性语境都有较明显的限定性,不应该引起歧义。可是时代环境以及听话人的预设等内隐性语境的影响,却使语境歧义得以产生。例(11)美国观众不理解"他的人"的含义,也是因为内隐性语境——社会文化、心理习俗的不同所致。本来影片的情节、英文字幕等外显性语境都对理解有一定的限定、制约作用,但由于内隐性语境的影响,还是不能被观众理解。这都说明,在语境歧义现象中,内隐性语境的影响要比外显性语境的影响大得多。

注释

[1] 《中国语文》1985年第5期。
[2] 徐思益同志文章的例(6)。
[3] 除"双关"以外,不少修辞方法如反语、婉曲、比喻、借代、夸张等等也可能产生歧解,这都与它们具有双重的语义有关。
[4] 如徐思益同志文章中的例(4)和(9),都是广义的语境歧义现象,作者没有指出来,而与其他狭义的语境歧义现象混在一起讨论。
[5] 例(5)和例(6)均引自吕叔湘先生《歧义类例》,《中国语文》1984年第5期。
[6] 引入内隐性语境的预设和背景知识的概念对于分析语境歧义现象是必要的。对于这些内隐性语境的因素,徐思益同志也有所意识:"说话人或听话人的头脑里还潜藏着另一种语境。"可惜他没有作更细的分析。

(原载于《中国语文》1987年第1期)

言语行为理论与语义理解

一 言语行为理论的主要内容

言语行为理论是英国哲学家奥斯汀(J. L. Austin)创立的。这个理论的出发点是：人类交际的最小单位不是句子，也不是其他的语言表达形式，而是一些行为。例如：叙述、描写、提问、肯定、命令、警告、解释、道歉、请求、致谢和祝贺等。奥斯汀早期把言语行为分为表述行为和行事行为两种，前者指各种陈述，用来描写事件、过程和状态；后者指说话本身就是行为的言语行为。如"禁止抽烟"(禁止)，"我警告你再不许这样了"(警告)。后来，他又将这种两分法进一步发展为三分法。分为言内行为(a locutionary，又译"言之发")、言外行为(an illocutionary，又译"示言外之力")和言后行为(a perlocutionary，又译"收言后之果")，这些观点较集中地见于 *How to do things with words?* [1]（《论言有所为》）之中。

在这本书中，奥斯汀谈到两个平面的言语行为。即：言之成声(the phonetic act)、言之陈词(the phatic act)、言之传意(the rhetic act)三种行为和言内行为、言外行为、言后行为三种行为。

按我们的理解,前三种行为属于一个平面,即是"言内行为"的内部关系。很明显,任何一种着眼于种种不同目的的言语行为,都必须有一定的语言形式和相应的语义,音、形、义的有序排列,有机结合,才能表达一定的意义,产生一定的言语效果,完成一定的交际任务。奥斯汀强调了语言"传意"的功能,认为,"言之陈词"只能产生"有所述之言"(constative),"言之传意"则可产生"有所为之言"(performation)。例如:

(斗牛场上的)牛快要冲了。

这句话,如果仅仅是描述一种情况,它只是有所述之言,是词汇意义综合的逻辑内容。但如果它表达了某种另外的意思,如"警告""要斗牛士让开"等,就成了有所为之言了。而正是这种"言有所为",便使这个言内行为同时具有言外行为的功能。再进一步,如果斗牛士听出了这句话里的警告之意,立即灵巧地让开了那头牛的冲击,那么,这句话又收到了其效果,即获得了言后行为的功能。因而,言内行为、言外行为和言后行为是另一个平面相对的三种言语行为。

言语行为又有直接和间接之分。直接言语行为指说话人要说的就是其字面意义,这时"陈词"与"传意"是统一的,共同表达某一言内行为。间接言语行为指说话人要说的比他所说的多了一层含义。这时的"传意"就不仅表达了言内行为,还有言外行为的功能。典型的例子如:"您不能把盐递给我吗?"——字面意思是疑问,实则表达请求。"这屋子有点冷"——字面陈述一件事,实际表达请求关门的意思。显然,语义,特别是"言外之意",是言语行为理论中的关键问题。说话人的言语欲"示某种言外之力",必须含有一定的"言外之意",这种言外之意一旦被理解,便产生言外行为,再作用于听话人而收到言后之果。因此,有的学者认为:"对语言学来说,言语行为理论的意义在于,它有助于'减轻'语义描写,从中除去某些源于交际的成分。"[2]不过,遗憾的是,奥斯汀仅仅提出了言语行为理论的基本框架,没有对语义,特别是言外之意这个关键问题做更进一步的研究。

对言语行为理论的语义研究做出重大贡献的是美国语用学家格赖斯(H. P. Grice)。他区分了言语行为传递的语义信息内容,认为有两个部分的语义:一是实际上说出来的话,话语的逻辑内容,一是听话人从具体话语中引申出来的,这种语义称之为:"含义。"

在《逻辑与会话》这篇讲稿中,格赖斯进一步把"含义"分成规约性和非规约性的。规约性含义通过话语所包含的词或词形的意义来传达,来引申。如有人说"我饿了",听话人可以从这句话的表面推知"他想吃东西"的规约性含义。这样,奥斯汀所讨论的:

他对我说"把她枪毙"。

他对我说"你不能做这件事"。

这样一类的言内行为所能产生的含义都是规约性的含义。而非规约性的含义,又叫"会话含义"(Conventional implicature)。它与话语内容只有间接联系,是"越出"表面意义而得到的。对于"会话含义"的产生,格赖斯设计了一组"合作原则",其中包括四部分:(1)数量原则;(2)质量原则;(3)关系原则;(4)方式原则。要求正常的谈话交际时传达的信息丰富充足,不要说无根据的话,要有针对性,抓住实质,简洁明了,关系清楚,脉络分明等。更进一步,格赖斯认为如果说话人有意识地违反这四个原则中的任何一个,

而又不至于使听话人不知所云,就都能产生"会话含义"。他列举子一系列例子来说明这一点。例如:

(1)某导师推荐学生任某项工作,但在推荐信上只写了"他英语很好,经常参加导师举行的讨论会",底下就是签名。这是故意减少信息量,违反"数量原则",暗含该学生不宜任此项工作的会话含义。

(2)隐喻:你是我咖啡里的奶油——违反"质量原则",暗含"你为精华"之含义。

(3)一次茶话会上,A说:"X夫人是个老丑八怪",在座的人顿时目瞪口呆,不知所措。而B立即说:"今年夏天天气宜人,对吗?"——违反"关系原则",暗含A的话不合时宜,必须变换话题的含义。

(4)不说"X小姐唱了《甜蜜的家》这支歌",而说成"X小姐发出了一连串与《甜蜜的家》的乐谱相近的声音",这是违反"方式原则",暗含了X小姐唱得不好的含义。在此基础上,格赖斯进一步总结出推导"会话含义"的总模型:

"他说了P;没有理由假设他不遵守各项准则或总的合作原则。他知道(并且明白我了解他知道)我能够看出:需要的假设是他认为G;他并没有做任何事来防止我认为G;他是要我认为,至少是愿意听任我认为G;所以他的含义是G。"[3]

无疑地,格赖斯关于"会话含义"的讨论,对于言语行为理论的发展有很重要的意义。"有些学者认为这是对语用学的一个重大推进"[4]的评价,是有道理的。

二 语义理解的其他种种因素

言语行为理论重视言外行为和言后行为。但对言外行为的言外之意如何被理解,言后行为如何能实现这个重要问题,言语行为理论的解释是不很全面的。正如我们前面所述,在言语行为中,语义理解是重要的、关键的因素。但有些学者却几乎不谈这一点,甚至将语义理解与言语行为截然分开。如有人认为:"言后行为是指话语在听话人身上产生的效果,它不属于听话人对话语的理解。"[5]"言后行为是一定的话语对言语对象产生的影响,这里指的不是言语对象对话语的理解,而是作为理解的结果,在对象身上引起的状态变化或行为变化。"[6](着重号为笔者所加)我们认为,没有语义理解,就不可能有言语效果,也不可能使对象"引起状态变化或行为变化"。对语义理解问题避而不谈,很难对言语行为的实现做出准确的解释。格赖斯关于"会话含义"的理论贡献就在于,他抓住了语义理解这个关键问题,使言语行为理论研究的薄弱之处得到了弥补和充实。他设计的推导会话含义的总模型的解释力是比较强的,但不很全面,虽然他也曾提到:"会话中还有其他必须遵守的准则,包括美学、社会和道德性质的,如'要有礼貌'等等,它们也能产生非规约的含义。"[7]然而,格赖斯把这些因素忽略掉了,没有详细讨论。正因为此,对下面这种情况,用格赖斯"会话含义"的理论来解释似乎也无能为力:

(1)当年李鸿章出访美国,一次他宴请当地官员,席上循例说了几句客套;"今天蒙各位光临,非常荣幸。我们略备粗馔,没有什么可口的东西,聊表寸心,不成敬意,请大家包涵……"云云。第二天报纸照译成英文登出来,饭馆老板看了大为恼火,认为李鸿章是对他的饭馆的污蔑。除非他能具体提出菜肴怎么粗,怎么不可口,否则就是损害他店家的名誉。他提出控告,要求李鸿章赔礼道歉。

这可以算言语行为的一个典型之例。李鸿章说的话字面意思是表示致谢或解释,其言外之意是向参加宴会的官员表示礼貌和客套,可是却不料产生了意外的言后行为——饭馆老板要控告他。这是因为老板理解的言外之意与李鸿章所要表示的言外之意不一致的缘故。在汉语的习惯里,"我们略备粗馔,没有什么可口的东西,聊表寸心,不成敬意"这几句纯属礼貌之语,本身信息量很少。如果说违反"合作原则",应该是属于不合"数量原则",用多余的话表示礼貌的言外之意。但饭馆老板却理解为违反"合作原则"中的"质量原则",认为李鸿章故意败坏他的名誉,故必须赔礼道歉。这个例子可用这样的模型来推导:

李鸿章说了 P,按他自己遵守和故意违反的各项准则,他的实际含义是 G,并希望听话人也能理解为 G。但饭馆老板从另一个准则理解成 Q,而且他理解成 Q 也不是没有道理的。

这个例子说明语义理解在言语行为理论中是至关重要的。同一话语可以有不同的理解,可以产生不同的言后行为,导致不同的结果。因而我们认为,除了格赖斯讨论的利用四条"合作原则"之外,还存在影响语义理解的其他重要因素,至少可有以下几个方面:

1. 交际双方的"参数"

说话人所说的话是否含有某种"言外之意",这种言外之意是否能为听话人所理解,很重要的是交际双方的参数是否接近,是否基本处于同一个交际平面之中。双方的共同知识越多,言外之意就越能被理解。英国语言学家尼尔·史密斯和达埃德尔·威尔逊(Neil Smith and Deirdre Wilson)认为,说话人和听话人共知的因素(即共同参数)包括:

a. 一套语言知识(一种语法);

b. 一套非语言知识和信念(一部百科知识);

c. 一套推理规则(一套逻辑)。[8]

双方的参数如不一致,语义理解要受到影响。有时是说话人含有的言外之意不能被听话人所理解。例如:

(2)"我在'食品进口公司'工作。"

这是立体电影《欢欢笑笑》里的杨欢欢对女朋友说的话。因为他是在饭店干"烤鸭子"的工作,谈朋友时开始不愿意透露出自己的职业,便故意违反交际的"质量原则",说自己在"食品进口公司"工作。而柳笑笑因不明真相,又没料到他会故意"曲说",没听懂他的言外之意,却信以为真。有时则是交际一方话语里不含有言外之意,或不是这种言外之意,而是有其他的言外之意,却能被另一方理解为这种言外之意。这时,也会产生某种理解障碍甚至误解。例如:

(3)"失黑炮301找"

这是张贤亮的小说《浪漫的黑炮》(《文学家》1984年第2期)中的一个电报稿。小说写到一个工程师棋迷,一次与人下棋后发现少了一个黑炮。但他公事在身,已离开昨晚下榻的旅馆,于是他便给那位对弈者打了那个电报。"301"是他们下榻同住的房间。

不用说,这个电报对收报人来说是能理解的,他们共同的参数互为一致。但对其他人来说则不然了。这样一个电报引起了轩然大波。首先是邮局的发报员提高了革命警惕,联想到暗语:"黑炮"——旧社会不是把鸦片叫"黑土"、"黑膏"吗？现在走私犯的赃物还叫"黑货"呢！"301"——暗号！破案电影不都是些《407谋杀案》《R4之谜》《39级台阶》《117在东京》、《女皇陛下007》吗?！她马上向公安部门做了报告。接下来是公安部门一番查询。最后是工程师本单位讨论他的工作,为避免"特嫌"破坏决定不让其参与接待一名德国专家的任务,其结果是使国家损失人民币几十万元！可见,交际双方"参数"不一致所引起的不同的言后之果,真是非同小可。当然,这个例子是文艺作品中的,有描写、夸张的色彩,但对交际双方参数不一致而引起的语义理解的偏离来说,却是一个适例。

2. 言语环境

任何言语活动都在一定的场合、时间里进行。言外之意只有在具体语境中才能被确切理解。奥斯汀曾说过,使用语言"在某一具体时刻我们是怎样使用的,我们的言语行为的含义究竟是什么,将使这一言语行为有很大的不同。"[9]例如:

(4)"您知道吗,冰棍可甜啦。"

"唔,是吗？"

"冬天吃冰棍,更甜。"

"唔,是吗？"

小家伙撅着嘴,不吱声了。默默地走了几步,不高兴地说:"'是吗','是吗',您就会说'是吗',对不？"

(汤吉夫《再会,小镇》,《小说选刊》1984年第6期)

这是小说中一位副省长领着外孙女散步时的一段对话。小姑娘看到街上有卖冰棍的,她想外公主动买给她吃,便用了两句陈述形式的话语来表示自己的言外之意,这显然是一种言外行为。但当时这位副省长正沉湎于对往事的追怀之中,一时竟没有听出外孙女的意思,引起了外孙女的不满。在这里,小姑娘的两句陈述的话语之所以含有"请求"的言外之意,是由语境决定的,而老人本应该完全理解外孙女的话——交际双方的参数是完全一致的。但老人偏偏未能理解,也是由于语境因素的影响——他正心不在焉,而另有所思。由于话语中的言外之意一时未被理解,小姑娘的言外行为也就没有立即收到预期的效果,达到言后行为了。

特殊的语境对语义的理解也会具有特殊的用途,能产生特殊的效果。例如:

(5)"总统先生,我这个大英首相可是什么也没有对美国隐瞒那!"

这样一句话语,如果是在正式外交会谈的语境中,只能给人以规约性的含义。但是,丘吉尔说这句话时是在一个非常特殊的场合,语境决定了这句话非常之得体——第二次世界大战时,英国首相丘吉尔到美国访问,寻求美国的支持,结盟反对德、意法西斯。丘吉尔有个爱好,是喜欢泡在浴缸里,一面吸着雪茄烟,一面休息。这天他在白宫也是如此,可不巧罗斯福总统偏偏闯了进来。这个场面自然很尴尬。然而聪明的丘吉尔马上机智地说了上面那句话,既把这尴尬巧妙地掩饰过去,又恰当地表达了一定的言外之意。结果使罗斯福听了哈哈大笑,气氛格外的融洽,收到了很好的效果。[10]

3. 社会、时代因素

言语活动和言语行为都具有一定的社会性、时代性。不同的社会和时代有不同的文化背景,这些因素都对语义理解有重要影响。例如,同样的称呼"先生、女士",在国外是司空见惯的,不会引起其他的含义,而在我国则不同。"先生"在斯文扫地的十年浩劫之中,含有强烈的贬义,而在今天,却又恢复了其尊称的特有含义。又如例(1)谈到美国的饭馆老板找李鸿章打官司,就是因为不同的社会文化背景影响了对语义的理解所致。美国人的社会习惯崇尚实事求是,凡对他的赞许,不管什么都不谦让,并向你致谢。"thank you"是最常用的口头语。而说他不好,他则很恼火,非要你拿出证据不可。中国人却是以谦虚礼让为美德。什么"久闻大名,如雷贯耳",什么"如蒙赐教,三生有幸"等等,是惯常的客套话。李鸿章在宴席上说的"略备粗馔,没有什么可口的东西,聊表寸心,不成敬意",是按汉族人的社会、心理习惯来讲的,而美国饭馆老板则按美国社会习惯来理解李鸿章的话语意义,两相矛盾,于是才引起一场不愉快的争端。再如:

(6)(甲碰到乙):"吃过饭没有?"

乙:"吃过了,你呢?"

(7)"乡亲们,天亮了"

例(6)的"吃过饭没有?"在汉语中具有表示"礼貌""招呼"一类的言外之意,并非真的有心询问人家是否吃过饭,这种含义已趋近规约性的了。而这种含义其他国家的人则不能理解。据说有些留学生在国外见到熟悉的外国朋友,也用"Hello, have you eaten?"来打招呼,使外国人误以为他想请客,弄得双方都很尴尬。类似的例子还有:中国人常用"您贵姓?"来表示友好的询问,而在外国如见面就问人家"what's your name?"则是不礼貌的。例(7)的"天亮了"这句话也是具有特定的言外之意的,即表示"解放了"。如电影《创业》中,周挺杉就曾迎着解放大军高呼:"天亮了!解放了!"但这句话在刘克的中篇小说《古碉堡》(《十月》1981年第4期)中,其含义却未被刚解放的西藏边远地区的群众所理解。他们的理解仅仅是:"天本来就没黑,太阳刚偏西,怎么又天亮了?"农奴制社会的落后愚昧,使得这里的群众难于理解别处乡亲们极易理解的话。这既有交际双方参数不一致的原因,更重要的还是社会因素影响了对语义的理解。

时代因素对语义理解的作用也是显而易见的。一定的时代有一定的社会、政治、历史、文化的背景,也有一定的语言表达方式。因而现代人读古人的作品除了语言形式上的障碍之外,对其语义的理解也往往感到有距离,因而见仁见智,互有争辩。这种时代距离有时并不需要很久远的时间。如鲁迅的《秋夜》开头两句:"在我的后园,可以看见墙外有两株树,一株是枣树,还有一株也是枣树。"这里蕴涵的言外之意就往往不那么容易为今天的中学生所理解。再举一个极端的、但很有意思的例子:

(8)神说,我们要照着我们的形象,按着我们的样式造人……

(《创世记》第1章第26节)

数千年前的《圣经》中的这句话竟被现代科幻作家、瑞士的厄里希·丰·丹尼肯(Erich Von Daniken)用来作为"上帝即宇航员"这个论点的重要论据之一。他在《众神之车——历史上的未解之谜》这本书中写道:"上帝说话时为什么要用复数?他为什么要说'我们',而不说'我'?为什么是'我们的',而不是'我的'?人们一般会想,独一无二的上帝对人类讲话时,应该用单数,而不会用复数。"[11]丹尼肯的论点受到许多科学家的反对。不过,他的论据——对《圣经》的这种理解也不失为一种解释。至于《圣经》对"上帝"用复数而不用单数,可能为了什么,也可能不为什么,由于时代隔得如此久远,也许将永远是一个斯芬克司之谜。对于这个难解之谜,后人可以有各种各样,甚至离奇古怪的理解,这也是无可厚非的。

4. 语言的形式标志

有时说话人有意在话语中加上一些"外显性的语言提示"。这种形式标志一方面可以引导听话人对言外之意的理解,一方面又制约着这种理解的意向。史密斯和威尔逊在《现代语言学》中举了这么一组例子:

A:我真的讨厌你给我介绍的那个人。

B1:他是你的新上司。

B2:说实在的,他是你的新上司。

B3:不管怎样,他是你的新上司。

B4:他毕竟是你的新上司。

B5:尽管如此,他仍是你的新上司。

B6:喔,他是你的新上司。

他们指出,B2—B6的话语里含有的言外之意不尽相同,或者表示A应重新考虑B的话;或表示A的厌恶无关紧要;或表示A之所以讨厌那人正是因为后者是新上司,或表示A应尽量好自为之;或表示A有问题等。而这些不同含义则是通过那些外显性的语言标志,如"说实在的","不管怎样"等等表示出来的。这种分析很有道理。[12]再看下面的例子:

(9)女侦探:"法律上不是保护证人么?"

警察局局长:"观念上是这样。"

(法国电影《女侦探》)

例(9)的背景是:女侦探为了查明一个有广泛背景的案件,引起某些大人物的干预,她在警察局的工作也处处受到掣肘。为此,她决心辞去侦探的职务,以证人身份继续完成这一正义任务。警察局局长对她的正义感很欣赏,也同情她的境遇,但欲帮助她又无能为力。故在她离开警察局时,局长好心地请她注意安全:"从这里出去,你就是一个老百姓了,没有手枪,没有同事,更要小心!"当女侦探反问:"法律不是保护证人么?"时,他只能答:"观念上是这样。"恰当地表达了他的忧虑而又无能为力的言外之意和心情。试比较:

(9)a.观念上是这样。

b.确实是这样。

c.仅仅是这样。

d.那当然是这样。

(9)a—d里的言外之意是不完全相同的。虽然形式上都表示肯定,但语言的外显性标志决定了它们之间一些细微的语义差异。比如局长说(9)c:"仅仅是这样。"就显得太外露,与他的身份及所处的环境不一致。如果说(9)b:"确实是这样",则提醒女侦探"注意安全"的言外之意就要大打折扣了。如果说(9)d:"那当然是这样",则只是一种掩饰性的回答,其原有的言外之意亦难于显露。像这种语言形式基本相同,逻辑内容也大致一样的话语,只因为语言外显性标志不同而产生了这种种不同的语义,正说明了这些成分对语义理解的重要性。

语调重音也是一个外显性标记,对语义理解也有某种作用。例如:

(10)a.小李考上研究生了。

b.小李考上研究生啦!

(10)a属于陈述句式,"了"轻读,所传达的是一般的理性意义。而(10)b"啦"重读,句式也变为感叹句,除了一般的理性意义之外,显然还含有某种惊叹、钦慕、兴奋的言外之意。

有时语调重音与标点有关,因而标点似乎也可以看作对语义理解有影响的外显性标志。例如那个很有名的例子:

(11)下雨天留客天留我不留这有两种标点法。

如果断成:"下雨天留客,天留我不留。"语调重音显然在"我不留"上面。如果断成:"下雨天,留客天,留我不?留!"语调重音则在"留"上面。两种标点法,两种语调重音,引起两种不同的语义理解,乃至不同的言外行为和效果。这是人们已经熟知的。

三 语义理解研究的意义

作为语用学一个重要内容的言语行为理论及我们所讨论的语义理解,是现代语言学研究所关注的问题。加强这方面的研究工作,对言语交际的实践,语言学理论研究以及语言教学等方面都有着其积极的意义。

1. 指导言语交际实践

言语交际是人们日常生活中最常用的一种手段。在交际中,说话人为了达到自己的交际目的,收到一定的效果,在组织话语时可以进行种种选择和调整,使自己的话语蕴涵较大的信息量,并对听话人产生"言后之果"。但是这种选择和调整必须遵循一定的言语规律,注意到语义理解的种种因素:要考虑听话人的身份、地位、修养、心情等等因素;考虑到交际时的具体时间、地点、场合、情境等等因素;考虑到听话人的社会文化背景、民族、心理习俗等等因素。特别是含有某种言外之意和可能使听话人理解到某种言外之意的话语的选择,更要注意这些方面。李鸿章之所以出了"洋相",正是这些方面有了漏洞。实际上在现实生活中,因为不注意语义理解因素而造成的交际障碍和误解仍是时有发生的。如医院里抢救重病人的时候,一个来接班的医生随口问了其他医生一句:"他(指重病人)还有戏没戏?"其本意是"有没有希望"。可是这话偏偏让病人的家属听到了。他们当然不依:"怎么,你们难道拿我们亲人的性命当儿戏?"[13]出现这种难堪的局面,是那位医生始料未及的,而之所以出现这种结果,则是因为这位医生说话太随便,没有注意到交际场合(医院)和情境(抢救重病人)以及不同的听话对象所能引起的不同理解(他的同事们自然能理解其特定的含义,而心急火燎的病人家属则从另一方面理解为另一种言外之意了)。又如在饭店里,如果顾客刚落座,服务员过来让他点菜,又问一句:"你要不要饭?"就很可能令顾客作色。因为虽然服务员说这句话的本义是好的,但社会心理习惯容易使顾客认为受到了侮辱。如果能改成:"请问,您买多少饭?"就不会使人理解为另一种意义了。

注意语义理解诸因素进行交际不仅能防止交际的障碍和误解,从积极方面来看,还能直接地提高表达效果,更好地完成交际任务,如老舍在谈文学语言的时候曾提到过旧时饭馆里的伙计很会运用语言。譬如"今天您吃点什么?""还是老价钱,一块二。"[14]这里面蕴涵着许多潜台词。这是因为从语义理解的角度来看,"今天","还是老价钱"都可以看作某种外显性的语言标志。"今天"提前到句首,暗含着您是老主顾了,这不,"今天"又来了!真是非常欢迎!"还是老价钱"暗含的意思就更多:您是老主顾,这个价您清楚,我们店讲信誉,不会随便涨价的,您多照顾,以后还常来……这些外显性的标志沟通了店家和顾客双方的联系,缩短了二者的距离,使之共同参数接近一致。这样,即使顾客并不是这里的老主顾,心中也会很高兴、很放心而欣然入座了。如果没有这些外显性标志"吃点什么?""一块二"那么所蕴涵的言外之意都丧失殆尽,很难取得良好的交际效果。——不幸的是,这种生硬的,毫无热情的话语,今天在我们社会的各服务性行业中仍到处充斥着,这实在令人感到遗憾。

2. 深化语言理论研究

在语言学研究中,传统语法学、结构主义语言学和转换生成语法学派对语义问题的研究都有偏差之处,致使长期以来,语义问题几乎成了当代语言学研究的一个老大难问题。今天人们认识到,语义问题非常复杂,对它作深入系统的研究,并非易事。另一方

面,语义的研究又非常重要,有助于进一步深化语言理论的研究。我们认为,语义理解问题的研究也正是这样。例如:

(1)语义理解问题揭示了言语交际双方的同等重要性,交际中说话人固然重要,其主观意图,话语选择等对语义蕴涵有很大影响,但听话人的理解并非完全被动,他们可根据自己的条件和要求来理解语义,这种理解有时反馈给说话人,甚至致使他们重新选择调整其表达方式。也就是说,人们的"交际能力"包括"表达能力"和"理解能力"两个方面。这二者之间是否有一一对应的规律性?其中是否还存在什么有影响的语用条件?言语环境对语义的影响程度怎样?等等,这些是当代语义学、语用学和认知语言学所要探讨的重要问题。细致地分析研究以上问题,无疑能促进这些学科的深入。

(2)社会语言学是当代语言学的一个重要分科。语义理解问题将语义学、语用学和社会语言学联系起来。使社会因素对语言运用的制约性具体化了。无疑地,这对语义学、语用学和社会语言学研究的深入都是有帮助的。

(3)语义理解问题也对句法学研究有所启发。例如,传统语法学认为,陈述句、疑问句、祈使句和感叹句的功能相对地独立和稳定,而实际上它们是多功能的,可以互相渗透、互相转换、互相替代。又如传统语法认为句子要有主谓,只有主语、谓语才是主要的成分,其他都只是次要的、附加的成分。而从语义理解角度来看,"次要成分"中的某些外显性语言成分却是举足轻重的,如我们所讨论的例(9)。还有,为突出强调语义的移位(如"今天您吃点什么")而形成的话题主语和逻辑主语的关系,句子歧义和语境歧义的关系等等,是不是对句法研究都会有所启发呢?

(4)修辞学研究与语用学、语义理解问题有着直接的联系。切情切境地运用语言以达到最佳的表达效果,是修辞学研究的主要任务。这就需要修辞学不仅注意语言手段的选用,更需加强对语用条件的探讨,加强对语义理解因素的归纳,总结出言语规律。修辞学和言语行为理论、语用学研究相结合,可以更具科学性和说服力,也将大大拓宽修辞学研究的范围,促进研究的深入。

3.改进语言教学

语义理解问题对语言教学特别是外语教学的意义是很明显的。语言教学不仅要培养学生正确掌握规范化语言的能力,还要使之具备"交际能力"。即懂得在适当场合适当地选择、调整话语,以得体地表达出自己的意图。还要能正确地解码,准确无误地理解人家的意思。语言教学如果仅仅把学生当作"拟想的人",一个劲地令其背诵抽象的教义和例句,而不把学生当作社会中的活动成员,不指导他们在言语环境中正确地得体地使用语言,其结果是可想而知的,也就很难免再闹出李鸿章式的笑话来。近年来,这个问题实际上已开始引起了语言教学工作者的重视,出现了所谓的"交际语法","情景会话"等新的教学尝试,这并不是偶然的。

注释

[1][9] [英]奥斯汀著,许国璋摘译《论言有所为》,《语言学译丛》中国社会科学出版社(1979)。

[2][6] [苏]布雷金娜《语用学的界限和内容》,顾柏林译、于林校,《现代外国哲学社会科学文摘》1984年第9期。

[3][4][7]　程雨民《格赖斯的"会话含义"与有关的讨论》,《国外语言学》1983年第1期。

[5]　[美]塞尔《言语行为理论和语用学》,卢丹怀译、俞如珍校,《现代外国哲学社会科学文摘》1984年第9期。

[8][12]　[英]尼尔·史密斯和达埃德尔·威尔逊《现代语言学》。

[10]　根据中央人民广播电台1985年6月30日广播记录。

[11]　[瑞士]厄里希·丰·丹尼肯,《众神之车？——历史上的未解之谜》中译本,上海科技出版社(1981)。

[13]　《健康报》1985年7月25日。

[14]　老舍《语言与生活》,《出口成章》,作家出版社(1964)。

(原载于《浙江教育学院学报》1986年第11期,总第3期)

"言语行为"的社会学分析
——一个语言学和社会学结合的尝试

摘要 "言语行为"把言语看作行为,更是一种社会行为,它的提出有社会学背景,语谓、语旨、语效尤其五种语旨行为与社会动机、社会行为分析紧密相关,"言语行为"具有社会学上的优缺点。

关键词 言语 言语行为 社会行为 社会动机 互动

"言语行为"是语言学的一个重要概念,其大意是说出一句话即完成一个行为。它指出了言语和行为的关系,把语言学与社会学等学科联系了起来。本文跳出语言学分析的单一视角,试从社会学角度进行分析,以透视语言学与社会学的相关性,从而分别给两门学科以启发。

1. "言语行为"的定义、提出和社会学

"言语行为"指当人们说出一串话语时,就在完成一种行为,言语本身就是一种行为。即"说什么也就是做什么""在说 x 的时候我在做 y""通过说 x 我在做 y"。如"你被聘用了"这句话事实上是实施了聘用某个人的行为(若说者有此权利)。此即其大致定义。

"言语"并非传统语言学所说的仅是语言现象,也并非中国古人所说的"言行合一""言行不一"那样把言语和行为分割开来。事实上,言语不只是语言现象,还是行为表现。行为有自然行为和社会行为之分,动物行为属前者,人的行为属后者。区别在于前者无意识,是反射式的自然反应;后者有意识,是人与人之间的社会互动。"言语"是人的言语,是人经过理性思考的,是人际社会互动的媒介,是人类行为的一种外部表征,它属于后者。"言语行为"更确切地说是"社会言语行为",它是人类所有社会行为中的一种,与动作行为并列。"社会行为"指"由社会刺激引起的人的行为,或一个人的行为结果引起了另外一个人的行为,它是以主体的人为中心,并带有主体意志特点的人的交互行为"。[1]而研究人的社会行为的科学是什么呢?是社会学。孙本文说:"社会学是研究人的社会行为的科学"[2],韦伯也说:"社会学是理解人的社会行为以对其过程及影响作出因果解释的科学。"[3]可见"言语行为"与社会学关联。它把言语看作行为,从纯粹的言说转向与人的行为结合,属于一种互动的社会行为。"言语行为"和社会学的研究对象都与人的社会性行为联系在一起,两者有共通之处,当然两者也有区别。前者局限于人的言语的行为,更多地从说者角度出发;后者泛指一切社会性行为,更强调行为的互动性。因此我们从社会学出发,呼吁学者加深对"理解者"的研究。

言语行为是具有互动性的人类社会行为,研究"言语"可以更好地理解人类行为。言语在日常生活中随处可闻,生活的本质及存在的价值在言语中体现,它是"存在之家",我们在诉说言语同时言语也在诉说着我们,研究"言语行为"就是研究人存在的本质。

"言语行为"最先由奥斯汀于20世纪50年代提出。它的提出与当时学界尤其美国的"社会学帝国主义"有关。那时美国社会学家帕森斯的行为分析观点和结构功能主义理论享誉一时,影响和渗透了其余学科,语言学也不例外。事实上,索绪尔的结构主义语言学影响了斯特劳斯的结构主义人类学,反过来,帕氏的结构功能主义对语言学也有影响,两者是相互的。"言语行为"也受到"社会行为分析"的影响,两者深深相关。所有学科都是相通的,作为"帝国主义"的社会学自然更会影响语言学理论。"言语行为"起初只是语言哲学理论,后经由塞尔等人的发展,成为涉及哲学、社会学、逻辑学和语言学等学科的理论体系。同在美国、与帕氏同代的塞尔不可能不受当时美国社会学尤其帕氏"社会行为理论"的影响,塞尔不仅是语言学家、哲学家,也是社会学学者,他"吸取了许多社会学的研究成果"[4],其理论充满社会学意味,包括语言在建构制度性事实中的地位等。

可见,"言语行为"的提出有社会学背景。我们无意褒贬哪门学科,正如"言语行为"有社会学背景一样,社会学也有"语言学转向"。韦伯将意义作为社会学主题,为将语言这一意义载体引入社会学奠定了基础;米德从姿态出发描绘语言交流的发展,是将语言引入社会学的第一人。"现象学社会学"的"谈话分析"、哈贝马斯的"言语沟通论"、布迪厄的"符号暴力"、福柯的"话语控制",与"言语行为"都有若隐若离的关系。翟学伟建议将"语言分析"作为社会研究的方法。总之,"言语行为"与社会学是相关的。

2. 语谓、语旨、语效和行为分析

深入到"言语行为"的具体分析，它与相关的社会学分析也紧密相连。言语行为包括三方面：说者说出话语，称为"语谓"；说出话语的同时，陈述事实，确认、否认事件，进行询问，发出指令，提出请求，作出预言，给予劝告，表示祝贺等，总之有其目的所在，称为"语旨"；在听者身上产生效果，称为"语效"。它们组合成一个整体。

我们认为社会行为包括：外显层次，即实际可见的行为表现；动机和态度，即行为的内在驱动力；行为产生的效果。"言语行为"的外显层面是人的言语，它客观摆在面前，言者意识到自己说了话，听者也听到了，这是音响形象和表层所指，即"语谓"，它仅指出说者 S 说了话语 U(FA) 这一事实。言语行为的动机在言说前就存于人心，或在言说时添加新动机，因为人的行为异于动物"刺激-反应"式行为，它是有动机的，是意识加工后的反应，言语行为也如此。言语动机在言语及其情境中体现。如"喂！小芳在吗？"联系语境（如打电话），可知并非仅是询问，还暗含和小芳说话的动机，这是言语的深层意义，需透过字面意义来理解，此即"语旨"。言语行为的效果指言语对他人产生的影响，即"语效"。社会学意义的语效比语言学的语效范围更大，内容更丰富，它还包括言语行为所产生的社会影响。如美国政府宣布"开始作战"，它不仅使士兵行动起来，还直接建构了战争的事实，因为它促成了美国的参战，政府言语并非儿戏。"语效"不仅是从言者——表达者角度来说，还涉及听者——理解者，这符合"社会行为"的"互动性"。"互动"是社会学所强调的,在此我们窥见语言学与社会学连接的关键一环。

上述三种行为不是分割的,而是一行为的三方面。这类似于社会学的"理想型"——"通过片面强调一种观点,综合许多个别现象,安排到统一的分析结构中去,从而形成理想型。"[5]它是种抽象,是分析工具。"语谓"、"语旨"和"语效"也是为分析的方便而实施的概念性工具。言语行为与社会行为紧密相关。据社会学观点,一个行为逻辑上包括:①行为者,即行为的施动者和受动者,言语行为的行为者包括表达言语行为的说者和理解言语行为的听者,这在"语效"的分析中很明显。②行为目的,即行为者希望达到的预期状态,"语旨"暗含这种目的。若预期状态实现,则语效行为成功。我们把与预期状态一致的语效称为"+语效",相反的称为"-语效",无关的称为"0 语效"。

语效	与预期状态关系	例子
+语效	一致	"小明,下来!",小明下来了
-语效	相反	"小明,下来!",小明向上爬
0 语效	无关	"小明,下来!",小明停在原位

③行为情境,即行为者置身其中,影响其实现目标的环境因素,类似于"语境",但分析角度不同。可从两方面考虑:a 手段,指行为者可控制的工具性要素。对"言语行为"来说,人们可附加身势语等副语言行为来加深他人对言语的理解,这是对言语本身之外的控制,言语行为"恰当性条件"[6]的一部分如"陈述要清楚"也是相对来说可以控制和利用的要素。b 条件,指行为者无法控制的客观要素。言语行为中互动双方共同的语言、相似的背景知识

等就是这样的条件,缺少这些,言语行为很难完成。"语境"也是条件,在具体场合要说符合此场合的话,言语要适合场合,场合一般无法改变。④规范取向,即行为者要合乎规范的范围。维特根斯坦说"语言是种游戏",游戏须有规则和规范。言语行为为达到一定的目的,除了要遵循语法手段规范外,还要遵循社会行为规范,如"礼貌""真诚"等。更要符合特定社会的规范,所谓"入乡随俗":如"菜做得不好,多吃一点",在中国适宜,在外国就可能不适宜。遵循言语行为的规范取向,才会克服言语交流的障碍,达至真正的沟通。总之,在言语行为过程中,说者是怀着一定的动机和目的(语旨)在一定的情境下采取适当的手段,利用可利用的条件说符合规范的话(语谓),试图对他人产生影响(语效)。进一步说,言语行为的"手段"须讲究量度准则(提供适量信息)、真诚准则(说话真实)、相关准则(内容切题)、方式准则(表达清楚),即要有明确性、恰当性和灵活性,才会促使言语交际的成功。从社会学观点看,言语行为有效性须具备三条件:真实宣称,言语要符合实际;正确宣称,符合社会规范;真诚宣称,态度真诚。若人人说谎、不合规范、态度不诚,那么这个社会是不可想象的。三宣称是言语行为有效性的标准体现,具备了它们,就实现了具有沟通理性的社会,这样的社会是融洽的。

3. 语旨行为的分类和社会动机、社会行为

不仅言语行为的三方面——语谓、语旨、语效和社会行为相关,而且深入到具体的语旨行为,也是如此。

语旨行为包括：①断定式，使说者承认某事物是那种情况。如"我肯定她有男朋友。"表达此行为的动词有"断定""作出结论""肯定""否定""陈述""保证""通知""通告""提醒""反对""预告""报告"等。②指令式，使听者做某事。如"我命令停止作战"。动词有"询问""命令""请求""祈祷""吩咐""责成""邀请""劝告""促使""禁止""建议"等。③许诺式，使说者承担做某事的责任。如"我发誓永远爱你!"动词有"允许""威胁""警告""企图""采纳""拒绝""宣誓""保证""打赌"等。④表情式，表达命题叙述事态中真诚性条件所表明的心理状态。如"我恨你!"动词有"感谢""祝贺""道歉""慰问""哀悼""欢迎""问候""抱怨""悲叹""抗议""痛惜""称赞"等。⑤宣告式，完成此活动就使事态得到实现。如"中华人民共和国中央人民政府成立了!"动词有"开除""宣战""命令""解雇""辞职""任命""放弃""否决""批准"等。当然这也是"理想型"。另外陈述词未必出现，但可以加上。

语旨行为的分类是对言语的社会动机的分类。社会动机指引起、维持、推动个体活动以达到一定目标的内部动力。一切社会行为包括言语行为都由动机驱使，它是社会影响和个体行为之间的心理媒介。言语行为的动机有断定事实、指令做事、许诺行为、表达感情、宣告事项等。社会动机具有复杂性，同一动机可产生不同行为，同一行为可由不同动机引起，行为受多种动机支配，内心动机和口头动机往往不一致，意识到的动机与实际起作用的动机也未必一致。言语行为的动机也是如此，同一动机可产生不同言语行为，如表达爱某人的动机，可用表情式"我爱你"，断定式"我肯定爱你"，也可用许诺式"我发誓我永远爱你"，采取何种言语行为与语境有关。同一言语行为可由不同动机引起，如"我爱死你了！"，既可能表达爱你之情，也可能是"我恨你"的反语，要联系语境来理解。言语行为同时受多种动机支配，如某领导说"我宣布开战"，既有断定开战事实、命令军队备战或许诺亲自督战的动机，也可能表达对敌之怒、宣告作战的动机，还可能有促成战争的动机。内心动机和言语动机也往往不一致，如"为全面建设小康社会，我发誓好好学习"，真正动机却是为了拿文凭。意识到的言语行为动机与实际起作用的也未必一致，如"我发誓好好学习，做个好学生"，但真正动机却是获得女友欢心。言语行为的动机有强弱之分，如"命令"在指令式和宣告式中都有出现，就看哪一动机占主导，主导动机决定言语行为的性质。而主导动机要联系言语对象等语境来分析。若"我命令开战！"对士兵说，则更多是"指令"；对人民说，则更多是"宣告"。

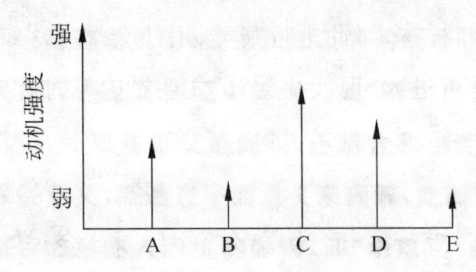

图 主导动机C决定言语行为的性质

　　正如其他社会行为的动机一样，言语行为的动机也是复杂的，有时并不明显，但联系情境还是相对可以确定的，这是语用学课题，与社会学联系紧密。分析言语行为的动机，可以加深对言语的理解，促进言语交际。

语旨行为的分类还与社会学"传统行为""情感行为""价值合理行为""目标合理行为"四分法相关。传统行为指取决于习惯的行为,情感行为指取决于情感的行为,价值合理行为指取决于价值上自觉信仰的行为,目标合理行为指对结果有合理思考的行为。宣告式语旨行为属第四种,无论"开除""宣战""命令""解雇",还是"辞职""任命""放弃""否决""批准",言语行为者对结果即目标及实现这一目标的手段都具备了合理的思考和选择,他们是经过权衡的,且有权去做,成效可能性大,否则违背了"恰当性原则"。如"我宣布开战!"在恰当的情境下,此领导是经过深思熟虑或会议研究的,对开战目的、手段及利弊得失都有理性的权衡,否则他将是不称职的。表情式属情感行为,言语行为者在实施这种行为时一般都具有某种特殊的情感和感觉状态。其他较复杂,需视具体情况而定。目标合理行为是现代理性社会的标志,对当前言语进行抽查,搜集语料样本,对此进行归类,用社会学方法统计分析,有助于我们考察是否进入"理性社会"、"文明社会",加深对所处社会阶段的认识。

4. 对"言语行为"的总体社会学评价

从社会学角度看,"言语行为"有许多优点:将言语看作行为,一种互动的社会行为,可以更好地理解人类行为。提出语效行为,言语不仅是说者的事,还是听者的事,在一定程度上强调了言语行为的社会互动性;不仅对语谓作静态分析,还对语旨和语效作过程式研究,符合社会学的互动分析和动态分析观点。对语旨作了比较深入的研究,扩大了语言学的视野。注意到言语的使用,言语是一种社会行为,那么言语就不能仅看字面意思,还应与语境联系起来,带有社会学的"背景分析"观点。

从社会学角度看,它也有不足之处:虽将言语看作行为,但分析字面言语较多,行为性分析不够。虽提出了语效说,但分析不足,应强调言语互动,加强对听者的分析,言语互动是语言的基本现实:"语言-言语的实质不是语言形式的抽象系统,不是孤立的独白式言说,不是心理-生理活动,而是一个社会事件,在言说中实现的言语互动"[7]。虽涉及语境,但偏向狭义语境,我们提倡"大语境",把言语与言者的社会身份、地位、背景联系起来,向社会语言学或语言社会学转向,因为一切都离不开社会。

"言语行为"虽带有一定的社会学意味,但不够浓。我们的论点是:①将语言作为规范同一形式的稳定系统,只是一种科学抽象,它只在和某些理论目标联系起来时才有生命力。此抽象不能说明语言的具体现实。②语言是在说话人的社会-言语互动过程中进行的连续不断的生成过程。③言语是社会行为,它具有其他社会行为的一系列特征。④言语和动机、目的关联,甚至带着意识形态,离开价值,语言创造无法理解。⑤就交际意义而言,言语结构是一种社会结构。言语行为存在于说话人之间,个体的言语行为是矛盾的说法。

以上就是我们对言语行为的社会学分析。我们写此文的目的是告诫人们:学科并非孤立的,我们在研究某一学科时借鉴其他学科的知识,可以对事物有更深刻的认识。正如"言语行为"有社会学背景一样,社会学也有"语言学转向",发展至今的语言学和社会学应相互借鉴,跳出狭窄的学科视野,以更好地认识世界。

注释

[1] 张先博《社会学词典》,人民出版社,1989年版。
[2] 孙本文《社会学原理》,商务印书馆,1946年版。
[3] Weber M., *Economy and Society*, Berkeley: University of California Press,1968,88.
[4] 塞尔《心灵、语言和社会》,上海译文出版社,2001年封面。
[5] Weber M., *The Methodology of the Social Sciences*. Glen-coe: Free Press,1949.
[6] 周礼全《逻辑——正确思维和有效交际的理论》,人民出版社,1994年。
[7] Volosinv,*Marxism and The Philosophy of Language*, New York: Harvard University Press,1973,95.

(原载于《自然辩证法研究》2005年第8期,与唐礼勇合作)

跨文化语用学研究刍论

摘要 跨文化语用学是一门新兴的语言学分支。文章讨论了其研究的对象范围、兴起原因、主要内容和研究方法,对跨文化语用学研究的系统进行了探讨。

关键词 跨文化语用学 对象范围 研究系统 研究方法

一

20世纪上半叶是结构主义语言学鼎盛阶段,60年代以后,两个方面的变化使语言学的研究呈现出百花齐放、百家争鸣的态势。一是横向性的拓展。语言学研究不再像乔姆斯基宣称的那样:"语言学理论所要关心的是一个拟想的说话人、听话人,他所处的社团的言语是纯之又纯的,他对这一社团的语言的了解是熟之又熟的。"[1]而是开始关注现实社会中的语言现象、语言功能和语言运用,社会语言学、功能语言学、话语语言学、对比语言学、心理语言学、计算语言学等分支学科应运而生。二是纵向性的发展。语言学研究不再像布龙菲尔德所主张的:"语言的描写工作在于对语言形式作出比较严格的分析,同时假定这些语言形式具有稳固的和可以确定的意义。"[2]除了对语言结构的系统研究之外,还开始对其另一个重要属性——意义给予充分的重视和研究,而不再停留在对意义的"假定"上。这导致了语义学和语用学的兴起和发展。或者说,从结构到意义再到动态的意义,形成了语言学向纵深推进的语法学-语义学-语用学发展脉络。

值得提出的是,20世纪80年代以来,语言学研究又出现了一门新的分支——跨文化语用学(cross-cultural pragmatics)。这是在语用学和对比语言学研究的基础上,适应社会生活需要而发展起来的新学科,也是语言学研究横向拓展与纵向深化的新的交汇点。何谓跨文化语用学?英国语用学家尤尔认为:"跨文化语用学研究的是不同社团对意义构建的方法的不同期盼。"[3]我国学者何自然认为:"跨文化语用学研究在使用第二语言进行跨文化言语交际时出现的问题。"[4]何兆熊认为:"跨文化语用学是对不同文化背景的人之间的交际进行的研究,其重点是对不同文化的语言活动进行跨文化对比研究。"[5]虽有不同的表述重心,但基本的要点是一致的:它研究的是不同文化背景的人进行交际的种种语用问题,尤其是语用意义的问题。这里要注意的是,只说跨文化语用学研究的是第二语言的使用,还欠准确。因为跨文化语用可以是使用第二语言,如中国人用英语同美国人交际的情况;也可以是使用母语,如中国人用汉语与来华留学生的交际;还可以是使用同一种语言,且这种语言对双方来说都属于母语,如美国人和新加坡人用英语进行的交际。这些都属于跨文化语用学的范围。关键在于,交际双方即语用的主体是否属于不同的文化背景。

诚然,着眼于语用主体的不同文化背景,跨文化语用学研究的对象范围还需要再做一些分析。首先,从理论上说,不同的文化背景并不限于不同语言、不同人种、不同国家之间,同一语言或同一国家中的不同社会阶层、不同地域、不同群体甚至是不同个体之间也存在着类似问题。因为文化是涵盖面很广,可分层级的综合体,社会阶层、地域、群团等都是文化体系中的亚文化或亚群体,对内有一定的共同性,对外有较明显的差异性。这些亚文化或亚群体之间的语用交际势必带上各自的文化特征,具有跨文化的意义。对于个人而言,每一个人都是一个因为不同的背景和经历而形成的不同的文化世界。从本质上说,人与人的交际,即使是同一民族,使用同一语言的人的语用交际,也属于跨文化的范畴,也应该是跨文化语用学研究的对象。只不过,现阶段所指的跨文化语用学主要是进行不同语言、不同国家之间语用研究。

其次,从更大的范围来看,还需廓清跨文化语用学与跨文化交际学的关系。在我们看来,这是两个密切相关,但又不完全等同的概念。至少有两方面的差异:

(1)跨文化交际学研究的范围要比跨文化语用学广。"跨文化交际(inter-cultural communication,又译为跨文化传通)是在国家、民族、人种和文化群体成员之间进行的多层次的交往活动。它也包括主流文化成员与亚文化群体成员之间的或全球社会中各亚文化之间的交际。"[6]它与跨文化语用学研究角度基本是一致的。但相对于主要研究不同文化背景的人有意识的语用行为而言,跨文化交际学的视野更宽:从交际媒体看,它不仅关注言语交际行为,也关注非言语行为的交际如手势、身势、体态语、目光表情、空间距离甚至服装发饰等。从交际行为的角度看,不仅是有意识和有意向的行为,无意识的、下意识的行为以及无意向的行为,也都是它所关注的。从言语环境角度看,跨文化交际学也更宽泛,如室内陈设、音响效果、花草植被等物质环境通常也是其分析的对象,而这些并非跨文化语用学的研究范围。

(2)侧重点不同。跨文化语用学的侧重点是语用学,主要研究跨文化语用中的种种问题,尤其是语用意义的构建和理解,以语言应用、语用规则策略及语用意义的跨文化对比等为立足点和出发点。而跨文化交际学的侧重点是交际中的文化,虽不否认语言在体现文化差异上的重要性,但更关注非语言的文化因素:"事实上,尽管个人的语言与文化紧密相连,也确实在跨文化交际中造成重要的障碍,但语言问题没有其他的文化障碍那么严重。"[7]

二

跨文化语用学的产生有着深刻的学术根源和社会背景。首先是学科内部发展的需要。语用学理论的提出及分析,都是由西方语言学家对西方语言的观察、研究而来的,如言语行为理论、会话含义、礼貌原则、关联原则等莫不如此。实事求是地说,这些理论、原则对西方语言是有相当解释力的。但随着语用学的发展,人们将这些理论应用于跨文化的语用分析时,随之而来的问题便是:它们是否可以涵盖所有语言的语用研究?不同文化背景的语用有否相异的语用原则和语用策略?换言之,按西方语言归纳出来的理论和原则对其他不同语言的语用是否也具有普适性?1983年,利奇在讨论礼貌原则时已注意到这个问题:"作为人类交际的总的功能规则,这些原则多少是具有普遍性的,但其相对重要性在不同的文化、社会和语言环境中是各不相同的。"他还举出了相关的例证:

有的东方文化国家(如中国和日本)比西方国家更强调"谦虚准则",英语国家则更强调"得体准则"和"讽刺原则"。[8]据此,利奇提出:交际行为的跨语言比较"是一个非常诱人的领域,许多研究还有待于去做"。的确,这是一个很有发展前途的研究领域,吸引了不少语用学家的注意力。

其次,社会生活的需求促进了它的发展。20世纪下半叶以来,人类的交往比任何时候都频繁,国与国之间,不同语言、不同人种之间的交往成为社会生活中的常见现象。这种交流中出现过大量的语用失误,小则引起交际障碍,大则引起国际纠纷。美国跨文化交际学者萨姆瓦曾举过一个例子:二次大战临近结束时,在意大利和德国投降后,同盟国也向日本发出最后通牒。日本首相宣布他的政府愿意 mokusatsu 这份敦促投降的最后通牒。但这个词既可解释为"考虑"(to consider),也可解释为"注意到"(to take notice of)。虽然在日本首相那里意思是愿意考虑,但其对外通讯社的译员选取了"注意到"一义。让美国断定,日本不愿意投降,于是先后在广岛和长崎投下原子弹。[9]这里,我们姑且不论将首次使用原子弹的责任放在一个词上是否有失公正,但由于跨文化语用的失误而产生了严重的后果,这一点是没有什么疑问的。由此,人们对跨文化语用的重视便是顺理成章的了。如1983年英国语用学家托马斯出版了《跨文化语用学失误》的著作,就是主要研究跨文化语用中不合时宜的失误。

第三,语言和文化所具有的共性与个性为跨文化语用学研究提供了可能。世界上存在的语言的面貌虽然千差万别,但都是作为人类最重要的交际和认知工具,这是共同的。作为人类物质文明和精神文明总和的文化,也是有共性的:它以最深刻和最微妙的方式影响着人们的各种行为。正是这些共性,让人们可以相互沟通与交流,也让人们有可能对丰富多彩的文化和形态各异的语言进行对比研究。从另一方面看,语言和文化是密不可分的,语言是文化的一部分,又是文化的承载者;语言受文化的影响,又反映着文化。正如帕默尔所说:"语言忠实反映了一个民族的全部历史、文化,忠实反映了它的各种游戏和娱乐,各种信仰和偏见。……语言不仅仅是思想和感情的反映,它实在还对思想和感情产生种种影响。"[10] 作为人类文化的一个特殊的、重要的组成部分,语言实际上是文化的显性式样和隐性式样的综合体。其表层的形态、结构、意义等是显性文化的反映,而在表层的背后所蕴涵的信仰、习俗、道德观、价值观、文化心理、美学观念等等,则承载着其隐性的文化内涵。在跨文化语用的动态过程中,语言这种显性形态和隐性内涵的差异性体现得尤为突出。不同文化与不同语言的差异性,给跨文化语用学研究带来了广阔的空间和丰富的内容,使之成为一门很有价值、很有潜力的语用学内部的分支学科。

跨文化语用学自形成至今,已取得了较为迅速的发展。在西方,跨文化语用学以跨文化语用语言学、跨文化社会语用学和语际语用学几个方面展开研究,出现不少成果。如基南 1976 年运用会话合作原则对照分析了马尔加什共和国的语用情况,发现那里的人们常常不遵循"数量准则":"尽管他们拥有所需的信息,但他们给听话者的信息常常比所需的少"。[11] 据此她提出了一条"搁置准则"。利奇 1983 年分析了礼貌原则的各准则在不同文化中的重要性的不同。1993 年,卡斯帕和布卢姆-库尔卡也出版了名为《跨文化语用学》的著作。

国内在20世纪80—90年代开始对跨文化语用学予以关注,有一批讨论跨文化语用研究的论文,内容涉及跨文化语用对比、跨文化语用能力、跨文化语用顺应、跨文化语用失误、跨文化语用规约等。也出现了一些与跨文化语用学相关的著作,如邓炎昌、刘润清的《语言与文化》(外语教学与研究出版社,1989年)、王福祥《对比语言学论文集》(外语教学与研究出版社,1992年)、王得杏《英语话语分析与跨文化交际》(北京语言文化大学出版社,1998年)等,胡文仲、林大津、贾玉新等学者还出版了名为《跨文化交际学》的著作。不过,至今为止,国内学者研究跨文化语用学的专门著作似未发现。

三

作为语言学研究新兴的分支,跨文化语用学的时间还不长,其研究内涵和外延还处于逐步明晰的状态。从我们所接触到的文献来看,跨文化语用学研究的内容有哪些,构成怎样的系统,在不同学者那里有不同的看法。布卢姆-库尔卡等人认为以下四方面构成跨文化语用学研究的内容:(1)言语行为的语用研究,(2)社会——文化的语用研究,(3)对比语用研究,(4)语际语言的语用研究。[12]何兆熊等则将其分为三个方面:(1)跨文化语用语言学研究,如对不同文化中相同或相似的语言形式语用功能的差异进行的研究,不同文化对言语行为策略的选择差异进行的研究等;(2)跨文化社会语用学研究,如对不同文化对各种语用参数的不同解释、不同文化在遵循会话原则及准则上的差异、不同文化在遵循礼貌原则及其各准则上的差异进行的研究等等;(3)语际语语用学研究,如对人们在使用第二语言进行跨文化交际的语用行为以及习得第二语言时的行为模式进行的研究。[13]

我们认为,以上四分或三分法都还显零散,内容上也有交叉,难以形成跨文化语用学的研究系统。需要寻求另外的分类方式将跨文化语用学的研究内容有序化。首先要在语用学研究系统的基础上明确跨文化语用学研究的核心问题。语用学研究涉及的因素众多,我们曾经将这些复杂的因素归纳为话语实体、语用主体和语境条件这三大要素,它们构成了语用学研究的完整系统,而语用意义是贯穿其中的核心。[14]基于这个认识,英国语用学家尤尔的"跨文化语用学研究的是不同社团对意义构建的方法的不同期盼"的观点是不错的,跨文化语用学研究的核心是语用意义的构建和理解。围绕这一核心问题,从语用学研究系统的相关要素的角度来给跨文化语用学的内容分类,可能是较为合理的办法。可以分为三个层面:(1)文化载体——语用手段层面,(2)文化蕴涵——语用环境层面,(3)文化策略——语用主体层面。这三个层面构成跨文化语用学研究系统的主要内容,它们相互联系,逐层推进。语用手段是跨文化语用学研究的第一个层面,是对语言文字的表层分析,也是对显性文化载体的分析,属于基础层面;文化蕴涵是跨文化语用的隐性的深层结构,可以归纳为语用环境的子系统来分析,属于跨文化语用学研究的第二个层面;语用主体则是跨文化语用的能动调控中心,具有强烈的主体色彩和主动功能,涉及的是语用主体的文化结构和认知结构,属于跨文化语用学研究的第三个层面。

这三个层面都统一于语用意义这个核心,构成了跨文化语用学研究的完整系统。

作为文化的载体,不同语言表层的形态是不一样的。如汉语和英语这两种使用人口最多的语言,在语音面貌、文字形式、词语意义、语法结构、表达方式、修辞手法等方面都有明显的差异。就拿与动态语用联系密切的语言结构、表达方式来说,汉语的意合法与英语的形合法是鲜明的对比;汉语语序遵循时间的自然顺序与英语按结构顺序布置语序也各成特色。萨姆瓦说:"任何语言都是一种观察世界和解释经验的特殊方法——隐蔽在各种不同语言结构之中的,是关于世界及寓于其中的生活的一整套无意识的推想。语言不仅描写感知、思维和经验,也能决定和赋形于它们。"[15]分析表层的语用手段不仅是为了了解手段本身的差异性,更重要的是揭示这手段背后的意义的差异性。这是跨文化语用学的初始研究。

对跨文化语用学来说,语言表层的手段及意义固然重要,而动态的语用意义则是更加关键的。语用意义的产生很复杂,尤其是在跨文化的交际中,需要结合不同民族的文化传统、价值观念、思维方式、社会心理乃至宗教信仰等等的分析才能得出。如在英美,红玫瑰花作为爱情的象征,早已为世人认同,广为流传。其起因据传是红玫瑰与爱和美之女神维纳斯(Venus)同年同月同日诞生,红玫瑰花于是成为爱情的化身。苏格兰诗人彭斯的诗《我的爱人像朵红红的玫瑰》写道:"我的爱人像朵红红的玫瑰,六月里迎风初开。"而在中国则有另一种爱情信物——红豆。《古今诗话》载,昔有男从军,戍守边疆,为国捐躯。其妻终日思念之,常在红豆树下唤其夫名,哭泣不止,悲伤过度,竟哭至死。红豆色如泣血,故谓之相思子。唐代王维的《相思》诗:"红豆生南国,春来发几枝?愿君多采撷,此物最相思。"分别以红豆和玫瑰来表达爱情,是汉英两种语言手段背后所特有深厚的文化底蕴,也是更应重视的语用意义。在跨文化语用学研究中,我们还常常发现,在一种文化语境中恰当的语用意义,到另一种文化中有时却成了不得体的,由此而引起语用的障碍;还常有跨文化之间语用意义的缺失现象。如何消除障碍、补充缺失的语用意义,关键就是要分析蕴涵在话语表层背后的深层的语用意义是如何产生、如何理解的。

更进一步,语用交际是人的行为,是语用主体在一定的语境中,选择恰当的话语手段,完成相应的交际目的的有意识的行为。语用主体的文化结构和认知结构对其语用策略的确定和实施都有十分重要的作用,对语用行为和语用效果更有直接的影响。在跨文化语用学领域,主体的这种能动性尤为重要,体现得也尤为明显。1993年北京申办奥运会,当时所提的口号是"给北京一个机会,还世界一个奇迹"。体现了中国传统文化中的礼让、谦虚、内敛的文化传统和价值观念。从传承民族文化、体现民族特色来说,这个口号也不失为佳作。但在参与国际竞争、进入跨文化语用交际的大环境中,这个口号也就难免招来批评——在全球文化空前交融的背景中,在激烈竞争的前提下,不是以一种大气的、积极的、势在必得的信心和勇气参与申办,而是期待别人的开恩和赐予:"请你给我机会吧",其心态首先就输了一着。当然,那年申办未成功更主要还是其他的原因,但这句口号的负面性也是不争的事实。也许正是看到这一点,2001年北京再次申办奥运会,所提的口号为:"新北京,新奥运",气魄就大不一样了——"我有能力做这样的事情,我愿意为这样的事情做自己的贡献"。这个口号的英语表达为:"A new Beijing for a Great Olympics."新奥运不用 new 表达,而用 Great,既避免字面上的新、旧(new/old)之争,不去否认前人和历史,又在这个基础上着眼于发展,还更有气魄:Great 不是单纯的伟大的意思,它包括了一切美好的东西。毫无疑问,这是一个富有创意且十分成功的申奥口号,不仅在话语表层体现了汉语的特色,在深层的文化蕴涵上具有中国传统的大气和诚信,而且充分考虑了跨文化语用的语境,融合了西方文化积极竞争的价值观。语用主体的能动性、创造性在此得到了充分的展示,也成为跨文化语用学研究中一个成功的适例。

综上,跨文化语用学要以语用学理论作为背景,着眼于不同语言表层形态、结构方式和话语意义等的比较,深入到语言的深层文化内涵,关注动态语用中的文化差异、语用主体的语用策略等等,体现出较强的理论性和系统性。它的内部需要也能够构建起较为严整的体系,这应该作为跨文化语用学研究所追求的重要的理论目标。

四

如果说跨文化语用学所凭依的理论基础是语用学,那么,其所常用方法的基础则更多来自于对比语言学。"对比语言学的基本方法是'共时比较'。"[16]对比和比较的方法是跨文化语用学研究中最普遍使用的方法之一,因为涉及跨文化的语用,有必要对异质异态的语言进行对比和比较。对比可以在语言的各个层面展开，如语音、文字、词汇、结构、修辞等，并通过这些表层形式揭示出深层的文化意义。目前讨论最多的是关于不同语言的词汇有不同文化意义的对比分析。比如对狗的不同看法就鲜明地体现了汉英两种语言背后的文化。对汉族人来说，狗不是好东西，虽然其与人类的关系一直很密切。因而与"狗"有关的词语除了"狗不嫌家贫，儿不嫌母丑"这个含有对衬义的俗语外，大多含有贬义。如"走狗、狗腿子、狗屎堆、狗皮膏药、狗尾续貂、狗血喷头、狗仗人势、狗急跳墙、蝇营狗苟、狗咬狗、夹着尾巴的狗"，等等。因此"落水狗"和"丧家之犬"都不值得同情，反而应该憎恨，鲁迅就曾经号召人们要"痛打落水狗"。而对西方人来说，狗有忠诚的突出优点，他们对狗一般不抱恶感，反倒有哀怜、眷顾的情感。人们如果不好好待他的狗，就等于不把他当作朋友，其谚语有"love me, love my dog"，与汉语的"爱屋及乌"类似。英语说一个人幸运也是"you are lucky dog"。据说"文革"期间，曾有红卫兵批判一英国人，激动之时要这个英国人"低下狗头！"(Lower your dog head)英国人不理解，答道："My dog isn't with me."（我的狗不在这儿）闹出个啼笑皆非的场面。汉语中的"走狗"一词如译成 running dog，也是不确切的。因为在英美人看来，这是一个褒义词，绝非贬义的。

在对比语言学领域，我国学者就对比和比较的方法做过不少探索。如刘宓庆提出语言对比要注重异质性，对比要由表及里循序渐进，从表层进入中介层再进入深层的观点；刘重德、潘文国提出要对比语言哲学的观点以及连淑能从英汉语法特征、表现手法和思维习惯等方面所做的对比分析等，都有较高的理论价值。在跨文化语用学领域,对比和比较还可以用于分析言语行为、语用规则等方面,目前研究得较多的是与"礼貌"有密切关系的言语行为,如请求、道歉、恭维、拒绝等,顾曰国对汉英礼貌原则的对比分析就有特色和成绩。此外,对会话合作原则的对比研究也有所展开,并将渐成趋势。这些大都属于共时比较的方法。

应当指出,跨文化语用学是复杂的,其将语言和文化紧密结合的宏观研究视野,将语言置于运用过程中的动态观念,都使得共时比较的方法不能独力胜任。因而具有历时特征的文化投射法也是常用的重要方法之一。文化投射法是将语言的形式结构和语用规则等作为分析的表层,文化蕴涵和文化背景作为分析的内核,以文化投射方式在二者之间建立相应的联系。通常这种文化投射需要回溯到历史的源头、文化的蕴涵、传承的典故之中,因而具有时间纵深感,与共时比较的空间开阔性正好互为补充,相得益彰。如前举汉语以红豆、英语以玫瑰喻指爱情的语用情况,在共时的平面可指出这种现象的差异性,更重要的是要看到其历时维度上的文化积淀。这显然比单纯的共时比较进了一步,形成了立体式的研究方法。

跨文化语用学研究还有一种重要的方法是理论阐释法,即要对跨文化语用中产生差异的原因做出科学合理的解释。它的基础是描写、对比,目标是阐释、印证,所采用的方法可谓是综合性的(比如需要融合认知的方法等)。这不仅需要深入到语言与文化关系的根子上——文化投射的方法也是寻求一定的解释,而且需要深入到语用主体最隐秘的文化结构和认知结构中。这当然会有相当的困难,因为人的大脑功能如何在语用中起作用还属于"黑箱结构"。据说当年俞平伯到北京大学讲诗词,讲到李清照《醉花阴·重阳》的名句:"帘卷西风,人比黄花瘦",说:"真好,真好!至于应该怎么讲,说不清楚。"[17]本民族的语用理解尚且如此,更何况跨文化的语用呢?然而,解释又是非常重要的工作。正如吕叔湘所说:"指明事物的异同所在不难,追究它们何以有此异同就不那么容易了。而这恰恰是对比研究的最终目的。"[18]跨文化语用学研究必须广泛汲取各方面的养料,丰富自己的方法库,并从中概括出能做出合理解释的综合性方法。在这方面,老一辈学者的分析能给当今新兴学科的研究以很好的启示。比如汉语典籍中的精华《论语》每章寥寥数语,上下章几乎没有什么联系,却包含了博大的思想内涵;《老子》仅 5000 字,却可见到老子哲学的全体。从跨文化语用研究角度来说,能从中概括出什么方法呢?冯友兰认为:"这是由于中国哲学家惯于用名言隽语、比喻例证的形式表达自己的思想。"[19]这可以看作是从文化投射、语用主体的文化结构角度进行的较有说服力的解释。

对于今天的跨文化语用学来说,需要而且也能够寻求到涵盖面大、针对性强、解释力广的综合性阐释方法,尽量缩小"只可意会不可言传"的范围。这应该成为跨文化语用学研究追求的又一理论目标。

注释

[1] Chomsky N. *Aspects of the Theory of Syntax*. Cambridge：MIT Press,1965.
[2] 布龙菲尔德《语言论》,商务印书馆,1964。
[3] 转引自何兆熊主编《新编语用学概要》,第 249 页,上海外语教育出版

社,2000年。
[4][11][13]　何自然《语用学与英语学习》,上海外语教育出版社,1997。
[5][12]　何兆熊《新编语用学概要》,上海外语教育出版社,2000。
[6][9][15]　萨姆瓦等《跨文化传通》,三联书店,1988。
[7]　Prosser M. *The Cultural Dialogue*. Boston:Houghton Mifflin,1978.
[8]　Leech G. *Principles of Pragmatics*. London:Longman,1983.
[10]　帕默尔《语言学概论》,商务印书馆,1983。
[14]　王建华《语用学与语文教学》,浙江大学出版社,2000。
[16]　张会森《对比语言学问题》,王福祥《对比语言学论文集》,外语教学与研究出版社,1992。
[17]　张中行《负暄续话》,黑龙江人民出版社,1990。
[18]　转引自潘文国《汉英对比研究一百年》,《世界汉语教学》2002年第1期。
[19]　冯友兰《中国哲学简史》,北京大学出版社,1985。

（原载于《浙江教育学院学报》2003年第6期）

附 录

人名研究的新收获
——《文化的镜像——人名》评介

曹志耘

人名学在我国源远流长。以往的人名研究主要侧重于两方面的内容，一是对人名的搜集、整理和考证，二是从语言文字的角度对人名进行分析、解释并提出命名的方法。对于人名与社会、文化关系的研究，虽有罗常培、吕叔湘等著名学者倡导，但也许由于运用传统语言学理论和方法研究这个问题有较大难度，因而比较全面、系统而深入研究的探讨并不多见。最近读到的王建华先生的《文化的镜像——人名》一书（吉林教育出版社，1990年12月版）明确地将人名当作一种文化现象，或者说是当作一种文化的"镜像"（映像、投影），较深入地探讨了人名与文化关系的若干重要方面，是我国人名研究领域中一项引人注目的新收获，当然也是文化语言学、社会语言学研究的新收获。

该书的主要内容可以归纳为四个方面。第一，人名与文化的一般关系。人名除了是一种语言现象之外，更重要的是一种文化现象，因而作者明确地提出了"人名与文化"的概念，并认为人名与文化共生，人名与文化共变，人名是文化的载体和镜像，同时人名也反作用于社会、文化。第二，汉、其他民族人名形式和内容与文化的关系。作者在对汉族和其他民族人名的形式和内容（表层形态和文化内涵）进行描写和比较的基础上，找出了汉、其他民族人名在语言形式、结构模式、文化内涵等方面的异同，并着重挖掘和探讨了由人名这种文化镜像所映现出来的民族、时代、社会的文化传统、宗教信仰、道德准则、价值观念以及不同民族文化的冲突与交融。例如在"汉族人名系统的文化内涵"一节里，就分别较详细地分析了汉族姓、氏、名、字、号、谥、妇女人名的文化内涵以及人名与阴阳五行的关系。第三，社会心理和社会生活对人名的影响。作者从认同心理、从众心理、求美心理、逆反心理等重要的社会心理现象出发，探讨了它们对人名系统的影响，找出了人名命名活动中的一些普遍而重要的现象如寻根、仿效、美名、贱名等的心理学根源。另外，作者又从社会时代、地理环境、生活经历、社会地位等角度探讨了社会生活特点对人名系统的制约。第四，当代汉族人名的特点和命名方法。作者分析了汉族人名在当代的发展变化，出现的问题以及命名的基本原则、方法。

由上可见，该书从"人名文化"这个新颖的角度，运用文化语言学、社会语言学、社会心理学等学科的理论和方法，对汉、其他民族的人名现象进行了深入而独到的剖析，比较全面详细地探讨了人名中蕴涵的文化内容以及社会文化对人名的影响这与陈原先生所提倡的我国社会语言学的两个研究角度——"从语言的变化或'语言的遗迹'去探索社会生活的变动和图景"和"从社会生活的变化来观察语言的变异"（陈原《社会语言学·序》，学林出版社，1983年版）是相一致的。由于角度、理论、方法的新颖，该书取得一些成果。诸如"人名文化"概念的提出，汉族人名文化内涵的剖析。汉、外人名文化内涵的比较,社会心理、社会生活与人名内在关系的揭示等,都给人耳目一新之感。而作者对古今中外各民族各种人名材料的大量搜集和掌握,对当代人名的定量统计分析,则为上述理论问题的深入研究提出了科学依据,增强了说服力。可以说,该书比较全面系统地开拓了人名文化这个人名学研究的新领域,推进了我国人名学的研究。从文化语言学、社会语言学的角度来说,该书对人名这个特殊而重要的语言现象进行了深入的剖析,是目前国内这方面研究的代表性著作。

倪宝元先生在序中称赞此书"六性(全面性、系统性、学术性、实用性、知识性、趣味性)俱全",这是比较中肯的。但也许因为作者过于追求圆满,致使有些内容在一定程度上脱离了该书的主旨,比如命名的原则、方法;反之,有些值得继续深入的地方却未能进一步深入,例如在论述社会时代对人名的影响时,对于近几十年来我国政治生活的变动与人名用字的关系尚未展开充分的讨论。正如作者在书中所说,"人名学的研究犹如一座蕴量丰富的综合性矿山,可供开采、挖掘的财富还有很多",即使就人名文化这一方面而言,也有待于人们以新的理论、方法,利用新的材料去作新的开拓,从而将人名文化的研究引向深入。

(原载于《语文建设》1992年第8期)

探讨语文教学理论的重要成果
——读《语用学在语文教学中的运用》

于根元

一

我的朋友王建华发表在《语言文字应用》1994年第1期上的《关于语文教学若干问题的思考》,有许多新见。尤其是第三部分"方法与策略"里说到:理解,除了理解语言意义最直接的自下而上的语言策略,理解语用意义最常用的自上而下的语境策略,还有综合性的策略。第三种策略是全面理解语义最为有效的方式,也符合人类的知识结构。文章说,综合策略同教学方法的关系,他已经在《语用学在语文教学中的运用》(杭州大学出版社,1993年)里做过分析。由此,我很有兴趣地读了这本书。

这是北京、天津、上海、浙江等12个省市教育学院联合发起编写的"中学教师继续教育丛书"里的一本。关于编写这一本的目的,作者在引言里说:近十多年来,语文教学方面的失误,一是没有认清语文的基本性质,片面强调思想性、文学性或知识性,二是片面强调语言文字的基础知识和基本训练,字词句篇、语修逻文的教学程式化。作者分析了失误的后一种表现的语言学的理论背景：

> 本世纪上半叶，以索绪尔为代表的结构主义语言学，建立了语言符号系统理论，区分语言和言语，共时和历时，使语言学取得了划时代的进步。然而，他们所提出的"为语言和就语言而研究语言"的理论主张，以及注重结构形式，忽视意义内容的研究偏向，也给语言学的发展带来了很大的阻碍。结构主义语言理论认为，语言学可以同外部其他因素分离开来，只需研究内部结构、关系。因而，词类划分、句法分析是语言研究当之无愧的中心。（23页）

王建华这本书，是想探讨指导语言教学的比较正确的语言学理论。去年（指1993年，编者注）秋天，我参加了两次部分中学语文教师的座谈会，分析当前语文教学中的问题和出现这些问题的原因。有的教师说，不少语言学者不研究语文教学，而许多语文老师又研究不了。其实还是有一批语言学者兼教师在研究语言教学的，而且颇有成就。王建华硕士研究生毕业后一直在浙江教育学院中文系任教，他从事多方面的研究，著述甚丰，而语文教学研究始终是他研究的中心。我在这里郑重向读者尤其是广大中学语文老师推荐这本书。

二

这本书一开头是介绍语用学。看来作者是要先介绍问题的大背景。我虽然在语用所工作了10年，但是对语用学这个术语没有什么兴趣，因此也不甚了了。因为一名多义，都是说的语用学，可以是指离得很远的事。我习惯提的是语言运用研究。读了这本书的开头部分，我觉得对语用学这个术语比较清楚了，可以用一两句话来概括，也可以说上几节课。王建华融会了中外主要的著述，加上自己的心得，把语用学介绍得相当清楚。这为我们省去了许多查阅、比较的时间。介绍得清楚就不容易，介绍里还有许多自己的心得。尤其是后面提出把语用分析为话语实体、语用主体、语境条件三大要素。王建华硕士论文是谈风格、语体、话语、语用的，后来着力研究过语境学。所以写这本书很有基础。王建华怎样一步步做学问，看来是很有步骤、很有章法的。

这本书有大量语用学同语文教学结合的实例。例如《祝福》里祥林嫂到土地庙捐门槛后，坦然地参加冬至祭祀活动，四婶慌忙地大声说了一句："你放着罢，祥林嫂！"从形式上看，这是一个相当简单的句子，理性意义也很简单，但它给了祥林嫂致命的一击。祥林嫂从此一蹶不振。王建华认为："为什么这么普通、简单的一句话语，会产生如此能量？我们光从话语本身的理性意义上分析是难以说清楚的。也就是说，静态的话语分析解决不了问题，须求助于动态的话语分析。"（40页）王建华认为，从语用主体分析，四婶说这句话的意思是："你是不干净不吉利的罪人，没有资格干这种活！"从语境条件分析，祥林嫂花了历年积存的工钱到土地庙捐了门槛，以为洗清了一世的罪名，四婶的话是在这之后说的，意思是：你的罪名是洗不清的！

又如《雷雨》里周朴园审问周萍是否做了对不起父母的事，是否在家里很不规矩。周萍起初惊恐、失色。周朴园说出实际所指——"你总是在跳舞场里鬼混,尤其是这两三个月,喝酒,赌钱,整夜地不回家",周萍放下了心。王建华要说明的是:"在从上至下的理解中,语境有很强的选择性。……语用中,外来的信息源进入人的大脑皮层,所引起的刺激和反应往往是多方面的,所能产生的语用联想也可能是全方位的。心理学的实验证明,由话语引起的,'语义激活'通常先后出现两种情况:一是所有同该词有关的意义联系都被激活出来,二是适当的意义逐渐占上风。"(236页)

这些实例,同时体现了理论和教学实际两方面的价值。理论叙述的尽量中国化,大量汉语的实例,使这本书成为第一本以汉语为语料的语用学专著。

三

这本书的许多见解的价值已经超出了一般语文教学理论指导的范围。例如上面周萍对周朴园问话理解的调节,实际上涉及了语言的调节功能,涉及语言的本质。还如:

> 如对语音敏感的人听到"lán同学站这边,lǚ同学站那边"时,能意识到这是"男(nán)同学,女(nǚ)同学"之音误。又如在文艺晚会上,报幕员说"下一个节目,独子笛奏",听众听了会报以会心的一笑,也是因为人们对词汇具有相应的语感:应该是"笛子独奏"。(182页)

人们理解话语可以用自下而上、自上而下以及综合的策略,正因为话语是立体的、动态的,又处在一个巨大的立体的、动态的坐标轴上。

关于语言的层次性,这本书有许多重要的论述。例如:

> 同语法学分析句子一样,语用学把词、短语(词组)、句子、句群、篇章、作品等称为话语的构成单位。很显然,就形式而言,这些单位形成了一种层级性:
>
> 作品＞篇章＞句群＞句子＞短语(词组)＞词(36 页)

这个层级是跟人学习和理解语言的层级有关系的。与此有关的,作者还提出了语体的层级性:

> 着眼于语体对理解的影响,我们认为,语体的类型是有层次性的,而不同层次的区分也应有不同的标准。首先,可以根据语言的功能和特点把语体分为三类:实用语体、交叉语体和艺术语体。……由实用语体升到艺术语体,语言的功能逐渐由交际的变为美学的(中间还有情感功能过渡);话语所带的意义类型由语言的渐变为语用的;语体所提供的语境框架也由现实世界逐渐变为可能世界。因而,在把握这些不同语体时,人们思维方式就须从逻辑思维逐渐过渡为形象思维,理解这些不同语体中的意义时,也就由纯理智的认识向艺术化的感受递增。(249—251 页)

四

作者认为表达和理解是语用的两端,这本书的重点是讨论理解。这当然是可以的。关于理解的研究现在还很薄弱。但是作者认为"教学的关键:阅读理解"(26 页),"无疑,学生的理解是语文教学的终极目标"(270页),这就值得商榷了。

这本书体现的语言观,总的来说是相当先进的。但是某些地方也留下了一些旧的痕迹。例如:"按说人名中的汉字(词)只属于区别性符号,不带理性意义的,但社会文化常使这种符号发生变异,或恢复其原有的理性意义。"(210页)为什么"按说"呢?作者说这个意思的时候很犹豫,连表达都出了些问题,"恢复""原有",还不是本来就有的?跟这有关的126页说:"话语的色彩语用义指的是话语成分自身以及话语结构、关系之间所含有的某种附加色彩,这是话语理性意义之外的一种补充意义。"在244、245页等几处提出语境可以在话语之外"补充"出某种语用意义。其实,我觉得不是什么"补充",而是在某种情况下的显现。作者在这本书里好几处谈到了"潜"和"显",例如:"社会文化语境……是以潜在的背景知识作用于言语行为的。"(6页)"内容结构……是内部的、隐含的,故有多种语义组合的可能。"(75页)"书面的上下文语境、话语的语体等有形的外显性语境的影响作用则十分重要。"(239页)作者把这个观点调整、发展一下就好了。

此外11页说:"语用学也存在语用规则。这些规则不可能像语法规则那样整齐划一,而是相当复杂的。"其实语法规则也不是"整齐划一"和简单的。作者至少在两处谈及语法规则过于简单而显得陈旧。例如:"汉语虽然没有印欧语那样严格的形态变化,但广义的形式标志还是存在。如……看到ABAB式的重叠(研究研究、讨论讨论),可知此为动词性质;AABB式的重叠(干干净净、整整齐齐)则为形容词性质。"(190页)括号里的例子是对的,但是重叠规则和性质的关系没有那么简单和"划一"。还如:"如名词,……不能同副词组合、*很汉语,*不小鸡。……这些内容也是中学教师熟知的常识。"(68页)举的例子是对的,但是作为语法规则,就更不"整齐"了,甚至恐怕已经不能作为一条规则。

(原载于《语言文字应用》1994年第4期)

评析老舍语言艺术的精到之作
——评王建华《老舍的语言艺术》

周明强

老舍是一位深受广大读者喜爱的"语言艺术大师"。"他的语言艺术世界不仅吸引了一代又一代的中国人,也向全人类展现出他那迷人的风采"。系统地进行老舍的语言艺术的研究,引导人们进入语言大师的语言艺术宫殿,探寻语言艺术的瑰宝,是时代对语言研究者的呼唤。《老舍的语言艺术》(王建华著,北京语言文化大学出版社1996年11月出版,以下简称《艺术》)就是应时代之需呼之而出的。该书以翔实丰富的语料,多角度、全方位、精到地评析了老舍的语言艺术,将读者引入丰富多彩的老舍的语言艺术世界。

精到之一:既全面展示,又寻根探源。

"老舍非常熟悉并喜爱活生生的北京口语,毕生追求用既俗又白,既朴实又活泼的大白话来艺术地再现生活"。老舍语言的生动、活泼、幽默来自活生生的大白话,植根于他熟悉并喜爱的北京口语,口语化的语言是老舍语言艺术的源头。所以,《艺术》开篇第一章"植根沃土的口语艺术"便详尽地分析了老舍在口语化艺术上的探索,可谓"寻根探源"。然后从遣词艺术(第二章)、描写艺术(第三章)、修辞艺术(第四章)、幽默艺术(第五章)几个方面为我们展示并评析了多姿多彩的老舍的语言艺术世界。对口语艺术的分析,不仅详尽客观地描写了老舍作品口语化的两个主要的形式特点:口语化的词汇和口语化的句式,而且还从口语所反映的内容以及作家对口语进行的提炼方面,做了进一步的分析。以下各章的分析更是详细、全面、周到、理性化,如在分析修辞艺术时,还专辟一节分析标点符号的修辞艺术,其分析的全面性可见一斑。

精到之二:将老舍的语言艺术实践和老舍对语言艺术理论的探索高度融合起来评析。

老舍对语言艺术的追求不仅表现在语言实践上,更表现在对语言艺术的主动自觉的探索上。他不仅给我们留下了大量优秀的语言艺术作品,还为我们留下了许多关于语言艺术的有价值的理论文章。总结老舍的语言艺术,就得把他的语言实践和语言理论结合起来,才能探得其语言艺术的精髓。《艺术》正是这样做的。该书在评析老舍语言时,处处注意用老舍自己的语言观点来作阐释,增强了评析的说服力。据粗略的统计,全书中直接引用老舍的语言理论来论证的有 80 多处,出自 20 多篇文章,涉及语言艺术的方方面面,使作家散见于各种创作经验文章中的语言理论串联成了一个完整的体系。阅读此书,我们不仅能从老舍的精彩的语言中汲取营养,而且还能受到老舍语言理论的熏陶。

精到之三:评析方法灵活自如。

作者灵活地运用多种方法进行评析,或例析归纳,或分析对比,或描写解释,或多种方法并用。更为明显的是,全书处处将语料放在具体的语境中进行动态的分析。尤其是最后一章"诙谐深沉的幽默艺术",还运用语用学的理论,从语用环境、语用信息、语用规则等角度进行语用分析,进一步显示了老舍幽默语言的艺术活力。

精到之四:语料丰富,评析精当。

语料丰富是《艺术》的一大特色。据粗略统计,该书使用老舍语言的语例有600多条(不计行文中的引用),出自50多部(篇)作品,这些语例是从老舍几十部(篇)作品中精选出来的。作者在读研究生时就积累了有关老舍语言的卡片近万张(见《艺术》的后记)写作此书时就远不是这个数,可见作者选料之精了。评析的语言活泼精当,既达到了很高的学术性,又具有一定的可读性。

总之,《艺术》是踏踏实实写就的全面评析老舍语言艺术的著作,它不仅能引导我们走进老舍的语言艺术世界,了解老舍的语言艺术,而且能指导我们从老舍语言艺术中汲取语言营养,提高语言涵养和正确运用语言的能力。

(原载于《修辞学习》1998年第6期)

语境研究的新篇章
——《现代汉语语境研究》评介

陈章太

(教育部语言文字应用研究所 北京 100010)

关心语境研究的朋友一定会发现,近期有一部较为全面地研究语境问题的著作问世了,那就是由王建华教授和周明强、盛爱萍两位副教授共同撰写的《现代汉语语境研究》(浙江大学出版社,2002年)。王建华教授是国内较早研究语境并取得丰硕成果的学者之一,早在1987年初,他就在《中国语文》上发表了《语境歧义分析》,此后也一直关注语境的研究。他们的这部著作在全面吸收前贤研究成果的基础上,运用语用学理论对现代汉语语境中的诸多问题进行比较全面而深入的分析,构建了语境研究较为完整的体系。

一 以语用学的理论为指导构架全书体系

语境是当代语言学研究中的热点和难点问题之一。说"热点",是因为半个多世纪来,特别是近20年来,语境问题受到了语言学界的普遍关注,跟语言运用相关的各个学科都把语境作为重要的研究对象。说"难点",是因为语境研究本身相当复杂,其内部的结构、类型、特征、性质,其外部的功能、作用以及与话语、与语用主体的关系等,都是复杂、难解的问题;加上人们对语境的讨论又是众说纷纭,因此要想在语境研究上取得进展,的确很"难"。但是该书从语用学的视野来看待语境,既看到它作为语用的三大要素之一的独立性,又看到它同另外两大要素(话语本体、语用主体)之间的错综交叉的特点,显示了作者驾驭复杂理论问题的能力。

(一)全面总结20多年来的语境研究,分析切中肯綮

进入20世纪以来,语境问题就成了语言学关注的对象,进入人们研究的视野,而真正对语境有较为深入的研究是20世纪80年代的事。本书第一章对80年代和90年代以来现代汉语语境的研究进行较为全面的回顾和总结,对语境研究的主要内容,如语境的构成、语境的分类、语境的性质、语境的功能以及"语境学"的研究等作了概括的分析。总结了20世纪80年代现代汉语语境研究的主要特点:第一,语境的重要性已得到较为充分的认识,语境的地位越来越显得重要,语境研究在广度和深度方面也将有进一步的发展。第二,语境研究的主要内容已基本廓清,有的达到了一定的深度。第三,语境同其他学科的关系开始探讨。第四,语境研究的方法正在受到重视。90年代的语境研究和80年代的不同在于:第一,将语境问题作为专门的研究对象进行研究,发表了相当数量讨论语境问题的论文。第二,将语境作为一门独立的学科来

研究。第三,语境研究涉及的范围越来越广,与语言学科形成了许多交叉关系。这些总结和分析切中肯綮,勾勒了语境研究的背景,便于人们对语境问题进行深入的研究。同时,本书还特别强调,我们可以"用语境的视角来关照现代汉语的相关研究",但"我们直接的理论背景是语用学"。所以,以语用学的视野来看待语境研究中的各种问题,不是孤立地将语境独立出来分析,这是本书的最大特点。

(二)深入讨论语境研究中的理论问题,富有新见

本书在第一章总结分析以往对语境问题研究的成果和经验的基础上,第二章集中对语境研究中的一些理论问题进行深入讨论,诸如语境的定义与性质、语境的构成及其特点、语境分类的原则和标准、语境的功能及实现条件等。这些讨论具有较好的理论深度,较广的理论视野,所以分析问题较为深刻、透彻,见解独到,具有新意,说服力强。例如,关于语境的定义问题,本书指出,语境属于语用学的范畴,是与语用主体、话语实体相对而存在的语用三大要素之一,要给语境下定义,必须关注在语用中的地位和功能,认清这三大要素的关系。如语境是语用中的条件和背景,语境能影响语用交际的成败,语境与语用主体和话语实体会形成交叉,语境内部又会形成若干子系统等,只有对这些问题有了充分的认识,才能对语境给出恰当、合适的定义。

关于语境的性质,本书作了详细的分析,指出语境具有现实性、整体性、动态性、差异性、规律性,并强调"对语境性质的探讨,实际上便是语境理论研究深化的一个表征",在这方面还有许多值

得深入研究的课题。关于语境的构成,本书在分析了其复杂性的基础上,特别指出讨论语境因素问题必须注意的一些问题:如要弄清语境构成因素的判别标准,语境构成要素具有的结构性特点,对语境构成的研究要有辩证的思维。关于语境的分类,本书从周遍性、层次性和简明性的原则出发,将语境分成了三级不同层次的类别,第一级为言内语境、言伴语境和言外语境;第二级言内语境可分为句际语境和语篇语境两类,言伴语境可分为现场语境和伴随语境两类,言外语境可分为社会文化语境和认知背景语境两类;第三级将语境的类别分得更细。关于语境的功能,本书在总结人们对语境功能认识的基础上,指出语境的功能是与其结构相对应的,有一定的层次性,语境的功能是辩证的、动态的、交叉渗透的,语境功能的实现是有条件的。所有这些论述,较好地解决了语境研究中的疑难问题,使本书的分析建立在一个比较完整、周密的系统体系下,形成了科学有序、条理分明、层次清晰的系统网络。

(三)辩证分析语境函变的关系,深入浅出

本书在全面地分析了各类语境的特点、作用之后,还用了专门一章来讨论语境的各种函变关系。本书的作者认为语境不是简单、平面的事物,而是一个错综复杂的立体网络;不是静态的事物,而是动态的立体体系。各类不同语境之间存在着各种不同的联系,这种联系从不同的角度看,表现出不同的特点,呈现出各种函变关系。从语境构成来说,存在着内部和外部的不同;从语境对语言所产生的作用来看,有显性和隐性的不同;从语境的动静特点来探讨,有稳定与可变的差别;从语境和现实世界的关系来分析,有

现实和可能的区别。本书详细地讨论了内部语境和外部语境,显性语境和隐性语境,稳态语境与动态语境,现实语境和可能语境之间的相互依存、协调、转化的关系,在辩证统一的世界观和方法论的指导下,将人们对语境的认识推向新的高度。

二 分析具体问题既注意理论探索,又注意联系实际

多角度、多侧面地分析纷繁复杂的各类实际的语境现象,全面、深入地分析、讨论现代汉语语境的诸多理论问题是本书的又一特点。具体反映在以下几方面:

(一)对不同层次语境的特点、作用的分析讨论细致入微

对各类语境的特点、作用的分析和讨论,是本书的重要内容,从第三章到第八章用了六章篇幅分别分析了言内语境、言外语境、言伴语境等各类语境的不同特点、作用及其表现。在论证中,很好地体现了理论和实践的结合及对立和统一的辩证分析的原则,对各类语境中的纷繁复杂问题进行了深入、细致的剖析和论证。如对言内语境的研究紧紧抓住强制与非强制、上文与下文、独立与联系、常式与变式、话题与述题、句群与篇章等问题进行辩证的分析;对言伴语境的研究,紧紧抓住时间与地点、场合与景况、目的与对象、知识与默契、语体与风格、关系与情绪、副语言与体态等问题进行系统的分析;对言外语境的研究,紧紧抓住社会心理、时代环境、

思维方式、民族习俗、文化传统、认知背景等问题进行全面的分析。分析中以理论为指导,以语言运用为依据,详细讨论了各种语境的特点、细类和作用。如上下文语境具有具体性、可控性、明确性、关联性的特点,句群语境具有形式上的衔接性、意义上的完整性、语气上的求同性、风格上的一致性、表达上的指向性、组合上的有序性等特点,场景语境具有直接性、可感性、可调节性的特点,言外语境具有隐含性、可推导性的特点。又如作用的分析不是笼统地概括,而是对各类不同语境的作用进行具体的分析,如句际语境的作用是:能理解特殊搭配,能把握蕴涵意义,能掌握临时意义,能化解歧义现象,能把握语义结构,能理解变异语义,能把握语句结构,能理解省略成分、隐含成分等。时间、地点语境的作用是:可以对比强调,能双关暗示,能提示引导,能给予限制,能作出解释等。场景语境的作用是:能限定角色,能突出语言的风趣与机巧,能缩短交际对象的心理距离,能理解含蓄的话语,能领悟委婉暗示的话语等。语体语境的作用是:得体的语体语境的设置能满足人们的心理需求,生动的语体语境的交叉能造成幽默的修辞效果,恰当的语体语境的选择能使语言起死回生,等等。

在分析语境特点、作用的同时,本书十分注意讨论各类相关语境下的语言应用的技巧问题,例如根据适合不同的目的语境的语言技巧,有准确鲜明、形象生动、幽默含蓄、得体适度、反语激将等。适应情绪语境应注意交际原则、话语策略的运用,做到切题、简明、适量、适境等。所有这些分析,很好地体现了理论和实践的统一,使得本书既有一定的理论深度,又有较强的可读性。

(二)引入语言学各分支学科的语境成果,分析问题角度新颖

本书全面深入的理论探讨,既依赖于细致入微的具体问题的分析,更依赖于分析角度的新颖。例如该书不是孤立地就语境谈语境,而是从语境出发,借鉴语法学、词义学、修辞学、语用学、节律学等多个语言学分支学科的研究成果,全面分析语言运用中诸多问题,不仅角度新颖,而且将语境分析引向深入。这里以讨论言内语境的第三章和第四章为例:在分析言内语境的"强制与非强制"问题时,引入了语法学中"配价语法"理论,详细地讨论了名词、动词、形容词的"价"所形成的语境在语言运用中的强制与非强制性的特点;在分析"上下文语境"的作用时,除了一般的句子上下文分析外,运用语用学的话轮、前提(预设)的分析方法,多方面分析了上下文的特点和作用;在分析言内语境的"独立与联系"的特点时,则分别引入词义学、语法学、修辞学的一些分析方法,讨论语境影响所带来的诸多词义变化(特殊搭配的意义、蕴涵意义、临时意义、歧义、结构语义、变异语义等语义理解)问题、语句结构变化问题、成分省略问题、隐含成分问题等;在分析言内语境的"常式与变式"的特点时,则侧重从语境的角度,分析了语法上的句子成分的位移(前移、后移、紧缩)、句法的语义逻辑关系的变化及节律特征的变化;在分析言内语境的"话题与述题"的特点时,则引入了语法学、心理语言学的相关理论,分析了话题所形成的语境对语句结构和意义的制约作用;在分析言内语境的"句群和篇章"的特点时,则引入篇章学的理论,分析了句群和篇章所形成的语境对语句语义的影响。

值得指出的是,本书在引入语言学各分支学科的理论时,不是机械地落入这些学科的窠臼,而是从语境的角度另辟蹊径,用动态的观点进行具体分析,这种分析不仅角度新颖,也探索了静态语言研究和动态语言研究相结合的新路子。

(三)对语境与语言运用的关系进行分析,指导语言实践

理论研究的目的在于运用,因此,本书最后用了两章的篇幅,集中探讨了语境与现代汉语的运用、语境与语文教学的问题。从语境功能的角度对现代汉语运用和语文教学中的一系列问题进行示例性的分析,以语境理论为框架,对语文教学中的口语教学、书面语教学、阅读教学以及语文教学方法、教学模式等问题,从理论与实践上作了较为详细的分析、探讨,大大增强了本书的实用性。

三 论证问题的思想方法系统、辩证,具有很强的思辨性

本书不仅能融语言学的多种分析方法于一体,而且分析问题的方法也呈现多样化,既系统又辩证,具有很强的思辨力,这是本书又一亮点。

(一)运用系统论的观点分析语境问题,使语境研究化繁杂为清晰

本书运用系统论的观点来分析语境问题,使纷繁复杂的语境

问题变得清楚、明晰。如关于语境定义的分析,本书从语用学的角度出发来看待语境,认为语境"是相对独立的客观存在,是语用学研究的三大要素之一,并同另外的两大要素——语用主体和话语实体处于同一个结构平面上",同时,"语境本身也是一个系统,其诸多构成因素具有相应的结构性",即它一方面内部具有"类似原子构造般""稳定的核心因素"及"较自由的外围因素",另一方面外部又与其他相关因素"互相交叉渗透、互相交换能量"。这种将语境本身作为一个研究的本体独立出来,着力发掘其内部的相关因素,并以系统论的方法加以处理的思路及方法,具有一定的独创性。

(二)运用辩证法的基本观点看待语境问题,使语境研究化复杂为具体

本书在运用系统论思想研究语境问题时,十分注意将辩证法的基本观点贯穿于全书。首先,是以对立统一的观点来分析语境问题。不论是对全书的整体结构的安排,还是书中对具体理论问题的阐述;不论是对前人研究成果的评述,还是对本体问题的论述,都渗透着这种观点。诸如对"强制与非强制""独立与联系""常式与变式""内部与外部""显性与隐性""稳定与可变""现实与可能""限定与协调""省略与补充""制约与创新"等一组组问题的探讨,都很好地体现了这一特点。对具体问题的研究,也同样显示了这一特点。如对于语境功能的分析,本书指出:"这些功能大都是两两相对的辩证统一体。制约功能和协调功能、过滤功能和补充功能、引导功能和创造功能,都是相辅相成的。有刚性的制约就有

柔性的协调,有时空的过滤就有情境的补充,有社会文化的引导还需要主体的认知和创造。"又如本书还细致地分析了言外语境中"现实语境"和"虚拟语境"之间的对立统一关系,指出:前者为后者提供了思考、想象的基础,后者则是在前者基础上的一种生发、创造。

其次,是用相互联系的观点来分析语境问题。如第二章谈到"如何给语境下定义"时,强调指出:语境,并不是一个孤立地存在着的事物,而是存在于语用学这一特定范畴之中,与周边的语用主体、话语实体等要素互相联系的一门学科。因此,"要给语境下定义,必须关注语境在语用中的地位和功能,并认清这三大要素之间的关系",而绝不能把没有与交际结合在一起的环境当做语境来看待。又如分析语境的功能时,认为"应该辩证地看待结构系统与功能之间的对应关系。语境的诸种功能并不是壁垒分明,互不相通的。它们之间是可以相互交叉和渗透的,还经常是共同起作用的"。又如第三章中更是以大量的篇幅介绍了句际语境之于理解句内语境时的种种联系。

再次,是用发展变化的观点来讨论语境问题。如书中不仅明确地将动态性作为语境的重要属性,并且还分别从"时间的流动性""空间的变动性""交际场景的变动性""交际主体的领悟性"等各个方面加以具体的阐释。在论及语境功能时,也着重强调了事物的发展变化问题,"值得提出的是,除了注意语境功能的交叉渗透之外,还要重视语境功能的动态变化",并从多个方面作了论证。显然,这些论述都是极具说服力的。另外,在分析语境的构成、语境的函变关系等问题时,也同样十分重视其发展、变化的动态性,提出"在现实的交际中,语境的构成因素处于动态的生成、变化之中"的想法。

当然,由于语境本身及相关因素的纷繁复杂,而研究语境又涉及语言学多个分支学科,对语境问题进行研究也就更加困难,因而本书也有不足之处,难免存在一些瑕疵。如语境与语言应用关系极为密切,是语境研究应当着力之所在,本书虽然在最后用了两章专门讨论语境与现代汉语运用、语境与语文教学的问题,但从全书看,结合更多方面的语言应用来论述语境问题就有所不足,这部分内容显得有些单薄。又如书中对语境研究的过去和现在的状况都有较全面、深刻的论述,但对语境研究的发展趋势及问题,没有很好地作前瞻性分析,这都有待加强。

本书尽管存在一些不足,但无论是整体的构架,还是对具体问题的论证,还是在论证问题的思想方法上,都达到了较高的水平,同时本书不是空洞地谈论理论问题,而是以语言运用为基本支点,对语境问题进行具体深入的探讨,使本书的实用性得到较好的体现。因此,笔者认为,本书是语境研究的一大成果,是新世纪语境研究的新篇章。

(原载于《语言文字应用》2004年第3期)

语境研究与社会语言学
——读王建华等新著《现代汉语语境研究》

郭 熙

(暨南大学华文学院,广东广州 510610)

零

2003年4月在北京参加《语言文字应用》编委会期间,有幸拜读王建华先生的新著《现代汉语语境研究》(浙江大学出版社,2002年版,以下简称《语境研究》)。王建华先生长期从事修辞研究,同时也十分关注语文教育、语言规范化等问题,在这些方面做出了很大的成就。近年来他的关注点集中在语境方面,发表了大量的研究成果,受到学界的广泛关注。我于语境素无研究,但由于近年关注社会语言学和语言教学问题,因此也开始留意语境方面的研究成果。这次看到王建华先生的新作,真是喜出望外。有空便认真拜读,获益匪浅。

一

　　作为一种世界现象,语言能够使人在一定的语境里进行交际活动。多年来,人们对语境的定义、性质、功能、分类等进行了大量的探讨,尽管看法不同,处理方式各异,但有一点是相同的,就是大家都认识到了语境在交际中的重要性。

　　社会语言学从孕育时起,就非常关注交际活动,因为它的产生是和交际问题连在一起的。广义的社会语言学研究语言和社会的关系,关注大语境;狭义的社会语言学从社会的角度研究语言,尤其关注什么人、在什么时间、什么地方、用何种方式、为了何种目的说什么(写什么)话的小语境。但是,社会语言学出于自身学科的目标,它只关心社会环境或社会群体构成的语境,关心在不同的语境下人们怎样使用语言,关心语境会对语言的使用乃至语言变化产生什么样的影响。其他学科,如修辞学、应用语言学、功能语言学等,也都是把语境作为自己研究中的一个参数而已。因此,把语境作为一个专门的领域进行全面系统的研究,不仅必要,而且也是急需的。这一事实本身,已经确立了王建华等先生这本新著的地位。

　　在语言研究中,我个人觉得语境研究可能是最难的。因为它涉及的范围太广,纠缠的东西太多,不可捉摸的因素太多。读书的时候,就有老师告诉我们,语境是无法确定的。然而,王建华先生却勇敢地选择了这块硬骨头,一啃就是 10 年。现在,这块骨头终于被啃了下来,对此,我的心中不仅有对这一工作本身的赞叹,更有对他们精神的由衷敬佩。

打开《语境研究》全书,处处可见作者的勤力。以第一章为例,作者首先对20世纪80年代以前和90年代以来的现代汉语语境研究进行了全面的回顾。自从80年代以来,语境研究论著之多令人瞠目:仅1994年到2000年中国期刊网收入的就有近千篇!这里的数字一则说明语境问题得到了学界的重视,再则也说明语境问题的复杂性。如何在这繁纷的文献中理清脉络,是对作者学术功力的严格检验。近年来各个领域中的综述性论著并不少见,但有的论著在总结以往研究的时候,常常只是堆出大量的文献目录,所谓的综述变成了某一领域论著的清单。而《语境研究》的作者在回顾历史、总结现状的同时也做到了既突出重点,又具有概括性,能够全面地反映研究的现状。出于分析阶段的考虑,作者"兵分两路",把80年代以前和90年代以后断然切开,精心安排,仔细梳理。这样,既符合历史实际,又便于条分缕析。没有对语境研究的宏观把握和微观方面的细致观察,是很难作出这种恰当的处理的。

在对80年代以前的回顾中,作者既有对语境研究相关领域各种关系的梳理,也有对研究相关内容的总结和评价。在对90年代以来的总结中,作者集中讨论90年代语境研究的重点问题:(1)静态语境和动态语境;(2)自足语境和非自足语境;(3)认知语境和客观语境;(4)语境条件和语境意义;(5)语境和语境应用。而在成果梳理方面,作者也抓住关键,既有类别的归纳,也有重点论著的介绍评析。这些显然为该书后面的研究工作做了很好的铺垫。

从社会语言学的角度看,作者在总结90年代语境研究的成就时集中提到的重点问题大多与社会语言学有关。中国社会语言学从 80 年代起步到现在已经走过了 20 多个年头,成果已经很多。但真正围绕社会语言学进行语境研究的成果并不多。许多理论问题并没有引起学人的深入思考,例如语用学和社会语言学都关心"何人、何时、何地、对何人、说何种话",但这是否就说明二者研究对象相同,抑或二者界限模糊、混杂不分呢?又如,社会语言学所说的语境应该是什么?它和修辞学、语用学所说的语境有什么不同?社会语言学关心语境的哪些方面?语境的功能是什么?《语境研究》所作的许多探索都可供社会语言学借鉴。

二

作者对语境研究中的一些理论问题的探讨更是让人耳目一新。

作者提出了语言性语境的概念(第 111 页)。语言性语境是一种内部语境,通常又称为上下文语境。比较起来,语言性语境容易控制,在研究中操作起来也方便。而非语言性的语境则变动性强,情况比较复杂,操作控制方面的困难要大得多。这种区分不仅仅像以往研究那样是为了区分而区分。这从整本书的框架方面可以清楚地看到作者的别具匠心。例如,该书把语境分为言内语境、言伴语境、言外语境等,使得语境和语言的不同层面清楚地摆在读者面前:言内语境是以语言形式存在的语境,在很大程度上受语言知识规则的制约,这些规则又有强制与非强制、常式与变式等不同的方面;言伴语境又可以分为现场语境和伴随语境,前者由交际的时间、地点、场合、话题、事件等因素构成,后者则跟交际者的个人特点,如目的、情绪等因素有关;言外语境由社会文化语境和认知背景语境构成,其中又涉及社会关系、时代特征、历史因素等。这些分析对于准确地把握语境的实质,充分认识不同语境对交际的影响,从而进一步探讨语言交际的规律,无疑具有重要的作用。

从我们的角度来说,这种区分无论对广义的社会语言学还是对狭义的社会语言学都有重要的启发。社会语言学不需要也无法考虑所有的语境,它只能考虑语境的社会方面;社会语言学也不是什么都管,它也应该有自己的关注中心。具体说来,在研究语境和语言的关系的时候应该从"言伴语境和言外语境"集中考察。这种处理给我们的另一个启发是,同样是研究语境,目标也未必相同。语用学研究语境,主要是看语境对交际效果的影响,探讨在一定的语境下如何更好地进行信息传递;而社会语言学研究语境,主要是看语境是怎样影响语言的使用,其中的规律是什么,也可以反过来,看看语言中有哪些变异形式或变体,导致这些变异形式或变体的社会原因是什么。尽管对于一部分社会语言学家来说,他们也关注语境对会话策略的影响,但无论如何,社会语言学对语境关注的主要方面与语用学有着质的区别。

由于作者的研究对象、目标都很明确,所以《语境研究》在处理语境研究中各种要素之间的关系时就把握得很准确。例如,作者指出,语境是和使用语言的人——语用的主体、语言手段本身——话语实体相对而存在的语用三大要素之一。语境不是单一的,也不是唯一的。语境是一个开放的网络,语境研究必须关注语境在语用中的地位和功能。

事实上,这里提出了一个重要的问题:语境研究关心的是功能,还是结构?是从功能出发,还是从结构出发?传统研究中,人们倾向于从结构出发,因为这样比较方便。语境的研究,无论是社会语言学还是语用学,如果从功能的角度出发,寻找表达不同功能的形式特征,也为语言研究的方法提供了新的尝试。作者认为,语境的功能和结构是一致的,应将其确定为一个原则。在这一点上,《语境研究》提出的问题比传统的修辞学关心的语境大大前进了一步。

语境涉及的面比较广,为了处理好各种错综复杂的关系,《语境研究》提出了"语境场"的概念。作者认为,语境同语用主体、话语实体是处于同一平面的因素,其外部与另外两大因素构成平行的、相对独立的子系统关系。另一方面,语境内部所包含的众多因素诸如时间、地点、场景、社会环境、时代背景等又相对独立,可以构成下位的子系统,这些子系统之间还可能相互影响,按一定的层次,形成关联的网络,以语境场的方式共同地发挥作用。这样,就把语境的若干方面统一起来了。社会语言学的研究在这方面和语境研究也有很多相似之处。近年来,社会语言学的研究非常热闹,但是也遇到一些新的困难。因为作为一种社会现象,语言在本质上当然是社会的。那么,社会各方面对语言产生影响的因素当然也就是多方面的。但也正是这种情况,使得人们在处理各种关系的时候无从下手。若参照王著的做法,把语用主体、社会和言语行为看成若干子系统构成的语言场的话,是否可将讨论进一步引向深入呢?

三

可能是因为跟自己的研究相关,我对《语境研究》的第七、八两章中关于言外语境的讨论和第九章关于语境函变关系的讨论更为注意。言外语境,按照作者的看法,是三大语境的又一极。在言外语境的讨论中,作者从社会心理、时代环境、思维方式、民族习俗、文化传统和认知背景等六个方面对言外环境和言外之意的关系进行了探讨。作者指出,言外之意有两个特点,一是隐含性,一是可推导性,所以研究语言交际必须考虑言外语境。王著的这一把握是非常准确的,书中对这些方面的探讨相当深入。极端形式主义理论试图把社会历史因素全部过滤掉,从而找出理想的语言作为研究对象。然而,变化是语言的内在本质。和社会语言学等其他学科一样,《语境研究》从另外的角度告诉我们,在信息传递过程中,语言不是一个把各种限制严密组织起来的系统,所以说不只语言规则总是"漏水"的,具体到语境更是变化的。

这里我们特别赞赏作者关于社会心理和时代的发展对语言交际的影响的分析成果。

社会心理对语言交际的制约虽有不少文章谈及,但系统地进行表述,《语境研究》开了个好头。该书从社会政治心理和思想观念两个方面讨论了社会心理对语言理解和表达的制约和影响,这对于非常重视政治和思想观念的中国社会来说,具有非同一般的意义。事实上,社会心理不仅影响到语言的使用,而且社会心理的某些方面也会沉积于语言之中。因此,社会心理对语言的影响,不只是语境学、社会语言学的事,同时也是语言本体研究所应该关注的。时代的发展同样要带来理解上的问题。过去人们在研究语言的时候只注意到随着时代的发展,词义的发展和变化会影响到理解。《语境研究》则揭示了另一个重要事实:时代的发展导致了语境的变化,从而也影响到语言的理解,进而也就影响到交际。这也从另一个侧面告诉我们,语言研究必须考虑社会的变化,而这正是社会语言学所一直关注的。我们在研究不同地方华语的时候已经发现,即使同样使用汉语的标准语,在不同地方的交际效果是不一样的。"语言具有时间性,语言在不断地变化,每当我们接受一段已经发生的话语,都是在进行翻译以期明白其中的含义"。(廖七一《当代西方翻译理论探索》137页,译林出版社,2000年)

除了上述两方面外,王著对民族风俗、文化传统、认知背景对语言交际的影响也都不乏精到的分析。我们知道,传统语言学的研究只关注语言符号本身,只盯住语言作为符号的一面,这对于认识语言的结构系统是非常重要的,但是这种认识忽略了另外的也是更重要的方面,即语言是社会的。既然是社会的,社会对语言的影响和制约就不可忽视。只注意语言本身的意义,无视语言在交际中产生的意义,是与交际研究相背离的。《语境研究》谈到言外之意的隐含性,也是非常有意义的。研究交际,必须把握完整的语言交际过程,仅仅分析语言要素,仅仅简单地联系可以见到的语境,显然不能做到这一点。在社会语言学研究中,人们常常只看到外在的社会因素,而《语境研究》则提醒我们,社会语言学也应该探讨那些看不到的因素。

如果说言外语境的讨论还只是分析外部因素对语言交际的影

响的话,王著对语境函变关系的讨论则把语境全方位地展现在读者面前。作者指出,语言是一个复杂的、动态的立体网络。有内部和外部的不同,有显性和隐性的不同,有稳定和可变的不同,还有现实和可能的不同。作者对内部和外部关系的梳理让人耳目一新。很久以来,人们在谈语言的内部和外部的时候常常容易把二者对立起来。而王著在研究语境问题的时候,把二者有机地统一起来,指出内部语境和外部语境是互相依存的,显性语境和隐性语境也是相互依存的:内部语境义依靠外部语境得到解释,并随外部语境发生变化,外部语境义比内部语境义灵活、生动;通过显性语境义来把握隐性语境义,依据隐性义来了解显性语境义。

最后,还想说说该书作者的学风。实际上,从上面对内容的分析中,我们已经看到了《语境研究》的扎实和严谨,还有两个方面可能进一步证明这一点。一是文献资料丰富。全书的各种参考文献达130多种,这些参考文献本身就是语境研究的文献索引,为以后从事语境研究的人提供了方便。二是作者的务实态度。王著把语境作为一个领域全面系统地进行研究,如果按照近年来"学科"建设热的风气,本当建立一门"语境学"出来,但作者并没有这样做。这种务实的学风值得提倡。尽管如此,我们还是建议,在条件成熟的时候建立一门语境学。

总的来说,《语境研究》是一部很有特色的著作,它为中国的语境研究的向前迈进打下了良好的基础。当然,作为第一部系统地探讨语境问题的集体著作,书中还有一些问题值得进一步探讨。例如,既然作者已经强调了言外语境的重要影响,那么,作为现代汉语的语境和其他语言的语境有何不同,而论著在这方面的着力似乎不够。第十章说:"语境对现代汉语的作用首先表现在限定与协调上",其实这是语言使用中的普遍现象。还有些问题未必是语言问题,例如,第370页谈到领悟性时举到的例子,在我看来就与语言没有关系了。另外,由于是合作,有些内容还需要进一步协调,例如,第十、十一两章就和前面论及的内容重复了。

(原载于《汉语学习》2006年第5期)

后 记

2008年是改革开放的三十周年,也是恢复高考的77级大学生入学三十周年的纪念之年。回首三十年走过的路,心中颇多感慨。

77级的大学生是幸运的。这种幸运表现在历经艰辛的我们终于赶上了恢复高考的好时机,也表现在百废待兴的国家到处急需人才,使我们的成长与国家的发展同步,得到了许多的关注和机会。三十年来,在国家建设的各个领域,77级大学生都发挥着重要的作用,至今在各层面都有77级的人才挑着大梁。

77级的大学生也是勤奋的。那个时代,我们压抑了十多年的学习热情有如火山爆发般地喷涌而出,那种夜以继日、孜孜不倦的学习风气,令整个社会刮目相看,好评如潮。当时对知识的崇尚、对学术的膜拜有时甚至到了视其为神圣的地步。至今还记得在大四最后学期我发表第一篇学术文章时的兴奋之状。那稚气的文章今天看来是孩童般的蹒跚学步,可就是它激发了我对研究的兴趣,走上了考研之路,并在读研期间发表了6篇文章,进而到1984年底硕士研究生毕业之时,谢绝了去省委办公厅工作的机会,坚守在学术研究的领地。

研究生毕业以来,我在书山中跋涉,在学海中泛舟,至1994年底被破格晋升为教授之时,已发表学术论文50多篇,出版专著2部,主编与合著若干部,还承担了几项国家、省级社科基金研究项目。在那个孜孜矻矻,心无旁骛的十年中,我最有幸的是得到诸多学界前辈的关心与指点。记得曾有幸聆听过王力先生、吕叔湘先生等大家的学术报告,记得张志公先生在北京沙滩热情地对我传授做学问的要诀,记得胡裕树先生、张斌先生在上海寓所亲切地接待过我,更记得王均先生在我获得国家社科基金青年项目时的嘱咐,还记得在深圳首届双语双方言讨论会上陈章太先生对我论文的鼓励,记得在北京西山全国首届社会语言学研讨会上,胡明扬先生为我的大会报告补充例证……至于在杭州聆听业师倪宝元先生、王维贤先生的耳提面命,在上海参加王德春先生的讲座,在北京拜访陆俭明先生、胡壮麟先生、老舍夫人胡絜青先生,还有于根元先生、陈建民先生热情地为我联系学界师长,这些情景也时常在脑海中回放。在这期间我还积极地参与学术交流,北京、上海、昆明、广州、海口、黄山、庐山、哈尔滨、厦门、大连、济南等地的学术会议与活动,使我结识了更多的学界师长与朋友,与他们的交流、切磋、论争,都让我受益匪浅。回望这段时光,常常留恋不已。

然而,生活总是充满辩证法的,生命中过多的幸运有时也会伴随着一些遗憾。1995年暑假由组织推荐,经公开考试和考察我幸运地担任了一所高校的副校长,两年后又任校长职务,我的生活开始了转型。虽然我仍钟爱着学术研究的事业,但鱼和熊掌难得两全的境况常令我无奈。我很羡慕许多同辈朋友以及比我年轻的师弟们近年来发表出许多高质量的学术研究成果,成为学术界新的中坚力量。而我由于在行政管理上耗去大量的精力,近十多年来不能在语言学研究领域保持良好的状态,学术界的交流研讨会也常常缺席,专业的研究逐渐停滞,唯有扼腕浩叹!诚然,十多年的高教管理从另一个方面让我得到很多锻炼,有了不少收获,这期间在教育理论、高校管理等方面也曾发表过十几篇论文,可在我矢志不移的语言学研究方面终究带来了遗憾,时至今日,我只能将这种遗憾深深地埋在心底。

早就有朋友和学生建议我把以往发表的学术文章整理一下结

集出版,种种原因一直没有这样做。在考进大学三十周年这个很有意义的时刻,承蒙商务印书馆的美意,这次从已发表的 70 余篇语言学专业的文章中选取了 30 多篇付梓,总算了却了一桩心事。这些文章有的曾在《中国语文》《语言文字应用》《民族语文》《语言研究》等权威、一级学术刊物或大学学报、相关论文集上发表过,有的后来成为我有关专著中的部分章节,有的还获得了省级优秀研究论文奖。虽卑之无甚高论,却有敝帚自珍的意思,也有聊以自慰的况味。文章大略分为三部分:"修辞学与作家语言研究""语用与社会、文化研究""语用学研究",这是我学术研究历程的写照。因为我读的研究生是修辞学专业的,硕士学位论文是老舍语言研究。20 世纪 80 年代后期,我开始扩大视野,逐渐转向了语用研究,经过语用与社会、文化关系的探讨,再进入了语用学研究的专业领域,博士学位论文是语用学的方向。实际上书名《语用研究的探索与拓展》就体现了这个历程,这也反映了我对语言应用学科的治学认识:立足传统,积极探索,瞄准方向,不断拓展。或许这算不上什么高明的认识,但确是我的心得体会。为尊重历史,这次结集出版的所有文章均保持原样,有的文章现在看起来存在不少缺憾,希望得到方家的批评与指教。

回首从事学术研究这些年走过的路,心中油然而生的是对先贤师长们的敬佩与感恩之情。要衷心地感谢我的硕士研究生导师、著名语言学家倪宝元先生,是他引领我走进语言学研究的学术殿堂。先生虽已仙逝,但他的道德文章、音容笑貌永远在我的心中。要衷心感谢我的博士生导师李熙宗先生,他对我的教诲和指导是我进一步前行的动力。还要衷心感谢著名的语言学家胡明扬先生，他多年来一直关心着我的进步，这次又认真通读了书稿，欣然地为本书作序，体现了老一辈学者的宽厚情怀。要衷心感谢陈章太、于根元、曹志耘、郭熙诸位先生，他们都曾为我的著作写过书评，有热情的鼓励也有中肯的批评。为表示谢忱，此次将这些书评文章作为附录一并刊出。此外，这么多年来得到过学术界诸多师友的关心与帮助，难以一一提到，但尊敬与感激之情是常存心中的。

在本书正式出版之时，要衷心感谢商务印书馆的孟传良、杨德炎、周洪波诸位先生及责任编辑孙述学先生，是他们的信任与支持使得本书顺利出版。要感谢我的妻子陈华女士，在我们一路同行的日子里，她默默地为我所做的一切我都感念在心，书中的文章可以说都有她的奉献。还感谢周明强、盛爱萍、袁国靠、李秀明、唐礼勇等人，他们是我的同事或我指导的浙江大学博士研究生，书中有几篇文章是与他们合作的。感谢我的博士研究生王娟，硕士研究生孙靓、赵佳晶以及秘书朱全红，他们的文字输入与校对工作让我减轻了不少负担。

王建华
2008年7月6日
于绍兴风则江畔